公路工程标准规范理解与应用丛书

公路工程施工安全技术规范与施工规范对照手册

本书编写组　编

人民交通出版社股份有限公司

内 容 提 要

本书为《公路工程施工安全技术规范》(JTG F90—2015)与公路工程行业相关施工技术规范的对照手册。书中逐条列出了《公路工程施工安全技术规范》(JTG F90—2015)的条文,及与之对应的《公路工程施工安全技术规程》(JTJ 076—95)和其他相关规范的具体条文内容,形成相互对照的关系。读者使用本书,不仅可以了解规范条文编制的来龙去脉,更好地学好、用好技术规范,而且省时省力。

本书可供公路工程施工技术人员、安全管理人员及施工企业管理人员使用。

图书在版编目(CIP)数据

公路工程施工安全技术规范与施工规范对照手册 /《公路工程施工安全技术规范与施工规范对照手册》编写组编. — 北京 : 人民交通出版社股份有限公司, 2015.4

ISBN 978-7-114-12183-8

Ⅰ. ①公… Ⅱ. ①公… Ⅲ. ①道路施工—安全技术—技术规范—手册②道路施工—建筑规范—手册 Ⅳ. ①U415.12-65

中国版本图书馆 CIP 数据核字(2015)第 075439 号

公路工程标准规范理解与应用丛书

书　　名:公路工程施工安全技术规范与施工规范对照手册
著 作 者:本书编写组
责任编辑:吴有铭　李　农　潘艳霞　张　鑫
出版发行:人民交通出版社股份有限公司
地　　址:(100011)北京市朝阳区安定门外外馆斜街 3 号
网　　址:http://www.ccpress.com.cn
销售电话:(010)59757973
总 经 销:人民交通出版社股份有限公司发行部
经　　销:各地新华书店
印　　刷:北京市密东印刷有限公司
开　　本:720×960　1/16
印　　张:29
字　　数:520 千
版　　次:2015 年 4 月　第 1 版
印　　次:2015 年 4 月　第 1 次印刷
书　　号:ISBN 978-7-114-12183-8
定　　价:88.00 元

前　言

经交通运输部批准,《公路工程施工安全技术规范》(JTG F90—2015)(简称《规范》)作为公路工程行业标准自2015年5月1日起实施。《公路工程施工安全技术规程》(JTJ 076—95)同时废止,完成了其二十年的历史使命。

《规范》对《公路工程施工安全技术规程》(JTJ 076—95)进行了全面修订。修订中注重公路工程施工安全技术的科学性、先进性、通用性和特殊性,总结分析了国内公路工程实践,参考了国家、行业有关标准规范,调研了国外公路工程安全管理经验,贯彻了"安全第一、预防为主、综合治理"的原则。

为帮助读者学好、用好《规范》及相关规范,明晰《规范》与相关规范的关联性,本书编写组编写了这本《公路工程施工安全技术规范与施工规范对照手册》。本书按照《规范》的体例架构,逐条列出了与之对应的《公路工程施工安全技术规程》(JTJ 076—95)及其他相关施工技术规范的具体条文内容,使相关规范融为一体且形成相互对照的关系。

随着我国公路建设的快速发展,国家、交通运输主管部门对公路工程施工安全越来越重视,相继出台了一些关于安全方面的法律、法规等。为满足广大读者日益提高的法律意识需求,本书以附件的形式列出了《规范》条文涉及的十八项安全方面的法律、法规及相关规定等。

本书第一至七章由吴有铭、潘艳霞编写,第八至十二章由李农、张鑫编写。

《规范》的条文采用小四号宋体,条文说明采用小四号楷体;其后是与之对照的相关规范,采用五号宋体。

本书所采用的与《规范》对照的相关规范如下:

1. 公路工程施工安全技术规程(JTJ 076—95)
2. 公路路基施工技术规范(JTG F10—2006)
3. 公路水泥混凝土路面施工技术细则(JTG/T F30—2014)
4. 公路水泥混凝土路面再生利用技术细则(JTG/T F31—2014)
5. 公路沥青路面施工技术规范(JTG F40—2004)
6. 公路沥青路面再生技术规范(JTG F41—2008)
7. 公路桥涵施工技术规范(JTG/T F50—2011)
8. 公路隧道施工技术规范(JTG F60—2009)

9. 公路隧道施工技术细则(JTG/T F60—2009)
10. 公路交通安全设施施工技术规范(JTG F71—2006)
11. 公路隧道交通工程与附属设施施工技术规范(JTG/T F72—2011)
12. 公路桥梁加固施工技术规范(JTG/T J23—2008)
13. 公路工程施工监理规范(JTG G10—2006)

由于时间仓促、水平有限,书中难免存在疏漏和不足之处,恳请读者批评指正。

编者

2015 年 3 月

目　　录

1　总则

1.0.1　为规范公路工程施工安全技术，保障施工安全，制定本规范。

第1.0.1条对照规范

➢ **《公路工程施工安全技术规程》**(JTJ 076—95)

1.0.1　安全生产是党和国家的一贯方针和基本国策，是保护劳动者的安全和健康，促进社会生产力发展的基本保证，也是保证社会主义经济发展、进一步实行改革开放的基本条件。为保障从事公路工程施工生产人员的安全，预防事故发生，促进公路交通事业的发展，特制定本规程。

➢ **《公路桥涵施工技术规范》**(JTG/T F50—2011)

1.0.1　为适应我国公路桥涵工程建设的需要，提高施工技术水平，保证施工的质量和安全，制定本规范。

JTG F90—2015

1.0.2　本规范适用于各等级新建、改扩建、大中修公路工程。

第1.0.2条对照规范

➢ **《公路工程施工安全技术规程》**(JTJ 076—95)

1.0.4　本规程适用于新建、改建和大中修的公路工程。

JTG F90—2015

1.0.3　公路工程施工安全生产应贯彻“安全第一、预防为主、综合治理”的方针。

第1.0.3条对照规范

➢ **《公路工程施工安全技术规程》**(JTJ 076—95)

1.0.2 各单位在施工中应贯彻执行“安全第一，预防为主”和坚持“管生产必须管安全”的原则，并根据本规程的规定，结合实际情况，制定各项规章制度。

➢ **《公路桥涵施工技术规范》**(JTG/T F50—2011)

25.2.1 桥涵施工应贯彻“安全第一、预防为主”的方针。施工前应对各种安全危险源进行辨识和评估，并应在施工过程中有针对性地采取各种有效措施，预防事故发生；对危险性较大的工程应编制专项方案；对存在重大安全事故危险源的工程，应预先建立重大事故应急预案；当施工中发生事故时，应迅速反应，按照应急预案的规定进行救援和处理，最大限度地降低事故损失。

JTG F90—2015

1.0.4 公路工程施工应制定相应的安全技术措施。

第1.0.4条对照规范

➢ **《公路工程施工安全技术规程》**(JTJ 076—95)

1.0.3 施工企业的各级领导干部、工程技术人员和生产管理人员，必须熟悉和遵守本规程的各项规定，做到生产与安全工作同时计划、布置、检查、总结和评比。

2.0.6 施工中采用新技术、新工艺、新设备、新材料时，必须制定相应的安全技术措施。

➢ **《公路路基施工技术规范》**(JTG F10—2006)

1.0.4 公路路基施工，必须遵守国家安全生产法律法规，制定安全技术措施，加强安全管理，严格执行安全操作规程，确保安全施工。

➢ **《公路水泥混凝土路面施工技术细则》**(JTG/T F30—2014)

1.0.5 水泥混凝土路面施工应建立健全安全生产管理体系及应急预案，明确安全责任，严格执行安全操作规程，保障施工人员的职业健康，保证施工安全。

➢ **《公路桥涵施工技术规范》**(JTG/T F50—2011)

1.0.5 公路桥涵工程施工应遵守国家安全生产的有关法律法规，建立健全安全生产管理体系，明确安全责任，严格执行安全操作规程，保障施工人员的职业健康，保证施工安全。

➤ **《公路隧道施工技术规范》**（JTG F60—2009）

1.0.4 公路隧道施工必须遵守国家和行业的安全生产法律法规，制订切实可行的安全制度和措施，保证施工安全。

1.0.5 公路隧道施工必须遵守国家的劳动保护法规，积极改善隧道施工条件，制订切实可行的通风、防尘、照明、防有害气体、防辐射措施，保证作业人员身体健康。

➤ **《公路交通安全设施施工技术规范》**（JTG F71—2006）

1.0.8 公路交通安全设施必须文明施工，安全生产，严格遵守安全操作规程，加强安全生产教育，建立和健全安全生产管理制度。

JTG F90—2015

1.0.5　公路工程施工除应符合本规范的规定外，尚应符合国家和行业现行有关标准的规定。

第1.0.5条对照规范

➤ **《公路工程施工安全技术规程》**（JTJ 076—95）

1.0.5 在实施中，除应符合本规程外，尚应符合交通行业有关的标准和国家有关规定。

2 术语

2.0.1 危险源 hazards

可能造成人员伤害、疾病、财产损失、作业环境破坏或其他损失的因素或状态。

2.0.2 危险源辨识 hazards identification

发现、识别危险源的存在,并确定其特性的过程。

2.0.3 事故隐患 accident hazards

可能导致事故发生的人的不安全行为、物(环境)的不安全状态和管理上的缺陷。

2.0.4 应急预案 emergency response plan

针对可能发生的事故,为迅速、有序地开展应急行动而预先制订的行动方案。应急预案由综合应急预案、专项应急预案、现场处置方案组成。

2.0.5 风险评估 risk assessment

对工程中存在的各种安全风险及其影响程度进行综合分析,包括风险辨识、风险估测、风险评价和防控措施。

2.0.6 特种设备 special equipment

涉及生命安全、危险性较大的锅炉、压力容器(含气瓶)、压力管道、电梯、起重机械和场(厂)内专用机动车辆等。

2.0.7　特殊作业人员　special operator

从事容易发生事故，对操作者本人、他人的安全健康及设备、设施的安全可能造成重大危害的作业的从业人员。

2.0.8　危险性较大工程　major hazard working procedure

在施工过程中存在的、可能导致作业人员群死群伤或造成重大财产损失、作业环境破坏或其他损失的工程。

2.0.9　警戒区　restricted area

作业现场未经允许不得进入的区域。

3 基本规定

3.0.1 公路工程施工必须遵守国家有关法律法规，符合安全生产条件要求，建立安全生产责任制，健全安全生产管理制度，设立安全生产管理机构，足额配备具备相应资格的安全生产管理人员。

第3.0.1条对照规范

➢ **《公路工程施工安全技术规程》**(JTJ 076—95)

2.0.3 施工单位均应按国家规定建立健全各级安全管理机构和设立专职或兼职安全检查人员。

➢ **《公路路基施工技术规范》**(JTG F10—2006)

1.0.5 公路路基施工，必须遵守国家职业健康安全法律法规，健全施工人员健康安全保障体系，改善职业健康安全条件。

➢ **《公路工程施工监理规范》**(JTG G10—2006)

5.4.1 审查施工组织及人员配备

分项工程开工前，监理工程师应审查该分项工程的施工组织，包括项目负责人、技术负责人及质量、安全、环保等施工管理、自检人员及主要施工操作人员的配备是否符合合同要求并满足施工需要。

➢ **《公路桥梁加固施工技术规范》**(JTG/T J23—2008)

3.3.1 桥梁加固施工，必须严格遵守安全操作规程，建立健全安全生产管理制度。

JTG F90—2015

3.0.2 公路工程施工应进行现场调查，应在施工组织设计中编制安全技术措施和施工现场临时用电方案，对于附录A中危险性较大的工程应编制专项施工方案(内容见附录B),并附具安全验算结果,或组织专家进行论证、审查。

条文说明

本条根据《建设工程安全生产管理条例》(国务院第393号令)第二十六条和《公路水运工程安全生产监督管理办法》(2007年交通部1号令)第二十三条制定。

第3.0.2条对照规范

➤ **《公路工程施工安全技术规程》**(JTJ 076—95)

2.0.1 工程开工前,施工单位必须详细核对设计文件,根据施工地段的地形、地质、水文、气象等资料,在编制施工组织设计的同时,制定相应的安全技术措施。

➤ **《公路桥涵施工技术规范》**(JTG/T F50—2011)

25.1.2 在制订桥涵工程的施工组织设计和施工方案时,应同时制订保证施工安全和保护环境的技术方案和组织方案。

➤ **《公路隧道施工技术细则》**(JTG/T F60—2009)

3.1.5 实施性施工组织设计,主要应包括下列内容:

1 编制原则

1)满足指导性施工组织设计的要求。

2)技术经济方案的比选,应选最优方案。

3)积极应用新技术、新工艺、新材料、新设备。

4)因地制宜,就地取材。

5)根据工程特点、工期要求,合理安排施工工序流程及衔接。

6)加强机械化施工能力,加快工程进度,确保工程质量。

7)符合国家关于工程质量、安全生产、职业健康、土地管理及环境保护的法律、法规的规定。

2 编制依据

1)承建项目的合同条件。

2)批准的设计文件,国家和行业现行的标准、规范、规程。

3)现场施工调查资料,主要包括交通运输、气候气象、当地建材、征地拆迁,以及能源、供水、通信、医疗等情况。

4)工程施工环境及环境保护要求。

3　编制内容

1)工程概况、工程特点、重点和难点的项目。

2)重点、难点工程的施工技术方案设计：施工方法及工艺、关键工序的作业实施细则、监控量测、地质预报、施工通风，以及供水、供电设计等。

3)施工总平面布置：生产生活区及设施、施工便道、弃渣场地，临时供电、供水、供风、通信等工程。

4)工期安排：总进度、施工形象进度、施工网络图等。

5)施工单位组织机构及资源配置：组织机构、机械设备配置、工区划分及管理、劳动力配置、材料供应、资金使用计划等。

6)施工保证措施：质量目标、创优规划及保证措施、施工生产安全目标及保证措施、职业健康及医疗保证措施、工期目标及保证措施、成本目标和保证措施、环境保护措施等。

7)发生自然灾害、紧急情况时的应急预案。

8)附图及各种表格。

9)安全管理和安全保证体系的组织机构，包括项目经理、专职安全管理人员、特种作业人员配备的数量及安全资格培训持证上岗情况。

10)施工安全生产责任制、安全管理规章制度、安全操作规程。

11)安全防护用具的配备。

12)施工现场临时用电方案的安全技术措施和电气防火措施。

13)针对重点部位和重点环节，应制订的工程项目危险源监控措施和应急预案。

14)施工人员安全教育计划、安全交底安排。

15)安全技术措施费用的使用计划。

➢ **《公路交通安全设施施工技术规范》**(JTG F71—2006)

2.0.5　施工组织设计宜包括以下内容：编制说明、施工组织机构、施工平面布置图、施工方法、资源计划、总进度计划和进度图、质量管理、安全生产、环境保护。

➢ **《公路工程施工监理规范》**(JTG G10—2006)

4.2.2　审批施工组织设计

总监理工程师应在合同规定的期限内及时审批施工单位提交的施工组织设计，重点包括：

1. 施工组织设计的审批手续是否齐全有效。

2. 施工质量、安全、环保、进度、费用目标是否与合同一致。

3. 质量、安全和环保等保证体系是否健全有效。

4. 安全技术措施、施工现场临时用电方案及工程项目应急救援抢险方案是否符合要求。

5. 施工总体部署与施工方案和安全、环保等应急预案是否合理可行。

技术复杂或采用新技术、新工艺或在特殊季节施工的分项、分部工程和危险性较大的分部工程，应要求施工单位编制专项施工方案，并由驻地监理工程师审核，总监理工程师批准后实施。

4.2.3 检查保证体系

监理工程师应检查施工单位质量、安全和环保等保证体系是否落实，重点检查项目经理、技术负责人、工地试验室负责人的资格及质量、安全、环保人员的履约情况。

5.2.1 工程开工前，监理工程师应审查施工单位编制的施工组织设计中的安全技术措施或专项施工方案是否符合强制性标准，审查合格后方可同意工程开工。审查重点是：

1. 安全管理和安全保证体系的组织机构，包括项目经理、专职安全管理人员、特种作业人员配备的数量及安全资格培训持证上岗情况。

2. 是否制订了施工安全生产责任制、安全管理规章制度、安全操作规程。

3. 施工单位的安全防护用具、机械设备、施工机具是否符合国家有关安全规定。

4. 是否制订了施工现场临时用电方案的安全技术措施和电气防火措施。

5. 施工场地布置是否符合有关安全要求。

6. 生产安全事故应急救援预案的制订情况，针对重点部位和重点环节制订的工程项目危险源监控措施和应急预案。

7. 施工人员安全教育计划、安全交底安排。

8. 安全技术措施费用的使用计划。

5.2.3 监理工程师在巡视、旁站过程中应监督施工单位按专项安全施工方案组织施工，若发现施工单位未按有关安全法律、法规和工程强制性标准施工，违规作业时，应予制止。对危险性较大的工程作业等要定期巡视检查，如发现安全事故隐患，应立即书面指令施工单位整改；情况严重的应签发《工程暂停令》要求施工单位暂停施工，并及时报告建设单位。施工单位拒不整改或者不停止施工的，监理工程师应及时向有关主管部门报告。

➤ **《公路桥梁加固施工技术规范》**(JTG/T J23—2008)

3.2.2 桥梁加固实施性施工组织设计应包括以下内容：编制说明、旧桥概况(含技术状况评定结果)、施工准备及施工总体策划、施工组织机构、加固施工方案、交通组织方案、资金计划、总进度计划及进度图、质量管理和质量保证体系、安全生产、环境保护、职业健康等。

JTG F90—2015

3.0.3 公路工程施工前应进行危险源辨识，并应按要求对桥梁、隧道、高边坡路基等工程进行施工安全风险评估，编制风险评估报告(内容见附录C)，现场应监控。

第3.0.3条对照规范

➤ **《公路桥涵施工技术规范》**(JTG/T F50—2011)

3.1.5 施工前应建立健全安全生产管理体系，落实安全责任，提出安全技术组织措施。对施工中可能存在的各种潜在风险应进行分析、评估，提出防范对策，制订必要的突发事件应急预案，使施工的全过程能安全地进行。

JTG F90—2015

3.0.4 应对从业人员进行安全生产教育培训，未经培训不得上岗。特殊作业人员(见附录D)应按相关规定经过专门培训，取得相应资格证书，持证上岗。

第3.0.4条对照规范

➤ **《公路工程施工安全技术规程》**(JTJ 076—95)

2.0.2 参加施工的人员，必须接受安全技术教育，熟知和遵守本工种的各项安全技术操作规程，并应定期进行安全技术考核，合格者方准上岗操作。对于从事电气、起重、建筑登高架设作业、锅炉、压力容器、焊接、车辆驾驶、机动船艇驾驶、爆破、瓦斯检验等特殊工种的人员，应经过专业培训，获得合格证书后，方准持证上岗。

➤《公路水泥混凝土路面施工技术细则》(JTG/T F30—2014)

5.1.5 应对拌和楼(机)与滑模摊铺机操作手和各特种岗位人员进行培训。未经培训的人员不得上岗操作。

➤《公路桥涵施工技术规范》(JTG/T F50—2011)

3.1.8 施工人员的配备应满足工程施工的需要,并应在进场时对其进行岗前培训和技术、安全交底。

20.7.2 海上桥梁施工前应根据施工区域的自然、环境条件,编制切实可行的施工技术方案,优化海上作业工序,并应针对海上施工的特点制订相应的安全技术方案。所有参加海上施工的人员,均应进行上岗前的海上施工安全培训,并应接受安全技术交底,特殊工种应持证上岗。

➤《公路隧道施工技术规范》(JTG F60—2009)

3.3.1 从事隧道施工的各类特殊岗位人员均应持证上岗。

➤《公路隧道施工技术细则》(JTG/T F60—2009)

3.3.1 应根据工程规模、工期和技术难度配备相应的管理、技术、测量、试验、环保、专职质量检查和安全监督人员。从事隧道施工的作业人员应经过岗前专业培训,全面接受安全、职业健康等教育,符合有关规定,持证上岗。

JTG F90—2015

3.0.5 公路工程施工前应逐级进行安全技术交底,主要包括安全技术要求、风险状况、应急处置措施等内容。

第3.0.5条对照规范

➤《公路路基施工技术规范》(JTG F10—2006)

3.1.3 路基开工前必须建立健全质量、环保、安全管理体系和质量检测体系,并对各类施工人员进行岗位培训和技术、安全交底。

➤《公路桥涵施工技术规范》(JTG/T F50—2011)

3.1.1 桥涵工程施工前应熟悉设计文件、领会设计意图,且宜由设计单位进行设计交底。

25.2.3 桥涵施工所使用的机具设备和参加施工的作业人员，应符合下列安全规定：

1 对施工作业所使用的机械、设备和工具，应定期检查或检验，使其保持良好的工作状态；对特种设备，应符合其安装、维护、使用和检验等管理制度的规定。

2 施工作业人员应进行上岗前的体检和安全培训，作业时应遵守本工种的各项安全操作技术规程。对从事特种作业的人员，应经过专业培训，持证上岗。进入施工区域内的作业人员，应按规定佩戴、使用劳动安全防护用品。不合格的防护用品不得使用。

3 单项工程包括辅助结构和临时工程，开工前应对施工作业人员进行安全技术交底。

➢ **《公路隧道施工技术规范》**(JTG F60—2009)

3.3.2 隧道施工前应对施工人员进行安全培训和安全技术交底。

➢ **《公路隧道施工技术细则》**(JTG/T F60—2009)

3.3.2 隧道施工前，应结合工程特点和新材料、新技术、新工艺的推广应用等情况，对施工人员进行安全教育、技术交底和培训。

➢ **《公路桥梁加固施工技术规范》**(JTG/T J23—2008)

3.2.3 桥梁加固施工前应进行施工技术交底。

JTG F90—2015

3.0.6 公路工程施工应按国家有关规定提取、使用安全生产费用。

条文说明

本条根据财政部 安全监管总局关于印发《企业安全生产费用提取和使用管理办法》的通知(财企〔2012〕16号)制定。

3.0.7 公路工程施工应为从业人员配备合格的安全防护用品和用具，并定期更换。从业人员在施工作业区域内，应正确使用安全防护用品和用具。

第3.0.7条对照规范

➤ **《公路工程施工安全技术规程》**(JTJ 076—95)

2.0.4 施工现场要设置足够的消防设备。施工人员应熟悉消防设备的性能和使用方法,并应组织一支经过训练的义务消防队伍。

➤ **《公路路基施工技术规范》**(JTG F10—2006)

9.2.4 施工作业人员,必须遵守本工种的各项安全技术操作规程。作业人员、进入现场人员必须按规定佩戴和使用劳动防护用品。由人工配合机械进行辅助作业时,作业人员应注意观察,严禁在机械正在作业的范围内进行辅助作业。

➤ **《公路水泥混凝土路面施工技术细则》**(JTG/T F30—2014)

5.1.10 使用填缝料、外加剂、水泥或粉煤灰、矿渣粉时,现场操作人员应按规定配戴防护用具。

➤ **《公路沥青路面施工技术规范》**(JTG F40—2004)

1.0.7 沥青路面施工应有良好的劳动保护,确保安全。沥青拌和厂应具备防火设施,配制和使用液体石油沥青的全过程严禁烟火。使用煤沥青时应采取措施防止工作人员吸入煤沥青或避免皮肤直接接触煤沥青造成身体伤害。

JTG F90—2015

3.0.8 施工现场、生产区、生活区、办公区应按规定配备满足要求且有效的消防设施和器材。

第3.0.8条对照规范

➤ **《公路桥涵施工技术规范》**(JTG/T F50—2011)

25.2.9 工地现场的防火安全应符合下列规定:

1 工地施工现场应建立消防安全管理制度和易燃易爆物品的管理办法,并应按不同的施工规模建立消防组织,配备义务消防人员,进行必要的消防知识培训,定期组织进行演习。

2 工地应按照总平面布置图划分消防安全责任区，并应根据作业条件合理配备消防器材，对各类消防器材应定期检查和维护保养，保证其使用的有效性。各类气瓶应单独存放，存放的库房应通风良好，各种设施应符合防爆的规定。

3 当发生火险时，应迅速准确地向当地消防部门报警，并应及时清理通道上的障碍，组织灭火。

JTG F90—2015

3.0.9 公路工程施工应编制综合应急预案、专项应急预案和现场应急处置方案，配备应急物资，并应定期组织相关人员进行应急培训和演练。

第3.0.9条对照规范

➢ **《公路路基施工技术规范》**(JTG F10—2006)

9.2.1 路基施工应制订安全预案、具备安全生产条件，确保施工安全。

➢ **《公路桥涵施工技术规范》**(JTG/T F50—2011)

3.1.3 对技术条件复杂的工程，应进行多方案比选，编制安全可靠、技术可行、经济合理的专项施工技术方案和专项安全技术方案。

➢ **《公路水泥混凝土路面施工技术细则》**(JTG/T F30—2014)

12.1.1 水泥混凝土面层铺筑期间，应收集当地月、旬、日天气预报资料。高速、一级公路宜在现场设置简易气象站。遭遇危害路面铺筑质量的灾害性天气和气象要素时，应进行及时观测与快速通报，并制订特殊天气的专项施工组织方案和应急处理预案。

JTG F90—2015

3.0.10 公路工程施工前，应全面检查施工现场、机具设备及安全防护设施等，施工条件应符合安全要求。用于施工临时设施受力构件的周转材料，使用前应进行材质检验。

条文说明

材质检验的内容主要为外观、直径、壁厚及力学性能。

第3.0.10条对照规范

➤ **《公路工程施工安全技术规程》**(JTJ 076—95)

2.0.8 施工所用的各种机具设备和劳动保护用品,应定期进行检查和必要的检验,保证其经常处于完好状态;不合格的机具设备和劳动保护用品严禁使用。

➤ **《公路水泥混凝土路面施工技术细则》**(JTG/T F30—2014)

5.4.2 施工前应对机械设备、测量仪器、基准线或模板、机具工具及各种试验仪器等进行全面检查、调试、校核、标定,并适量储备主要施工机械易损零部件。

➤ **《公路桥涵施工技术规范》**(JTG/T F50—2011)

3.1.10 应结合工程的规模、工期、地形特点等情况合理布置施工场地,所设置的各种临时设施应满足工程施工的需要及安全施工的要求,开工前应完成现场的"四通一平"工作。

3.1.11 应根据工程施工的需要,配备足够的机械设备和生产工具,且应在施工前对施工机具进行安装调试。

➤ **《公路工程施工监理规范》**(JTG G10—2006)

5.1.5 审查施工机械设备

监理工程师应审查施工单位进场的施工机械设备是否满足合同要求,重点审查机械设备是否满足施工质量、安全、环保、进度等要求。施工单位如使用合同约定外的施工机械设备,监理工程师应要求施工单位另行提出使用申请。

JTG F90—2015

3.0.11 公路工程施工使用的特种设备(见附录E)应按相关规定取得生产许可,应经检验合格并取得使用登记证书。

条文说明

本条参考《安全生产法》第三十条和《特种设备安全法》第三十二条

制定。

3.0.12　机械设备上各种安全防护、保险限位装置及各种安全信息装置必须齐全有效。必须按照使用说明书规定的技术性能、承载能力和使用条件操作、使用，严禁超载、超速作业或任意扩大使用范围。

条文说明

因机械设备安全装置缺失、违章操作导致的事故多发，故做此强制规定。

第3.0.12条对照规范

➤**《公路水泥混凝土路面施工技术细则》**(JTG/T F30—2014)

5.1.6　应制订拌和楼、发电(机)站、运输车、滑模摊铺机、沥青摊铺机、三辊轴机组等大型机械设备的安全操作规程，并在施工中严格执行。

7.1.5　滑模铺筑施工应编制安全生产作业指导书。

JTG F90—2015

3.0.13　危险作业场所应按规定设置警戒区或其他安全防护、逃生设施。

第3.0.13条对照规范

➤**《公路工程施工安全技术规程》**(JTJ 076—95)

4.2.16　机械在危险地段作业时，必须设明显的安全警告标志，并应设专人站在操作人员能看清的地方指挥。驾机人员只能接受指挥人员发出的规定信号。

JTG F90—2015

3.0.14　施工现场出入口、沿线各交叉口、施工起重机械、临时用电设施以及脚手架等临时设施、民爆物品和易燃易爆危险品库房、孔洞口、基坑边沿、桥梁边沿、码头边沿、隧道洞口和洞内等危险部位，应设置明显的安全警示标志和必要的安全防护设施。

第 3.0.14 条对照规范

➢ **《公路工程施工安全技术规程》**(JTJ 076—95)

3.1.4 施工现场应设置安全标志,并不得擅自拆除。

JTG F90—2015

3.0.15 工程货运车辆严禁运送人员。

条文说明

因货运车辆载运人员事故多发、人员伤亡量大,故做此强制规定。

3.0.16 大雨、大雪、大雾和六级及以上大风等恶劣天气不得进行露天作业。

第 3.0.16 条对照规范

➢ **《公路水泥混凝土路面施工技术细则》**(JTG/T F30—2014)

12.1.2 水泥混凝土面层施工如遇下列天气条件之一者,必须停工,不得强行铺筑:

1 现场降雨或下雪。

2 风力达到 6 级及 6 级以上的强风天气。

3 现场气温高于 40℃,或拌合物摊铺温度高于 35℃。

4 摊铺现场连续 5 昼夜平均气温低于 5℃或夜间最低气温低于-3℃。

12.1.3 施工过程中,铺筑现场发生影响铺筑面层质量的瞬间强风、下雷阵雨或冰雹时,应即刻停工。

➢ **《公路水泥混凝土路面再生利用技术细则》**(JTG/T F31—2014)

5.1.2 遇雨、雪等恶劣天气,不宜进行就地碎石化施工,已破碎而未施工封层的路段宜采取防排水措施。

6.1.2 遇雨、雪等恶劣天气时,不宜进行就地发裂施工,已破碎而未施工封层的路段宜采取防排水措施。

➤ **《公路沥青路面施工技术规范》**(JTG F40—2004)

1.0.4 沥青路面施工必须有施工组织设计，并保证合理的施工工期。沥青路面不得在气温低于10℃(高速公路和一级公路)或5℃(其他等级公路)，以及雨天、路面潮湿的情况下施工。

➤ **《公路沥青路面再生技术规范》**(JTG F41—2008)

1.0.5 采用沥青作为再生结合料的再生工程，宜在10℃以上气温条件下进行施工；采用水泥等作为再生结合料的再生工程，宜在5℃以上气温条件下进行施工。不得在雨天施工。

➤ **《公路交通安全设施施工技术规范》**(JTG F71—2006)

6.1.2 雨、雪、沙尘暴、强风、气温低于规定温度的天气，应暂停施工。

4 施工准备

4.1 驻地和场站建设

4.1.1 施工现场驻地和场站应选在地质良好的地段，应避开易发生滑坡、塌方、泥石流、崩塌、落石、洪水、雪崩等危险区域，宜避让取土、弃土场地。

第4.1.1条对照规范

➤ **《公路工程施工安全技术规程》**(JTJ 076—95)

3.1.1 施工现场应有利于生产，方便职工生活，符合防洪、防火等安全要求，具备文明生产、文明施工的条件。

3.1.2 施工现场的临时设施，必须避开泥沼、悬崖、陡坡、泥石流、雪崩等危险区域，选在水文、地质良好的地段。施工现场内的各种运输道路、生产生活房屋、易燃易爆仓库、材料堆放，以及动力通讯线路和其它临时工程，应按照有关安全的规定制定出合理的平面布置图。

➤ **《公路桥涵施工技术规范》**(JTG/T F50—2011)

25.2.2 桥涵工程施工场地的规划和临时设施的设置应满足安全施工的要求，并应符合下列规定：

1 对用于工程施工的临时驻地、作业场区、临时道路等的选址，应避开容易发生自然灾害或易受施工影响诱发地质灾害的地点。设立生活和生产等设施，以及塔式起重机等高耸设备时，应符合防火、防风、防爆、防震、防雷击的规定。

2 施工区域内的临时道路应保持畅通，临时码头、栈桥和便桥的位置应按批准的设计选址，并应设置相应的交通安全标志。码头、栈桥和便桥在施工期内应具有抵抗洪水、流冰和其他漂浮物冲击的能力。

3 施工区域内的临时用电设施应符合现行行业标准《施工现场临时用电安全技术规范》(JGJ 46)的规定。施工区域内应设置足够的消防设备，且施工人员应熟悉设备的性能和使用方法。

4 施工区域宜与周边环境隔离，出入口处应有专人管理。边通车边施工的地段，应进行交通导流方案设计，并应设置交通防护、警示和引导的标志；必要时，应实施交通管制。

➤ **《公路隧道施工技术规范》**(JTG F60—2009)

3.2.3 临时工程应满足安全和便于施工活动正常开展的需要。

3.2.4 严禁将临时房屋布置在受洪水、泥石流、塌方、滑坡及雪崩等自然灾害威胁的地段。

➤ **《公路隧道施工技术细则》**(JTG/T F60—2009)

3.2.3 临时工程应满足下列要求：

1 临时工程应在隧道开工前基本完成。

2 运输便道需引至洞口，满足行车安全要求，并经常养护，保证畅通。

3 风、水、电设施宜靠近洞口布设，安装机械和管线应按有关规定布置，并及早架设。

4 临时房屋应结合季节和地区特点，选用定型、拼装或简易式建筑，并能适应施工人员工作和生活的需要。各种房屋应遵守消防安全规定。爆破器材库、油库的位置应符合有关规定。

5 严禁将临时房屋布置在受洪水、泥石流、塌方、滑坡及雪崩等自然灾害威胁的地段。临时房屋的周围应设有排水系统，并避开高压电线。生活用水的排放，不得影响施工。

6 临时工程及场地布置时应采取措施保护自然环境。

7 临时工程的布置应考虑突发性自然灾害，并制定相应的应急预案。

JTG F90—2015

4.1.2 施工现场生产区、生活区、办公区应分开设置，距离集中爆破区应不小于500m。

4.1.3 施工现场临时用房、临时设施、生产区、生活区、办公区的防火间距应符合现行《建设工程施工现场消防安全技术规范》(GB 50720)的相关要求。

第 4.1.3 条对照规范

➢《公路工程施工安全技术规程》(JTJ 076—95)

3.1.6 生产生活房屋应按防火规定保持必需的安全净距，一般情况下活动板房不小于 7m，铁皮板房不小于 5m，临时的锅炉房、发电机房、变电室、铁工房、厨房等与其它房屋的间距不小于 15m。

JTG F90—2015

4.1.4 办公区、生活区宜避开存在噪声、粉尘、烟雾或对人体有害物质的区域，无法避开时应设在噪声、粉尘、烟雾或对人体有害物质所在区域最大频率风向的上风侧。

第 4.1.4 条对照规范

➢《公路工程施工安全技术规程》(JTJ 076—95)

3.1.9 对环境有污染的设施和材料应设置在远离人员居住的较为空旷的地点。污染严重的工程场所应配有防污染的设施。

➢《公路桥涵施工技术规范》(JTG/T F50—2011)

25.3.3 桥涵工程施工时，应对施工导致的空气污染和噪声污染进行控制，并应符合下列规定：

1 用于施工的各项临时设施、材料加工厂及混凝土搅拌站等，均宜远离居民区且宜处于下风区；当无法满足时，应采取适当的防尘、防噪措施。

2 施工现场的主要临时道路宜经常洒水降尘。对工程施工使用的粉末材料，在露天存放时应采取有效措施防止尘埃飞扬和雨水冲刷流失。

3 在城镇居民区施工时，应采取必要的措施，降低由机械设备或工艺操作所产生的噪声。

4 应控制施工设备废气排放符合国家规定的环保标准。

JTG F90—2015

4.1.5 施工现场原材料、半成品、成品、预制构件等堆放及机械、设备停放应整齐、稳固、规范、标识清楚，且不得侵占场内道路或影响安全。

4.1.6 材料加工场应符合下列规定：

1 宜设围墙或围栏防护实行封闭管理，并宜设排水设施。

2 场内应设置明显的安全警示标志及相关工种的操作规程。

3 加工棚宜采用轻钢结构，并应采取防雨雪、防风等措施。

4.1.7 预制场、拌和场应符合下列规定：

1 应合理分区、硬化场地，并应设置排水设施。

2 拌和及起重设备基础的地基承载力应满足要求，材料及成品存放区地基应稳定。

3 料仓墙体强度和稳定性应满足要求，料仓墙体外围应设警戒区，距离宜不小于墙高2倍。

4 拌和及起重设备应设置防倾覆和防雷设施。

第4.1.7条对照规范

➤ **《公路沥青路面施工技术规范》**(JTG F40—2004)

5.4.1 沥青混合料必须在沥青拌和厂(场、站)采用拌和机械拌制。

1 拌和厂的设置必须符合国家有关环境保护、消防、安全等规定。

2 拌和厂与工地现场距离应充分考虑交通堵塞的可能，确保混合料的温度下降不超过要求，且不致因颠簸造成混合料离析。

3 拌和厂应具有完备的排水设施。各种集料必须分隔贮存，细集料场应设防雨顶棚，料场及场内道路应作硬化处理，严禁泥土污染集料。

JTG F90—2015

4.1.8 施工现场变电站建设应符合现行《施工现场临时用电安全技术规范》(JGJ 46)的有关规定。

第 4.1.8 条对照规范

➢ **《公路工程施工安全技术规程》**(JTJ 076—95)

3.3.11 工地安装变压器必须符合电业部门的要求,并设专人管理。施工用电要尽量保持三相平衡。

3.3.12 现场的变(配)电设备处,必须备有灭火器材和高压安全用具。非电工人员严禁接近带电设备。

JTG F90—2015

4.1.9 储油罐的设置应符合下列规定:

1 储油罐与在建工程的防火间距应不小于15m,并应远离明火作业区、人员密集区、建(构)筑物集中区。

2 储油罐顶部应设置遮阳棚。

3 应按要求配备泡沫灭火器、干粉灭火器、沙土袋、沙土箱等灭火消防器材及沙土等灭火消防材料。

4 应设防静电、防雷接地装置及加油车接地装置,接地电阻不得大于10Ω。

5 应悬挂醒目的禁止烟火等警示标识。

第 4.1.9 条对照规范

➢ **《公路工程施工安全技术规程》**(JTJ 076—95)

3.1.7 易燃易爆品仓库、发电机房、变电所,应采取必要的安全防护措施,严禁用易燃材料修建。炸药库的设置应符合国家有关规定。工地的小型临时油库应远离生活区50m以外,并外设围栏。

➢ **《公路隧道施工技术规范》**(JTG F60—2009)

3.2.5 爆破器材库、油库的位置,应符合有关规定。

4.2 施工便道

4.2.1 施工便道应根据运输荷载、使用功能、环境条件进行设计和施工，不得破坏原有水系、降低原有泄洪能力，并应符合下列规定：

1　双车道施工便道宽度不宜小于6.5m。

2　单车道施工便道宽度不宜小于4.5m，并宜设置错车道，错车道应设在视野良好地段，间距不宜大于300m。设置错车道路段的施工便道宽度不宜小于6.5m，有效长度不宜小于20m。

3　路拱坡度应根据路面类型和现场自然条件确定，并应大于1.5%。

4　施工便道应根据需要设置排水沟和圆管涵等排水设施。

5　施工便道在急弯、陡坡、连续转弯等危险路段应进行硬化，设置警示标志，并根据需要设置防护设施。

6　施工便道中易发生落石、滑坡等危险路段应根据需要设置防护设施。

第4.2.1条对照规范

➢ **《公路工程施工安全技术规程》**(JTJ 076—95)

3.3.2　靠近河流和陡壁处的道路，应设置护栏和明显警告栏。

➢ **《公路路基施工技术规范》**(JTG F10—2006)

9.2.3　施工便道、便桥应设立警示和交通标志，必要时应设专人维护、指挥交通。施工车辆必须遵守道路交通法规。

JTG F90—2015

4.2.2　施工便道与既有道路平面交叉处应设置道口警示标志，有高度限制的应设置限高架。

第4.2.2条对照规范

➢ **《公路工程施工安全技术规程》**(JTJ 076—95)

3.3.1　场内道路应经常维护，保持畅通。载重车辆通过较多的道路，其弯道半径一般不小于15m，特殊情况不得小于10m。手推车道路的宽度不小于1.5m。急弯及陡坡地段应设置明显交通标志。与铁路交叉处应有专人照管,并设信号装置和落杆。

JTG F90—2015

4.2.3 施工便桥应根据使用要求和水文条件进行设计,并应设置限宽、限速、限载标志,建成后应验收。

4.3 临时码头和栈桥

4.3.1 临时码头宜选择在水域开阔、岸坡稳定、波浪和流速较小、水深适宜、地质条件较好、陆路交通便利的岸段。

第4.3.1条对照规范

➢ **《公路工程施工安全技术规程》**(JTJ 076—95)

3.6.1 临时码头位置应选在河流两岸比较开阔,河床比较稳定,水流顺直,地质较好的河段。两岸引道应保持坚固稳定。

JTG F90—2015

4.3.2 临时码头宜设置在桥梁、隧道、大坝、架空高压线、水下管线、取水泵房、危险品库、水产养殖场等区域的下游方向,与其他构筑物的安全距离应符合现行《海港总平面设计规范》(JTJ 211)和《河港工程总体设计规范》(JTJ 212)的有关规定。

4.3.3 临时码头应按照使用要求和相应的技术规范进行设计、施工和验收,并应设置安全警示标志,配备相应的安全防护设施。

第4.3.3条对照规范

➢ **《公路工程施工安全技术规程》**(JTJ 076—95)

3.6.2 临时码头应按设计施工,并应配备相应的安全防护设施。

JTG F90—2015

4.3.4 栈桥和栈桥码头应按照使用要求和相应的技术规范进行设计、施工和验收，并应符合下列规定：

1 通航水域搭设的栈桥和栈桥码头应取得海事和航道管理部门批准，并应按要求设置航行警示标志。

2 栈桥和栈桥码头的设计应考虑自重荷载、车辆荷载、波浪力、风力、水流力、船舶系靠力及漂浮物、腐蚀等，并应按施工期可能出现的最不利荷载组合进行验算。

3 栈桥和栈桥码头应设置行车限速、防船舶碰撞、防人员触电及落水等安全警示标志和救生器材。

4 栈桥上车辆和人员行走区域的面板应满铺，并应与下部结构连接牢固。悬臂板应采取有效的加固措施。

5 栈桥两侧和栈桥码头四周应设置高度不低于 1.2m 的防护栏杆。防护栏杆上杆任何部位应能承受 1 000N 的外力。

6 栈桥行车道两侧宜设置护轮坎。

7 长距离栈桥应设置会车、掉头区域，间隔不宜大于 500m。

8 通过栈桥的电缆应绝缘良好，并应固定在栈桥的一侧。

9 发生栈桥面或栈桥码头面被洪水、潮汛淹没，或栈桥被船舶撞击，或桩柱受海水严重腐蚀等情况，应重新检修、复核原构筑物。

10 栈桥应设置满足施工安全要求的照明设施。

11 栈桥和栈桥码头应设专人管理，非施工车辆及人员不得进入，非施工船舶不得靠泊。

条文说明

本条参考《水运工程施工安全防护技术规范》(JTS 205-1—2008)第 4.3.3 条和《建筑施工高处作业安全技术规范》(JGJ 80—91)第 3.1.3 条制定。

第 4.3.4 条对照规范

➤ **《公路工程施工安全技术规程》**(JTJ 076—95)

3.6.4 码头的附属设备,如跳板、支撑、船环、柱桩等应牢固可靠。

3.6.5 搭设的栈桥必须坚固可靠,两侧人行道、轨道中间应铺满木板。栈桥临水端应设置靠船的靠帮和系缆设施。通过栈桥的电线、电缆要绝缘良好,并固定在栈桥的一侧。

3.6.6 栈桥码头应有抗洪水、流冰及其他漂浮物的能力,工作人员应对各种设施经常维修。

4.4 施工临时用电

4.4.1 施工现场临时用电应符合现行《施工现场临时用电安全技术规范》(JGJ 46)的有关规定。

第 4.4.1 条对照规范

➤ **《公路路基施工技术规范》**(JTG F10—2006)

9.2.2 施工现场的临时用电,应严格执行现行《施工现场临时用电安全技术规范》(JGJ 46)。夜间施工时,现场应设有保证施工安全要求的照明设施。

➤ **《公路水泥混凝土路面施工技术细则》**(JTG/T F30—2014)

5.1.9 施工现场的发电机、线缆等应放置在无车辆、人、畜通行部位,确保用电安全。

JTG F90—2015

4.4.2 施工用电设备数量在 5 台及以上,或用电设备容量在 50kW 及以上时,应编制用电组织设计。

第 4.4.2 条对照规范

➤ **《公路桥涵施工技术规范》**(JTG/T F50—2011)

25.2.7 施工现场的用电安全应符合下列规定:

1 临时用电设备在5台及以上或设备总容量在50kW及以上者，宜编制用电组织设计；当低于上述要求时，可仅制订安全用电技术方案和电气防火方案。

2 施工用电应采用中性点直接接地的380/220V三相四线制低压电力系统；且应采用总配电箱、分配电箱、开关箱三级配电装置，开关箱以下应为用电设备。电力系统应采用TN-S接零保护和二级漏电保护。采用自备电源时，发电机组的电源应与外电线路联锁，严禁并列运行；发电机组应采用三相四线制中性点直接接地系统，并应独立设置，与外电源隔离。

3 配电线路应架空架设，且应采用绝缘导线经横担和绝缘子架设在专用电杆上；当采用电缆线路时，应采用五芯电缆，且电缆线路应采取埋地或架空的方式敷设，不得沿地面明设，电缆直接埋地敷设的深度不宜小于0.7m，并应在其路径上设方位标志。配电线路严禁架设在树木、脚手架或其他设施上，各种线路均应有短路和过载保护。

4 现场电源线的接头应采用绝缘胶带包扎良好，不得采用塑料胶带或其他非绝缘胶带包扎，接头不得随意放置在潮湿的地面上或水中。

5 施工用电的动力配电箱与照明配电箱宜分箱设置，当合置于同一箱内时，动力与照明应分路配电；动力开关箱与照明开关箱必须分设。配电箱和开关箱应装设在干燥、通风、无外来物体撞击的地方，箱内应设置电源隔离开关、短路保护器和过载保护器，总配电箱和开关柜中还应设置漏电保护器；箱内所使用的各种电器必须可靠、完好，严禁使用破损、不合格的电器。每台用电的设备应有各自专用的开关箱，严禁使用同一个开关箱（或插座）直接控制2台及以上的用电设备。

6 对施工现场的起重机、龙门吊等机械设备，以及钢支架、钢管脚手架和正在施工的工程金属结构，当位于相邻构筑物防雷装置接闪器的保护范围以外时，应按有关规定安装防雷装置。防雷装置的避雷针（接闪器）可采用长度为1～2m的ϕ20mm钢筋；当利用金属构架做引下线时，应保证构架之间的电气连接；防雷装置的冲击接地电阻值应不大于30Ω。当最高机械设备上避雷针（接闪器）的保护范围能覆盖其他设备，且又最后退出现场时，则其他设备可不设防雷装置。

7 施工照明的供电电压在一般场所应为220V，在高温、潮湿、有导电灰尘及容易触及照明线路等特殊场所，应使用安全特低电压的照明器。照明器具的形式和防护等级应与环境条件相适应，不得使用绝缘老化或破损的器具。使用220V碘钨灯照明时应固定安装，其安装高度应不低于3m，距易燃物应不小于500mm，并不得直接照射易燃物，220V碘钨灯不得作为移动照明使用。夜间施工对可能影响行人、车辆、船舶、飞机等安全通行的施工部位、设施及设备，应设置红色警戒照明灯。

8 施工现场的用电应由专职电工进行操作，电工应通过相关的安全教育和专业技术培训，持证上岗；操作时应按安全用电的规定穿戴劳动安全保护用品。

JTG F90—2015

4.4.3 施工现场临时用电工程专用的电源中性点直接接地的220/380V三相四线制低压电力系统，必须符合下列规定：

1 采用三级配电系统。

2 采用TN-S接零保护系统。

3 采用二级保护系统。

条文说明

TN-S系统是指在采用保护接零的中性点直接接地系统中，除在中性点作工作接地外，还必须在接地线上一处或多处重复接地，如图4-1所示。

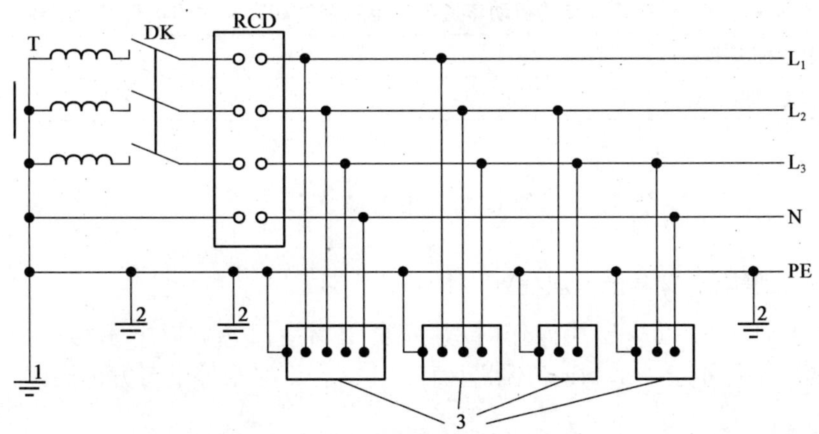

图4-1 TN-S接零保护系统示意

第4.4.3条对照规范

➤ **《公路工程施工安全技术规程》**(JTJ 076—95)

3.3.9 在三相四线制中性点接地供电系统中，电气设备的金属外壳应做接零保护；在非三相四线制供电系统中，电气设备的金属外壳应做接地保护，其接地电阻应不大于 4Ω，并不得在同一供电系统上有的接地，有的接零。

JTG F90—2015

4.4.4 电线架设应符合下列规定：

1 架空线路宜避开施工作业面、作业棚、生活设施与器材堆放场地。

2 架空线路边线无法避开在建工程（含脚手架）时，其安全距离应符合表 4.4.4-1 的规定。

表 4.4.4-1 外电架空线路边线外侧边缘与在建工程（含脚手架）间安全距离

外电线路电压等级(kV)	<1	1～10	35～110	220	330～500
安全距离(m)	4	6	8	10	15

3 施工现场的机动车道与外电架空线路交叉时，架空线路的最低点与路面的垂直安全距离应符合表 4.4.4-2 的规定。

表 4.4.4-2 施工现场的机动车道与外电架空线路交叉时的垂直安全距离

外电线路电压等级(kV)	<1	1～10	35
垂直安全距离(m)	6	7	8

第 4.4.4 条对照规范

➤ **《公路工程施工安全技术规程》**(JTJ 076—95)

3.3.7 电工在接近高压线操作时，其安全距离为：10kV 以下不得小于 0.7m，20～35kV 不得小于 1m，44kV 不得小于 1.2m，否则必须停电后方可操作。

JTG F90—2015

4.4.5 铺设电缆线应符合下列规定：

1 施工现场开挖沟槽边缘与埋设电缆沟槽边缘的安全距离不得小于 0.5m。

2 地下埋设电缆应设防护管。

3 架空铺设电缆应沿墙或电杆做绝缘固定。

4 通往水上的岸电应用绝缘物架设，电缆线应留有余量，作业过程中不得挤压或拉拽电缆线。

第4.4.5条对照规范

➤ **《公路工程施工安全技术规程》**(JTJ 076—95)

3.3.6 现场架设的临时线路必须用绝缘物支持，不得将电线缠绕在钢筋、树木或脚手架上。

JTG F90—2015

4.4.6 水上或潮湿地带的电缆线必须绝缘良好并具有防水功能，电缆线接头必须经防水处理。

条文说明

水上或潮湿地带的电缆线绝缘和防水处理不当易引发触电事故，造成人员伤亡。

第4.4.6条对照规范

➤ **《公路工程施工安全技术规程》**(JTJ 076—95)

3.3.5 场内架设的电线应绝缘良好，悬挂高度及线间距必须符合电业部门的安全规定。

➤ **《公路桥涵施工技术规范》**(JTG/T F50—2011)

20.7.4 海上施工用电安全应符合下列规定：

1 通往海上的岸电线路，必须采用绝缘物架设，导线长度应留有余量，且不得承受挤压或机械拉力。

2 海上临时用电的电缆线必须绝缘良好并具有防水功能，电缆线的接头应进行防水处理。

3 海上施工采用的电器设备，应符合三相四线制的配线规定，并应设置专用开关箱。

4　水下电缆应设置在海床稳定、不易被冲刷、无障碍物的水域；在抛锚区、锚缆摆动区和有拖网渔船活动的水域，不得布设水下电缆。敷设有水下电缆的岸边，应设置醒目的警告标志。

5　水下电缆不得悬空于水中，应埋设于水底。在船舶进出的航行通道等需防范外部机械损伤的水域，应埋置于水底适当深度，浅水区埋深不宜小于0.5m，深水航道埋深不宜小于2m，并应加以稳固覆盖进行保护。

6　水下电缆相互间不得交叉、重叠，相邻的电缆应保持足够的安全间距。

JTG F90—2015

4.4.7　每台用电设备必须独立设置开关箱；开关箱必须装设隔离开关及短路、过载、漏电保护器，严禁设置分路开关；配电箱、开关箱的电源进线端严禁用插头和插座做活动连接。

条文说明

本条参考《施工现场临时用电安全技术规范》(JGJ 46—2005)第8.1.3条、第8.2.15条制定，用电设备、开关箱、配电箱、漏电保护器的使用要求概括为“一机一闸一箱一漏”制。

第4.4.7条对照规范

➤ **《公路工程施工安全技术规程》**(JTJ 076—95)

3.3.8　各种电器设备应配有专用开关，室外使用的开关、插座应外装防水箱并加锁，在操作处加设绝缘垫层。

JTG F90—2015

4.4.8　配电箱及开关箱设置应符合下列规定：

1　总配电箱应设在靠近电源的区域；分配电箱应设在用电设备或负荷相对集中的区域；开关箱与分配电箱的距离不得大于30m，开关箱应靠近用电设备，与其控制的固定式用电设备水平距离不宜大于3m。

2　动力配电箱与照明配电箱宜分别设置。合并设置的配电箱，动力和照明应分路设置。

3　配电箱、开关箱应装设在干燥、通风及常温场所，不得装设在存在瓦斯、烟气、潮气及其他有害介质的场所。

4　配电箱、开关箱应选用专业厂家定型、合格产品。

5　总配电箱中漏电保护器的额定漏电动作电流应大于30mA，额定漏电动作时间应大于0.1s，额定漏电动作电流与额定漏电动作时间的乘积不得大于30mA·s。开关箱中漏电保护器的额定漏电动作电流不得大于30mA，额定漏电动作时间不应大于0.1s。潮湿或有腐蚀介质场所的漏电保护器应采用防溅型产品，额定漏电动作电流不得大于15mA，额定漏电动作时间不得大于0.1s。

6　配电箱、开关箱应装设端正、牢固。固定式配电箱、开关箱的中心点与地面的垂直距离应为1.4～1.6m。移动式配电箱、开关箱应装设在坚固、稳定的支架上，其中心点与地面的垂直距离应为0.8～1.6m。

条文说明

5　本款参考《水运工程施工安全防护技术规范》(JTS 205-1—2008)第4.4.5条制定。

6　本款参考《施工现场临时用电安全技术规范》(JGJ 46—2005)第8.1.8条制定。

4.4.9　遇有临时停电、停工、检修或移动电气设备时，应关闭电源。

第4.4.9条对照规范

➤ **《公路工程施工安全技术规程》**(JTJ 076—95)

3.3.10　各种电气设备的检查维修，一般应停电作业；如必须带电作业时，应有可靠的安全措施并派专人监护。

3.3.19　检修电气设备时应按下列要求进行：

(1)电气设备的检修必须由电工进行，他人不得任意操作；

(2)工作中如遇停电应拉下开关，切断电源；检修结束必须仔细检查各项设备的情况，没有异常，方可合闸；

(3)大型电气设备检修应在切断电源、设好防护后进行,并在开关处设置警示标牌,工作完成后方可拆除;如需进行送电试验时,必须在认真检查并与有关部门联系后,方可进行。

4.5 生产生活用水

4.5.1 生活饮用水水质应符合现行《生活饮用水卫生标准》(GB 5749)的有关规定。

第 4.5.1 条对照规范

➢ **《公路工程施工安全技术规程》**(JTJ 076—95)

3.3.4 生产生活用水应进行鉴定,其水质必须符合国家现行标准。水源应采取保护措施,防止水质污染。

JTG F90—2015

4.5.2 施工现场搭设的水塔、水箱等储水设施应稳固、牢靠,并应采取防倾覆措施。

4.6 施工机械设备

4.6.1 应制定施工机械设备安全技术操作规程,建立设备安全技术档案。

4.6.2 施工机械设备进场前应查验机械设备证件、性能、状况;进场后,应向操作人员进行安全技术交底。

4.6.3 特种设备现场安装、拆除应按相关规定具有相应作业资质。

4.6.4 龙门吊、架桥机等轨道行走类设备应设置夹轨器和轨道限位器。轨道的基础承载力、宽度、平整度、坡度、轨距、曲线半径等应满足说明书和设计要求。

第 4.6.4 条对照规范

➤ **《公路工程施工安全技术规程》**(JTJ 076—95)

8.8.2.4 龙门架

(1)龙门架制作(拼装)完成后,应按设计要求组织检查验收;

(2)移动式龙门架除进行静载试验外,还应等载在轨道上往返运行一次,检查龙门架在移动中的变形以及轨距、轨道平整度等情况;

(3)吊起重物作水平移动时,应将重物提高到可能遇到的障碍物 0.5m 以上;运行时被吊重物不得左右摇摆;

(4)牵引移动的跨墩龙门架,在行走时两侧牵引卷扬机必须同时、同速启动和运行;

(5)开动和停止电动机,应缓慢平缓地操纵控制器;作后向移动时,必须等机、物完全停稳后方可操作;

(6)龙门架拆除时,应制定安全技术措施。

JTG F90—2015

4.6.5 机械设备集中停放的场所应设置消防通道,并应配备消防器材。

第 4.6.5 条对照规范

➤ **《公路工程施工安全技术规程》**(JTJ 076—95)

4.2.14 施工单位应为进场机械提供临时机棚或停机场地。机械在停机棚内起动时,必须保持通风;棚内严禁烟火,机械人员必须掌握所备灭火器材的使用方法。

➤ **《公路水泥混凝土路面施工技术细则》**(JTG/T F30—2014)

5.1.11 所有施工机械、电力、燃料等操作部位,严禁吸烟和有任何明火。摊铺机、拌和楼、油库、发电站、配电站等重要施工设备上应配备消防器具,确保防火安全。

JTG F90—2015

4.6.6 施工现场专用机动车辆驾驶人员应按相关规定经过专门培训,

并应取得相应资格证书。

第 4.6.6 条对照规范

➤ **《公路工程施工安全技术规程》**(JTJ 076—95)

3.5.1 操作人员在工作中不得擅离岗位,不得操作与操作证不相符合的机械,不得将机械设备交给无本机种操作证的人员操作。

➤ **《公路水泥混凝土路面施工技术细则》**(JTG/T F30—2014)

5.1.12 所有机械设备机手不得擅离操作台,严禁用手或工具触碰正在运转机件。非操作人员不得登机。

JTG F90—2015

4.6.7 施工现场运输车辆应状态良好,车身应设置反光警示标识。

第 4.6.7 条对照规范

➤ **《公路水泥混凝土路面施工技术细则》**(JTG/T F30—2014)

5.1.13 大型摊铺设备停放在通车道路上时,周围应设置明显的安全标志,正对行车方向应提前不少于 200m 引导车辆转向,夜间应以红灯示警。

5 通用作业

5.1 测量作业

5.1.1 密林丛草间施工测量应探明周边环境，遵守护林防火规定，并应采取预防有害动物、植物伤人的个体防护措施。

第5.1.1条对照规范

➤ **《公路工程施工安全技术规程》**(JTJ 076—95)

3.2.1 密林丛草间进行施工测量时，应遵守护林防火规定，严禁烟火，并需预防有害动、植物伤人。

JTG F90—2015

5.1.2 外电架空线路附近工作时，测量人员的身体和测量设备外沿与外电架空线路之间的安全距离应符合现行《施工现场临时用电安全技术规范》(JGJ 46)的有关规定。安全距离无法实现时，应与有关部门协商，采取停电、迁移外电线路或改变工程位置等措施。

第5.1.2条对照规范

➤ **《公路工程施工安全技术规程》**(JTJ 076—95)

3.2.3 测量人员在高压线附近工作时，必须保持足够的安全距离。遇雷雨时不得在高压线、大树下停留。

JTG F90—2015

5.1.3 不中断交通道路上测量，应设置交通安全标志，并应设专人指挥或警戒。测量人员应穿反光标志服。

第 5. 1. 3 条对照规范

➢《公路工程施工安全技术规程》(JTJ 076—95)

3. 2. 5 在公路、街道、交通繁忙的道路上测量时,必须有专人警戒,防止交通事故。

JTG F90—2015

5. 1. 4 陡坡及不良地质地段测量,测量人员应系安全带、穿防滑鞋等,并应加强监护。桥墩等高处测量,测量人员应正确佩戴和使用个体防护用品。

第 5. 1. 4 条对照规范

➢《公路工程施工安全技术规程》(JTJ 076—95)

3. 2. 4 在陡坡及危险地段测量时应系安全带,脚穿软底轻便鞋。在桥墩上测量时应有上下桥墩及防止人体坠落的安全措施。

JTG F90—2015

5. 1. 5 水上测量作业,测量船应悬挂号灯或号型,并应设专人负责瞭望。测量人员应穿救生衣。

第 5. 1. 5 条对照规范

➢《公路工程施工安全技术规程》(JTJ 076—95)

3. 2. 6 水文测量人员应穿救生衣。在陡峻的河岸进行观测时,应有简易便道和防护措施。

在通航河流上,测量船应有信号设备。在江中抛锚时应按港航监督部门的规定设置信号并有专人负责瞭望。

夜间进行水文测量时,必须备有足够的照明设备。

JTG F90—2015

5.1.6 水上测量平台应稳固可靠,并应设置防护围栏和警示标志,作业时应派交通船守护。

5.1.7 冰上测量前应掌握冰封情况,冰封情况应满足作业要求。冰封不稳定的河段及春季冰融期间不得进行冰上测量。

第 5.1.7 条对照规范

➤ **《公路工程施工安全技术规程》**(JTJ 076—95)

3.2.7 冰上测量时应向当地有关部门了解冰封情况,确认无危险后,方可作业。遇有封冰不稳定的河段及春季冰融期间,不得在冰上进行测量。

JTG F90—2015

5.1.8 夜间测量照明应满足作业要求,测量人员应穿反光标志服。

5.2 支架及模板工程

5.2.1 钢支架设计应符合现行《钢结构设计规范》(GB 50017)的规定,支架钢管应符合现行《碳素结构钢》(GB/T 700)、《建筑施工碗扣式钢管脚手架安全技术规范》(JGJ 166)、《建筑施工扣件式钢管脚手架安全技术规范》(JGJ 130)、《钢管脚手架扣件》(GB 15831)的相关规定。

第 5.2.1 条对照规范

➤ **《公路桥涵施工技术规范》**(JTG/T F50—2011)

5.2.2 钢模板和钢支架的设计应符合现行国家标准《钢结构设计规范》(GB 50017)的规定,采用冷弯薄壁型钢时应符合现行国家标准《冷弯薄壁型钢结构技术规范》(GB 50018)的规定;采用定型组合钢模板时应符合现行国家标准《组合钢模板技术规范》(GB 50214)的规定。木模板和木支架的设计应符合现行国家标准《木结构设计规范》(GB 50005)的规定。采用定型钢管脚手架作为支架材料时,支架的设计应分别符合现行行业标准《建筑施工碗扣式钢管脚手架安全技术规范》(JGJ 166)、《建筑施工门式钢管脚手架安全技术规范》(JGJ 128)或《建筑施工扣件式钢管脚手架安全技术规范》(JGJ 130)的规定。采用其他材料的模板和支架的设计应符合其相应的专门技术规定。

JTG F90—2015

5.2.2 定型组合模板应符合现行《组合钢模板技术规范》(GB 50214)的规定。

5.2.3 支架、模板的强度、刚度和稳定性,应按照现行《公路桥涵施工技术规范》(JTG/T F50)设计并验算,水中支架基础尚应考虑水流冲刷的影响。

第 5.2.3 条对照规范

➤ **《公路桥涵施工技术规范》**(JTG/T F50—2011)

5.1.2 模板和支架应符合下列规定:

1 模板和支架应具有足够的强度、刚度和稳定性,应能承受施工过程中所产生的各种荷载。

2 模板、支架的构造应简单、合理,结构受力应明确,安装、拆除应方便。

3 模板应能与混凝土结构或构件的特征、施工条件和浇筑方法相适应,应保证结构物各部位形状尺寸和相互位置的准确。

4 模板的板面应平整,接缝处应严密且不漏浆;模板与混凝土的接触面应涂刷隔离剂,但不得采用废机油等油料,且不得污染钢筋及混凝土的施工缝。

5 支架应稳定、坚固,应能抵抗在施工过程中可能发生的振动和偶然撞击。

JTG F90—2015

5.2.4 支架周转材料使用前应按照现行《建筑施工扣件式钢管脚手架

安全技术规范》(JGJ 130)、《建筑施工碗扣式钢管脚手架安全技术规范》(JGJ 166)要求检查，达不到设计要求时不得使用。

5.2.5 支架支撑体系应符合下列规定：

1 支架基础应根据所受荷载、搭设高度、搭设场地地质等情况进行设计及验算。

2 支架基础的场地应设排水措施，遇洪水或大雨浸泡后，应重新检验支架基础、验算支架受力。冻胀土基础应有防冻胀措施。

3 支架基础施工后应检查验收。

4 支架在安装完成后应检查验收。

5 使用前应预压。预压荷载应为支架需承受全部荷载的1.05～1.10倍。

6 预压加载、卸载应按预压方案要求实施，使用沙(土)袋预压时应采取防雨措施。

7 支架应设置可靠的接地装置。

条文说明

支架基础经浸泡或冻胀后，承载力降低，易造成支架失稳。加载、卸载不均衡对称，易造成偏载失稳。沙(土)材料吸水性强，雨淋后会增加预压荷载，造成超载。

第5.2.5条对照规范

➤ **《公路工程施工安全技术规程》**(JTJ 076—95)

8.3.2 地基承载能力应符合设计标准，否则应采取加固措施，使其达到设计要求。

8.3.3 根据施工季节，支架工程应采取防冲刷或防冻胀等安全措施。

JTG F90—2015

5.2.6 使用碗扣式、门式或扣件式钢管脚手架作为支架时，脚手架构造应分别符合现行《建筑施工碗扣式钢管脚手架安全技术规范》(JGJ

166)、《建筑施工门式钢管脚手架安全技术规范》(JGJ 128)和《建筑施工扣件式钢管脚手架安全技术规范》(JGJ 130)的规定。扣件应符合现行《钢管脚手架扣件》(GB 15831)的规定。

5.2.7 桩、柱梁式支架应符合下列规定：

1 钢管桩的承载力应满足要求。

2 纵梁之间应设置安全可靠的横向连接。

3 搭设完成后应检查验收。

4 跨通行道路时，应按照现行《道路交通标志和标线》(GB 5768)的要求设置交通标志。

5 跨通航水域时，应设置号灯、号型。

5.2.8 跨通行道路、通航水域的支架应根据道路、水域通行情况设置防撞设施。

第 5.2.8 条对照规范

➤ **《公路工程施工安全技术规程》**(JTJ 076—95)

8.4.7 搭设在水中的脚手架，应经常检查受水冲刷情况，发现松动、变形或沉陷应及时加固。在脚手架上作业人员应配带救生设备。

JTG F90—2015

5.2.9 模板加工制作应符合下列规定：

1 制作钢木结合模板，钢、木加工场地应分开，并应及时清除锯末、刨花和木屑。

2 模板所用材料应堆放稳固。

3 模板堆放高度不宜超过 2m。

第 5.2.9 条对照规范

➤ **《公路工程施工安全技术规程》**(JTJ 076—95)

8.1.1.1 模板作业场地的布置。木料、钢模、模板半成品的堆放,废料堆集和场内道路的修建,应做到统筹安排,合理布局。

8.1.1.3 钢模、木材应堆放平稳,原木垛高不得超过 3m,垛距不得小于 1.5m,成材垛高一般不得超过 4m,每增加 0.5m 应加设横木。垛距不得小于 1m。作业场地应避开高压线路。

8.1.1.4 下班前应将锯末、木屑、刨花等杂物消除干净,并要运出场地进行妥善处理。

➤ **《公路桥涵施工技术规范》**(JTG/T F50—2011)

5.3.1 模板的制作应符合下列规定:

1 钢模板应按批准的加工图进行制作,成品经检验合格后方可使用。组装前应对零部件的几何尺寸和焊缝进行全面检查,合格后方可进行组装。面板变形及整体刚度应符合第 5.2.7 条的规定。

2 制作钢木组合模板时,钢与木之间的接触面应贴紧。面板采用防水胶合板的模板,除应使胶合板与背楞之间密贴外,对在制作过程中裁切过的防水胶合板茬口,应按产品的要求及时涂刷防水涂料。

3 木模板与混凝土接触的表面应刨光且应保持平整。木模板的接缝可制作成平缝、搭接缝或企口缝,当采用平缝时,应有防止漏浆的措施;转角处应加嵌条或做成斜角。

4 采用其他材料(高分子合成材料面板、硬塑料或玻璃钢)制作模板时,其接缝应严密,边肋及加强肋应安装牢固,并应与面板成一整体。

JTG F90—2015

5.2.10 模板吊环不得采用冷拉钢筋,且吊环的计算拉应力不得大于 50MPa。

第 5.2.10 条对照规范

➤ **《公路桥涵施工技术规范》**(JTG/T F50—2011)

5.1.4 在模板上设置的吊环,严禁采用冷加工钢筋制作,且吊环的计算拉应力应不大于 50MPa。

JTG F90—2015

5.2.11　模板应按设计方案设置纵、横、斜向支撑和水平拉杆，拉杆不得焊接。

5.2.12　大型钢模板应设置工作平台和爬梯。工作平台应设置防护栏杆、挡脚板和限载标志。

5.2.13　模板安装应符合下列规定：

1　吊装模板前，应检查模板和吊点。吊装应设专人指挥。模板未固定前，不得实施下道工序。

2　模板安装就位后，应立即支撑和固定。支撑和固定未完成前，不得升降或移动吊钩。

3　模板应按设计要求准确就位，且不宜与脚手架连接。

4　模板安装完成后节点联系应牢固。

5　基准面以上 2m 安装模板应搭设脚手架或施工平台。

第 5.3.13 条对照规范

➢ **《公路路基施工技术规范》**(JTG F10—2006)

9.2.9　作业高度超过 1.2m 时，应设置脚手架，脚手架应通过专业设计，必须进行强度、刚度及稳定性等方面的验算。施工过程中，对脚手架应经常检查，发现松动、变形或沉陷应及时加固。

➢ **《公路桥涵施工技术规范》**(JTG/T F50—2011)

5.3.2　模板的安装应符合下列规定：

1　模板应按设计要求准确就位，且不宜与脚手架连接。

2　安装侧模板时，支撑应牢固，应防止模板在浇筑混凝土时产生移位。

3　模板在安装过程中，必须设置防倾覆的临时固定设施。

4 模板安装完成后，其尺寸、平面位置和顶部高程等应符合设计要求，节点联系应牢固。

5 梁、板等结构的底模板应设置预拱度。

6 固定在模板上的预埋件和预留孔洞均不得遗漏，安装应牢固，位置应准确。

JTG F90—2015

5.2.14 模板、支架拆除应符合下列规定：

1 模板、支架的拆除期限和拆除程序等应按施工组织设计和施工方案要求进行，危险性较大模板、支架的拆除尚应遵守专项施工方案的要求。

2 模板、支架的拆除应遵循先拆非承重模板、后拆承重模板、自上而下、分层分段拆除的顺序和原则。

3 承重模板应横向同时、纵向对称均衡卸落。

4 简支梁、连续梁结构模板宜从跨中向支座方向依次循环卸落；悬臂梁结构模板宜从悬臂端开始顺序卸落。

5 承重模板、支架，应在混凝土强度达到设计要求后拆除。

6 模板、支架的拆除应设立警戒区，非作业人员不得进入。

7 拆除人员应使用稳固的登高工具、防护用品。

第5.2.14条对照规范

➤ **《公路工程施工安全技术规程》**(JTJ 076—95)

8.4.11 拆除脚手架时，周围应设置护栏或警戒标志，并应从上而下地拆除，不得上下双层作业。拆除的脚手杆、板应用人工传递或吊机吊送，严禁随意抛掷。

➤ **《公路桥涵施工技术规范》**(JTG/T F50—2011)

5.5.1 模板、支架的拆除期限和拆除程序等应严格按施工图设计的要求进行，设计未要求时，应根据结构物特点、模板部位和混凝土所应达到的强度要求决定。

5.5.2 非承重侧模板应在混凝土抗压强度达到2.5MPa，且能保证其表面及棱角不致因拆模而受损坏时方可拆除。

5.5.3 芯模和预留孔道的内模,应在混凝土强度能保证其表面不发生塌陷或裂缝现象时,方可拆除。

5.5.4 钢筋混凝土结构的承重模板、支架,应在混凝土强度能承受其自重荷载及其他可能的叠加荷载时,方可拆除。

5.5.5 对预应力混凝土结构,在符合第5.5.2条规定的条件下,其侧模应在预应力钢束张拉前拆除;底模及支架应在结构建立预应力后方可拆除。

5.5.6 模板、支架的拆除应遵循后支先拆、先支后拆的原则顺序进行。墩、台的模板宜在其上部结构施工前拆除。

5.5.7 拆除梁、板等结构的承重模板时,在横向应同时、在纵向应对称均衡卸落。简支梁、连续梁结构的模板宜从跨中向支座方向依次循环卸落;悬臂梁结构的模板宜从悬臂端开始顺序卸落。

5.5.8 在低温、干燥或大风环境下拆除模板时,应采取必要的措施,防止混凝土表面产生裂缝。

5.5.9 拆除模板、支架时,不得损伤混凝土结构。

JTG F90—2015

5.2.15 模板存放应符合下列规定:

1 模板存放场地应坚实平整。

2 大型模板应存放在专用模板架内或卧倒平放,不得直靠其他模板或构件。特型模板应存放在专用模板架内。

3 突风频发区或台风到来前,存放的大型模板应采取加固措施。

4 清理模板或刷脱模剂时,模板应支撑牢固,两片模板间应留有足够的人行通道。

5.3 钢筋工程

5.3.1 钢筋加工机械所有转动部件应有防护罩。

5.3.2 钢筋冷弯作业时,弯曲钢筋的作业半径内和机身不设固定销的一侧不得站人或通行。

5.3.3 钢筋冷拉作业区两端应装设防护挡板,冷拉钢筋卷扬机应置于视线良好位置,并应设置地锚。钢筋或牵引钢丝两侧 3m 内及冷拉线两端不得站人或通行。

第 5.3.3 条对照规范

➢《公路工程施工安全技术规程》(JTJ 076—95)

8.5.2 钢筋调直及冷拉场地应设置防护挡板,作业时非作业人员不得进入现场。

JTG F90—2015

5.3.4 钢筋对焊机应安装在室内或防雨棚内,并应设可靠的接地、接零装置。多台并列安装对焊机的间距不得小于 3m。对焊作业闪光区四周应设置挡板。

5.3.5 作业高度超过 2m 的钢筋骨架应设置脚手架或作业平台,钢筋骨架应有足够的稳定性。

5.3.6 吊运预绑钢筋骨架或成捆钢筋应确定吊点的数量、位置和捆绑方法,不得单点起吊。

5.3.7 作业平台等临时设施上存放钢筋不得超载。

5.4 混凝土工程

5.4.1 混凝土拌和前应确认搅拌、供料、控制等系统运行正常。

第 5.4.1 条对照规范

➢《公路工程施工安全技术规程》(JTJ 076—95)

6.5.2.1 搅拌站

(1)搅拌站应按设计要求,安装在具有足够承载力、坚固、稳定的基座上。操作处应设作业平台及防护栏杆;

(2)搅拌站的电气设备和线路,应绝缘良好。机械设备外露的转动部分,应设防护装置;

(3)搅拌站的机械设备安装完毕后,要检查:离合器、制动器、升降器是否灵活可靠;轨道滑轮是否良好;钢丝绳有无断裂或损坏等,并经试转,全部机械达到正常后,方可作业。

JTG F90—2015

5.4.2 维修、保养或检查清理搅拌系统、供料系统应封闭下料口、切断电源、锁定安全保护装置、悬挂“严禁合闸”安全警示标志,并派专人看守。

第5.4.2条对照规范

➤ **《公路水泥混凝土路面施工技术细则》**(JTG/T F30—2014)

6.3.16 在拌和楼(机)的搅拌锅内清理黏结混凝土时,无电视监控的拌和楼(机)应有两人以上方可进行,一人清理,一人值守操作台。有电视监控的拌和楼(机),应打开电视监控系统,关闭主电机电源,并在主开关上挂警示红牌。

JTG F90—2015

5.4.3 水泥隔离垫板的刚度及稳定性应满足要求。袋装水泥应交错整齐码放,高度不得超过10袋,且不得靠墙。砂石料堆放不得超过规定高度。

5.4.4 混凝土浇筑的顺序、速度应符合施工方案的要求,不得随意更改。

5.4.5 吊斗灌注混凝土应设专人指挥起吊、运送、卸料,人员、车辆不得在吊斗下停留或通行，不得攀爬吊斗。

第5.4.5条对照规范

➤《公路水泥混凝土路面施工技术细则》(JTG/T F30—2014)

6.3.1 施工单位应编制安全搅拌生产作业指导书，明确混凝土拌合物质量标准和安全拌和生产程序。拌和楼(机)机械上料时，在铲斗及拉铲活动范围内，人员不得逗留和通过。

JTG F90—2015

5.4.6 泵送混凝土应符合下列规定：

1 混凝土输送泵应安装稳固，管道布设应平顺，安装应固定牢靠，接头和卡箍应密封、紧固。

2 泵送前应检查泵送和布料系统。首次泵送前应进行管道耐压试验。泵送混凝土时，操作人员应随时监视各种仪表和指示灯，发现异常应立即停机检查。

3 输送泵出料软管应设专人牵引、移动，布料臂下不得站人。

4 混凝土输送管道接头拆卸前，应释放输送管内剩余压力。

5 清理管道时应设警戒区，管道出口端前方10m内不得站人。

第5.4.6条对照规范

➤《公路工程施工安全技术规程》(JTJ 076—95)

6.5.4 泵送混凝土

6.5.4.1 混凝土泵(泵车)应设置在作业棚内，安装应稳定、牢固。泵车安设未稳前，不得移动布料杆。作业前，应检查输送泵、电气设备是否正常、灵敏、可靠。

6.5.4.2 泵送前，应检查管路、管节、管卡及密封圈的完好程度，不得使用有破损、裂缝、变形和密封不合格的管件，并应符合下列要求：

(1)管路布设要平顺。在高处、转角处应架设牢固，防止串动、移位；

(2)管路应设专人经常检查，遇有变形、破裂时，应及时更换，防止崩裂。

6.5.4.3 混凝土泵在运转时发现故障，应立即停机检查，不得带病作业。

6.5.4.5 拆卸管路接头前，应把管内剩余压力排除干净，防止管内存有压力而引起事故。

6.5.4.7 作业结束采用空气清洗管道时，操作人员不得靠近管道端部。

➤ **《公路桥涵施工技术规范》**(JTG/T F50—2011)

6.10.3 混凝土采用泵送方式时应符合下列规定：

1 混凝土的供应宜使输送混凝土的泵能连续工作，泵送的间歇时间不宜超过15min。在泵送过程中，受料斗内应具有足够的混凝土，应防止吸入空气产生阻塞。

2 输送管应顺直，转弯处应圆缓，接头应严密不漏气。

3 向低处泵送混凝土时，应采取必要措施，防止混凝土离析或堵塞输送管。

JTG F90—2015

5.4.7 混凝土浇筑过程中应检查模板、支架、钢筋骨架的稳定、变形情况，发现异常，应立即停止作业，并应整修加固。

第5.4.7条对照规范

➤ **《公路桥涵施工技术规范》**(JTG/T F50—2011)

6.11.1 浇筑混凝土前应进行以下准备工作：

1 应根据待浇筑结构物的情况、环境条件及浇筑量等制订合理的浇筑工艺方案，工艺方案应对施工缝设置、浇筑顺序、浇筑工具、防裂措施、保护层的控制等作出明确规定。

2 应对支架、模板、钢筋和预埋件等进行检查，模板内的杂物、积水及钢筋上的污物应清理干净。模板如有缝隙或孔洞时，应堵塞严密且不漏浆。

3 应对混凝土的均匀性和坍落度等性能进行检测。

6.11.7 在环境相对湿度较小、风速较大的条件下浇筑混凝土时，应采取适当措施防止混凝土表面过快失水。浇筑混凝土期间，应随时检查支架、模板、钢筋、预应力管道和预埋件等的稳固情况，并应及时填写混凝土施工记录。新浇筑混凝土的强度达到2.5 MPa之前，不得使其承受行人、运输工具、模板、支架及脚手架等荷载。

7.5.1 浇筑混凝土前，除应符合本规范第6.11.1条的规定外，尚应对预埋于混凝土中的锚具、管道和钢筋等进行全面检查验收，符合要求后方可开始浇筑。

7.5.2 浇筑混凝土时，宜根据结构或构件的不同形式选用插入式、附着式或平板式等振动器进行振捣。对箱梁腹板与底板及顶板连接处的承托、预应力筋锚固区及其他预应力钢束与钢筋密集的部位，应采取有效措施加强振捣；对先张构件应避免振动器碰撞预应力筋；对后张结构应避免振动器碰撞预应力筋的管道、预埋件等。浇筑过程中应随时检查模板、管道、锚固端垫板等的稳固性，保证其位置及尺寸符合设计要求。

➤ **《公路隧道施工技术规范》**(JTG F60—2009)

8.7.11 混凝土施工应符合下列规定：

1 混凝土的配合比应满足设计和施工工艺要求。

2 混凝土应在初凝前完成浇注。

3 混凝土衬砌应连续浇注。如因故中断，其中断时间应小于前层混凝土的初凝时间或能重塑时间。当超过允许中断时间时，应按施工缝处理。

4 混凝土的入模温度，冬季施工时不应低于 5℃，夏季施工时不应高于32℃。

5 应采取可靠措施确保混凝土在浇注时不发生离析。

6 浇注混凝土时，应采用振动器振实，并应采取确实可靠措施，确保混凝土密实。振实时，不得使模板、钢筋和预埋件移位。

7 边墙基底高程、基坑断面尺寸、排水盲管、预埋件安设位置等应满足设计要求。

8 浇注混凝土前，必须将基底石渣、污物和基坑内积水排除干净，严禁向有积水的基坑内倾倒混凝土干拌合物。

9 拱墙衬砌混凝土，应由下向上从两侧向拱顶对称浇注。

10 拱部混凝土衬砌浇注时，应在拱顶预留注浆孔，注浆孔间距应不大于 3m，且每模板台车范围内的预留孔应不少于 4 个。

11 拱顶注浆充填，宜在衬砌混凝土强度达到 100%后进行，注入砂浆的强度等级应满足设计要求，注浆压力应控制在 0.1MPa 以内。

JTG F90—2015

5.4.8 混凝土振捣应符合下列规定：

1 检修或作业停止，应切断电源。

2　不得用电缆线、软管拖拉或吊挂振捣器。

3　装置振捣器的构件模板应坚固牢靠。

第 5.4.8 条对照规范

➢《公路桥涵施工技术规范》(JTG/T F50—2011)

6.11.4　采用振动器振捣混凝土时，应符合下列规定：

1　插入式振动器的移位间距应不超过振动器作用半径的 1.5 倍，与侧模应保持50～100mm 的距离，且插入下层混凝土中的深度宜为 50～100mm。

2　表面振动器的移位间距应使振动器平板能覆盖已振实部分不小于 100mm。

3　附着式振动器的布置距离，应根据结构物形状和振动器的性能通过试验确定。

4　每一振点的振捣延续时间宜为 20～30s，以混凝土停止下沉、不出现气泡、表面呈现浮浆为度。

JTG F90—2015

5.4.9　混凝土养护应符合下列规定：

1　覆盖养护时，预留孔洞周围应设置安全护栏或盖板，并应设置安全警示标志，不得随意挪动。

2　洒水养护时，应避开配电箱和周围电气设备。

3　蒸汽、电热养护时，应设围栏和安全警示标志，并应配置足够、适用的消防器材，非作业人员不得进入养护区域。

第 5.4.9 条对照规范

➢《公路桥涵施工技术规范》(JTG/T F50—2011)

6.12.2　混凝土浇筑完成后，应在其收浆后尽快予以覆盖并洒水保湿养护。对干硬性混凝土、高强度和高性能混凝土、炎热天气浇筑的混凝土以及桥面等大面积裸露的混凝土，应加强初始保湿养护，具备条件的可在浇筑完成后立即加设棚罩，待收浆后再予以覆盖和洒水养护，覆盖时不得损伤或污染混凝土的表面。混凝土面有模板覆盖时，应在养护期间使模板保持湿润。

5.5 电焊与气焊

5.5.1 电工、焊接与热切割作业人员应按照有关规定经专业机构培训,并应取得相应的从业资格。

5.5.2 电工、焊接与热切割作业人员应按规定正确佩戴、使用劳动防护用品。

5.5.3 面罩及护目镜应符合现行《职业眼面部防护 焊接防护 第1部分:焊接防护具》(GB/T 3609.1)的有关规定。防护服应符合现行《焊接防护服》(GB 15701)的有关规定,并应根据具体的焊接和切割操作特点选择。

5.5.4 储存、搬运、使用氧气瓶、乙炔瓶除应符合现行《焊接与切割安全》(GB 9448)的有关规定外,尚应符合下列规定:

1 气瓶、阀门、焊具、胶管等均不得沾污油脂,作业人员不得使用油污手套操作。

2 压力表、安全阀、橡胶软管和回火保护器等均应定期校验或试验,标识应清晰。

3 使用的气瓶应稳固竖立或装在专用车(架)或固定装置上。

4 气瓶与实际焊接或切割作业点的距离应大于10m,无法达到的应设置耐火屏障。

5 气割作业氧气瓶与乙炔瓶之间的距离不得小于5m。

6 电、气焊作业点和气瓶存放点应按规定配备灭火器材。

第5.5.4条对照规范

➢ **《公路工程施工安全技术规程》**(JTJ 076—95)

8.6.2.3 乙炔发生器与氧气瓶不得同放一处,距易燃易爆品不得少于10m。严禁用明火检验是否漏气。氧气、电石应随用随领，下班后送回专用库房。

8.6.2.5 氧气瓶、氧气表及焊割工具的表面，严禁沾污油脂。

JTG F90—2015

5.5.5 电焊机一次侧电源线长度不得大于5m；二次侧焊接电缆线应采用防水绝缘橡胶护套铜芯软电缆，长度不宜大于30m，且进出线处应设置防护罩。

5.5.6 电焊钳的绝缘和隔热性能应满足要求，钳柄与导线应连接牢固，电缆芯线不得外露。

5.5.7 电焊机应置于干燥、通风的位置，露天使用电焊机应设防雨、防潮装置，移动电焊机时应切断电源。

第5.5.7条对照规范

➢ **《公路工程施工安全技术规程》**(JTJ 076—95)

8.6.1.1 电焊机应安设在干燥、通风良好的地点，周围严禁存放易燃、易爆物品。

JTG F90—2015

5.5.8 电焊机外壳接地电阻不得大于4Ω，接地线不得使用建(构)筑物的金属结构、管道、轨道或其他金属物体搭接形成焊接回路。

5.5.9 不宜使用交流电焊机。使用交流电焊机时，除应在开关箱内装设一次侧漏电保护器外，尚应安装二次侧空载降压触电保护器。

5.5.10 使用过危险化学品的容器、设备、桶槽、管道、舱室等，动火前必须清洗，并经测爆合格。

条文说明

清洗不彻底易发生爆炸事故。

第 5.5.10 条对照规范

➤ **《公路工程施工安全技术规程》**(JTJ 076—95)

8.6.1.5 贮存过易燃、易爆、有毒物品的容器或管道,焊接前必须清洗干净,将所有孔口打开,保持空气流通。

JTG F90—2015

5.5.11 密闭空间内实施焊接及切割,气瓶及焊接电源应置于密闭空间外。

第 5.5.11 条对照规范

➤ **《公路工程施工安全技术规程》**(JTJ 076—95)

8.6.1.6 在密闭的金属容器内施焊时,必须开设进、出风口。容器内照明电压不得超过 36V。焊工身体应用绝缘材料与容器壳体隔离开。施焊过程中每隔半小时至一小时外出休息 10~15min,并应有安全人员在现场监护。

JTG F90—2015

5.5.12 密闭空间焊接作业应设置通风、绝缘、照明装置和应急救援装备。

5.5.13 密闭空间焊接作业应设专人监护,金属容器内照明设备的电压不得超过 12V。

5.5.14 高处电焊、气割作业,作业区周围和下方应采取防火措施,按要求配备消防器材,并应设专人巡视。

第 5.5.14 条对照规范

➢《公路工程施工安全技术规程》(JTJ 076—95)

8.6.1.9 在高空焊接时,必须系好安全带。焊接周围应备有消防设备。

JTG F90—2015

5.5.15 雨天严禁露天电焊作业。潮湿区域作业人员必须在干燥绝缘物体上焊接作业。

条文说明

雨天露天作业或潮湿区域作业易发生触电事故。

第 5.5.15 条对照规范

➢《公路工程施工安全技术规程》(JTJ 076—95)

8.6.1.2 电焊机应设置单独的开关箱,作业时应穿戴防护用品,施焊完毕,拉闸上锁。遇雨雪天,应停止露天作业。

5.6 起重吊装

5.6.1 起重吊装应符合现行《建筑施工起重吊装工程安全技术规范》(JGJ 276)和《起重机械安全规程 第一部分:总则》(GB 6067.1)的有关规定。

5.6.2 起重机械司机、起重信号司索工、起重机械安装拆卸工应按照有关规定经专业机构培训,并应取得相应的从业资格。

第 5.6.2 条对照规范

➢《公路桥涵施工技术规范》(JTG/T F50—2011)

25.2.8 起重吊装的施工安全应符合下列规定:

1 起重吊装作业前应详细勘察现场，根据工程特点及作业环境编制专项施工方案，方案应经审核批准后方可实施。

2 起重使用的机械设备进入现场后应经检查验收，并应按规定进行试运转和试吊，对各种安全装置应进行灵敏度、可靠度的测试，必要时应进行静载和动载试验，确认符合要求后方可使用。起重吊装采用的索具、吊具等在使用前应按施工方案要求的设计承载力逐件进行检查验收；各种防护措施的用料、脚手架的搭设及危险作业区的围挡等准备工作应符合施工方案的规定。对起重机运行的道路和作业区域在施工前应进行检查，地基承载力不能满足作业要求时应采取铺设路基箱等措施。

3 起重吊装作业前应对作业人员进行安全技术交底。起重吊装的施工人员应持证上岗。

4 当进行高处吊装作业或司机不能清楚地看到作业地点或信号时，应设置信息传递人员；起重吊装时在高处的作业人员应携带工具袋，工具和零配件在操作结束后应及时装入工具袋内，并不得随意向下方抛掷物品。

5 采用龙门吊、桅杆吊、缆索吊、架桥机、悬臂吊机等进行起重吊装作业时，除应符合上述各款的规定外，尚应根据不同吊机的特点，采取相应的安全防护措施。

JTG F90—2015

5.6.3 起重作业人员应穿防滑鞋、戴安全帽，高处作业时应按规定佩挂安全带。

5.6.4 吊装作业应设警戒区，警戒区不得小于起吊物坠落影响范围。

条文说明

坠落影响范围是指吊物可能坠落的最大范围。

5.6.5 作业前应检查起重设备安全装置、钢丝绳、滑轮、吊索、卡环、地锚等。

5.6.6 钢丝绳吊索的安全系数应符合下列规定：

1 当利用吊索上的吊钩、卡环钩挂重物上的起重吊环时，安全系数不得小于6。

2 当用吊索直接捆绑重物，且吊索与重物棱角间采取了妥善的保护措施时，安全系数不得小于6。

第5.6.6条对照规范

➤ **《公路工程施工安全技术规程》**(JTJ 076—95)

8.8.1 起重作业应遵守下列规定：

……

(5)钢丝绳的安全系数，不应小于表8.8.1的要求。

表8.8.1 钢丝绳安全系数

用途	安全系数	用途	安全系数
缆风绳	3.5	吊挂和捆绑用	6
支承动臂用	4	千斤绳	8～10
卷扬机用	5	缆索承重绳	3.75

JTG F90—2015

5.6.7 吊点位置应符合设计规定，设计无规定的应经计算确定。

5.6.8 施工升降机作业应符合现行《建筑施工升降机安装、使用、拆卸安全技术规程》(JGJ 215)、《施工升降机》(GB/T 10054)的有关规定。

5.6.9 塔吊作业应符合现行《塔式起重机安全规程》(GB 5144)的有关规定。

5.6.10 流动式起重设备通行的道路、作业场地应平整坚实，吊装前支腿应全部打开，并应按要求铺设垫木。

5.6.11 高空吊装梁等大型构件应在构件两端设溜绳。

5.6.12 安装所使用的螺栓、钢楔(或木楔)、钢垫板、垫木和电焊条等材质应符合设计要求。

5.6.13 吊装大、重、新结构构件和采用新的吊装工艺应先进行试吊。

条文说明

试吊是为了检查起重机的稳定性、制动装置的可靠性、构件的平衡性和绑扎的牢固性,通常先将构件吊离地面0.2~0.3m后停止起吊,进行观察。

5.6.14 起重机与架空输电线的安全距离应满足现行《施工现场临时用电安全技术规范》(JGJ 46)的规定。当需要在小于规定的安全距离范围内进行作业时,必须采取严格的安全保护措施,并应按照相关规定经有关部门批准。

第5.6.14条对照规范

➤ **《公路工程施工安全技术规程》**(JTJ 076—95)

8.8.2.2 轮胎式起重机和履带式起重机

……

(6)在输电线路下作业时,起重臂、吊具、辅具、钢丝绳等与输电线的距离不得小于表8.8.2的规定。

表8.8.2

输电线路电压	最小距离(m)	输电线路电压	最小距离(m)	输电线路电压	最小距离(m)
1kV以下	1.5	1~35kV	3	≥60kV	0.01(V−50)+3

JTG F90—2015

5.6.15 双机抬吊宜选用同类型或性能相近的起重机,负载分配应合理，单机载荷不得超过额定起重量的80%。两机应协调起吊和就位，起吊速度应平稳缓慢。

5.6.16 缆索吊机系统施工应符合下列规定：

1 吊塔、扣塔及相应索具、风缆、锚碇均应进行稳定性验算，安全系数应满足最不利工况要求。

2 缆索吊机所用材料、设备等进场前，应进行验收，材料应无损伤无变形，强度、刚度应满足设计要求；主缆宜采用钢丝绳，安全系数不得小于3。

3 吊塔、扣塔塔架前后及侧向应设置缆风索，缆风索安全系数应大于2。

4 缆索吊机正式吊装前应分别按1.25倍设计荷载的静荷和1.1倍设计荷载的动荷进行起吊试验。

5 塔架顶部应设置可靠的避雷装置；人员上下塔架应配备符合要求的电梯或爬梯，不得徒手攀爬。

5.6.17 起重机严禁吊人。

第5.6.17条对照规范

➢ **《公路路基施工技术规范》**(JTG F10—2006)

9.2.10 用提升架运送石料时，应有专人指挥和操作，严禁超负荷运行。严禁使用提升架载人。临时起吊设备的制作、安装必须符合国家相关规定。

JTG F90—2015

5.6.18 严禁采用斜拉、斜吊，严禁超载吊装，严禁吊装起吊重量不明、埋于地下或黏结在地面上的构件。

5.6.19 吊起的构件上不得堆放或悬挂零星物件。

5.6.20 作业人员严禁在已吊起的构件下或起重臂下旋转范围内作业或通行。

5.6.21 吊装作业临时固定工具应在永久固定的连接稳固后拆除。

5.6.22 雨、雪后，吊装前应清理积水、积雪，并应采取防滑和防漏电措施，作业前，应先试吊。

5.7 高处作业

5.7.1 高处作业应符合现行《建筑施工高处作业安全技术规范》(JGJ 80)的有关规定。

第5.7.1条对照规范

➤ **《公路桥涵施工技术规范》**(JTG/T F50—2011)

25.2.5 高处作业时的施工安全应符合下列规定：

1 施工作业前，应逐级对现场施工人员进行安全技术交底，并应在落实安全技术措施后方可正式施工；作业时施工人员必须佩戴安全帽、系安全带。高处作业中使用的机械设备、工具和电气设施等，应在施工前经检查并确认其完好后，方可投入使用。

2 高处施工作业应设置必要的安全防护设施，当施工过程中发现防护设施有缺陷或隐患时，应采取措施及时解决；当危及作业人员的人身安全时，应立即停止施工进行处理。需要临时拆除或变动安全防护设施进行作业时，应采取可靠的替代措施保证作业安全，且应在作业后立即恢复。

3 高处作业时设置的走梯、通道等应随时清扫干净；雨天或雪天进行高处作业时，应采取可靠的防滑、防冻措施，如有水、冰、雪、霜等应及时清除。高处作业时所用的物料应堆放平稳，并不得妨碍通行；对高处作业区所有可能坠落的物件，应先行撤除或加以固定。拆下的物件及余料应及时清理，但不得向地面随意抛掷；作业人员使用后的小型工具应随手放入工具袋，传递物件时严禁采用抛掷的方式进行。

4　在高处拆除模板或其他设施时，应设置警戒区，并应设专人指挥控制；拆除工作应自上而下进行，严禁上下同时拆除。

5　在6级以上强风、浓雾、暴雨和暴风雪等恶劣气候条件下，不应进行高处的施工作业。台风、暴雨及暴风雪过后，应对高处作业的安全防护设施进行全面检查，当有变形、损坏、松动和脱落等现象时，应立即进行修复。

JTG F90—2015

5.7.2　高处作业不得同时上下交叉进行。

5.7.3　高处作业下方警戒区设置应符合现行《高处作业分级》(GB 3608)的有关规定。

5.7.4　高处作业人员不得沿立杆或栏杆攀登。高处作业人员应定期进行体检。

第5.7.4条对照规范

➤ **《公路工程施工安全技术规程》**(JTJ 076—95)

8.9.3　从事高处作业人员要定期或随时体检，发现有不宜登高的病症，不得从事高处作业。严禁酒后登高作业。

JTG F90—2015

5.7.5　高处作业场所临边应设置安全防护栏杆，并应符合下列规定：

1　防护栏杆应能承受1 000N的可变荷载。

2　防护栏杆下方有人员及车辆通行或作业的，应挂密目安全网封闭，防护栏杆下部应设置高度不小于0.18m的挡脚板。

3　防护栏杆应由上、下两道横杆组成，上杆离地高度应为1.2m，下杆离地高度应为0.6m。

4　横杆长度大于2m时，应加设栏杆柱。

5.7.6 高处作业场所的孔、洞应设置防护设施及警示标志。

5.7.7 安全网质量应符合现行《安全网》(GB 5725)的规定,安装和使用安全网应符合下列规定:

1 安全网安装应系挂安全网的受力主绳,不得系挂网格绳。安装完毕应进行检查、验收。

2 安全网安装或拆除应根据现场条件采取防坠落安全措施。

3 作业面与坠落高度基准面高差超过2m且无临边防护装置时,临边应挂设水平安全网。作业面与水平安全网之间的高差不得超过3.0m,水平安全网与坠落高度基准面的距离不得小于0.2m。

条文说明

坠落高度基准面是指可能坠落范围内最低处的水平面。

第5.7.7条对照规范

➢ **《公路工程施工安全技术规程》**(JTJ 076—95)

6.1.4 桥涵施工,采用多层作业或桥下通车、行人等立体施工时,应布设安全网。

JTG F90—2015

5.7.8 安全带使用除应符合现行《安全带》(GB 6095)的规定外,尚应符合下列规定:

1 安全带除应定期检验外,使用前尚应进行检查。织带磨损、灼伤、酸碱腐蚀或出现明显变硬、发脆以及金属部件磨损出现明显缺陷或受到冲击后发生明显变形的,应及时报废。

2 安全带应高挂低用,并应扣牢在牢固的物体上。

3 安全带的安全绳不得打结使用,安全绳上不得挂钩。

4 缺少或不易设置安全带吊点的工作场所宜设置安全带母索。

5 安全带的各部件不得随意更换或拆除。

6 安全绳有效长度不应大于2m,有两根安全绳的安全带,单根绳的有效长度不应大于1.2m。

条文说明

安全绳有效长度包括未展开的缓冲器。

5.7.9 严禁安全绳用作悬吊绳。严禁安全绳与悬吊绳共用连接器。新更换安全绳的规格及力学性能必须符合规定，并加设绳套。

条文说明

安全绳专门用于保护作业人员生命安全，悬吊绳发生断裂时，安全绳才发挥保护作业人员安全的作用。

5.7.10 高处作业上下通道应根据现场情况选用钢斜梯、钢直梯、人行塔梯，各类梯子安装应牢固可靠。

5.7.11 钢斜梯使用应符合下列规定：

1 长度不宜大于5m，扶手高度宜为0.9m，踏步高度不宜大于0.2m，梯宽宜为0.6～1.1m。

2 长度大于5m的应设梯间平台，并分段设梯。

5.7.12 钢直梯应符合下列规定：

1 攀登高度不宜大于8m，踏棍间距宜为0.3m，梯宽宜为0.6～1.1m。

2 高度大于2m应设护笼，护笼间距宜为0.5m，直径宜为0.75m，并设纵向连接。

3 高度大于8m应设梯间平台，并分段设梯。

4 高度大于15m应每5m设一梯间平台，平台应设防护栏杆。

5.7.13 高架桥等大型构件作业场所上下通道宜采用人行塔梯。

5.7.14 人行塔梯宜采用专业厂家定型产品。

5.7.15 自行搭设人行塔梯应根据施工需要和工况条件设计，踏步高度不宜大于0.2m，踏步梯应设置防滑设施和安全护栏。

5.7.16 人行塔梯安装应符合下列规定：

1 顶部和各节平台应满铺防滑面板并牢固固定，四周应设置安全护栏。

2 人行塔梯基础应稳固，四脚应垫平，并应与基础固定。

3 塔梯连接螺栓应紧固，并应采取防退扣措施。

4 人行塔梯高度超过5m应设连墙件。

5 用电线路不宜装设在塔梯上，必须装设时，线路与塔体间应绝缘。

6 人行塔梯通往作业面通道的两侧宜用钢丝网封闭。

5.7.17 吊篮作业应符合现行《高处作业吊篮》(GB 19155)的有关规定，且应使用由专业厂家制作的定型产品，不得自行制作吊篮。

第5.7.17条对照规范

➤ **《公路工程施工安全技术规程》**(JTJ 076—95)

8.4.9 吊篮应严格按照设计要求施工。悬挂吊篮的钢丝绳围绕挑梁不得少于3圈，卡子不得少于3个。一个吊篮的保险绳索不得少于2根。钢丝绳不得与构造物或其他物件相摩擦。

JTG F90—2015

5.7.18 高处作业吊篮安装拆卸工应按照有关规定经专业机构培训，并应取得相应的从业资格。

5.7.19　登高梯上端应固定，吊篮和临时工作台应绑扎牢靠。

5.7.20　吊篮和工作台的脚手板必须铺平绑牢，严禁出现探头板。

5.7.21　脚手架的强度、刚度和稳定性应能承受施工期间可能产生的各项荷载。搭设高度24m及以上的落地式钢管脚手架的钢管、扣件应进行抽样检测，脚手架设计计算应以钢管抽样检测的壁厚及力学性能为依据。

5.7.22　不宜使用竹、木质脚手架。

5.7.23　搭设场地应平整无杂物，并应设防、排水设施。

5.7.24　脚手架地基与基础应根据所受荷载、搭设高度、搭设场地等情况进行设计及验算。

5.7.25　脚手架应设排水措施，遇洪水或大雨浸泡后，应重新检验脚手架基础。冻胀土基础应设防冻胀措施。

5.7.26　碗扣式、扣件式及门式脚手架搭设应分别符合现行《建筑施工碗扣式钢管脚手架安全技术规范》(JGJ 166)、《建筑施工扣件式钢管脚手架安全技术规范》(JGJ 130)及《建筑施工门式钢管脚手架安全技术规范》(JGJ 128)的相关规定。

5.7.27　脚手架作业层、斜道的栏杆和挡脚板的搭设应符合本规范第5.7.5条的有关规定。

5.7.28　脚手架的脚手板应满铺、固定，离结构物立面的距离不得大于0.15m。

第5.7.28条对照规范

➤ **《公路工程施工安全技术规程》**(JTJ 076—95)

8.4.3 脚手板要铺满、绑牢,无探头板,并要牢固地固定在脚手架的支撑上。脚手架的任何部分均不得与模板相联。

JTG F90—2015

5.7.29 脚手架拆除必须严格执行专项施工方案,拆除作业必须由上而下逐层进行,严禁上下同时作业。连墙件必须随脚手架逐层拆除,严禁提前拆除。

条文说明

不按方案顺序拆除,脚手架可能会失稳垮塌。

5.7.30 架子工应按照有关规定经专业机构培训,并应取得相应的从业资格。作业时应戴安全帽、穿防滑鞋、系安全带。

5.7.31 高处作业现场所有可能坠落的物件均应预先撤除或固定。所存物料应堆放平稳,随身作业工具应装入工具袋,不得向下抛掷拆卸的物料。

第5.7.31条对照规范

➤ **《公路工程施工安全技术规程》**(JTJ 076—95)

8.9.4 高处作业人员不得穿拖鞋或硬底鞋。所需的材料要事先准备齐全,工具应放在工具袋内。

JTG F90—2015

5.7.32 雨雪季节应采取防滑措施。

5.8 水上作业

5.8.1 应及时了解当地气象、水文、地质等情况，掌握施工区域附近的桥梁、隧道、大坝、架空高压线、水下管线、取水泵房、危险品库、水产品养殖区以及避风锚地、水上应急救援资源等情况。

条文说明

船舶水上航行、锚泊、靠泊以及工程船舶作业过程中，易与桥梁、大坝、架空高压线、取水泵房、危险品库等构筑物发生触碰事故，抛起锚等作业容易钩挂隧道、水下管线、水产养殖区的网箱等，热带气旋、突风易造成作业船舶和工程结构物的损失。

5.8.2 开工前，应根据施工需要设置安全作业区，并办理水上水下施工作业许可证，发布航行通告。

第5.8.2条对照规范

➤ **《公路工程施工安全技术规程》**(JTJ 076—95)

6.2.2.1 吸泥船吹砂筑岛时，作业区内严禁船舶进入；承载吸泥管道的浮筒上不得行人。

8.10.1 在通航江河上施工的安全管理工作应符合现行的《内河交通安全管理条例》的规定，开工前应报告当地港航监督部门。

➤ **《公路桥涵施工技术规范》**(JTG/T F50—2011)

20.7.3 海上作业的施工安全应符合下列规定：

1 在通航海域进行水上水下施工作业前，应按照《中华人民共和国水上水下施工作业通航安全管理规定》的程序，取得水上水下施工许可证。

2 海上工程施工时，应提前发布海上施工通报，并应按当地海事部门的规定，在施工作业区域的各个角点和海上船舶往来方向沿线，设置水上警戒、航行标志及危险信号灯标，必要时尚应在靠近航道的施工区域设立警戒船。

3 海上作业区应配备救生圈、救生衣、钩杆和报警器等救生设备；工作平台和围堰四周应设栏杆或安全网，上下跳板应牢固并应设扶手。作业人员必须穿救生衣。

4 交通船应按规定的载人数量运渡，严禁超载，且应配备足够的救生设备。

JTG F90—2015

5.8.3 水上作业人员应正确穿戴救生衣等个人安全防护用品。

5.8.4 工程船舶必须持有效的船检证书，船员必须持有与其岗位相适应的适任证书，船员配置必须满足最低安全配员要求。

条文说明

本条按照《国内航行海船检验证书核查指南》第 2.13.1 条要求，工程船、起重船、拖船、驳船和顶推船—驳船组合体的检验适用于签发货船适航证书的检验。工程船舶船检证书包括海上货船适航证书、海上船舶吨位证书、海上船舶防止油污证书、海上船舶防止生活污水证书、海上船舶载重线证书。

第 5.8.4 条对照规范

➤ **《公路工程施工安全技术规程》**(JTJ 076—95)

8.10.2 施工所使用的船只应经船检部门检查合格后方可使用。施工期间按规定应设置临时码头、航行标志及救护、消防等设施。

JTG F90—2015

5.8.5 工程船舶应按规定配备有效的消防、救生、堵漏和油污应急设施，制订安全技术措施和应急预案，并应按规定定期演练。施工船舶应安装船舶定位设备，保证有效的船岸联系。

条文说明

我国规定 200GT 及以上的中国籍船舶要配备由我国海事局认可的

统一印制的货船或客船应急部署表，船舶应急按性质可分为：消防、救生、堵漏和油污应急4种。

5.8.6 工程船舶甲板、通道和作业场所应根据需要设有防滑装置。施工船舶楼梯、走廊等应保持通畅，梯口、应急场所应设有醒目的安全警示标志。

5.8.7 工程船舶必须在核定航区和作业水域内作业。

条文说明

超出核定航区，船舶性能不满足安全要求。

5.8.8 工程船舶作业、航行或停泊时，应按规定显示号灯或号型。

5.8.9 水上工况条件超过施工船舶作业性能时，必须停止作业。

条文说明

水上工况条件超过施工船舶作业性能时，易发生事故。

5.8.10 在狭窄水道和来往船舶频繁的水域施工时，应设专人值守通信频道。

5.8.11 遇雨、雾、霾等能见度不良天气时，工程船舶和施工区域应显示规定的信号，必要时应停止航行或作业。

第5.8.11条对照规范

➤ **《公路工程施工安全技术规程》**(JTJ 076—95)

8.10.4 应掌握和及时了解当地的气象和水文情况，遇有大风天气应检查和加固船只的锚缆等设施。

遇有雨、雾天，视线不清时，船只应显示规定的信号，必要时应停止航行或作业。

JTG F90—2015

5.8.12 遇大风天气，船舶应按规定及时进避风锚地或港池。

第5.8.12条对照规范

➤ **《公路桥涵施工技术规范》**(JTG/T F50—2011)

20.7.5 海上施工船舶安全应符合下列规定：

1 施工船舶作业应遵守国家及当地政府有关部门的规定，施工前应对施工海域及船舶作业和航行的水上、水下、空中及岸边障碍物等进行实地勘察，制定防护性安全方案。

2 施工船舶应按海事部门的要求，设置必要的安全作业区或警戒区；并应按规定设置可昼夜显示的信号标志。施工船舶应保持通讯畅通。

3 海上施工时应设专人负责收取海洋气象预报台发布的海洋水文、气象资料，并应按紧急程度及时发送至施工现场和作业船舶，使之对灾害性天气及时作出反应并进行防范。

4 施工船舶如遇大风、雾天，超过船舶抗风等级或能见度不良时，应停止作业，停止作业前应检查密闭全部舱口。

JTG F90—2015

5.8.13 靠泊船舶上下人或两船间倒运货物，应搭设跳板、扶手及安全网。

5.8.14 交通船舶必须配有救生设备，载人严禁超过乘员定额。

条文说明

为确保落水人员及时获救，救生设备十分必要。

第5.8.14条对照规范

➤ **《公路工程施工安全技术规程》**(JTJ 076—95)

8.10.12 交通船应按规定的载人数量渡运，严禁超员强渡。船上应配有救生设备。船行中途遇有阵风、雨时，乘船人员不得走动或站立。

➤ **《公路桥涵施工技术规范》**(JTG/T F50—2011)

25.2.6 水上作业时的施工安全应符合下列规定：

1 在通航的江河上施工时，水上交通的安全应符合现行《内河交通安全管理条例》的规定。

2 水上施工的船舶应经船检部门检验合格后方可使用，不得带病作业。作业前应随时掌握当地的气象和水文情况，遇有大风时应检查并加固船舶的锚缆等设施；雨、雾天视线不清时，船舶应显示规定的信号，气候恶劣易发生事故时应停止作业或航行。交通船应按规定的载人数量渡运，严禁超员强渡。

3 施工船舶在作业前，应了解作业区域的水深、流速及河床地质等情况，抛锚、定位时应保持船体稳定；作业船锚链后，应设置警示标志。

4 各种用于水上施工作业的船舶均应配备救生和消防设施。水上作业的施工人员必须穿救生衣。

JTG F90—2015

5.8.15 定位船及抛锚作业船，其锚链、锚缆滚滑区域不得站人，锚缆伸出的水域应设置警示标志。

第5.8.15条对照规范

➤ **《公路工程施工安全技术规程》**(JTJ 076—95)

8.10.5 定位船及作业船锚碇后，应在涉及航域范围内设置警示标志。抛锚时，锚链滚滑附近不得站人。

JTG F90—2015

5.8.16 运输船舶装货时必须均匀加载，严禁超载、超宽、偏载。卸货时必须分层均匀卸载。

条文说明

运输船舶在装货时超载、超宽、偏载及卸货时不均匀卸载易导致船舶倾覆或沉没。

第 5.8.16 条对照规范

➤ **《公路工程施工安全技术规程》**(JTJ 076—95)

8.10.7 装船时严禁超载、偏载,必要时应加配重,调整平衡。卸船时应分层均匀卸运。

JTG F90—2015

5.8.17 起重船作业应符合下列规定:

1 作业前,人员应熟悉吊装方案,明确联系方式和指挥信号。

2 根据吊装要求,起重船应指导驳船选择锚位和系缆位置。

3 吊装前,吊钩升降、吊臂仰俯、制动性能应良好。安全装置应正常有效。

4 吊装结束后,起重船应退离安装位置,并对起重吊钩进行封钩。

第 5.8.17 条对照规范

➤ **《公路工程施工安全技术规程》**(JTJ 076—95)

8.10.8 打桩船、起重船施工前应了解作业区域的水深、流速、河床地质等有关情况,为船舶行驶、抛锚、定位做好安全准备工作。

JTG F90—2015

5.8.18 打桩船作业应符合下列规定:

1 打桩船作业应统一指挥。

2 打桩架上的活动物件应放稳、系牢,打桩架上的工作平台应设有防护栏杆和防滑装置。

3 穿越群桩的前缆应选择合适位置,绞缆应缓慢操作,缆绳两侧

10m 范围内不得有工程船舶或作业人员进入。

4　桩架底部两侧悬臂跳板的强度和刚度应满足作业要求，跳板的移动和封固装置应灵活、牢固、有效。

5.8.19　打桩船电梯笼必须设防坠落安全装置，笼内必须设置升降控制开关。桩锤检修或加油时，严禁启动吊锤卷扬机。

条文说明

防止误操作，导致桩锤运动对检修或加油人员造成伤害。

5.8.20　甲板驳需要配备履带吊、打桩架等机械时，必须符合下列规定：

1　船舶的稳性必须核算。

2　机械就位处的船体甲板和船舱骨架必须加固。

3　履带吊等机械底盘与船体必须整体固结。

条文说明

履带吊、打桩架等设备在船上的位置对船舶稳性影响大。

第 5.8.20 条对照规范

➢ **《公路工程施工安全技术规程》**(JTJ 076—95)

8.10.10　使用轮胎或履带吊车在船上打桩、起重作业时，船体应按施工要求进行加固，并在吊车轮胎(或履带)下加铺垫板。

JTG F90—2015

5.8.21　拖轮配合非自航工程船舶作业，应由拖轮船长和工程船船长共同商定顶推、绑拖、吊拖的编队方式，拖轮拖力应满足要求。

第 5.8.21 条对照规范

➢ **《公路工程施工安全技术规程》**(JTJ 076—95)

8.10.11　牵引或在旁侧拖带作业船时，严禁超载，牵引(或拖带)用的钢线绳必须联结牢固。

JTG F90—2015

5.8.22 水中围堰(套箱)和水中作业平台应设置船舶靠泊系统和人员上下通道,临边应设置高度不低于1.2m的防护栏杆,挂设安全网和救生圈。四周应设置警示标志和夜间航行警示灯光信号,通航密集水域应配备警戒船和应急拖轮。

条文说明

水中围堰(套箱)和水中作业平台如果不设置警示标志和夜间航行警示灯光信号,过往船舶可能误入施工水域发生碰撞,在通航密集水域可能出现船舶故障或失控情况,故配备警戒船和应急拖轮对保护工程结构物安全十分必要。

第5.8.22条对照规范

➤ **《公路工程施工安全技术规程》**(JTJ 076—95)

6.2.1.4 在水中挖基,应备有便于出入基坑的爬梯等安全设施。

6.2.2.3 基坑较深时,四周应悬挂人员上下扶梯。

➤ **《公路桥涵施工技术规范》**(JTG/T F50—2011)

25.2.4 位于水中的筑岛平台、钢制平台、围堰以及基坑的开挖与边坡支护等工程的施工,除应符合本规范相应章节的规定外,其施工安全应符合下列规定:

1 在平台、围堰和基坑的边沿应设置安全防护栏杆。

2 各种水中平台和围堰当需度汛或度凌施工时,应采取可靠的防冲击或防撞击的安全防护措施;在通航水域,水中的平台和围堰尚应设置预防船舶撞击的设施,并应设置夜间航行标志灯。

3 基坑的开挖应按分层顺序作业,基坑顶部周边的临时荷载不得超过施工设计的规定;对深大基坑开挖时的边坡支护应进行变形监测,当变形超出允许范围时应及时采取处理措施。

5.9 潜水作业

5.9.1 潜水员应按照有关规定经专业机构培训，并应取得相应的从业资格。

5.9.2 施工前，潜水员应熟悉现场的水文、气象、水质和地质等情况，掌握作业方法和技术要求，了解工程船舶的锚缆布设及移动范围等情况。

5.9.3 潜水最大安全深度和减压方案应符合现行《产业潜水最大安全深度》(GB 12552)、《空气潜水减压技术要求》(GB/T 12521)和《甲板减压舱》(GB/T 16560)的有关规定。

第5.9.3条对照规范

➢ **《公路工程施工安全技术规程》**(JTJ 076—95)

8.11.1 潜水作业前施工负责人应将下潜任务、下潜环境、工作部位、水深、流速、流向等，向潜水员做明确交待，下潜深度应符合现行的国家标准《产业潜水最大安全深度》(GB 12552—90)的规定。

JTG F90—2015

5.9.4 潜水员使用的水下电气设备、装备、装具和水下设施，应符合现行《潜水员水下用电安全规程》(GB 16636)的有关规定。

5.9.5 潜水作业现场应备有急救箱及相应的急救器具，作业水深超过30m应配备预备潜水员和减压舱等设备。

条文说明

深潜作业后减压不当，会出现体内原已溶解的气体超过了过饱和界限，并在血管内外及组织中形成气泡所致的全身性疾病，俗称减压病。在减压后短时间内或减压过程中发病者为急性减压病，主要发生于股骨、肱骨和胫骨，缓慢演变的缺血性骨或骨关节损害为减压性骨坏死等，故做此要求。按照《空气潜水减压技术要求》(GB/T 12521—2008)要求，潜水作业水深超过12m，潜水员上升必须按照减压规程进行水下分段减压，并依据空气潜水减压表选择适当的减压方案。

第5.9.5条对照规范

➢ **《公路工程施工安全技术规程》**(JTJ 076—95)

8.11.2 在作业条件比较困难的情况下，应在搭设的平台上另备一套潜水装具，并指派一名预备潜水员，以便在必要时下水协助和救援。

JTG F90—2015

5.9.6 水温低于5℃、流速大于1.0m/s或具有噬人海生物、障碍物或污染物等的潜水作业区，潜水员潜水作业必须采取安全措施。

第5.9.6条对照规范

➢ **《公路工程施工安全技术规程》**(JTJ 076—95)

8.11.4 在寒冷环境作业时，应遵守下列规定：

(1)潜水员应穿保温内衣，双手应擦防冻油、戴手套；

(2)潜水前，供气软管应用压缩空气吹通几分钟，接头部位应用棉垫包裹严密；出水时要用热水管加温排气阀，以防排气阀冻结；

(3)在冰层上入水要凿开能确保潜水员安全上下的洞口；水面有浮冰时，供气软管、信号绳与冰块摩擦接触处，应有防割断措施；

(4)潜水员行走的冰面和潜水用梯均应有防滑措施。

JTG F90—2015

5.9.7 潜水作业时，潜水作业船应按规定显示号灯、号型。

条文说明

为防止过往船舶靠近潜水作业区，威胁潜水员人身安全。夜间号灯为显示红光环照灯，白天号型为“A”字信号旗。

5.9.8　潜水员的作业时间和替换周期应符合相关规定。

5.9.9　潜水员水下作业时，必须有专人值守，严禁向作业区域抛掷物件。

条文说明

为防止对潜水员造成伤害。

第 5.9.9 条对照规范

➢ **《公路工程施工安全技术规程》**(JTJ 076—95)

8.11.8　在检查船舶推进器或解除推进器的缠绕物时，严禁开动推进器，并派专人监护。

JTG F90—2015

5.9.10　为潜水员递送工具、材料和物品应使用绳索进行递送，不得直接向水下抛掷。

5.9.11　通风式重装潜水作业应符合下列规定：

1　通风式重装潜水作业组应由指挥员、潜水员、电话员、收放供气管线人员和空压机操作人员组成。远离基地外出作业应具备两组潜水同时作业的能力。

2　应设专人负责信号绳、潜水电话和供气管线。

3　下水应使用专用潜水爬梯。挂设爬梯的悬臂杠应满足强度和刚度要求，并与潜水船、爬梯连接牢固。

5.9.12 潜水员水下安装构件应符合下列规定：

1 潜水员应在构件基本就位和稳定后靠近待安装构件。

2 供气管不得置于构件缝中，流速较大时，潜水员应逆水流操作。

3 应使用专用工具调整构件的安装位置。潜水员身体的任何部位不得置于两构件之间。

5.9.13 潜水员在沉井或大直径护筒内作业应符合下列规定：

1 作业前应清除沉井或护筒内障碍物和内壁外露的钢筋、扒钉和铁丝等尖锐物。

2 沉井和大直径护筒内侧水位应高于外侧水位。

3 潜水员不得在沉井刃脚下或护筒底口以下作业。

条文说明

1 防止尖锐物体割破潜水服、供气管或割伤潜水员身体。

2 沉井和大直径护筒内侧水压力大于外侧，便于潜水员进行水下作业，节省潜水员体力。

3 防止沉井或大直径护筒意外下沉，对潜水员造成伤害。

第5.9.13条对照规范

➢ **《公路工程施工安全技术规程》**(JTJ 076—95)

8.11.10 在沉井、钻孔桩内作业，应遵守下列规定：

(1)作业时，沉井内的水位应不低于沉井外的水位；

(2)沉井内壁不得有钢筋头、扒钉头、铁线、铁钉等外露，潜水员不得进入刃脚下工作；

(3)潜水员在沉井内吸泥时，不得用手脚触动正在工作的吸泥管头部，吸泥机的开闭由地面电话员提前通知潜水员；

(4)在钻孔桩内作业，桩内泥浆面必须高于护筒外的水位；潜水员在护筒底缘以下部位作业时，必须有安全防护措施。

5.10 爆破作业

5.10.1 从事爆破工作的爆破员、安全员、保管员应按照有关规定经专业机构培训,并取得相应的从业资格。

第 5.10.1 条对照规范

➢ **《公路路基施工技术规范》**(JTG F10—2006)

9.2.16 爆破作业

1 进行爆破工程设计时,应制定安全技术操作规程,爆破作业应严格执行现行《爆破安全规程》(GB 6722),确保爆破安全。

2 爆破作业人员必须持证上岗。进行爆破器材保管、加工、运输及爆破作业的人员,不得穿戴易产生静电的衣物。

3 爆破器材应按规定要求进行检验,失效和不符合技术条件要求的不得使用。

4 选择炮位时,炮孔应避开正对的电线、路口、结构物,严禁在残眼上打孔。

5 爆破时,应清点爆炸数与装炮数量是否相符。发生哑炮时,必须按相关规定进行处理。如发现危坡、危石等,应按规定及时处理,未处理前,应在现场设立警戒或危险标志,无关人员不得接近。

6 清方过程中,发现有哑炮、残药、雷管时,必须及时请爆破人员进行处理。

7 已装药的炮孔必须当班爆破。

8 夜间不宜进行爆破作业。遇雷雨时应停止爆破作业,所有作业人员应立即撤离爆破区。

JTG F90—2015

5.10.2 爆破作业单位实施爆破项目前,应按规定办理审批手续,批准后方可实施爆破作业。

5.10.3 爆破作业和爆破器材的采购、运输、储存等应按照现行《民用爆炸物品安全管理条例》和《爆破安全规程》(GB 6722)执行。

第 5.10.3 条对照规范

➢ **《公路桥涵施工技术规范》**(JTG/T F50—2011)

25.2.11 爆破施工时,爆破方案的设计与实施作业应符合现行国家标准《爆破安全规程》(GB 6722)的规定。

➤ **《公路隧道施工技术规范》**(JTG F60—2009)

6.1.4 爆破作业及爆破物品管理,必须符合现行《爆破安全规程》(GB 6722)有关规定。

6.4.2 爆破器材必须具备相关的检验合格证、技术指标及说明书。

7.1.6 爆破器材运输应符合有关安全管理规定。

JTG F90—2015

5.10.4 预裂爆破、光面爆破、大型土石方爆破、水下爆破、重要设施附近及其他环境复杂、技术要求高的工程爆破应编制爆破设计方案,制定相应的安全技术措施;其他爆破可编制爆破说明书,并经有关部门审批同意。

5.10.5 经审批的爆破作业项目,爆破作业单位应于施工前3d发布公告,并在作业地点张贴,施工公告内容应包括:工程名称、建设单位、设计施工单位、安全评估单位、安全监理单位、工程负责人及联系方式、爆破作业时限等。

5.10.6 爆破作业必须设警戒区和警戒人员,起爆前必须撤出人员并按规定发出声、光等警示信号。

条文说明

防止爆破过程中对人员造成伤害。

第5.10.6条对照规范

➤ **《公路隧道施工技术规范》**(JTG F60—2009)

6.4.9 爆破前,所有人员应撤至安全地点。爆破后必须待洞内有害气体浓度符合本规范第13章规定后方可进入开挖面工作。

JTG F90—2015

5.10.7 爆炸源与人员、其他保护对象的安全距离应按地震波、冲击波和飞散物三种爆破效应分别计算，取最大值。

第 5.10.7 条对照规范

➤ **《公路工程施工安全技术规程》**(JTJ 076—95)

7.2.2.4 进行爆破时，所有人员应撤离现场，其安全距离为：

(1)独头巷道不少于 200m；

(2)相邻的上下坑道内不少于 100m；

(3)相邻的平行坑道，横通道及横洞间不少于 50m；

(4)全断面开挖进行深孔爆破(孔深 3～5m)时，不少于 500m。

JTG F90—2015

5.10.8 钻孔装药应拉稳药包提绳，配合送药杆进行。在雷管和起爆药包放入之前发生卡塞时，应用长送药杆处理，装入起爆药包后，不得使用任何工具冲击和挤压。

5.10.9 盲炮检查应在爆破 15min 后实施，发现盲炮应立即安全警戒，及时报告并由原爆破人员处理。电力起爆发生盲炮时应立即切断电源，爆破网络应置于短路状态。

第 5.10.9 条对照规范

➤ **《公路工程施工安全技术规程》**(JTJ 076—95)

7.2.2.11 爆破后必须经过 15min 通风排烟后，检查人员方可进入工作面，检查有无“盲炮”及可疑现象；有无残余炸药或雷管；顶板两帮有无松动石块；支护有无损坏与变形。在妥善处理并确认无误后，其他工作人员才可进入工作面。

7.2.2.12 当发现“盲炮”时，必须由原爆破人员按规定处理。

JTG F90—2015

5.10.10 雷电、暴雨雪天不得实施爆破作业。强电场区爆破作业不得使用电雷管。遇能见度不超过 100m 的雾天等恶劣天气不得露天爆破作业。

5.10.11 水下电爆网路的主线和连接线应强度高、电阻小、防水、柔韧、绝缘。波浪、流速较大水域中的爆破主线应呈松弛状态，并应与伸缩性小的导向绳固定。

5.10.12 投药船离开投放药包地点前，应进行详细检查，船底、船舵、螺旋桨、缆绳和其他附属物不得挂有药包、导线等物品。

5.10.13 水下爆破引爆前，警戒区内不得滞留船舶和人员。

5.11 小型机具

5.11.1 小型机具应有出厂合格证和操作说明书。

5.11.2 小型机具应制定管理制度，建立台账，并按要求维修、保养和使用。

5.11.3 作业人员应了解所用机具性能并熟悉掌握其安全操作常识，施工中应正确佩戴各类安全防护用品。

5.11.4 各种机具不得带病运转。运转中发现不正常时，应先停机检查，排除故障后方可使用。

5.11.5 不得站在不稳定的地方使用电动或气动机具，必须使用时应有专人监护。

5.11.6 齿轮传动、皮带传动、联轴器传动的小型机具应设有安全防护装置。

5.11.7　手持式电动工具应配备安全隔离变压器、漏电保护器、控制箱和电源连接器。

5.11.8　小型起重机具使用应符合下列规定：

1　千斤顶应垂直安装在坚实可靠的基础上，底部宜用枕木等垫平。

2　电动葫芦应设缓冲器，轨道两端应设挡板。电动葫芦不得超载起吊，起吊过程中，手不得握在绳索与吊物之间。

3　卷扬机卷筒上的钢丝绳应排列整齐，不得在转动中用手拉或脚踩钢丝绳。作业中，不得跨越卷扬机钢丝绳。卷筒剩余钢丝绳不得少于3圈。

5.11.9　严禁2台及以上手拉葫芦同时起吊重物。

条文说明

2台及以上手拉葫芦同时起吊容易因受力不均导致单个手拉葫芦超载断裂。

5.11.10　手持式电动工具的作业应符合现行《手持式电动工具的安全　第一部分：通用要求》(GB 3883.1)的规定。

5.12　涂装作业

5.12.1　作业、储存场所严禁明火。

条文说明

涂装材料多为易燃易爆物品，易发生火灾事故。

5.12.2　涂装作业除应符合现行《涂装作业安全规程　安全管理通则》

(GB 7691)的规定外,尚应符合下列规定:

1 从事涂装作业人员应正确佩戴安全防护用品并穿防静电服。

2 涂装作业设备属于特种设备的应由国家认可的检验机构检验并取得使用登记证书。

3 储存、作业场所应设立安全警戒区,配备消防设备。

4 积聚有机溶剂蒸发的低凹死角区域,应设置局部排风装置。

5 涂装作业结束后,应及时清理现场,撤出涂装作业设备和原料,清除沾污涂料及有机溶剂、废弃物。

第5.12.2条对照规范

➢ **《公路工程施工安全技术规程》**(JTJ 076—95)

6.4.12.10 钢梁表面涂漆作业,应有防毒保护措施。

JTG F90—2015

5.12.3 有限空间涂装作业必须符合下列规定:

1 作业场所必须配备检测设备、定时检查作业场所氧气及可燃气体浓度。

2 作业场所必须设通风设备,作业条件必须符合安全要求。

3 热加工作业必须设专人监护,烘烤涂层必须使用防爆灯具。

条文说明

本条参考《涂装作业安全规程 有限空间作业安全技术要求》(GB 12942—2006)制定。

6 路基工程

6.1 一般规定

6.1.1 路基施工前应掌握影响范围内地下埋设的各种管线情况,制定安全措施。施工中发现危险品及其他可疑物品时,应立即停止施工,按照规定报请有关部门处理。

第 6.1.1 条对照规范

➤ **《公路路基施工技术规范》**(JTG F10—2006)

9.1.1 工程开工前必须进行现场调查,根据施工地段的地形、地质、水文、气象、环境等,制订相应的安全技术和环境保护措施。施工中应及时掌握气温、雨雪、风暴、汛情等预报,做好防范工作。

9.1.2 路基施工前,应了解施工范围内地下埋设的各种管线、电缆、光缆等情况并与相关部门联系,制订合理的安全保护措施。施工中如发现有危险品及其他可疑物品时,应立即停止施工,报请有关部门处理。

9.1.3 应按照国家有关规定配置消防设施和器材、设置消防安全标志。施工现场应设置醒目的安全、警示标志和安全防护设施。

JTG F90—2015

6.1.2 路基施工应做好施工期临时排水设施总体规划,临时排水设施应与永久性排水设施综合考虑,并与工程影响范围内的自然排水系统相协调。

第 6.1.2 条对照规范

➤ **《公路路基施工技术规范》**(JTG F10—2006)

5.1.1 施工前,应校核全线排水设计是否完善、合理,必要时应提出补充和修改意见，使全线的沟渠、管道、桥涵组合成完整的排水系统。临时排水设施应尽量与永久排水设施相结合，排水方案应因地制宜、经济实用。

5.1.2 施工前，宜先完成临时排水设施。施工期间，应经常维护临时排水设施，保证水流畅通。

JTG F90—2015

6.1.3 机械作业范围内不得同时进行人工作业。

6.1.4 施工机械设备不宜在坡度大的边坡区域作业，必要时应采取防止设备倾覆的措施。

6.1.5 多台机械同时作业时，各机械之间应保持安全距离。

第6.1.5条对照规范

➢ **《公路路基施工技术规范》**(JTG F10—2006)

9.2.5 多台机械同时作业时，各机械之间应注意保持必要的安全距离。机械在路基边坡、边沟、基坑边缘、不稳定体（地段）上作业时，应采取必要的安全措施。

JTG F90—2015

6.1.6 路基边坡、边沟、基坑边缘地段上作业的机械应采取防止机械倾覆、基坑坍塌的安全措施。

第6.1.6条对照规范

➢ **《公路路基施工技术规范》**(JTG F10—2006)

9.2.7 结构物基坑开挖，应根据土质、水文和开挖深度等选择安全的边坡坡度或支撑防护，在施工过程中进行监测，并及时采取相应的处理措施。开挖弃土或坑边材料的堆放不得影响基坑的稳定。沟槽（基坑）开挖深度超过2m时，其边缘上面作业应按高处作业要求进行安全防护并设置警告标志。开挖沟槽(基坑)位于现场通道或居民区附近时,应设置安全护栏。

JTG F90—2015

6.1.7　弃方除应符合现行《公路路基施工技术规范》(JTG F10)的有关规定外,尚应符合下列规定:

1　施工前,应现场核实弃土场的具体情况,弃土场四周应设立警示标志。

2　弃方不得影响排洪、通航,不得加剧河岸冲刷。水库、湖泊、岩溶漏斗及暗河口处不得弃方。桥墩台、涵洞口处不得弃方。

3　弃方作业应遵循"先支护、后弃土"的原则。

第6.1.7条对照规范

➢ **《公路路基施工技术规范》**(JTG F10—2006)

4.3.4　弃方

1　施工前,应对设计提供的弃土方案进行现场核对,若有疑问,应及时处理。

2　弃土不得占用耕地。

3　沿河弃土不得影响排洪、通航,不得加剧河岸冲刷。不得向水库、湖泊、岩溶漏斗及暗河口处弃土。禁止在贴近桥墩台、涵洞口处弃土。

4　沿线弃土堆设置应符合设计要求;设计无要求时应符合下列规定:

1)弃土应相对集中堆放,并与周边环境相协调,严禁随意处理。

2)弃土堆的几何尺寸、压实程度、位置,应保证路基边坡和弃土堆自身的稳定。弃土堆的边坡不陡于1∶1.5,顶面向外设不小于2%的横坡,其内侧高度不宜大于3m。

3)在地面横坡陡于1∶5的路段,不得在高于路堑边坡顶的山坡上方设弃土堆。

4)在山坡上侧的弃土堆,应连续而不间断,并在弃土堆上侧设置截水沟。山坡下侧的弃土堆,应每隔50～100m设宽度不小于1m的缺口排水,排水主流方向不得对地面结构物及农田等造成不利影响,必要时可设人工沟渠导引排水。弃土堆坡脚应进行防护和加固。

5 弃土应按设计要求进行压实。

6 应按设计要求及时完成弃土场的防护、排水工程。

➢ **《公路隧道施工技术规范》**(JTG F60—2009)

3.2.2 弃渣场地布置应满足安全、环保的要求，并方便弃渣。

➢ **《公路隧道施工技术细则》**(JTG/T F60—2009)

3.2.2 弃渣场地的布置应满足下列要求：

1 场地容量应足够，且出渣运输方便。

2 不得占用其他工程场地和影响附近各种设施的安全。

3 不得影响附近的农田水利设施，不占或少占农田。

4 不得堵塞河道、沟谷，不得挤压桥梁墩台及其他建筑物。

5 弃渣场堆的边坡，应作防护，防止水土流失。

6.2 场地清理

6.2.1 不得焚烧杂草、树木等。

第6.2.1条对照规范

➢ **《公路工程施工安全技术规程》**(JTJ 076—95)

4.1.1 清除的丛草、树木严禁放火焚烧，以防引起火灾。

JTG F90—2015

6.2.2 清理淤泥或处理空穴前，应查明地质情况，采取保证人员和机械安全的防护措施。

第6.2.2条对照规范

➢ **《公路工程施工安全技术规程》**(JTJ 076—95)

4.1.4 清除淤泥时，应先排除积水，并制定出相应的安全措施后方可清淤。

6.3 土方工程

6.3.1 取土场(坑)的边坡、深度等应满足设计要求,且不得危及周边建(构)筑物等既有设施的安全。

6.3.2 取土场(坑)底部应平顺并设有排水设施,取土场(坑)边周围应设置警示标志和安全防护设施,宜设置夜间警示和反光标识。

6.3.3 地面横向坡度陡于1∶10的区域,取土坑应设在路堤上侧。

6.3.4 取土坑与路基间的距离应满足路基边坡稳定的要求,取土坑与路基坡脚间的护坡道应平整密实,表面应设1%～2%向外倾斜的横坡。

第6.3.4条对照规范

➢ **《公路路基施工技术规范》**(JTG F10—2006)

4.2.1 施工取土

……

3 自行选定取土方案时,应符合下列技术要求:

1)地面横向坡度陡于1∶10时,取土坑应设在路堤上侧。

2)桥头两侧不宜设置取土坑。

3)取土坑与路基之间的距离,应满足路基边坡稳定的要求。取土坑与路基坡脚之间的护坡道应平整密实,表面设1%～2%向外倾斜的横坡。

4)取土坑兼作排水沟时,其底面宜高出附近水域的常水位或与永久排水系统及桥涵出水口的标高相适应,纵坡不宜小于0.2%,平坦地段不宜小于0.1%。

5)线外取土坑等与排水沟、鱼塘、水库等蓄水(排洪)设施连接时,应采取防冲刷、防污染的措施。

4 对取土造成的裸露面,应采取整治或防护措施。

JTG F90—2015

6.3.5 路堑开挖应采取保证边坡稳定的措施，边坡有防护要求的应开挖一级防护一级，且应自上而下开挖，不得掏底开挖、上下同时开挖、乱挖超挖。开挖应按施工方案执行，并应符合下列规定：

1 宜按规定监测土体稳定性。

2 应采取临时排水措施。

3 应及时排除地表水、清除不稳定孤石。

第 6.3.5 条对照规范

➤ **《公路工程施工安全技术规程》**(JTJ 076—95)

4.2.3 高陡边坡处施工必须遵守下列规定：

(1)作业人员必须绑系安全带；

(2)边坡开挖中如遇地下水涌出，应先排水，后开挖；

(3)开挖工作应与装运作业面相互错开，严禁上、下双重作业；

(4)弃土下方和有滚石危及范围内的道路，应设警告标志，作业时坡下严禁通行；

(5)坡面上的操作人员对松动的土、石块必须及时清除，严禁在危石下方作业、休息和存放机具。

➤ **《公路路基施工技术规范》**(JTG F10—2006)

4.3.1 土方工程

1 开挖施工应符合下列规定：

1)可作为路基填料的土方，应分类开挖分类使用。非适用材料应按设计要求或作为弃方按 4.3.4 条的规定处理。

2)土方开挖应自上而下进行，不得乱挖超挖，严禁掏底开挖。

3)开挖过程中，应采取措施保证边坡稳定。开挖至边坡线前，应预留一定宽度，预留的宽度应保证刷坡过程中设计边坡线外的土层不受到扰动。

4)路基开挖中，基于实际情况，如需修改设计边坡坡度、截水沟和边沟的位置及尺寸等时，应及时按规定报批。边坡上稳定的孤石应保留。

5)开挖至零填、路堑路床部分后，应尽快进行路床施工；如不能及时进行，宜在设计路床顶标高以上预留至少 300mm 厚的保护层。

6)应采取临时排水措施,确保施工作业面不积水。

7)挖方路基路床顶面终止标高,应考虑因压实而产生的下沉量,其值通过试验确定。

2 边沟与截水沟应从下游向上游开挖。截水沟通过地面坑凹处时,应将凹处填平夯实。边沟及截水沟开挖后,应及时进行防渗处理,不得渗漏、积水和冲刷边坡及路基。

3 挖方路基施工遇到地下水时应按下列规定处理:

1)应采取排导措施,将水引入路基排水系统,不得随意堵塞泉眼。

2)路床土含水量高或为含水层时,应采取设置渗沟、换填、改良土质、土工织物等处理措施,路床填料除应符合表 4.1.2 的规定外,还应具有良好的透水性能。

4 土质路基开挖应根据地面坡度、开挖断面、纵向长度及出土方向等因素,结合土方调配,选用安全、经济的开挖方案。

JTG F90—2015

6.3.6 深挖路堑施工应及时施做临时排水设施。边坡应严格按设计坡度开挖,并应监测边坡的稳定性。

第 6.3.6 条对照规范

➤ **《公路路基施工技术规范》**(JTG F10—2006)

4.3.3 深挖路基

1 施工前应理解设计的边坡防护方案,并编制详细的施工方案,获批准后实施。

2 施工过程中,应根据开挖情况随时进行地质核查,并对边坡稳定性进行监测。如实际情况与设计不符,应会同设计单位等进行处理。

3 应根据地形特征设置边坡控制点。

JTG F90—2015

6.3.7 填方作业区边缘应设置明显的警示标志,并应做好临时排水。

6.3.8 高填方路堤施工应符合下列规定:

1 路堤预留宽度应符合设计要求。

2 应及时施做边坡临时排水设施。

3 作业区边缘应设置明显的警示标志。

4 应进行位移监测。

第6.3.8条对照规范

➤ **《公路路基施工技术规范》**(JTG F10—2006)

4.2.5 高填方路堤

1 高填方路堤填料宜优先采用强度高、水稳性好的材料,或采用轻质材料。受水淹、浸的部分,应采用水稳性和透水性均好的材料。

2 基底处理应符合下列规定:

1)基底承载力应满足设计要求。特殊地段或承载力不足的地基应按设计要求进行处理。

2)覆盖层较浅的岩石地基,宜清除覆盖层。

3 高填方路堤填筑应符合下列规定:

1)施工中应按设计要求预留路堤高度与宽度,并进行动态监控。

2)施工过程中宜进行沉降观测,按照设计要求控制填筑速率。

3)高填方路堤宜优先安排施工。

JTG F90—2015

6.3.9 靠近结构物处挖土应采取安全防护措施。路基范围内暂时不能迁移的结构物应预留土台,并应设警示标志。

第6.3.9条对照规范

➤ **《公路工程施工安全技术规程》**(JTJ 076—95)

4.2.2 在靠近建筑物、设备基础、电杆及各种脚手架附近挖土时,必须采取安全防护措施。

4.2.15 在电杆附近挖土时,对于不能取消的接线地垄及杆身,应留出土台,土台半径:电杆为1～1.5m,拉线1.5～2.5m,并视土质决定边坡坡度。土台周围应插标杆示警。

➤ **《公路路基施工技术规范》**(JTG F10—2006)

9.2.6 在靠近结构物处挖土时,必须采取安全防护措施。对于在路基范围内暂时不能迁移的结构物,应留出土台,土台周围应设警示标志。

6.4 石方工程

6.4.1 爆破作业前应设置警戒区。

第6.4.1条对照规范

➤ **《公路工程施工安全技术规程》**(JTJ 076—95)

4.3.17 爆破工作必须有专人指挥。确定的危险区边界应有明显的标志,警戒区四周必须派设警戒人员。警戒区内的人、畜必须撤离,施工机具应妥善安置。预告、起爆、解除警戒等信号应有明确的规定。

4.3.18 爆破时,个别飞散物对人员的安全距离不得小于表4.3.18的规定。

表4.3.18 个别飞散物对人员的安全距离

爆破类型及方法	个别飞散物的最小安全距离(m)
1.破碎大块岩矿	
裸露药包爆破法	400
浅眼爆破法	300
2.浅眼爆破法	200(复杂地质条件下未修成台阶工作面时不小于300)
3.浅眼药壶爆破	300
4.蛇穴爆破	300
5.深孔爆破	按设计,但不小于200
6.深孔药壶爆破	按设计,但不小于300
7.浅眼眼底扩壶	50
8.深孔孔底扩壶	50
9.峒室爆破	按设计,但不小于300

注:沿山坡爆破时,下坡方向的安全距离应比表内数值增大50%。

4.3.24 大型爆破必须按审批的爆破设计书,在征得当地县(市)以上公安部门同意后,由成立的现场指挥机构组织人员实施。

大型爆破的安全距离,除考虑个别飞散物的因素外,尚应考虑因爆破引起地震及冲击波对人员、设施及建筑物的影响,按规定经计算后确定安全距离。

4.3.25 石方地段爆破后,必须确认已经解除警戒,作业面上的悬岩危石也经检查处理后,清理石方人员方准进入现场。

JTG F90—2015

6.4.2 石方开挖严禁采用硐室爆破。

条文说明

为控制爆破影响范围,便于现场安全管控。

6.4.3 近边坡部分宜采用光面爆破或预裂爆破。

6.4.4 高填方路基施工应符合本规范第 6.3.7 条的规定。

6.4.5 深挖路堑施工过程中,应及时施做临时排水设施。边坡应严格按设计坡度开挖,并应监测边坡的稳定性。

第 6.4.5 条对照规范

➢ **《公路路基施工技术规范》**(JTG F10—2006)

4.3.2 石方工程

1 石方开挖应根据岩石的类别、风化程度、岩层产状、岩体断裂构造、施工环境等因素确定开挖方案。

2 深挖路基施工,应逐级开挖,逐级按设计要求进行防护。

3 爆破作业必须符合《爆破安全规程》(GB 6722)的规定。爆破施工组织设计应按相关规定报批。

4 石方开挖严禁采用峒室爆破,近边坡部分宜采用光面爆破或预裂爆破。

5 爆破法开挖石方,应先查明空中缆线、地下管线的位置,开挖边界线外可能受爆破影响的建筑物结构类型、居民居住情况等,然后制订详细的爆破技术安全方案。

6 爆破开挖石方,宜按以下程序进行:爆破影响调查与评估→爆破施工组织设计→培训考核、技术交底→主管部门批准→清理爆破区施工现场的危石等→炮眼钻孔作业→爆破器材检查测试→炮孔检查合格→装炸药及安装引爆器材→布设安全警戒岗→堵塞炮孔→撤离施爆警戒区和飞石、震动影响区的人、畜等→爆破作业信号发布及作业→清除盲炮→解除警戒→测定、检查爆破效果(包括飞石、地震波及对施爆区内构造物的损伤、损失等)。

7 边坡整修及检验

1)挖方边坡应从开挖面往下分段整修,每下挖 2～3m,宜对新开挖边坡刷坡,同时清除危石及松动石块。

2)石质边坡不宜超挖。

3)石质边坡质量要求:边坡上无松石、危石。

8 路床清理及验收

1)欠挖部分必须凿除。超挖部分应采用无机结合料稳定碎石或级配碎石填平碾压密实,严禁用细粒土找平。

2)石质路床底面有地下水时,可设置渗沟进行排导,渗沟宽度不宜小于100mm,横坡不宜小于 0.6%。渗沟应用坚硬碎石回填。

3)石质路床的边沟应与路床同步施工。

6.5 防护工程

6.5.1 砌筑施工应符合下列规定:

1 边坡防护作业应设警戒区,并应设置明显的警示标志。

2 砌筑作业人员应佩戴安全帽、防滑鞋等防护用品。

3 高度超过 2m 作业应设置脚手架,并应符合本规范第 5.7 节的有关要求。

4 砌筑作业中,脚手架下不得有人操作及停留,不得重叠作业。

5 不得自上而下顺坡卸落、抛掷砌筑材料。

6 高处运送材料宜使用专用提升设备。

7 高边坡的防护应编制专项安全方案。

第 6.5.1 条对照规范

➢ **《公路工程施工安全技术规程》**(JTJ 076—95)

4.4.1 防护工程砌筑

4.4.1.1 边坡防护作业,必须搭设牢固的脚手架。

4.4.1.2 砌石工程必须自上而下砌筑。片石改小,不得在脚手架上进行,护墙砌筑时,墙下严禁站人。抬运石块上架,跳板应坚固,并设防滑条。

4.4.1.3 抹面、勾缝作业必须先上后下。严禁在砌筑好的坡面上行走,上下必须用梯。架上作业时,架下不准有人操作或停留,不得上面砌筑、下面勾缝。

➢ **《公路路基施工技术规范》**(JTG F10—2006)

9.2.11 砌筑作业时,脚手架下不得有人操作及停留,不得重叠作业。砌筑护坡时,严禁在坡面上行走,不得采用从上向下自由滚落的方式运输材料。

JTG F90—2015

6.5.2 砂浆喷射作业应严格执行操作规程,边坡喷射砂浆应自下而上顺序施作。

第6.5.2条对照规范

➢ **《公路工程施工安全技术规程》**(JTJ 076—95)

4.4.3.1 砂浆输送泵

(1)输送管道各接头应连接牢固,并设有牢固的支撑,尽量减少管道长度和弯管数量,管道上不得加压或悬挂重物;

(2)作业前应空运转,在确认旋转方向正确、电路开关、传动保护装置及料斗滤网齐全可靠后,方可进行作业;

(3)运转正常后,方可向泵内注入砂浆;砂浆泵须连续运转,短时间不用砂浆时,应打开回浆阀使砂浆在泵内循环运行;如停机时间较长时,应每隔3～5min泵送一次,使灰浆在管道和泵体内流动,以防凝结、阻塞;

(4)工作中应随时注意压力表指针是否正常,检查球阀、阀座和挤压管有无异常,如发现漏浆应停机修复后方可继续作业;

(5)因故障停机时,应打开泄浆阀使压力下降,然后再排除故障;砂浆泵压力未降到零时,不得拆卸空气室、压力安全阀和管道。

4.4.3.2 砂浆喷射机

(1)喷射机应保持内部清洁,输送泵和喷射机人员应密切联系,协调配合;

(2)在喷嘴前5m范围内不得站人;工作停歇时,喷嘴不得向有人的方向;

(3)输料软管如发生堵塞,可用木棍轻轻敲打外壁,如无效时可在关闭砂浆后拆卸胶管,用压缩空气吹通;

(4)转换作业面时,输料软管不得随地拖拉和弯折。

9.2.12 喷浆作业时,应密切注意压力表变化,出现异常时,应停机、断电、停风,并及时排除故障。作业区内严禁在喷浆嘴前方站人。

JTG F90—2015

6.5.3 人工开挖支挡抗滑桩施工除应符合现行《公路路基施工技术规范》(JTG F10)的有关规定外,尚应符合下列规定:

1 现场应配备气体浓度检测仪器,进入桩孔前应先通风15min以上,并经检查确认孔内空气符合现行《环境空气质量标准》(GB 3095)规定的三级标准浓度限值。人工挖孔作业时,应持续通风,现场应至少备用1套通风设备。

2 土石层变化处和滑动面处不得分节开挖。应及时加固防护护壁内滑裂面。

3 同排桩施工应跳槽开挖,相邻桩孔不得同时开挖,相邻两孔中的一孔浇筑混凝土,另一孔内不得有作业人员。

4 土层或破碎岩石中挖孔桩应采用钢筋混凝土护壁,并应根据计算确定护壁厚度和配筋量。

5 孔内作业人员应戴安全帽、系安全带、穿防滑鞋,安全绳应系在孔口。作业人员应通过带护笼的直梯进出,人员上下不得携带工具和材料。作业人员不得利用卷扬机上下桩孔。

6 绞车、绞绳、吊斗、卷扬机等设备应完好,起吊设备应装设限位器和防脱钩装置。

7 孔口处应设置护圈,护圈应高出地面0.3m。孔口应设置护栏和临时排水沟,夜间应悬挂示警红灯。孔口四周不得堆积弃渣、无关机具及其他杂物。

8 非爆破开挖的挖孔桩雨季施工,孔口应设置防雨棚,雨天孔内不得施工。

9 在含有毒有害气体的地区,孔内作业应至少每2h检测一次有毒有害气体及含氧量,保持通风,同时应配备不少于5套且满足施救需要的隔绝式压缩氧自救器等应急救援器材。

10 孔深不宜超过15m,孔径不宜小于1.2m。

11 孔深超过15m的桩孔内应配备有效的通信器材,作业人员在孔内连续作业不得超过2h;桩周支护应采用钢筋混凝土护壁,护壁上的爬梯应每间隔8m设一处休息平台。孔深超过30m的应配备作业人员升降设备。

12 孔口应设专人看守,孔内作业人员应检查护壁变形、裂缝、渗水等情况,并与孔口人员保持联系,发现异常应立即撤出。

13 挖孔作业人员的头顶部应设置护盖。弃渣吊斗不得装满,出渣时,孔内作业人员应位于护盖下。

14 孔内照明电压应为安全电压,应使用防水带罩灯泡,电缆应为防水绝缘电缆。

15 孔内爆破作业应专门设计,采用浅眼松动爆破法,并应严格控制炸药用量,炮眼附近孔壁应加强防护或支护。孔深不足10m,孔口应做覆盖防护。爆破作业的安全管理应按照现行《爆破安全规程》(GB 6722)中的有关规定执行。爆破前,相邻桩孔人员必须撤离。

16 混凝土护壁应随挖随浇,每节开挖深度应符合专项施工方案要求,且不得超过1m。护壁外侧与孔壁间应填实。混凝土护壁浇筑前,上下段护壁的钩拉钢筋应绑扎牢固。护壁模板应在混凝土强度达到5MPa以上后拆除。

条文说明

原规程第6.2.8.4条(2)规定:"二氧化碳含量超过0.3%时,应采取通风措施。对含量虽不超过规定,但作业人员有呼吸不适感觉时,亦应采取通风或换班作业等措施",但在实际施工中,如不保持连续送风,随着二氧化碳含量的增加或氧气含量的减少,也将导致窒息事故;原规程第6.2.8.5条规定"人工挖孔深度超过10m时,应采用机械通风"。

但施工过程中曾多次发生孔深小于10m，操作人员、救援人员中毒造成伤亡的情况，特别是炎热的夏季此类事故更易发生。因此本条规定只要在桩孔内施工作业均应持续通风。

本规范目前采用的是《环境空气质量标准》（GB 3095—1996）中三级标准浓度限值，见表6-1。

表6-1 空气浓度限值

污染物名称	取值时间	浓度限值	浓度单位
二氧化硫 SO_2	年平均	0.1	mg/m^3
	日平均	0.25	
	1小时平均	0.7	
总悬浮颗粒物 TSP	年平均	0.3	mg/m^3
	日平均	0.5	
可吸入颗粒物 PM_{10}	年平均	0.15	mg/m^3
	日平均	0.25	
氮氧化物 NO_x	年平均	0.1	mg/m^3
	日平均	0.15	
	1小时平均	0.3	
二氧化氮 NO_2	年平均	0.08	mg/m^3
	日平均	0.12	
	1小时平均	0.24	
一氧化碳 CO	日平均	6	mg/m^3
	1小时平均	20	
臭氧 O_3	1小时平均	0.2	mg/m^3
铅 Pb	季平均	1.5	mg/m^3
	年平均	1	
苯并[a]芘 B[a]P	日平均	0.01	$\mu g/m^3$

16　本款根据《公路桥涵施工技术规范》（JTG/T F50—2011）第8.6.3条第4款、并参考《铁路桥涵工程施工安全技术规程》（TB 10303—2009）第3.6.6条制定，但规定拆除护壁模板时，混凝土强度应达到的强

度等级由2.5 MPa以上提高到5MPa以上。

第6.5.3条对照规范

➢ **《公路工程施工安全技术规程》**(JTJ 076—95)

4.4.5 人工挖基作业时,从基坑内抛上的土方应边挖边运。用土台分层抛掷传运出土时,台阶宽度不得小于0.7m,高度不得大于1.5m。基坑上边缘暂时堆放的土方至少应距坑边0.8m以外,堆放高度不得超过1.5m。

6.2.8.4 二氧化碳含量超过0.3%时,应采取通风措施。对含量虽不超过规定,但作业人员有呼吸不适感觉时,亦应采取通风或换班作业等措施。

6.2.8.5 人工挖孔深度不超过10m时,应采用机械通风。当使用风镐凿岩时,应加大送风量,吹排凿岩产生的石粉。人工挖孔最深不宜大于15m。

➢ **《公路路基施工技术规范》**(JTG F10—2006)

8.7.3 开挖及支护应符合下列规定:

1 应分节开挖,每节高度宜为0.6~2.0m,分节不宜过长,不得在土石层变化处和滑动面处分节,挖一节立即支护一节。

2 护壁应经过设计计算确定,应考虑到各种不利情况。护壁混凝土应紧贴围岩灌注,灌注前应清除孔壁上的松动石块、浮土。围岩较松软、破碎、有水时,护壁宜设泄水孔。

3 开挖应在上一节护壁混凝土终凝后进行,护壁混凝土模板的支撑应在混凝土强度达到能保持护壁结构不变形后方可拆除。

4 在围岩松软、破碎和有滑动面的节段,应在护壁内顺滑动方向用临时横撑加强支护,并经常观察其受力情况,及时进行加固。

5 开挖桩群应从两端沿滑坡主轴间隔开挖,桩身强度不低于设计强度的75%时可开挖邻桩。

6 弃渣严禁堆放在滑坡范围内。

JTG F90—2015

6.5.4 挡土墙施工除应符合现行《公路路基施工技术规范》(JTG F10)的有关规定外,尚应符合下列要求:

1 挡土墙施工应设警戒区。

2　回填作业应在挡土墙墙身的强度达到设计强度的75%后实施，墙背1.0m以内不宜使用重型振动压路机碾压。

3　挡土墙墙高大于2m时，施工应符合本规范第5.7节的有关规定。

4　锚杆挡土墙施工前，应清除岩面松动石块，并整平墙背坡面。

第6.5.4条对照规范

➢《**公路工程施工安全技术规程**》(JTJ 076—95)

4.4.4　挡墙挖基应视土质、湿度和挖掘的深度设放安全边坡，否则应设置相适应的围壁支撑。基坑壁坡度可参照表4.4.4办理。

表4.4.4　基坑坑壁坡度表

坑壁土质	坑壁坡度		
	基坑顶缘无载重	基坑顶缘有静载	基坑顶缘有动载
砂类土	1∶1	1∶1.25	1∶1.5
碎卵石类土	1∶0.75	1∶1	1∶1.25
轻亚粘土	1∶0.67	1∶0.75	1∶1
亚粘土	1∶0.33	1∶0.5	1∶0.75
极软岩	1∶0.25	1∶0.33	1∶0.67
软质岩	1∶0	1∶0.1	1∶0.25
硬质岩	1∶0	1∶0	1∶0

注：本表适用于基坑深度在5m以内，无地下水，土质结构均匀的情况。

JTG F90—2015

6.5.5　锚杆、锚索预应力张拉应符合施工工艺要求。

第6.5.5条对照规范

➢《**公路路基施工技术规范**》(JTG F10—2006)

8.5.6　锚杆施工应符合下列规定：

1　孔深小于3m时，宜采用先注浆后插锚杆的施工工艺。注浆时，浆体除孔口 200～300mm 外，应均匀充满全孔。锚杆插入后应居中固定。杆体外露部分应避免敲击、碰撞，3d 内不得悬吊重物，3d 后才可安装垫板。

2 当孔深大于 3m 时，应按 8.4.9 条的相关要求施工。

8.5.7 预应力锚索应符合下列规定：

1 严禁使用有机械损伤、电弧烧伤和严重锈蚀的钢绞线。严禁将钢绞线及锚索直接堆放在地面或露天储存，避免受潮、受腐蚀。

2 施工前应按设计要求进行预应力锚索的锚固性能基本试验，确定施工工艺。

3 锚索束制作安装应符合下列规定：

1)锚索束制作宜在现场厂棚内进行。

2)下料应采用机械切割，严禁用电弧切割。

3)普通锚索束必须进行清污、除锈处理。

4)锚固段锚索束应按设计安装。

5)在锚索入孔前，必须校对锚索编号与孔号是否一致，做好标记。

6)锚索束必须顺直地安放在钻孔中心。

4 锚固端灌浆应符合下列规定：

1)放入锚索束后应及时灌浆。

2)无黏结锚索孔灌浆宜一次注满锚固段和自由段。

3)灌浆应饱满、密实。

5 锚索张拉应按设计要求进行，并应符合下列规定：

1)张拉设备必须按规定配套标定，标定间隔期不宜超过 6 个月。拆卸检修的张拉设备或压力表经受强烈撞击后，都必须重新标定。

2)孔内砂浆的强度未达到设计强度的 75%时，不得进行张拉。

3)锚索张拉采用张拉力和伸长值进行控制，用伸长值校核应力，当实际伸长值大于计算伸长值的 10%或小于 5%时，应暂停张拉，查明原因并处理后，可继续张拉。

4)锚索锁定后，在 48h 内若发现有明显的预应力松弛时，应进行补偿张拉。

6 封孔应符合下列规定：

1)封孔灌浆应在锚索张拉、检测合格、锁定后进行。

2)封孔灌浆时，进浆管必须插到底，灌浆必须饱满。

3)封孔灌浆后，锚头部分应涂防腐剂，并按设计要求及时进行封闭。

JTG F90—2015

6.5.6　张拉作业应设警戒区，操作平台应稳固，张拉设备应安装牢固。

6.5.7　张拉过程中操作人员不得离岗，千斤顶后方不得站人。

6.6　排水工程

6.6.1　高边坡截水沟施工应设置防作业人员坠落设施。

第 6.6.1 条对照规范

➤ **《公路路基施工技术规范》**(JTG F10—2006)

5.2.2　截水沟

1　截水沟应先施工，与其他排水设施应衔接平顺。

2　截水沟应按设计要求进行防渗及加固处理。地质不良地段、土质松软路段、透水性大或岩石裂隙较多地段，截水沟沟底、沟壁、出水口都应进行加固处理，防止水流渗漏和冲刷。

JTG F90—2015

6.6.2　排水沟施工不得自上而下滚落运送材料。

第 6.6.2 条对照规范

➤ **《公路路基施工技术规范》**(JTG F10—2006)

5.2.3　排水沟

1　排水沟线形应平顺，转弯处宜为弧线形。

2　排水沟的出口水，应设置跌水和急流槽将水流引出路基或引入排水系统。

6.6.3 渗井应随挖随支,停止施工或完成后应加盖封闭。

第 6.6.3 条对照规范

➤ **《公路路基施工技术规范》**(JTG F10—2006)

5.3.3 渗井

1 填充料含泥量应小于5%,按单一粒径分层填筑,不得将粗细材料混杂填塞。下层透水层范围内宜填碎石或卵石,上层不透水范围内宜填砂或砾石。井壁与填充料之间应设反滤层。

2 渗井顶部四周用黏土填筑围护,井顶应加盖封闭。

3 渗井开挖应根据土质选用合理的支撑形式,并应随挖随支撑、及时回填。

6.7 软基处理

6.7.1 施工场地及机械行走范围的承载力应满足相应的要求,并应保持平整。

6.7.2 排水板打设设备与架空线路之间的安全距离应符合本规范第5.6.14条的有关规定。

第 6.7.2 条对照规范

➤ **《公路路基施工技术规范》**(JTG F10—2006)

6.3.7 塑料排水板

1 塑料排水板技术、质量指标应符合设计要求。露天堆放应有遮盖,不得长时间暴晒。

2 塑料排水板施工应符合以下规定:

1)现场堆放的塑料排水板,应采取措施防止损坏滤膜。

2)塑料排水板超过孔口的长度应能伸入砂垫层不小于500mm,预留段应及时弯折埋设于砂垫层中,与砂垫层贯通,并采取保护措施。

3)塑料排水板不得搭接。

4)施工中防止泥土等杂物进入套管内,一旦发现应及时清除。

5)打设形成的孔洞应用砂回填,不得用土块堵塞。

3 塑料排水板施工质量应符合表6.3.7的规定。

表6.3.7 塑料排水板施工质量标准

项次	检查项目	规定值或允许偏差	检查方法和频率
1	板距(mm)	±150	抽查3%
2	板长	不小于设计值	抽查3%
3	竖直度(%)	1.5	查施工记录

JTG F90—2015

6.7.3 振沉砂桩或碎石桩作业灌料斗下方不得站人。

6.7.4 强夯施工应符合下列规定:

1 强夯作业区应封闭管理并设置安全警示标志,由专人负责统一指挥。

2 强夯机架刚度、强度、稳定性应满足施工要求,变换夯位后,应检查门架支腿。作业前,应提升夯锤0.1~0.3m检查整机的稳定性。

3 吊锤机械驾驶室前应设置防护网,驾驶员应佩戴防护镜。

第6.7.4条对照规范

➤ **《公路路基施工技术规范》**(JTG F10—2006)

6.3.16 强夯

1 应采取隔振、防振措施消除强夯对邻近建筑物的有害影响。

2 施工前应选择有代表性并不小于500m² 的路段进行试夯,确定最佳夯击能、间歇时间、夯间距等参数。

3 夯击次数应按现场试夯得到的夯击次数和夯沉量关系曲线确定。

4 垫层材料应采用透水性好的砂、砂砾、石屑、碎石土等。

5 强夯施工应符合以下规定：

1)施工前应检查锤重和落距，单击夯击能量应符合设计要求。

2)夯击前，应对夯点放样并复核，夯完后检查夯坑位置，发现偏差或漏夯应及时纠正。

3)施工过程中应记录每个夯点的夯沉量，原始记录应完整、齐全。

6 强夯施工完成后，应通过标准贯入、静力触探等原位测试，测量地基的夯后承载能力是否达到设计要求。

JTG F90—2015

6.7.5 旋喷桩的高压设备和管路系统的密封圈应完好，各管道和喷嘴内不得有杂物。喷射过程中出现压力突变应停工查明原因。

6.7.6 真空预压施工应符合下列规定：

1 施工用电应符合本规范第4.4节的规定。

2 应观察负压对邻近结构物的影响。

3 排水不得危及四周道路及结构物。

6.7.7 在淤泥区域进行换填施工作业时，应采取防止人员陷入的措施。

6.8 特殊路基

6.8.1 滑坡地段路基施工应符合下列规定：

1 路基施工应加强对滑坡区内其他工程和设施的保护。滑坡区内有河流时，施工不得使河流改道或压缩河道。

2 滑坡影响范围应设安全警示标志，根据现场情况设置围挡等防护措施。

3 滑坡影响范围内不得设置临时生产、生活设施，停放机械、堆放机具等。

4 施工前应先做好截、排水设施，并应随开挖随铺砌。施工用水不得浸入滑坡地段。

5　滑坡体上开挖路堑和修筑抗滑支挡构筑物时，应分段跳槽开挖，不得大段拉槽开挖，并随挖、随砌、随填、随夯；开挖与砌筑时应加强支撑和临时锚固，并监测其受力状态；采用抗滑桩挡土墙共同支挡时，应先做抗滑桩后做挡土墙。

6　冰雪融化期不得开挖滑坡体，雨后不得立即施工，夜间不得施工。

第6.8.1条对照规范

➤ **《公路工程施工安全技术规程》**(JTJ 076—95)

4.2.5　施工中如发现山体有滑动、崩坍迹象危及施工安全时，应暂停施工，撤出人员和机具，并报上级处理。

4.2.6　滑坡地段的开挖，应从滑坡体两侧向中部自上而下进行，严禁全面拉槽开挖，弃土不得堆在主滑区内，开挖挡墙基槽也应从滑坡体两侧向中部分段跳槽进行，并加强支撑，及时砌筑和回填墙背，施工中应设专人观察，严防坍方。

➤ **《公路路基施工技术规范》**(JTG F10—2006)

6.13.1　滑坡地段施工前，应制订应对滑坡或边坡危害的安全预案，施工过程中应进行监测。

6.13.2　滑坡整治宜在旱季施工。需要在冬季施工时，应了解当地气候、水文情况，严格按照冬季施工的有关规定实施。

6.13.3　路基施工应注意对滑坡区内其他工程和设施的保护。在滑坡区内有河流时，应尽量避免因滑坡工程的施工使河流改道或压缩河道。

6.13.4　滑坡整治，应及时采取技术措施封闭滑坡体上的裂隙，应在滑坡边缘一定距离外的稳定地层上，按设计要求并结合实际情况修筑一条或数条环形截水沟，截水沟应有防渗措施。

6.13.5　施工时应采取措施截断流向滑坡体的地表水、地下水及临时用水。

6.13.6　滑坡体未处理之前，严禁在滑坡体上增加荷载，严禁在滑坡前缘减载。

6.13.7　滑坡整治完成后，应及时恢复植被。

6.13.8　采用削坡减载方案整治滑坡时，减载应自上而下进行，严禁超挖或乱挖，严禁爆破减载。

6.13.9 采用加填压脚方案整治滑坡时，只能在抗滑段加重反压，并且做好地下排水，不得因为加填压脚土而堵塞原有地下水出口。

6.13.10 抗滑支挡工程施工

1 采用不同类型抗滑支挡结构整治措施时，应有合理的施工方法和施工程序。在上一道工序未达到设计要求之前，不得进行下一道工序。

2 首件工程施工中，应核查实际地质情况并进行地质编录。

3 当墙后有支撑渗沟及排水工程时，应先期施工。

4 抗滑支挡结构物的尺寸和位置应符合设计要求，严禁擅自减小结构尺寸、减短抗滑桩桩长、减短锚索长度等。

5 施工中遇到异常地质情况时，应会同有关单位进行处理。

6 各种支挡结构的基础必须置于滑动面以下，并嵌入稳定地层。

7 开挖基坑时，应分段跳槽施工，并应加强支撑，随挖随砌，及时回填。

6.13.11 降雨前后及降雨过程中，应加强对施工现场的检查巡视。

JTG F90—2015

6.8.2 崩塌与岩堆地段施工应符合下列规定：

1 施工前应对影响范围进行评估，并应对既有建(构)筑物和交通设施等采取相应的安全防护或迁移措施。

2 施工前应先清理危岩，并根据现场情况修建拦截建(构)筑物等防护措施。防治工程应及时配套完成。

3 刷坡时应明确刷坡范围，并设置围挡和警示标志。

4 爆破开挖时应采取控制爆破技术，并加强现场防护及爆破后的检查。

第6.8.2条对照规范

➤ **《公路工程施工安全技术规程》**(JTJ 076—95)

4.2.7 在落石与岩堆地段施工，应先清理危石和设置拦截设施后再行开挖。其开挖面坡度应按设计进行，坡面上松动石块应边挖边清除。

➤ **《公路路基施工技术规范》**(JTG F10—2006)

6.14.1 崩塌与岩堆地段路基施工中,必须采取有效措施,预防岩石塌落,确保安全。

6.14.2 施工中必须按设计要求做好截、排水、防渗设施,处理好岩堆地段的渗入水及地下水。

6.14.3 岩堆地区路基施工,不宜扰动岩堆体、破坏原有的边坡。填筑路基时,不宜使用振动碾压设备。

6.14.4 对单个危岩,应根据地形和岩层情况采用相应的处理措施。当地面坡度陡于1∶1.5时,应对较大孤石进行处理。

6.14.5 在岩堆上进行路堤施工,应清除表层堆积物并挖台阶。

6.14.6 在较大而稳定性较好的岩堆上修筑路基,应按设计要求采取治理岩堆的措施,可注入水泥砂浆、修建护面墙、挡土墙等。对较大而稳定性较差的岩堆,应按设计要求采用综合治理措施,可先修筑下挡墙,再分阶梯形成边坡或修筑护面墙,然后在岩堆体内分段注入水泥砂浆等。

JTG F90—2015

6.8.3 岩溶地区施工应符合下列规定:

1 施工前应根据洞穴的位置和分布情况,设置明显的警示标志和防护设施。

2 洞内存在有害气体和物质未排除前人员不得进入。不稳定洞穴应采取临时支撑等安全措施。

3 应先疏导、引排对路基稳定有影响的岩溶水、地面水。

4 注浆处理时,应观测注浆压力和周边情况,发现异常应及时采取相应措施。

第6.8.3条对照规范

➤ **《公路工程施工安全技术规程》**(JTJ 076—95)

4.2.8 岩洞地区施工,应认真处理岩洞水的涌出,以免导致突发性的坍陷。泥沼地段施工,应有必要的防范措施,避免人、机下陷。挖出的废土应堆置在合适的地方,以防汛期造成人为的泥石流。

➤ **《公路路基施工技术规范》**(JTG F10—2006)

6.16.1 施工前,应结合设计详细核查岩溶分布、地形、地表水、地下水活动规律及设计处治方案的可行性和完整性,严禁随意堵塞溶洞。

6.16.2 在路基边坡上的干溶洞,应清除洞内沉积物并用干砌或浆砌片石堵塞。

6.16.3 路基上方的溶泉或壅水,应按设计先做好排水涵(管)。

6.16.4 路基基底下的干溶洞,可结合设计要求采取以下措施:

1 铲除溶洞石笋,整平基底,直接用砂砾石、碎石、干(浆)砌片石等回填密实。

2 当溶洞顶板太薄或者顶板较破碎,按设计要求进行加固时,应严格控制加固质量,确保强度。

3 当溶洞顶板较完整、厚度较大时,应根据设计要求,确定处理方案。

4 采用桥涵跨越通过时,桥涵基础必须置于有足够承载能力的稳定地基上。

6.16.5 路基基底下有溶泉或壅水,应采取排导措施保证路基不受浸害;当修建水泥混凝土、沥青混凝土等路面时,应按设计要求采取措施防止因温差作用而使水汽上升,聚集在路面基层下。

6.16.6 应对路基基底范围内的石笋、石牙进行处理。

6.16.7 流水量大的暗洞及消水洞,用桥涵跨越时,应确保基础稳定。

JTG F90—2015

6.8.4 泥石流地区施工取土和弃土应避开泥石流影响。

第 6.8.4 条对照规范

➤ **《公路路基施工技术规范》**(JTG F10—2006)

6.15.2 泥石流地区路基施工,应设置专职巡查人员,监测泥石流动态,遇有异常情况应及时处理,确保施工安全。

JTG F90—2015

6.8.5 采空区施工应符合下列规定:

1 施工前应在施工现场对采空区塌陷影响范围进行标识,并设置警示标志,规定作业人员和施工机械作业范围。

2 路基边沟及排水沟底部，应采取防止地表水渗漏到采空区内的措施。

第6.8.5条对照规范

➤《公路路基施工技术规范》(JTG F10—2006)

6.17.2 路基边沟及排水沟底部，应采取措施防止地表水渗漏到采空区内。

JTG F90—2015

6.8.6 在同一个雪崩区，防雪工程应自雪崩源头开始施工，上一单项工程未完成时，相邻的下一个单项工程不得施工。

第6.8.6条对照规范

➤《公路路基施工技术规范》(JTG F10—2006)

6.12.3 雪崩地段施工应制订安全预案。

6.12.8 雪崩地段路基施工

1 应配备专门的观测仪器和人员进行监测，及时预报警示山体塌方、碎石跌落、降雨降雪天气、大量地下水涌出等可能造成的山体变化情况，应制订安全预案，避免施工安全事故。

2 应及时监测和预防施工机械运转振动造成的坍塌、碎落及山体滑坡。

3 在同一个雪崩区，防雪工程应从雪崩源头开始施工，上一个单项工程完成后方可开始相邻的下一个单项工程施工。其他类似工程亦应按此要求依次施工。

4 挖方施工时，应沿等高线开挖水平台阶，按从上到下的顺序开挖台阶，废方堆于台阶下方。

5 稳雪栅栏可沿等高线设置。稳雪栅栏宜设置多排，最高一排栅栏应尽可能在雪崩裂点附近及雪檐下方，应保证基础的稳定性及锚固钢筋的锚固要求，回填土压实度应不小于95%，栅栏与坡面的交角应严格按设计要求施工。

6 防雪林的布设应从雪崩源头开始到雪崩运动区，从上到下分期种植适合当地环境的速生树种。

7 修筑钢筋混凝土或浆砌圬工防雪走廊时，原地基及回填土压实度应不小于95%。应注意结构物的防水、排水及冻融要求，墙后填土应与山坡相顺接。

JTG F90—2015

6.8.7 沿江、河、水库等地区施工应符合下列规定：

1 沿河、沿溪地区的高填方、半挖半填、拓宽路段的新老交界面应按设计要求采取保证路基稳定的措施，峡谷地段宜采用石质填料。

2 汛期应采取防洪措施。

第 6.8.7 条对照规范

➤ **《公路路基施工技术规范》**(JTG F10—2006)

6.18.2 路基弃方应妥善处理，严禁向河中倾弃。

6.18.5 路基边坡有潜水或渗水层时，应参照第 5 章有关规定按设计要求设置排水设施，将水引出路基范围之外。

7 路面工程

7.1 一般规定

7.1.1 施工中,拌和楼、发电站(机)、运输车、滑模摊铺机、轨道摊铺机、沥青摊铺机等大型机械设备及其辅助机械(具)操作手不得擅自离开操作台。

7.1.2 施工现场出入口、沿线各交叉口等处应设明显警示、警告标志,并应设专人指挥。

第 7.1.2 条对照规范

➤ **《公路水泥混凝土路面施工技术细则》**(JTG/T F30—2014)

5.2.4 交通繁忙的路口应设立标志,疏导交通。夜间施工时,应保证施工照明,模板或基准线桩附近应设置警示灯或反光标志。

JTG F90—2015

7.1.3 机械设备停放位置应平整,周围应设置明显的警示标志,夜间应设警示灯。

7.1.4 开挖下承层沟槽或施作伸缩缝应设置明显的安全警示标志。

7.1.5 夜间施工,现场作业人员应身穿反光服,路口、危险路段和桥头引道应设置警示灯或反光标志,施工设备均应有照明设备和明显的警示标志,照明应满足夜间施工要求。

7.1.6 隧道内摊铺沥青混凝土路面应符合下列规定：

1 应采用机械通风排烟，隧道内空气中的有毒气体和可燃气体的浓度不得超过相关规定。

2 隧道内作业人员应佩戴符合要求的防毒面具。

3 隧道内应有照明和排风等设施，作业人员应穿反光服。

第 7.1.6 条对照规范

➤ **《公路沥青路面施工技术规范》**(JTG F40—2004)

10.6.1 在隧道内铺筑沥青路面时应充分考虑隧道沥青路面施工和维修养护工作困难，隧道内外光线变化显著，隧道有可能漏水、冒水，隧道防火安全等特点，选择适宜的材料与结构。

10.6.3 施工过程中需确保通风良好，采取防火措施，制订有切实可行的消防和疏散预案。

➤ **《公路隧道施工技术规范》**(JTG F60—2009)

17.0.3 隧道路面施工应设置满足施工需要的照明系统。

17.0.5 隧道路面施工过程中，隧道内必须保持良好通风。

7.2 基层与底基层

7.2.1 消解石灰，浸水过程中不得投料、翻拌，人员应远避并采取个体防护措施。

第 7.2.1 条对照规范

➤ **《公路工程施工安全技术规程》**(JTJ 076—95)

5.1.1 消解石灰，不得在浸水的同时边投料、边翻拌，人员应远避，以防烫伤。

JTG F90—2015

7.2.2 拌和作业开机前应警示，拌和机前不得站人，拌和过程中人员不得跨越皮带或调整皮带运输机。

7.2.3　混合料运输应按指定线路行走，不得超载、超速。卸料升斗时，人员不得在车斗的正下方停留。

第 7.2.3 条对照规范

➢ **《公路沥青路面施工技术规范》**(JTG F40—2004)

5.5.1　热拌沥青混合料宜采用较大吨位的运料车运输，但不得超载运输，或急刹车、急弯掉头使透层、封层造成损伤。运料车的运力应稍有富余，施工过程中摊铺机前方应有运料车等候。对高速公路、一级公路，宜待等候的运料车多于 5 辆后开始摊铺。

JTG F90—2015

7.2.4　整平和摊铺作业应临时封闭交通、设明显警示标志，下承层内的各类检查井口应稳固封盖，辅助作业人员应面向压路机方向作业，设备之间应保持安全距离。

第 7.2.4 条对照规范

➢ **《公路水泥混凝土路面施工技术细则》**(JTG/T F30—2014)

9.2.5　两台摊铺机前后紧随摊铺时，两幅摊铺间隔时间应控制在 1h 之内。

➢ **《公路沥青路面施工技术规范》**(JTG F40—2004)

5.6.2　铺筑高速公路、一级公路沥青混合料时，一台摊铺机的铺筑宽度不宜超过 6m(双车道)～7.5m(3 车道以上)，通常宜采用两台或更多台数的摊铺机前后错开 10～20m，呈梯队方式同步摊铺，两幅之间应有 30～60mm 左右宽度的搭接，并躲开车道轮迹带，上、下层的搭接位置宜错开 200mm 以上。

JTG F90—2015

7.2.5　碾压作业应符合下列规定：

1 多台压路机同时作业时，各机械之间应保持安全距离。

2 作业人员应在行驶机械后方清除轮上黏附物。

3 碾压区内人员不得进入，确需人员进入的应安排专人监护。

第7.2.5条对照规范

➢ **《公路沥青路面施工技术规范》**(JTG F40—2004)

5.7.3 沥青路面施工应配备足够数量的压路机，选择合理的压路机组合方式及初压、复压、终压(包括成型)的碾压步骤，以达到最佳碾压效果。高速公路铺筑双车道沥青路面的压路机数量不宜少于5台。施工气温低、风大、碾压层薄时，压路机数量应适当增加。

5.7.11 碾压轮在碾压过程中应保持清洁，有混合料粘轮应立即清除。对钢轮可涂刷隔离剂或防粘结剂，但严禁刷柴油。当采用向碾压轮喷水(可添加少量表面活性剂)的方式时，必须严格控制喷水量且成雾状，不得漫流，以防混合料降温过快。轮胎压路机开始碾压阶段，可适当烘烤、涂刷少量隔离剂或防粘结剂，也可少量喷水，并先到高温区碾压使轮胎尽快升温，之后停止洒水。轮胎压路机轮胎外围宜加设围裙保温。

7.3 沥青面层

7.3.1 封层、透层、黏层施工应符合下列规定：

1 喷洒前应做好检查井、闸井、雨水口的安全防护。

2 洒布车行驶中不得使用加热系统。洒布地段不得使用明火。

3 小型机具洒布沥青时，喷头不得朝上，喷头10m范围不得站人，不得逆风作业。

4 大风天气，不得喷洒沥青。

第7.3.1条对照规范

➢ **《公路工程施工安全技术规程》**(JTJ 076—95)

5.2.16 洒布车(机)工作地段应有专人警戒。施工现场的障碍物应清除干净，洒油时作业范围内不得有人。施工现场严禁使用明火。

5.2.17 沥青洒布车作业

5.2.17.3 满载沥青的洒布车应中速行驶。遇有弯道、下坡时应提前减速，尽量避免紧急制动。行驶时严禁使用加热系统。

5.2.17.4 驾驶员与机上操作人员应密切配合，操作人员应注意自身的安全。作业时在喷洒沥青方向 10m 以内不得有人停留。

5.2.18 沥青洒布机作业

5.2.18.3 喷洒沥青时，手握的喷油管部分应加缠旧麻袋或石棉绳等隔热材料。操作时，喷头严禁向上。喷头附近不得站人，不得逆风操作。

➢ **《公路沥青路面施工技术规范》**(JTG F40—2004)

10.4.5 喷洒沥青或改性沥青类桥面防水粘结层的施工应符合下列要求：

(1)整个铺筑过程直至铺设石屑保护层前严禁包括行人在内的一切交通。

(2)不洒粘层油，直接分 2～3 层喷洒或人工涂刷热沥青、热融或溶剂稀释的改性沥青、改性乳化沥青的防水粘结层，必须均匀一致，且达到要求的厚度。

(3)喷洒防水层粘结后应立即撒布一层洁净的尺寸为 3～5mm 的石屑作保护层，并用 6～8t 轻型压路机以较慢的速度碾压。

JTG F90—2015

7.3.2 沥青储存地点应配备灭火器、消防砂等消防设施，并应设置警示标志。

7.3.3 沥青脱桶、导热油加热沥青作业应采取防火、防烫伤措施。

第 7.3.3 条对照规范

➢ **《公路工程施工安全技术规程》**(JTJ 076—95)

5.2.14 导热油加热沥青，应遵守下列规定：

(1)加热炉使用前必须进行耐压试验，水压力应不低于额定工作压力的二倍；

(2)对加热炉及设备应作全面检查，各种仪表应齐全完好。泵、阀门、循环系统和安全附件应符合技术要求，超压、超温报警系统应灵敏可靠；

(3)必须经常检查循环系统有无渗漏、振动和异常，定期检查膨胀箱的液面是否超过规定，自控系统的灵敏性和可靠性是否符合要求，并应定期清除炉管及除尘器内的积灰；

(4)导热油的管道应有防护设施。

JTG F90—2015

7.3.4 沥青混合料拌和作业除应符合本规范第7.2.2条规定外，尚应符合下列规定：

1 拌和机点火失效时，应关闭喷燃器油门，并应通风清吹后再行点火。

2 拌和过程中人员不得在石料溢流管、升起的料斗下方站立或通行。

3 沥青罐内检查不得使用明火照明。

4 沥青拌和站应配备灭火器、消防砂等消防设施。

第7.3.4条对照规范

➤ **《公路工程施工安全技术规程》**(JTJ 076—95)

5.2.20 沥青混合料拌和设备作业应遵守下列规定：

(1)拌合机启动、停机，必须按规定程序进行。点火失效时，应及时关闭喷燃器油门，待充分通风后再行点火。需要调整点火时，必须先切断高压电源；

5.2.24 运转中严禁人员靠近各种运转机构。

5.2.26 料斗升起时，严禁有人在斗下工作或通过。检查料斗时应将保险链挂好。

JTG F90—2015

7.3.5 沥青路面摊铺、碾压应符合本规范第7.2节的有关规定。

第7.3.5条对照规范

➤ **《公路工程施工安全技术规程》**(JTJ 076—95)

5.2.28 沥青混合料摊铺机摊铺作业，应遵守下列规定：

(1)驾驶台及作业现场要视野开阔，清除一切有碍工作的障碍物。作业时无关人员不得在驾驶台上逗留。驾驶员不得擅离岗位；

(2)运料车向摊铺机卸料时,应协调动作,同步先进,防止互撞。

(3)换挡必须在摊铺机完全停止时进行,严禁强行挂挡和在坡道上换挡或空挡滑行;

(4)熨平板预热时,应控制热量,防止因局部过热而变形。加热过程中,必须有专人看管;

(5)驾驶力求平稳,不得急剧转向。弯道作业时,熨平装置的端头与路缘石的间距不得小于10cm,以免发生碰撞;

(6)用柴油清洗摊铺机时,不得接近明火。

7.4 水泥混凝土面层

7.4.1 拌和及运输应符合本规范第5.4节的规定。

第7.4.1条对照规范

➢ **《公路工程施工安全技术规程》**(JTJ 076—95)

5.3.1 混凝土拌和及运送

5.3.1.1 水泥混凝土的拌和,应按本规程6.5.3有关规定办理。

5.3.1.2 手推车或小型翻斗车装运混凝土,车辆之间应保持一定的安全距离。

5.3.1.3 水泥混凝土运输车运送混凝土拌和物时,应遵守下列规定:

(1)液压泵、液压马达及阀件应紧固,并与管道连接牢固,密封良好。各泵旋转时应无卡阻和异常声响;

(2)当传动系统出现故障,液压油输出中断而导致滚筒停转,并一时无法修复时,要利用紧急排出系统快速排出混凝土拌和物;

(3)严禁用手触摸旋转中的搅拌筒和随动轮。

5.3.1.4 自卸汽车运送混凝土拌和物,不得超载和超速行驶。车停稳后方准顶升车厢卸料。车厢尚未放下时,操作人员不得上车清除残料。

JTG F90—2015

7.4.2 摊铺作业布料机与振平机应保持安全距离。

第 7.4.2 条对照规范

➢ **《公路工程施工安全技术规程》**(JTJ 076—95)

5.3.2.2 使用振捣器时,应按本规程 6.5.3.8 规定办理。

➢ **《公路水泥混凝土路面施工技术细则》**(JTG/T F30—2014)

7.7.1 桥面混凝土采用滑模摊铺机摊铺时,应根据桥面铺装结构和对材料的要求,合理选择摊铺设备。宜采用与相邻路面水泥混凝土相同的滑模摊铺机,连续摊铺。必要时,应对滑模摊铺机在桥梁上铺筑时的结构安全性进行验算。

JTG F90—2015

7.4.3 切缝、刻槽作业范围应设警戒区。

8 桥涵工程

8.1 一般规定

8.1.1 跨既有公路施工，通行区应搭设安全通道。安全通道应满足通行要求，施工作业面底部应悬挂安全网。安全通道应设防撞设施及限高、限宽、减速标志和设施，梁式桥的模板支架及其他设施宜在防撞栏等上部构造施工完成后拆除。

8.1.2 泥浆池、沉淀池周围应设置防护栏杆和警示标志。

8.2 预应力混凝土工程

8.2.1 预应力张拉机具设备应按规定校验、标定。

第8.2.1条对照规范

➤ **《公路工程施工安全技术规程》**(JTJ 076—95)

6.4.8.1 预应力钢束(钢丝束、钢绞线)张拉施工前，应遵守下列规定：

(1)检查张拉设备、工具(如：千斤顶、油泵、压力表、油管、顶楔器及液控顶压阀等)是否符合施工及安全的要求。压力表应按规定周期进行检定；

(2)锚杆及锚塞使用前应经检验，合格后方可使用。

➤ **《公路桥涵施工技术规范》**(JTG/T F50—2011)

7.6.1 预应力张拉用的机具设备和仪表应符合下列规定：

1 预应力筋的张拉宜采用穿心式双作用千斤顶，整体张拉或放张宜采用具有自锚功能的千斤顶；张拉千斤顶的额定张拉力宜为所需张拉力的1.5倍，且不得小于1.2倍。与千斤顶配套使用的压力表应选用防振型产品，其最大读数应为张拉力的1.5～2.0倍，标定精度应不低于1.0级。张拉机具设备应与锚具产品配套使用，并应在使用前进行校正、检验和标定。

2 张拉用的千斤顶与压力表应配套标定、配套使用，标定应在经国家授权的法定计量技术机构定期进行，标定时千斤顶活塞的运行方向应与实际张拉工作状态一致。当处于下列情况之一时，应重新进行标定：

1)使用时间超过6个月；

2)张拉次数超过300次；

3)使用过程中千斤顶或压力表出现异常情况；

4)千斤顶检修或更换配件后。

3 采用测力传感器测量张拉力时，测力传感器应按相关国家标准的规定每年送检一次。

JTG F90—2015

8.2.2 张拉作业应符合下列规定：

1 张拉作业现场应设警戒区。

2 张拉及放张程序应符合设计要求。张拉过程中出现异常现象应立即停止张拉作业，检查、排除异常。

第8.2.2条对照规范

➢ **《公路工程施工安全技术规程》**(JTJ 076—95)

6.4.8.3 张拉操作中若出现异常现象(如油表震动剧烈、发生漏油、电机声音异常、发生断丝、滑丝等)，应立即停机进行检查。

➢ **《公路桥涵施工技术规范》**(JTG/T F50—2011)

7.6.3 对预应力筋施加预应力时，应符合下列规定：

1 千斤顶安装时，工具锚应与前端的工作锚对正，工具锚和工作锚之间的各根预应力筋不得错位、扭绞。实施张拉时，千斤顶与预应力筋、锚具的中心线应位于同一轴线上。

2 预应力筋的张拉顺序和张拉控制应力应符合设计规定。当施工中需要对预应力筋实施超张拉或计入锚圈口预应力损失时，可比设计规定提高5%，但在任何情况下均不得超过设计规定的最大张拉控制应力。

3　预应力筋采用应力控制方法张拉时，应以伸长值进行校核。实际伸长值与理论伸长值的差值应符合设计规定；设计未规定时，其偏差应控制在±6%以内，否则应暂停张拉，待查明原因并采取措施予以调整后，方可继续张拉。对环形筋、U形筋等曲率半径较小的预应力束，其实际伸长值与理论伸长值的偏差宜通过试验确定。

4　预应力筋的理论伸长值 ΔL_{L}(mm)可按式(7.6.3-1)计算：

$$\Delta L_{\mathrm{L}} = \frac{P_{\mathrm{P}} L}{A_{\mathrm{P}} E_{\mathrm{P}}} \tag{7.6.3-1}$$

式中：P_{P}——预应力筋的平均张拉力(N)，直线筋取张拉端的拉力；两端张拉的曲线筋，计算方法见本规范附录C1；

L——预应力筋的长度(mm)；

A_{P}——预应力筋的截面面积(mm^2)；

E_{P}——预应力筋的弹性模量(N/mm^2)。

5　预应力筋张拉时，应先调整到初应力 σ_0，该初应力宜为张拉控制应力 σ_{con} 的10%～25%，伸长值应从初应力时开始量测。预应力筋的实际伸长值除量测的伸长值外，尚应加上初应力以下的推算伸长值。预应力筋张拉的实际伸长值 ΔL_{s}(mm)可按式(7.6.3-2)计算：

$$\Delta L_{\mathrm{s}} = \Delta L_1 + \Delta L_2 \tag{7.6.3-2}$$

式中：ΔL_1——从初应力至最大张拉应力间的实测伸长值(mm)；

ΔL_2——初应力以下的推算伸长值(mm)，可采用相邻级的伸长值。

6　预应力筋的锚固，应在张拉控制应力处于稳定状态下进行。锚固阶段张拉端锚具变形、预应力筋的内缩量和接缝压缩值，应不大于设计规定或不大于表7.6.3所列容许值。

表7.6.3　锚具变形、预应力筋回缩和接缝压缩容许值

锚具、接缝类型		变形形式	容许值 ΔL_{R}(mm)
钢制锥形锚具		预应力筋回缩、锚具变形	6
夹片式锚具	有顶压时	预应力筋回缩、锚具变形	4
	无顶压时		6
镦头锚具		缝隙压密	1
粗钢筋锚具(用于螺纹钢筋)		预应力筋回缩、锚具变形	1
每块后加垫板的缝隙		缝隙压密	1
水泥砂浆接缝		缝隙压密	1
环氧树脂砂浆接缝		缝隙压密	1

7 在预应力筋张拉、锚固过程中及锚固完成后，均不得大力敲击或振动锚具。预应力筋锚固后需要放松时，对夹片式锚具宜采用专门的放松装置松开；对支撑式锚具可采用张拉设备缓慢地松开。

8 预应力筋在实施张拉或放张作业时，应采取有效的安全防护措施，预应力筋两端的正面严禁站人和穿越。

9 预应力筋张拉、锚固及放松时，均应填写施工记录。

JTG F90—2015

8.2.3 先张法施工应符合下列规定：

1 张拉端后方应设立防护挡墙。

2 正式施工前应进行试张拉。

3 张拉及放张过程中预制台座区域及张拉台座两端不得站人。

4 已张拉的预应力钢筋不得电焊、站人。

第 8.2.3 条对照规范

➢ **《公路工程施工安全技术规程》**(JTJ 076—95)

6.4.8.6 先张法张拉施工时，除按本节有关规定施工外，还应做到：

(1)张拉前，对台座、横梁等进行检查；

(2)先张法张拉中和未浇混凝土之前，周围不得站人和进行其它作业。

➢ **《公路桥涵施工技术规范》**(JTG/T F50—2011)

7.7.3 先张法预应力筋的张拉除应符合第 7.6 节的相关规定外，尚应符合下列规定：

1 张拉前，应对台座、锚固横梁及各项张拉设备进行详细检查，符合要求后方可进行操作。

2 同时张拉多根预应力筋时，应预先调整其单根预应力筋的初应力，使相互之间的应力一致，再整体张拉。张拉过程中，应使活动横梁与固定横梁始终保持平行，并应检查预应力筋的预应力值，其偏差的绝对值不得超过按一个构件全部预应力筋预应力总值的 5%。

3 先张法预应力筋的张拉程序应符合设计规定；设计未规定时，其张拉程序可按表 7.7.3-1 的规定进行。

表 7.7.3-1 先张法预应力筋张拉程序

预应力筋种类		张拉程序
钢丝、钢绞线	夹片式等具有自锚性能的锚具	普通松弛预应力筋：0→初应力→1.03σ_{con}（锚固） 低松弛预应力筋：0→初应力→σ_{con}（持荷 5min 锚固）
	其他锚具	0→初应力→1.05σ_{con}（持荷 5min）→0→σ_{con}（锚固）
螺纹钢筋		0→初应力→1.05σ_{con}（持荷 5min）→0.9σ_{con}→σ_{con}（锚固）

注：1. 表中 σ_{con} 为张拉时的控制应力值，包括预应力损失值。

2. 超张拉数值超过第 7.6.3 条规定的最大超张拉应力限值时，应按该条规定的限制张拉应力进行张拉。

3. 张拉螺纹钢筋时，应在超张拉并持荷 5min 后放张至 0.9σ_{con}时再安装模板、普通钢筋及预埋件等。

4 张拉时，预应力筋的断丝数量不得超过表 7.7.3-2 的规定。

表 7.7.3-2 先张法预应力筋断丝限制

预应力筋种类	检查项目	控制数
钢丝、钢绞线	同一构件内断丝数不得超过钢丝总数的百分比	1%
螺纹钢筋	断筋	不容许

5 预应力筋张拉完毕后，其位置与设计位置的偏差应不大于 5mm，同时不应大于构件最短边长的 4%，且宜在 4h 内浇筑混凝土。

JTG F90—2015

8.2.4 先张法施工，张拉台座应经设计验算，强度、刚度和稳定性应符合要求。张拉完毕后，应妥善保护张拉施锚两端。

第 8.2.4 条对照规范

➤ **《公路桥涵施工技术规范》**(JTG/T F50—2011)

7.7.1 先张法的墩式台座结构应符合下列规定：

1 承力台座应进行专门设计，并应具有足够的强度、刚度和稳定性，其抗倾覆安全系数应不小于 1.5，抗滑移系数应不小于 1.3。

2 锚固横梁应有足够的刚度，受力后挠度应不大于 2mm。

7.7.2 预应力筋的安装宜自下而上进行，并应采取措施防止其被台座上涂刷的隔离剂污染。预应力筋与锚固横梁间的连接,宜采用张拉螺杆。

JTG F90—2015

8.2.5 后张法施工应符合下列规定:

1 高处张拉作业应搭设张拉作业平台、张拉千斤顶吊架,平台应加设防护栏杆和上下扶梯。

2 梁端应设围护和挡板。

3 张拉作业时千斤顶后方不得站人。

4 管道压浆作业人员应佩戴护目镜。

第8.2.5条对照规范

➤ **《公路路基施工技术规范》**(JTG F10—2006)

9.2.13 预应力张拉时,预应力张拉设备必须安装牢固,千斤顶近旁严禁站人,无关人员不得进入现场。

➤ **《公路桥涵施工技术规范》**(JTG/T F50—2011)

7.8.5 后张法预应力筋的张拉和锚固应符合下列规定:

1 预应力张拉之前,宜对不同类型的孔道进行至少一个孔道的摩阻测试,通过测试所确定的 μ 值和 k 值宜用于对设计张拉控制应力的修正。摩阻损失的测试方法见附录C2。

2 张拉时,结构或构件混凝土的强度、弹性模量(或龄期)应符合设计规定;设计未规定时,混凝土的强度应不低于设计强度等级值的80%,弹性模量应不低于混凝土28d弹性模量的80%。

3 预应力筋的张拉顺序应符合设计规定;设计未规定时,可采取分批、分阶段的方式对称张拉。

4 预应力筋应整束张拉锚固。对扁平管道中平行排放的预应力钢绞线束,在保证各根钢绞线不会叠压时,可采用小型千斤顶逐根张拉,但应考虑逐根张拉时预应力损失对控制应力的影响。

5 预应力筋张拉端的设置应符合设计规定;设计未规定时,应符合下列规定:

1)直线筋和螺纹钢筋可在一端张拉。对曲线预应力筋,应根据施工计算的要求采取两端张拉或一端张拉的方式进行,当锚固损失的影响长度小于或等于 $L/2$

（L 为结构或构件长度）时，应采取两端张拉；当锚固损失的影响长度大于 $L/2$ 时，可采取一端张拉。

2）当同一截面中有多束一端张拉的预应力筋时，张拉端宜分别交错设置在结构或构件的两端。

3）预应力筋采用两端张拉时，宜两端同时张拉，或先在一端张拉锚固后，再在另一端补足预应力值进行锚固。

6　后张预应力筋的张拉程序应符合设计规定；设计未规定时，可按表 7.8.5-1 的规定进行。

表 7.8.5-1　后张法预应力筋张拉程序

锚具和预应力筋类别		张拉程序
夹片式等具有自锚性能的锚具	钢绞线束、钢丝束	普通松弛预应力筋：0→初应力→1.03σ_{con}（锚固）
		低松弛预应力筋：0→初应力→σ_{con}（持荷 5min 锚固）
其他锚具	钢绞线束	0→初应力→1.05σ_{con}（持荷 5min）→σ_{con}（锚固）
	钢丝束	0→初应力→1.05σ_{con}（持荷 5min）→0→σ_{con}（锚固）
螺母锚固锚具	螺纹钢筋	0→初应力→σ_{con}（持荷 5min）→0→σ_{con}（锚固）

注：1. 表中 σ_{con} 为张拉时的控制应力，包括预应力损失值。

2. 两端同时张拉时，两端千斤顶升降压、画线、测伸长等工作应基本一致。

3. 超张拉数值超过本规范第 7.6.3 条规定的最大超张拉应力限值时，应按该条规定的限值进行张拉。

7　后张预应力筋断丝及滑移的数量不得超过表 7.8.5-2 的控制数。

表 7.8.5-2　后张预应力筋断丝、滑移限制

类别	检查项目	控制数
钢丝束、钢绞线束	每束钢丝断丝或滑丝	1 根
	每束钢绞线断丝或滑丝	1 丝
	每个断面断丝之和不超过该断面钢丝总数的百分比	1%
螺纹钢筋	断筋或滑移	不容许

注：1. 钢绞线断丝系指单根钢绞线内钢丝的断丝。

2. 超过表列控制数时，原则上应更换；当不能更换时，在许可的条件下，可采取补救措施，如提高其他束预应力值，但必须满足设计各阶段极限状态的要求。

8　预应力筋在张拉控制应力达到稳定后方可锚固。对夹片式锚具，锚固后夹片顶面应平齐，其相互间的错位不宜大于 2mm，且露出锚具外的高度不应大于 4mm。锚固完毕并经检验确认合格后方可切割端头多余的预应力筋，切割时应采用砂轮锯，严禁采用电弧进行切割，同时不得损伤锚具。

9 切割后预应力筋的外露长度不应小于 30mm，且不应小于 1.5 倍预应力筋直径。锚具应采用封端混凝土保护，当需长期外露时，应采取防止锈蚀的措施。

8.3 钻(挖)孔灌注桩

8.3.1 钻(挖)孔灌注桩施工作业应符合下列规定：

1 施工作业区域应设置警戒区。

2 临近堤防及其他水利、防洪设施施工应符合相关部门的有关规定。

3 山坡上钻(挖)孔灌注桩施工应清除坡面上的危石和浮土；存在裂缝的坡面或可能坍塌区域应采取必要的防护措施。

4 停止施工的钻、挖孔桩，孔口应加盖防护，四周应设置护栏及明显的警示标志，夜间应悬挂示警红灯。

5 钻机等高耸设备应按规定设置避雷装置。

6 钢筋笼下放应采用专用吊具。钢筋笼孔口连接时，孔内钢筋笼应固定牢靠。作业人员不得在钢筋笼内作业，安全带不得扣挂在钢筋笼上。

7 浇筑混凝土时，孔口应设防坠落设施。

第 8.3.1 条对照规范

➢ **《公路工程施工安全技术规程》**(JTJ 076—95)

6.2.6.8 对于已埋设护筒未开钻或已成桩护筒尚未拔除的，应加设护筒顶盖或铺设安全网遮罩。

➢ **《公路桥涵施工技术规范》**(JTG/T F50—2011)

8.1.5 临近堤防及其他水利、防洪设施进行灌注桩施工时，应符合相关部门的有关规定。

8.1.6 施工至一定深度但暂时不进行作业的桩孔，应对其孔口进行遮蔽防护，防止人员或物件坠入孔内。

JTG F90—2015

8.3.2 钻孔灌注桩施工作业应符合下列规定：

1 施工场地及行走道路应平坦坚实，满足钻机正常工作和移动的要求。

2 钻机安设应平稳、牢固。

3 发生卡钻时，不得强提，应查明原因并处理。

4 停钻时，钻头、钻杆应置于孔外安全位置。

5 钻机电缆线接头应绑扎牢固，不得透水、漏电；电缆线不得浸泡于水、泥浆中，不得挤压电缆线及风水管路。

第8.3.2条对照规范

➤ **《公路工程施工安全技术规程》**(JTJ 076—95)

6.2.6.1 钻孔机械就位后，应对钻机及配套设备进行全面检查。钻机安设必须平稳、牢固；钻架应加设斜撑或缆风绳。

6.2.6.7 钻机停钻，必须将钻头提出孔外，置于钻架上，不得滞留孔内。

➤ **《公路桥涵施工技术规范》**(JTG/T F50—2011)

8.2.5 钻孔施工应符合下列规定：

1 钻机的选型宜根据孔径、孔深、桩位处的水文和地质情况、施工环境条件等因素综合确定，所选用的钻机及钻孔方法应能满足施工质量和施工安全的要求。

2 钻机就位前，应对钻孔的各项准备工作进行检查；钻机安装后，其底座和顶端应平稳。不论采用何种方法钻孔，开孔的孔位均必须准确；开钻时应慢速钻进，待导向部位或钻头全部进入地层后，方可正常钻进。钻机在钻进施工时不应产生位移或沉陷，否则应及时处理。分级扩孔钻进施工时应保持桩轴线一致。

3 采用正、反循环回旋钻机（含潜水钻）钻孔时应减压钻进，钻机的主吊钩始终应承受部分钻具的重力，孔底承受的钻压不应超过钻具重力之和（扣除浮力）的80%。

4 采用冲击钻机冲击成孔时，应小冲程开孔，并应使初成孔的孔壁坚实、竖直、圆顺，能起到导向的作用，待钻进深度超过钻头全高加冲程后，方可进行正常的冲击。冲击钻进过程中，孔内水位应高于护筒底口 500mm 以上；掏取钻渣和停钻时，应及时向孔内补水，保持水头高度。

5 采用全护筒法钻进时，钻机应安装平正，压进的首节护筒应竖直。钻孔开始后应随时检测护筒的水平位置和竖直线，如发现偏移，应将护筒拔出，调整后重新压入钻进。

6 采用旋挖钻机钻孔时，应根据不同的地质条件选用相应的钻斗。钻进过程中应保证泥浆面始终不低于护筒底部 500mm 以上，并应严格控制钻进速度，避免进尺过快造成坍孔埋钻事故。钻斗的升降速度宜控制在 0.75～0.80m/s；在粉砂层或亚砂土层中，升降速度应更加缓慢。泥浆初次注入时，应垂直向桩孔中间进行注浆。

7 在钻孔排渣、提钻头除土或因故停钻时，应保持孔内具有规定的水位及要求的泥浆相对密度和黏度。处理孔内事故或因故停钻时，必须将钻头提出孔外。

JTG F90—2015

8.3.3 冲击钻机的卷扬机应制动良好，钻架顶部应设置行程开关。钢丝绳应无死弯和断丝，安全系数不应小于 12；钢丝绳夹数量应与钢丝绳直径相匹配，并应设置保险绳夹。

第 8.3.3 条对照规范

➤ **《公路工程施工安全技术规程》**(JTJ 076—95)

6.2.6.2 冲击钻孔，选用的钻锥、卷扬机和钢丝绳，应配置适当，钢丝绳与钻锥用绳卡固接时，绳卡数量应与钢丝绳直径相匹配。冲击过程中，钢丝绳的松弛应掌握适宜。

JTG F90—2015

8.3.4 回旋钻机成孔应符合下列规定：

1 回旋钻机钻进时，高压胶管下不得站人。水龙头与胶管应连接牢固。钻机旋转时，不得提升钻杆。

2　钻机移动不得挤压电缆线及管路。

3　潜水钻机钻孔时，每完成一根钻孔桩后应检查电机的密封状况。

第 8.3.4 条对照规范

➢ **《公路工程施工安全技术规程》**(JTJ 076—95)

6.2.6.3　正、反循环钻机及潜水钻机使用的电缆引要定期检查，接头必须绑扎牢固，确保不透水、水漏电；对经常处于水、泥浆浸泡处应架空搭设。挪移钻机时，不得挤压电缆线及风水管路。

JTG F90—2015

8.3.5　旋挖钻机成孔应符合下列规定：

1　钻孔作业过程中，应观察主机所在地面变化情况，发现下沉现象应及时停机处理。因故长时间停机应挂牢套管口保险钩。

2　场内墩位间转移旋挖钻机应预先检查转移路线、放倒机架，并应设专人指挥。

8.3.6　岩溶、采空区和其他特殊地区钻孔灌注桩施工作业应符合下列规定：

1　施工前，应核对桩位处的地质勘察资料；地质情况有疑问时，应补充完善地质资料。

2　发生漏浆及坍孔等现象，应立即停止作业，采取保证平台、钻机和作业人员安全的措施。

第 8.3.6 条对照规范

➢ **《公路桥涵施工技术规范》**(JTG/T F50—2011)

8.3.1　对岩溶和采空区的钻孔灌注桩，施工前应核对桩位处的地质勘察资料；当对地质情况有疑问时，宜适当补充地质钻孔，探明情况。

8.3.2 施工前应根据实际地质钻探资料确定钻机的类型和钻孔工艺，并应制订可行的应对意外情况的预案，配备足够的抢险机具设备和材料。

8.3.3 钻孔施工时，护筒底部宜进入不透水层，泥浆的密度可比一般地区所用泥浆密度稍大，并应加强对钻进过程和孔内泥浆面高程的检测，避免发生坍塌、埋钻等事故。

8.3.4 当发生漏浆及坍孔等问题时，应按应急预案及时进行补浆或回填，避免出现大面积坍塌，并应采取措施保证平台、钻机和施工人员的安全。

8.3.5 清孔应在确认孔壁稳定安全后方可进行作业。

8.3.6 灌注水下混凝土时应符合下列规定：

1 安装钢筋骨架并清孔后，应尽快进行混凝土的灌注施工。

2 对岩溶特别发育的部位，应采取措施防止因混凝土压力增大而出现坍孔。

3 对出现过严重坍孔的桩孔，应适当控制混凝土的灌注速度。

8.3.7 其他特殊地区钻孔灌注桩的施工应符合下列规定：

1 在山坡上进行钻孔灌注桩的施工时，应清除坡面上的危石和浮土；若坡面有裂缝或可能坍塌时，应采取必要的防护措施。

2 在砂性土或粉性土层较厚的地区，钻孔施工应采取防止地层液化、缩颈、坍孔的有效措施；在软土地区，应采取防止缩颈、坍孔的有效措施。

3 多年冻土地区的钻孔灌注桩施工，宜采用能减少对冻土层扰动的钻机成孔，且宜采用低温或负温早强耐久性混凝土。

JTG F90—2015

8.3.7 大直径、超长桩钢护筒作为平台支撑时，最小埋置深度应满足工作平台受力和稳定性要求。

8.3.8 无法采用机械成孔且无地下水或有少量地下水，无不良地质的地区，可采用人工挖孔。

第8.3.8条对照规范

➤ **《公路桥涵施工技术规范》**(JTG/T F50—2011)

8.6.1 在无地下水或有少量地下水，且较密实的土层或风化岩层中，或无法采用机械成孔或机械成孔非常困难且水文、地质条件允许的地区,可采用人工挖孔施工;岩溶地区和采空区不宜采用人工挖孔施工;孔内空气污染物超过现行国家标准《环境空气质量标准》(GB 3095)规定的三级标准浓度限值,且无通风措施时,不得采用人工挖孔施工。

JTG F90—2015

8.3.9 人工挖孔桩作业应制订专项施工方案,并应符合本规范第6.5.3条的规定。

第8.3.9条对照规范

➤ **《公路桥涵施工技术规范》**(JTG/T F50—2011)

8.6.2 人工挖孔施工安全应符合下列规定:

1 施工前应制订专项安全技术方案并应对作业人员进行安全技术交底。

2 挖孔作业前,应详细了解地质、地下水文等情况,不得盲目施工。

3 桩孔内的作业人员必须戴安全帽、系安全带,安全绳必须系在孔口。

4 桩孔内应设防水带罩灯泡照明,电压应为安全电压,电缆应为防水绝缘电缆,并应设置漏电保护器。

5 人工挖孔作业时,应始终保持孔内空气质量符合第8.6.1条的要求。孔深大于10m时,必须采取机械强制通风措施。

6 桩孔内遇岩层需爆破作业时,应进行爆破的专门设计,且宜采用浅眼松动爆破法,并应严格控制炸药用量,在炮眼附近应对孔壁加强防护或支护。孔深大于5m时,必须采用电雷管引爆。桩孔内爆破后应先通风排烟15min并经检查确认无有害气体后,施工人员方可进入孔内继续作业。爆破作业的安全管理应按现行国家标准《爆破安全规程》(GB 6722)中的有关规定执行。

8.4 沉入桩

8.4.1 钢筋混凝土桩、预应力混凝土桩和钢管桩的吊运、存放和运输应符合现行《公路桥涵施工技术规范》(JTG/T F50)的有关规定。

第8.4.1条对照规范

➤《公路桥涵施工技术规范》(JTG/T F50—2011)

9.3.1 钢筋混凝土桩和预应力混凝土桩的吊运、存放和运输应符合下列规定：

1 桩在厂(场)内吊运时，桩身混凝土强度应符合设计规定，否则应经验算，确认不会对桩身混凝土产生损伤时方可进行。吊桩时桩身上的吊点位置距设计规定位置的允许偏差不应超过±20mm，并应使各吊点同时均匀受力；吊点处应采取适当措施进行保护，避免绳扣或桩角的损伤。

2 桩的存放场地应平整、坚实，不应有不均匀沉降，且场地应有防排水设施。堆放时应设置垫木，支垫位置宜按设计吊点位置确定，其偏差不宜超过200mm；多层堆放时，各层垫木应位于同一垂直面上，且层数不宜超过3层。

3 桩在运输时，应采用多支垫堆放，垫木应均匀放置且其顶面应在同一平面上；桩的堆放形式应使装载工具在装卸和运输过程中保持平稳。采用驳船装运时，对桩体应采取加撑和系绑等措施，防止在风浪的影响下发生倾斜；对管桩应采用特殊支架进行固定，防止其滚动和坠落。

9.3.2 钢管桩的吊运、存放和运输应符合下列规定：

1 吊运时吊点的位置应符合设计规定。

2 钢管桩应按不同规格分别堆放，堆放的形式和层数应安全可靠，并应避免产生纵向变形和局部压曲变形；长期存放时，应采取防腐蚀等保护措施。

3 钢管桩在运输时，宜放置在半圆形专用支架上，必要时应采用缆索紧固；采用船舶装运多根不同规格的桩时，应考虑沉桩顺序的要求。

4 钢管桩在吊运、存放和运输过程中，应采取适当措施，防止对其产生碰撞或摩擦而导致防腐涂料破损、管身变形和其他损伤。

JTG F90—2015

8.4.2 沉入桩施工应符合下列规定：

1 沉桩施工区域应设置明显的安全警示标志，非作业人员不得进入施工区域。

2 起吊桩或桩锤作业人员不得在桩、桩锤下方或桩架龙门口停留或作业。

3 吊点应符合设计要求，桩身应设溜绳，桩身不得碰撞桩锤或桩机。

第 8.4.2 条对照规范

➢ **《公路工程施工安全技术规程》**(JTJ 076—95)

6.2.7.5 起吊沉桩或桩锤时,严禁作业人员在吊钩下或在桩架龙门口处停留或作业。

JTG F90—2015

8.4.3 锤击沉桩作业应符合下列规定:

1 打桩机移动轨道应铺设平顺、轨距一致,轨道与轨枕应钉牢,钢轨端部应设止轮器,打桩机应设夹轨器。

2 应设专人指挥打桩机移动,机体应平稳,桩锤应置于机架最低位置,打桩机应按要求配重。

3 滚杠滑移打桩机,工作人员不得在打桩机架内操作。

4 应经常检查维护打桩架及起重工具。检查维护的桩锤应放落在地面或平台上。工作状态不得维护打桩机。

5 锤击沉桩应按要求观测邻近建(构)筑物和周边土体的沉降和位移,发现异常应停止沉桩并采取措施处理。

6 沉桩时,桩锤、送桩与桩应保持在同一轴线上。

第 8.4.3 条对照规范

➢ **《公路工程施工安全技术规程》**(JTJ 076—95)

6.2.7.1 钢筋混凝土桩、预应力混凝土桩采用锤击沉桩或震动沉桩时,施工场地应保持平整清洁。打桩机的移动轨道,铺设要平顺、轨距要准确、钢轨要钉牢,轨道端部应设止轮器。

6.2.7.2 打桩架移动时,应在现场施工负责人指挥下进行。桩架移动应平稳,桩锤必须放在最低位置,柴油打桩机后部的配重铁必须齐全。采用滚杠滑移打桩架作业时,作业人员不得在打桩架内操作。

6.2.7.6 打桩架及起重工具,应经常检查维修,桩锤检查维修,必须将桩锤放落在地面或平台上，严禁在悬挂状态下维修桩锤。

➢ **《公路桥涵施工技术规范》**(JTG/T F50—2011)

9.5.4 锤击沉桩的施工应符合下列规定：

1 预制钢筋混凝土桩和预应力混凝土桩在锤击沉桩前，桩身混凝土强度应达到设计要求。

2 桩锤的选择宜根据地质条件、桩身结构强度、单桩承载力、锤的性能并结合试桩情况确定，且宜选用液压锤和柴油锤。其他辅助装备应与所选用的桩锤相匹配。

3 开始沉桩时，宜采用较低落距，且桩锤、送桩与桩宜保持在同一轴线上；在锤击过程中，应采用重锤低击。

4 沉桩过程中，若遇到贯入度剧变，桩身突然发生倾斜、移位或有严重回弹，桩顶出现严重裂缝、破碎，桩身开裂等情况时，应暂停沉桩，查明原因，采取有效措施后方可继续沉桩。

5 锤击沉桩应考虑锤击震动对其他新浇筑混凝土结构物的影响，当结构物混凝土未达到 5MPa 时，距结构物 30m 范围内，不得进行沉桩。

6 锤击沉桩控制，应根据地质情况、设计承载力、锤型、桩型和桩长综合考虑，并应符合下列规定：

1)设计桩尖土层为一般黏性土时，应以高程控制。桩沉入后，桩顶高程的允许偏差为＋100mm，－0。

2)设计桩尖土层为砾石、密实砂土或风化岩时，应以贯入度控制。当沉桩贯入度已达到控制贯入度，而桩端未达到设计高程时，应继续锤击贯入 100mm 或锤击 30～50 击，其平均贯入度应不大于控制贯入度，且桩端距设计高程不宜超过 1～3m(硬土层顶面高程相差不大时取小值)。超过上述规定，应会同监理和设计单位研究处理。

3)设计桩尖土层为硬塑状黏性土或粉细砂时，应以高程控制为主，贯入度作为校核。当桩尖已达到设计高程而贯入度仍较大时，应继续锤击使其贯入度接近控制贯入度，但继续下沉时，应考虑施工水位的影响；当桩尖距离设计高程较大，而贯入度小于控制贯入度时，可按本款第 2)项执行。

7 对发生“假极限”、“吸入”、“上浮”现象的桩，应进行复打。

JTG F90—2015

8.4.4 振动沉桩作业应符合下列规定：

1　沉桩时，作业人员应远离基桩。沉桩过程遇有异常情况应立即停振，并妥善处理。

2　桩机停止作业时应立即切断动力源。

3　电动振动锤使用前应测定电动机的绝缘值，且不得小于 0.5 MΩ，并应对电缆芯线进行通电试验。电缆绝缘层应完好无损。电缆线应采取有效的防止磨损、碰撞的保护措施。沉桩或拔桩作业时，电动振动锤的电流不得超过规定值。

条文说明

本款参考《水运工程施工安全防护技术规范》(JTS 205-1—2008)第 7.2.7 条、第 7.2.9 条制定。

第 8.4.4 条对照规范

➢ **《公路工程施工安全技术规程》**(JTJ 076—95)

6.2.7.8　震动打桩机开动后，作业人员应暂离基桩。震打中如发现桩回跳、打桩机有异声及其它不正常情况时，应立即停震，并经检查处理后再继续作业，所有开、停震必须听从指挥。

6.2.7.9　震动打桩机在停止作业后，应立即切断动力源。

➢ **《公路桥涵施工技术规范》**(JTG/T F50—2011)

9.5.5　振动沉桩的施工应符合下列规定：

1　振动沉桩在选锤或换锤时，应验算振动上拔力对桩身结构的影响。振动沉桩机、机座、桩帽应连接牢固，与桩的中心轴线应保持在同一直线上。

2　开始沉桩时，宜利用桩自重下沉或射水下沉，待桩身入土达一定深度确认稳定后，再采用振动下沉。每一根桩的沉桩作业，宜一次完成，不宜中途停顿过久，避免土的阻力恢复，使继续下沉困难。

3　振动沉桩时，应以设计规定的或通过试桩验证的桩尖高程控制为主，以最终贯入度(mm/min)作为校核。当桩尖已达到设计高程，而与最终的贯入度相差较大时，应查明原因，会同监理和设计单位研究处理。

4　在沉桩过程中，如发生类似第 9.5.4 条第 4 款中的情况，或振动沉桩机的振幅有异常现象时，应立即暂停沉桩，查明原因，采取有效措施后再恢复施工。

JTG F90—2015

8.4.5 水上沉桩除应符合本规范第 8.4.1 条～第 8.4.4 条的规定外，尚应符合下列规定：

1 固定平台、自升式平台应搭设牢固。打桩机底座应与打桩平台连接牢靠。

2 打桩船沉桩应符合本规范第 5.8.18 条的有关规定。

第 8.4.5 条对照规范

➤ **《公路工程施工安全技术规程》**(JTJ 076—95)

6.2.7.3 水上打桩平台，必须搭设牢固，打桩机底座与平台应连接牢靠。

6.2.7.4 浮式沉桩设备沉桩时，桩架与船体必须连接紧固。船体定位后，应以锚缆封固，并防止施工中浮船晃动。

➤ **《公路桥涵施工技术规范》**(JTG/T F50—2011)

9.5.7 水上沉桩施工应符合下列规定：

1 水上沉桩应根据地形、水深、风向、水流和船舶性能等具体情况，充分利用有利条件，使沉桩施工能正常进行。沉桩应根据水上施工的特点采取有效措施，保证作业安全。

2 在浅水中沉桩，可设置筑岛围堰或固定平台等进行施工；在深水或有潮汐影响的水域沉桩，宜采用打桩船施打，在宽阔水域宜采用具有 GPS 定位功能的打桩船；在风浪条件恶劣的深水水域，宜采用自升式平台进行施工。

3 沉桩应设置导向设施，防止桩发生偏移或倾倒。若桩的自由长度较大，应适当增设支点。

4 采用固定平台沉桩施工应符合本规范第 9.5.4 条、第 9.5.5 条和第 9.5.6 条的规定；采用打桩船沉桩可按照现行行业标准《港口工程桩基规范》(JTJ 254)的规定执行。

5 已沉好的水中桩，应采用钢制杆件及时夹桩，将相邻桩连成一体加以防护，并应在水面设置标志。严禁在已沉好的桩上系缆。

JTG F90—2015

8.4.6 拔桩的起重设备应配超载限制器，不得强制拔桩。

8.5 沉井

8.5.1 沉井制作场地应符合现行《公路桥涵施工技术规范》(JTG/T F50)的有关规定。

第8.5.1条对照规范

➤ **《公路桥涵施工技术规范》**(JTG/T F50—2011)

10.2.1 沉井位于浅水或可能被水淹没的岸滩上时，宜就地筑岛制作；位于无水的陆地时，若地基承载力满足设计要求，可就地整平夯实形成平台制作，地基承载力不足时应对地基采取加固措施；在地下水位较低的岸滩，若土质较好时，可在开挖后的基坑内制作。制作沉井的岛面、平台面和开挖基坑的坑底高程，应比施工期可能的最高水位(包括波浪影响)高出0.5～0.7m；有流冰时，应再适当加高。

JTG F90—2015

8.5.2 筑岛制作沉井应符合下列规定：

1 筑岛围堰应牢固、抗冲刷。

2 筑岛围堰顶高程应高于施工期间可能出现的最高水位0.7m以上，同时应考虑波浪的影响。

第8.5.2条对照规范

➤ **《公路工程施工安全技术规程》**(JTJ 076—95)

6.2.5.2 在围堰筑岛上就地浇筑的沉井，围堰要牢固，防止冲刷产生坍陷。

➤ **《公路桥涵施工技术规范》**(JTG/T F50—2011)

10.2.2 在水中筑岛除应符合本规范第12章的有关规定外，尚应符合下列规定：

1 筑岛的尺寸应满足沉井制作及抽垫等施工的要求，对无围堰的筑岛，应在沉井周围设置不小于1.5m宽的护道；有围堰的筑岛其护道宽度可按式(10.2.2)计算：

$$b \geqslant H\tan\left(45^\circ - \frac{\varphi}{2}\right) \quad (10.2.2)$$

式中：b——护道宽度；

H——筑岛高度；

φ——筑岛土饱水时的内摩擦角。

如实际采用的护道宽度 b 小于按式(10.2.2)计算的值时，则应考虑沉井重力等对围堰所产生的侧压力的影响。

2 筑岛材料应采用透水性好、易于压实的砂性土或碎石土等，且不应含有影响岛体受力及抽垫下沉的块体。在斜坡上筑岛时应进行设计计算，并应有抗滑措施；在淤泥等软土上筑岛时，应将软土挖除，换填或采取其他加固措施。

3 岛面及地基承载力应满足设计要求；无围堰筑岛的临水面坡度宜为1∶1.75～1∶3。在施工期内，应采取必要的防护措施保证岛体的稳定，坡面、坡脚不应被水冲刷损坏。

JTG F90—2015

8.5.3 施工机械设备应在坚实的基础上作业，其承载力应满足设备施工要求。

8.5.4 沉井顶部作业应搭设作业平台，平台结构应依跨度、荷载经计算确定，作业平台的脚手板应满铺且绑扎牢固，临边防护、通道等设施应符合本规范第5.7节的有关规定。

8.5.5 制作沉井应同步完成直爬梯或梯道预埋件的安设，各井室内应悬挂钢梯和安全绳。

第8.5.5条对照规范

➢ **《公路工程施工安全技术规程》**(JTJ 076—95)

6.2.5.4 沉井下沉，采用人工挖掘时，劳动组织要合理，井内人员不宜过多。在刃脚处挖掘，应对称均匀掘进，并保持沉井均衡下沉。下井操作人员，安全防护用品必须配戴齐全。井内要有充足的照明。沉井各室均应备有悬挂钢梯及安全绳，以应急需。涌水、涌砂量大时，不宜采用人工开挖下沉。

JTG F90—2015

8.5.6 沉井照明应充足，作业施工用电应符合现行《施工现场临时用电安全技术规范》(JGJ 46)的规定。

8.5.7 沉井内的水泵、水力机械、管道、起重等施工设备应安装牢固。

第8.5.7条对照规范

➢ **《公路工程施工安全技术规程》**(JTJ 076—95)

6.2.5.5 井内、井上搭设的抽水机台座(架)必须安装牢靠。电路应使用防水胶线，防止漏电。

JTG F90—2015

8.5.8 沉井内的潜水作业应符合本规范第5.9节的有关规定。

8.5.9 施工过程中，应安排专人负责观察现场情况，发现涌水、涌砂时，井内作业人员应及时撤离。

8.5.10 下沉前，应对周边的建(构)筑物和施工设备采取有效的防护措施。下沉过程中，应对邻近建(构)筑物、地下管线进行监测，发现异常应停止作业，并采取相应措施。

第8.5.10条对照规范

➢ **《公路桥涵施工技术规范》**(JTG/T F50—2011)

10.1.3 沉井下沉前，应对周边的堤防、建筑物和施工设备采取有效的防护措施，并应在下沉过程中，对其沉降及位移进行监测。

JTG F90—2015

8.5.11 沉井取土下沉应符合下列规定：

1 不宜采用爆破法进行沉井内取土，必须爆破时应经专项设计。

2 开挖沉井刃脚或井内横隔墙附近时，无关人员不得进入现场。

3 井内起重作业应符合本规范第5.6节的有关规定。

第8.5.11条对照规范

➤ **《公路工程施工安全技术规程》**(JTJ 076—95)

6.2.5.6 沉井顶面应设安全防护围栏。井顶上的机具应设防护挡板，小型工具宜装箱存放。在沉井刃脚和井内横隔墙附近，不得有人停留、休息。

➤ **《公路桥涵施工技术规范》**(JTG/T F50—2011)

10.4.1 应根据水文、地质情况和沉井的结构特点确定其下沉的施工方法，并应按照下沉的不同工况进行必要的验算。沉井的下沉应符合下列规定：

1 宜采用不排水的方式除土下沉；在稳定的土层中，可采用排水方式除土下沉，但应有安全措施，防止发生事故。下沉沉井时，不宜采用爆破方法除土；在特殊情况下必须采用爆破方法时，除应得到批准外，还应严格控制药量。爆破作业应严格遵守现行国家标准《爆破安全规程》(GB 6722)的规定。

2 下沉过程中，宜对下沉的状况进行动态化、信息化管理，应随时掌握土层情况，进行下沉的监测和控制，及时分析和检验土的阻力与沉井重力的关系，采取最有利的下沉措施。下沉通过黏土胶结层或沉井自身重力偏轻下沉困难时，可采用井外高压射水、降低井内水位等方法助沉；在结构受力容许的条件下，亦可采用压重或接高沉井等方法助沉；在土层条件适宜的情况下，可采用空气幕、泥浆润滑套等方法助沉。

3 正常下沉时，应自井孔中间向刃脚处均匀对称除土。采取排水除土下沉的底节沉井，对设计支承位置处的土，应在分层除土中最后同时挖除；由数个井室组成的沉井，应控制各井室之间除土面的高差，使下沉不发生倾斜，并应避免内隔墙底部在下沉时受到下面土层的顶托。采用吸泥吹砂等方法下沉时，必须备有向井内补水的设施，应保持井内外的水位平衡或井内水位略高于井外水位；吸泥吹砂在井内应均匀进行,应防止局部吸吹过深导致沉井偏斜。

4 下沉时应随时进行纠偏,保持竖直下沉,每下沉 1m 至少应检查 1 次;当沉井出现倾斜时,应及时校正。下沉至设计高程以上 2m 左右时,应适当放慢下沉速度并控制井内的除土量和除土位置,使沉井能平稳下沉,准确就位。

JTG F90—2015

8.5.12 采用配重下沉沉井,配重物件应堆码整齐,沉井纠偏应逐级增加荷载,并连续观测。

第 8.5.12 条对照规范

➤ **《公路工程施工安全技术规程》**(JTJ 076—95)

6.2.5.10 沉井下沉需要配重时,配重物件应堆码整齐,捆绑牢固;采用偏配重、偏出土和施加水平力纠正井倾时,荷载应逐级增加,并不断观察沉井下沉情况。

JTG F90—2015

8.5.13 高压射水辅助下沉时,高压水不得直接对人或机械设备、设施喷射。

8.5.14 空气幕辅助下沉的储气罐应放置在通风遮阳位置,不得曝晒或高温烘烤。

第 8.5.14 条对照规范

➤ **《公路工程施工安全技术规程》**(JTJ 076—95)

6.2.5.11 采用空气幕下沉沉井时,空压机、储气罐等应符合安全规定的要求,并由专人操作。储气罐放置地点应通风,严禁日光曝晒和高温烘烤。

JTG F90—2015

8.5.15 沉井顶端距地面小于 1m 时,应在井口四周架设防护栏杆和相关安全警示标志。

8.5.16 沉井接高应停止沉井内取土作业。倾斜的沉井不得接高。

第 8.5.16 条对照规范

➤ **《公路桥涵施工技术规范》**(JTG/T F50—2011)

10.4.3 沉井的接高应符合下列规定:

1 接高前应将沉井的倾斜纠正到允许偏差范围内,并不得将刃脚下部的土层掏空,接高各节的竖向中轴线应与前一节的中轴线相重合。接高加重应均匀、对称地进行,并应采取措施防止沉井在接高过程中发生倾斜。

2 沉井在地面上接高时,井顶露出地面不应小于 0.5m。水上沉井接高时,井顶露出水面不应小于 1.5m,且在接高过程中,应采取措施保持沉井的入水深度不变;带气筒的浮式沉井,对气筒应加防护。

JTG F90—2015

8.5.17 浮式沉井应制订专项施工方案,浮运、就位、下沉等施工阶段应设专人观测沉井的稳定性。

第 8.5.17 条对照规范

➤ **《公路桥涵施工技术规范》**(JTG/T F50—2011)

10.4.2 浮式沉井在水中下沉时,除应充分考虑风力、浮力、水流压力、波浪力、冰压力等对沉井的作用外,尚应符合下列规定:

1 浮运准确定位并接高后,应向井壁腔格内对称、均衡地灌水,使沉井迅速落至河床着床。

2 沉井在水中下沉和着床时,应随时监测由于沉井下沉的阻力和压缩流水断面后引起流速增大而造成的河床局部冲刷及因冲淤引起的土面高差,必要时可在沉井位置处采用卵、碎石垫填整平,改变河床上的粒径,减小冲刷深度,增加沉井着床后的稳定;或在着床后利用沉井外弃土进行调整,但对沉井外的弃土地点应合理安排,避免对沉井形成偏压;沉井着床后在土层中的下沉应符合本规范第 10.4.1 条的规定。

JTG F90—2015

8.5.18 沉井内潜水清理作业应符合本规范第5.9节的有关规定。

8.5.19 浇筑沉井封底混凝土应搭设工作平台。

第8.5.19条对照规范

➤ **《公路桥涵施工技术规范》**(JTG/T F50—2011)

10.5.2 沉井基底检验合格及沉降稳定后,应及时封底。不排水下沉的沉井应采用水下混凝土进行封底;对排水下沉的沉井,基底渗水的上升速度不大于6mm/min时,可按本规范第6章普通混凝土的浇筑方法进行封底,但应设置引流排水设施,及时排除明水,且应采取可靠措施使混凝土强度在达到5MPa前不受到压力水的作用;渗水上升速度大于上述规定时,宜采用水下混凝土进行封底。沉井的封底如设计为水下压浆混凝土时,应按设计要求施工。

10.5.3 沉井的混凝土封底厚度应根据基底的水压力和地基土的向上反力经计算确定,且封底混凝土的顶面高度应高出刃脚根部0.5m及以上。封底混凝土的强度等级不应低于C25。

10.5.4 沉井的水下混凝土封底宜全断面一次连续灌注完成;对特大型沉井,可划分区域进行封底,但任一区域的封底工作均应一次连续灌注完成。

10.5.5 采用刚性导管法进行水下混凝土封底时,应符合下列规定:

1 封底混凝土的原材料、配合比等可按照钻孔灌注桩水下混凝土的相关规定执行。每根导管开始灌注时所用的混凝土坍落度宜采用下限,首批混凝土需要数量应通过计算确定。

2 灌注封底水下混凝土时,需要的导管间隔及根数,应根据导管作用半径及封底面积确定。采用多根导管灌注时,对其灌注的顺序应进行专门设计,并应采取有效措施防止发生混凝土夹层;若同时灌注,当基底不平时,应逐步使混凝土保持大致相同的高程。

3 在灌注过程中,导管应随混凝土面升高而逐步提升,导管的埋深宜与导管内混凝土下落深度相适应,且不宜小于表10.5.5-1的规定;采用多根导管灌注时,导管的埋深不宜小于表10.5.5-2的规定。同时应根据混凝土的堆高和扩展情况,调整坍落度和导管埋深,使每盘混凝土灌注后均形成适宜的堆高和不陡于1∶5的流动坡度。

抽拔导管时应防止导管进水。

4 水下混凝土面的最终灌注高度，应比设计值高出150mm以上；待混凝土强度达到设计要求后，再抽水凿除表面松弱层。

表10.5.5-1 不同灌注深度导管的最小埋深

灌注深度(m)	≤10	10～15	15～20	>20
导管最小埋深(m)	0.6～0.8	1.1	1.3	1.5

表10.5.5-2 导管不同间距的最小埋深

导管间距(m)	≤5	6	7	8
导管最小埋深(m)	0.6～0.9	0.9～1.2	1.2～1.4	1.3～1.6

10.5.6 封底混凝土在灌注过程中发生事故或对封底施工的质量有疑问时，应对其进行检查鉴定，必要时可钻孔取芯检验。

10.5.7 不排水封底的沉井，应在封底混凝土强度满足设计要求后方可进行井内抽水，然后进行下一道工序。

8.6 地下连续墙

8.6.1 地下连续墙施工应编制专项施工方案，在堤防等水利、防洪设施及其他既有构筑物周边施工应进行风险评估，施工过程中应持续观测。

第8.6.1条对照规范

➤ **《公路桥涵施工技术规范》**(JTG/T F50—2011)

11.1.2 地下连续墙工程施工前，应具备水文、地质、区域内障碍物和有关试验等资料，必要时应补充地质勘察，并应制订专项施工技术方案。

11.1.3 在堤防等水利、防洪设施及其他既有构筑物周边进行地下连续墙工程的施工时，应就施工可能会导致对其不利的影响进行评估，必要时应采取有效措施进行保护。

JTG F90—2015

8.6.2 地下连续墙施工应设警戒区，施工现场和施工道路应平整，地基承载力应满足施工要求。

8.6.3 地下连续墙安放钢筋笼、浇筑混凝土应符合本规范第8.3节的有关规定。

8.6.4 开挖作业应在地下连续墙的混凝土达到设计强度后进行。开挖挡土墙结构的地下连续墙时，应严格按照程序设置围檩支撑或土中锚杆。

8.7 围堰

8.7.1 围堰内作业应及时掌握水情变化信息，遇有洪水、流冰、台风、风暴潮等极端情况，应立即撤出作业人员。

第8.7.1条对照规范

➢ **《公路工程施工安全技术规程》**(JTJ 076—95)

6.2.2.5 在围堰内作业，遇有洪水或流冰，应立即撤出作业人员。

JTG F90—2015

8.7.2 土石围堰施工应符合现行《公路桥涵施工技术规范》(JTG/T F50)的有关规定。

第8.7.2条对照规范

➢ **《公路桥涵施工技术规范》**(JTG/T F50—2011)

12.2.1 土石围堰的高程、平面尺寸及填筑应符合下列规定：

1 围堰顶面的高程应高出施工期间可能出现的最高水位(包括浪高)0.5～0.7m。

2 围堰的外形和尺寸应考虑河流断面被压缩后流速增大导致水流对围堰本身和河床的集中冲刷，以及对河道泄洪、通航和导流的影响等不利因素。堰内的平面尺寸应满足基础施工作业的需要。

3 围堰的填筑应分层进行，减少渗漏，并应满足堰身强度和稳定的要求。

12.2.2 土围堰的填筑施工应符合下列规定：

1 水深1.5m以内，流速0.5m/s以内，河床土质渗水性较小且满足泄洪要求时，可筑土围堰。

2 堰顶的宽度宜根据施工需要确定；边坡的坡度应按围堰位置的不同、高度及基坑开挖深度等条件确定。

3 在筑堰之前，应将堰底河床处的树根、石块及其他杂物清除干净。筑堰材料宜采用黏性土或砂夹黏土，填筑应自上游开始至下游合龙，超出水面之后应进行夯实。堰外坡面有受水流冲刷的危险时，应采用合适的材料对其进行防护。

12.2.3 土袋围堰的填筑应符合下列规定：

1 水深在3m以内，流速在1.5m/s以内，河床土质渗水性较小且满足泄洪要求时，可筑土袋围堰。

2 袋内填土宜采用黏性土，装填量宜为60%；水流流速较大时，在过水面及迎水面，袋内可装填粗砂或卵石。堆码时土袋的上下层和内外层应相互错缝，搭接长度宜为1/2～1/3，堆码应密实平整。

3 围堰的中心部分可填筑黏土及黏性土芯墙。堰外边坡坡度宜为1∶0.5～1∶1，堰内边坡坡度宜为1∶0.2～1∶0.5。

12.2.4 竹笼、木笼、铅丝笼及钢笼围堰的填筑应符合下列规定：

1 水深在4m以内，流速较大，且能满足泄洪要求时，可筑竹、木或铅丝笼围堰；水深超过4m时可筑钢笼围堰。

2 各种笼体的制作应坚固，并应满足使用要求。围堰的层数宜根据水深、流速、基坑大小及防渗要求等因素确定；宽度宜为水深的1.0～1.5倍。

3 宜在堰底外围堆填土袋，防止堰底渗漏。

12.2.5 膜袋围堰的填筑应符合下列规定：

1 水深在5m以内，流速在3.0m/s以内，且河(湖、海)床较平缓时，可筑膜袋围堰。

2 堰床处理除应符合本规范第12.2.2条第3款的规定外，还应将河(湖、海)床的陡坎整平。

3 膜袋的缝合应牢固严密，袋内可采用砂或水泥固化土材料填充，填充后应采取有效措施降低膜袋内的水分。

4 围堰沉降稳定后方可进行基坑的排水，排水时应控制水位降速。

JTG F90—2015

8.7.3 钢板(管)桩围堰施工除应符合本规范第8.4节的有关规定外,尚应符合下列规定:

1 地下水位高或水中围堰应采取可靠的止水措施。

2 水中围堰抽水应及时加设围檩和支撑系统。

3 水上作业应符合本规范第5.8节的有关规定。

第8.7.3条对照规范

➤ **《公路桥涵施工技术规范》**(JTG/T F50—2011)

13.3.5 钢板桩围堰的施工应符合下列规定:

1 钢板桩的材质、性能和尺寸应符合产品的相应规定。钢板桩在存放、搬运和起吊时,应采取措施防止其变形及锁口损坏。经过整修或焊接后的钢板桩,应采用同类型的短桩进行锁口通过试验,合格者方可继续使用。

2 钢板桩施打前应设置测量观测点,控制其施打的定位。

3 钢板桩在施打前,其锁口宜采用止水材料捻缝,防止在使用过程中漏水。

4 施打钢板桩应有导向装置,应能保证桩的位置准确。施打顺序应按既定的施工技术方案进行,并宜从上游开始分两头向下游方向合龙。施打时应随时检查其位置和垂直度是否准确,不符合要求的应立即纠正或拔起重新施打。施打完成后所有钢板桩的锁口均应闭合。

5 同一围堰内采用不同类型的钢板桩时,宜将不同类型桩的各半拼焊成一根异型钢板桩,分别与相邻桩进行连接。接长的钢板桩,其相邻桩的接头位置应上下错开。

6 拔除钢板桩之前,应向堰内注水使堰内外的水位保持平衡。拔桩应从下游侧开始逐步向上游侧进行,拔除的钢板桩应对其锁口进行检修并涂油,堆码妥善保存。

JTG F90—2015

8.7.4 双壁钢围堰施工应符合下列规定:

1 应按设计要求制造钢围堰,焊缝应检验,并应进行水密试验。

2 浮船或浮箱上组装双壁钢围堰,钢围堰应稳固。

3 双壁钢围堰浮运、吊装应制订专项施工方案。

4 水上作业应符合本规范第5.8节的有关规定。

5 钢围堰接高和下沉作业过程中,应采取保持围堰稳定的措施。悬浮状态不得接高作业。

6 施工过程中应注意监测水位变化,围堰内外的水头差应在设计范围内。

第8.7.4条对照规范

➤ **《公路桥涵施工技术规范》**(JTG/T F50—2011)

13.3.8 双壁钢围堰的施工应符合下列规定:

1 围堰的双壁间距应根据下沉时需要克服的浮力、土层摩阻力及基底抗力等经计算确定,并应在双壁之间分设多个对称的、横向互不相通的隔水舱。

2 双壁钢围堰兼作钻孔平台时,应将钻孔施工产生的全部荷载及各种工况加入到围堰结构的最不利荷载组合中进行设计和验算。钢围堰需度汛或度凌施工时,应制订稳定和防撞击、防冲刷的可靠方案,并应进行相应的验算。

5 围堰下沉至设计高程,在灌注封底混凝土之前,应对河床面进行清理和整平。围堰置于岩面上时,宜将岩面整平;基岩岩面倾斜或凹凸不平时,宜将围堰底部制作成与岩面相应的异形刃脚,增加其稳定性并减少渗漏。

JTG F90—2015

8.7.5 钢吊(套)箱围堰施工应符合下列规定:

1 应验算悬吊装置、吊杆的安全性以及有底钢吊(套)箱的抗浮性。

2 吊装所用设备、机具,状态应良好。

3 吊(套)箱就位后应及时与四周的钢护筒连成整体。

4 吊(套)箱内排水应在封底混凝土强度符合设计规定后进行,排水不应过快,并应加强监测吊箱变化情况、及时设置内支撑。

第 8.7.5 条对照规范

➤《公路桥涵施工技术规范》(JTG/T F50—2011)

13.3.7 钢套箱围堰的施工应符合下列规定：

1 对有底钢套箱，除应进行结构的计算和验算外，尚应针对套箱内抽干水后的工况进行抗浮验算。钢套箱采取悬吊方式安装时，应验算悬吊装置及吊杆的强度是否满足受力要求。

2 钢套箱应根据现场设备的起吊能力和移运能力确定采用整体式或装配式制作，制作时应采取防止接缝渗漏的措施。

3 钢套箱下沉就位时，在下沉过程中应保持平稳，当采用多个千斤顶吊放时，应使各千斤顶的行程同步，且宜设置导向装置或利用已成桩作为导向的承力结构进行准确定位。钢套箱就位后应对其平面位置和高程进行精确调整，并应及时予以固定；当水流速度过大会使套箱的位置发生改变时，应具有稳定套箱的可靠措施。

4 有底钢套箱在浇筑封底混凝土之前，应采用适宜的止水装置或材料对底板与桩基之间的缝隙进行封堵。

5 钢套箱内的排水应在封底混凝土符合设计规定的强度后或达到设计强度的 80%及以上时方可进行，排水不应过快，并应在排水过程中加强对套箱情况变化的监测；对有底钢套箱，必要时可设反压装置抵抗过大的浮力。

6 钢套箱侧壁兼作承台模板时，其位置的允许偏差应符合设计规定。

JTG F90—2015

8.7.6 围堰拆除应符合专项施工方案的要求，内外水位应保持一致，拆除时应设置稳固装置，潜水作业应符合本规范第 5.9 节的有关规定。

8.8 明挖地基

8.8.1 挖基施工宜在枯水或少雨季节进行，并应连续施工，有支护的基坑应采取防碰撞措施，基坑附近有管网或其他结构物时，应有可靠的防护措施。中等以上降雨期间基坑内不得施工。

第 8.8.1 条对照规范

➤ **《公路工程施工安全技术规程》**(JTJ 076—95)

6.2.1.1 开挖基坑时，如对邻近建(构)筑物或临时设施有影响时，应采取安全防护措施。

➤ **《公路桥涵施工技术规范》**(JTG/T F50—2011)

12.4.1 基坑的开挖施工应符合下列规定：

1 挖基施工宜安排在枯水或少雨季节进行。基坑的开挖应连续施工，对有支护的基坑应采取防碰撞的措施；基坑附近有其他结构物时，应有可靠的防护措施。

2 在开挖过程中进行排水时应不对基坑的安全产生影响，确认基坑坑壁稳定的情况下，方可进行基坑内的排水。排水困难时，宜采用水下挖基方法，但应保持基坑中的原有水位高程。

3 采用机械开挖时应避免超挖，宜在挖至基底前预留一定厚度，再由人工开挖至设计高程；如超挖，则应将松动部分清除，并应对基底进行处理。

4 基坑开挖施工完成后不得长时间暴露、被水浸泡或被扰动，应及时检验其尺寸、高程和基底承载力，检验合格后应立即进行基础工程的施工。

JTG F90—2015

8.8.2 基坑内作业前，应全面检查边坡滑塌、裂缝、变形以及基坑涌水、涌砂等情况，并应翔实记录。坑沿顶面出现裂缝、坑壁松塌或遇有涌水、涌砂影响基坑边坡稳定时，应立即加固防护，在确认安全后方可恢复施工。

第 8.8.2 条对照规范

➤ **《公路桥涵施工技术规范》**(JTG/T F50—2011)

12.3.1 基坑开挖前应根据水文、地质、开挖方式及施工环境条件等因素，确定是否对坑壁采取支护措施。当基坑深度较小且坑壁土层稳定时，可直接放坡开挖；坑壁土层不易稳定且有地下水影响，或放坡开挖场地受到限制，或放坡开挖工程量大时，应按设计要求对坑壁进行支护，设计未要求时，应结合实际情况选择适宜的坑壁支护方案。

JTG F90—2015

8.8.3 大型深基坑除应遵循边开挖、边支护的原则施工外，尚应建立边坡稳定信息化动态监控系统。

第8.8.3条对照规范

➢ **《公路桥涵施工技术规范》**(JTG/T F50—2011)

12.1.2 基坑开挖时，应对其边坡的稳定性进行监测。对特大型深基坑，除应按照边开挖、边支护的原则进行施工外，尚应建立边坡稳定信息化、动态化的监控系统，指导施工。挖基的废方应进行妥善处置，不得阻塞河道，影响泄洪，污染环境。

JTG F90—2015

8.8.4 开挖和降水施工应符合下列规定：

1 开挖应视地质和水文情况、基坑深度按规定坡度分层进行，不得采用局部开挖深坑或从底层向四周掏土的方法施工。

2 开挖影响邻近建(构)筑物或临时设施时，应采取安全防护措施。

3 开挖过程中应监测边坡的稳定性、支护结构的位移和应力、围堰及邻近建(构)筑物的沉降与位移、地下水位变化、基底隆起等项目。

4 基坑顶面应设置截水沟。多年冻土地基上开挖基坑，坑顶截水沟距基坑上边缘不得小于10m，排出水的位置应远离基坑。

5 排水作业不得影响基坑安全，排水困难时，应采用水下挖基方法，并应保持基坑中原有水位。

6 爆破开挖宜采用浅眼松动爆破法。爆破作业应符合现行《爆破安全规程》(GB 6722)的规定。

7 开挖影响既有道路车辆通行时，应制订交通组织方案。

8 冻结法开挖时，制冷设备的电源应采用不同供电所双路输电，应分层冻结、逐层开挖，不得破坏周边冻结层，基础工程施工应在冻融前完成。

9 弃方不得阻塞河道、影响泄洪。

10 基坑周边1m范围内不得堆载、停放设备。

11 深基坑四周距基坑边缘不小于1m处应设立钢管护栏、挂密目式安全网，靠近道路侧应设置安全警示标志和夜间警示灯带。

第8.8.4条对照规范

➤ **《公路工程施工安全技术规程》**(JTJ 076—95)

6.2.1.8 寒冷地区采用冻结法开挖基坑时，应根据地质、水文、气温等情况，分层冻结，逐层开挖。

➤ **《公路桥涵施工技术规范》**(JTG/T F50—2011)

12.1.1 明挖地基施工前，应对基坑边坡的稳定性进行验算，并应制订专项施工技术方案和安全技术方案。基坑的开挖施工如需爆破，爆破作业的安全管理应符合现行国家标准《爆破安全规程》(GB 6722)的规定。

12.4.3 采用井点降水法排水时应符合下列规定：

1 井点降水法宜用于粉砂、细砂、地下水位较高、有承压水、挖基较深、坑壁不易稳定的土质基坑，在无砂的黏质土中不宜采用。井点类别的选择，宜按照土层的渗透系数、要求降低水位的深度以及工程特点确定。

2 井管的成孔可根据土质分别采用射水成孔或冲击钻机、旋转钻机及水压钻探机成孔。井点降水曲线应低于基底设计高程或开挖高程0.5m。

3 应做好沉降及边坡位移监测，保证水位降低区域内构筑物的安全，必要时应采取防护措施。

JTG F90—2015

8.8.5 坑壁及支护施工应符合下列规定：

1 应根据水文、地质、开挖方式及施工环境条件等因素，确定坑壁的支护措施，并严格执行。

2 顶面有动载的基坑，其边沿与动载之间应留有不小于1m宽的护道，动荷载较大时宜适当加宽护道；水文和地质条件较差时，应采取加固措施。

3　支护结构应通过设计计算确定，支护结构和支撑的强度、刚度及稳定性应满足基坑开挖施工的要求。

4　直接喷射混凝土加固坑壁，喷射前应清除坑壁上的松软层及岩渣。锚杆、预应力锚索和土钉支护施工参数应通过抗拉拔力试验确定。

5　加固坑壁应按照设计要求逐层开挖、逐层加固，坑壁或边坡上有明显出水点处应设置导管排水。

第 8.8.5 条对照规范

➢ **《公路桥涵施工技术规范》**(JTG/T F50—2011)

12.3.2　基坑的顶面应设置防止地面水流入基坑的设施。基坑顶面有动荷载时，其边缘与动荷载之间应留有不小于 1m 宽的护道，动荷载较大时宜适当加宽护道；若水文和地质条件较差，应采取加固措施。

12.3.4　对坑壁采取支护措施进行基坑的开挖时，应符合下列规定：

1　基坑较浅且渗水量不大时，可采用竹排、木板、混凝土板或钢板等对坑壁进行支护；基坑深度小于或等于 4m 且渗水量不大时，可采用槽钢、H 型钢或工字钢等进行支护；地下水位较高，基坑开挖深度大于 4m 时，宜采用锁口钢板桩或锁口钢管桩围堰进行支护，其施工要求应符合本规范第 13.3 节的规定；在条件许可时亦可采用水泥土墙、混凝土围圈或桩板墙等支护方式。

2　对支护结构应进行设计计算，当支护结构受力过大时应加设临时支撑，支护结构和临时支撑的强度、刚度及稳定性应满足基坑开挖施工的要求。

12.3.6　基坑坑壁采用喷射混凝土、锚杆喷射混凝土、预应力锚索和土钉支护等方式进行加固时，其施工应符合下列规定：

1　对基坑开挖深度小于 10m 的较完整风化基层，可直接喷射混凝土加固坑壁。喷射混凝土之前应将坑壁上的松散层或岩渣清理干净。

2　对锚杆、预应力锚索和土钉支护，均应在施工前按设计要求进行抗拉拔力的验证试验，并确定适宜的施工工艺。

3　采用锚杆挂网喷射混凝土加固坑壁时，各层锚杆进入稳定层的长度、间距和钢筋的直径均应符合设计要求。孔深小于或等于 3m 时，宜采用先注浆后插入锚杆的施工工艺；孔深大于 3m 时，宜先插入锚杆后注浆。锚杆插入孔内后应居中固定，注浆应采用孔底注浆法，注浆管应插至距孔底 50～100mm 处，并随浆液的注入逐渐拔出，注浆的压力不宜小于 0.2MPa。

4 采用预应力锚索加固坑壁时，预应力锚索（包括锚杆）编束、安装和张拉等的施工应符合本规范第 7 章的规定，其他施工可参照现行国家标准《建筑边坡工程技术规范》（GB 50330）的规定执行。

5 采用土钉支护加固坑壁时，施工前应制订专项施工技术方案和施工监控方案，配备适宜的机具设备。土钉支护中的开挖、成孔、土钉设置及喷射混凝土面层等的施工可按现行行业标准《基坑土钉支护技术规程》（CECS 96）的规定执行。

6 不论采用何种加固方式，均应按设计要求逐层开挖、逐层加固，坑壁或边坡上有明显出水点处应设置导管排水。施工质量标准应符合现行行业标准《公路路基施工技术规范》（JTG F10）的相关规定。

8.9 承台与墩台

8.9.1 承台施工模板和混凝土作业应符合本规范第 5.2 节和第 5.4 节的有关规定。

第 8.9.1 条对照规范

➢ **《公路桥涵施工技术规范》**（JTG/T F50—2011）

13.3.1 承台施工前应进行桩基等隐蔽工程的质量验收，桩顶的混凝土面应按水平施工缝的要求凿毛，桩头预留钢筋上的泥土及鳞锈等应清理干净。承台基底为软弱土层时，应按设计要求采取措施避免在浇筑承台混凝土过程中产生不均匀沉降。

13.3.2 承台的钢筋和混凝土应在无水条件下进行施工，施工时应根据地质、地下水位和基坑内的积水等情况采取防水或排水的措施。应采取有效措施，使承台钢筋的混凝土保护层厚度符合设计规定。桩伸入承台的长度以及边桩外侧与承台边缘的净距应不小于设计规定值。

JTG F90—2015

8.9.2 现浇墩、台身、盖梁施工除应符合现行《公路桥涵施工技术规范》（JTG/T F50）的有关规定外，尚应符合下列规定：

1 脚手架及作业平台应搭设牢固，不得与模板及其支撑体系联结，高处作业应符合本规范第5.7节的有关规定。

2 墩身高度超过40m宜设施工电梯，电梯司机应按照有关规定经过专门培训，并应取得相应资格证书。

3 墩身钢筋绑扎高度超过6m应采取临时固定措施。

4 模板工程应符合本规范第5.2节的有关要求，设置防倾覆设施，高墩且风力较大地区的墩身模板，应考虑风力影响。

5 混凝土浇筑应符合本规范第5.4节的有关规定。

第8.9.2条对照规范

➢ **《公路桥涵施工技术规范》**(JTG/T F50—2011)

13.4.1 墩、台身的施工除应符合本规范其他相关章节的规定外，尚应符合下列规定：

1 墩、台身施工前，应对其施工范围内基础顶面的混凝土进行凿毛处理，并应将表面的松散层、石屑等清理干净；对分节段施工的墩、台身，其接缝亦应作相同的凿毛和清洁处理。

2 墩、台身高度超过10m时，可分节段施工，节段的高度宜根据混凝土施工条件和钢筋定尺长度等因素确定。上一节段施工时，已浇节段的混凝土强度应不低于2.5MPa。

3 在模板安装前，应在基础顶面放出墩、台身的轴线及边缘线；对分节段施工的墩、台身，其首节模板安装的平面位置和垂直度应严格控制。模板在安装过程中应通过测量监控措施保证墩、台身的垂直度，并应有防倾覆的临时措施；对高墩且风力较大地区的墩身模板，应考虑其抗风稳定性。

4 应采取措施，缩短墩、台身与承台之间浇筑混凝土的间隔时间，间歇期不宜大于10d。

5 浇筑混凝土时，串筒、溜槽等的布置应方便摊铺和振捣，并应明确划分工作区域。混凝土浇筑完成后，应及时进行养护，养护时间不得少于7d。

6 墩、台高处作业的施工安全应符合本规范第25章的规定。

JTG F90—2015

8.9.3 预制墩身吊装应符合本规范第5.6节的有关规定。

第 8.9.3 条对照规范

➤ **《公路桥涵施工技术规范》**(JTG/T F50—2011)

13.4.2 预制柱式墩台的安装施工应符合下列规定：

1 预制构件与基础顶面的预留槽口应对应编号，安装前应检查各墩、台预制构件的尺寸和基础预留槽口的顶面高程是否符合设计要求，基座槽口四周与柱边的空隙应不小于 20mm。经检验合格方可进行预制构件的安装施工。

2 预制构件吊入基座槽口就位时，应在柱身竖直度以及平面位置符合设计要求后，再将楔子塞入槽洞打紧。对重大、细长的墩、台柱，应采用风缆或撑木固定好后，方可摘除吊钩。

3 在墩、台柱顶安装盖梁前，应先检查盖梁预留槽眼的位置是否符合设计要求。

4 槽口内现浇混凝土的施工应符合设计规定；设计未规定时，应按本规范第 6 章的规定执行。

JTG F90—2015

8.9.4 高墩翻模施工应符合下列规定：

1 翻模应专门设计，刚度、强度应满足施工要求。

2 翻模分节分块的重量应满足起重设备的使用规定，吊装作业应符合本规范第 5.6 节的有关规定。

3 每层模板均应设工作平台，安全防护设施应符合本规范第 5.7 节的有关规定。

4 夜间不宜进行翻模作业。

8.9.5 高墩爬(滑)模施工应符合下列规定：

1 爬(滑)模系统应专门设计，刚度、强度应满足施工要求。安全防护设施应符合本规范第 5.7 节的有关规定。

2 液压系统顶升应保持同步、平稳。

3 拆模应在混凝土强度达 2.5MPa 以上后实施。爬升时承载体受力处的强度应大于 15MPa。

4　应经常检查、及时更换预埋爬锥配套螺栓。

5　爬(滑)模不宜夜间升降。

8.10　砌体

8.10.1　砌体工程施工应符合下列规定：

1　砌筑基础前应先做好临时排水，并应检查基坑边坡稳定情况。

2　砌筑材料应随运随砌、分散码放。

3　吊运砌筑材料应符合本规范第5.6节的有关规定。

4　在距地面2m及以上的高处从事砌筑、撬石、运料、开凿缝槽等作业时，应搭设作业平台，高处作业应符合本规范第5.7节的有关规定。

5　破石及开凿缝槽作业，作业人员之间的距离不应小于2m。砌筑作业应自下而上进行；人员不得在支架下方操作或停留，砌筑勾缝不得交叉作业。

6　雨、冰冻后，应检查砌体，发现存在垂直度变化、裂缝、不均匀下沉等现象，应查明原因，及时修复。

7　砌体上不宜拉锚缆风绳、吊挂重物、设置其他施工临时设施和支撑的支承点。

8　坡面砌筑应预先清除上方不稳固石块等物料。不得从高处往下抛掷石料或自上而下自由滚落运送石料。

第8.10.1条对照规范

➤ **《公路桥涵施工技术规范》**(JTG/T F50—2011)

14.3.1　砌体的砌筑施工应符合下列规定：

1　砌块在使用前应浇水湿润，砌块的表面如有泥土、水锈，应清洗干净。

2　砌筑基础的第一层砌块时，如基底为岩层或混凝土基础，应先将基底表面清洗、湿润，再坐浆砌筑；如基底为土质，可直接坐浆砌筑。

3　砌体宜分层砌筑，砌体较长时可分段分层砌筑，但两相邻工作段的砌筑高差不宜超过1.2m；分段位置宜设在沉降缝或伸缩缝处，各段的水平砌缝应一致。

4　各砌层应先砌外圈定位行列，再砌筑里层，其外圈砌块应与里层砌块交错连成一体。砌体外露面石料的镶面种类应符合设计规定，对有流冰或有漂浮物河中的墩台，其镶面宜选用较坚硬的石料或较高强度等级混凝土预制块进行镶砌。砌体里层应砌筑整齐，分层应与外圈一致，应先铺一层适当厚度的砂浆再安放砌块和填塞砌缝。砌体的外露面应进行勾缝，并应在砌筑时靠外露面预留深约20mm的空缝备作勾缝之用。砌体隐蔽面的砌缝可随砌随刮平，不另勾缝。

5 各砌层的砌块应安放稳固，砌块间的砂浆应饱满，黏结牢固，不得直接贴靠或脱空。砌筑时，底浆应铺满，竖缝砂浆应先在已砌石块侧面铺放一部分，然后在石块放好后用砂浆填满捣实。用小石子混凝土填竖缝时，应捣固密实。

6 砌筑上层砌块时，应避免振动下层砌块。砌筑工作中断后恢复砌筑时，已砌筑的砌层表面应加以清扫和湿润。

JTG F90—2015

8.10.2 加筋土桥台施工应符合下列规定：

1 面板应逐层安砌、稳固并分层摊铺、碾压填料。未完成填土作业的面板上不得安砌上一层面板。

2 台背填筑施工过程中应随时观测加筋土桥台的变形、位移，发现异常应暂停施工，及时处理。

第8.10.2条对照规范

➤ **《公路桥涵施工技术规范》**(JTG/T F50—2011)

14.6.2 面板应按要求的垂度挂线安砌，安砌时单块面板可内倾1/100～1/200，作为填料压实时面板外倾的预留度。不得在未完成填土作业的面板上安砌上一层面板。

14.6.6 台背填料应严格分层碾压，碾压时宜先轻后重，并不得使用羊足碾。压实作业应先从筋带中部开始，逐步碾压至筋带尾部，再碾压靠近面板部位，且压实机械距面板不得小于1.0m。台背填筑施工过程中应随时观测加筋土桥台的变化。

JTG F90—2015

8.10.3 勾缝及养护应符合下列规定：

1 抹面、勾缝、养护涉及高处作业的，应符合本规范第5.7节的有关规定，并应按照先上后下顺序施工。

2 多级砌体、护坡应按照先上后下的顺序抹面、勾缝。

3 养护期间应避免砌体震动、承重或碰撞砌体。

第8.10.3条对照规范

➢ **《公路桥涵施工技术规范》**(JTG/T F50—2011)

14.5.4 浆砌砌体应在砂浆初凝后，洒水覆盖养生7～14d。养护期间应避免碰撞、震动或承重。

8.11 钢筋混凝土和预应力梁式桥

8.11.1 支架现浇施工应符合下列规定：

1 支架、模板和混凝土浇筑应符合本规范第5.2节和第5.4节的有关规定。

2 支架在承重期间，不得随意拆除任何受力杆件。承重模板支架应在张拉完成后拆除。

3 梁体底模、支架应严格按设计要求顺序卸载。

第8.11.1条对照规范

➢ **《公路桥涵施工技术规范》**(JTG/T F50—2011)

16.2.1 梁式桥的现浇可采用满布支架或梁式支架。现浇支架除应符合本规范第5章的规定外，尚应符合下列规定：

1 支架应稳定、牢固，其地基应有足够的承载力。支架位于水中时，其基础宜采用桩基；对弯、坡、斜梁式桥，其支架的设置应适应梁体相应几何线形的变化，且应采取有效措施保证支架的稳定性。

2 满布支架的地基表面应平整，并应有防排水措施；满布支架位于坡地上时，宜将地基的坡面挖成台阶；在软弱地基上设置满布支架时，应采取措施对地基进行处理，使其承载力满足施工要求。

3 梁式支架各支点的基础应设在可靠的地基上，当地基沉降过大或承载力不能满足要求时，宜设置桩基或采取其他有效措施进行处理。梁式支架不宜采用拱式结构；必须采用时，应按拱架的要求施工。

4 梁式桥现浇支架的预压应根据支架的类型和结构形式、地基的沉降量和承载能力，以及荷载大小等因素确定。

5 梁式桥跨越需要维持正常通行(航)的道路(水域)时，对其现浇支架应采取防碰撞的安全措施，并应设置必要的交通导流标志，保证施工安全和交通安全。

16.2.2 梁式桥现浇施工时，梁体混凝土在顺桥向宜从低处向高处进行浇筑，在横桥向宜对称进行浇筑。混凝土浇筑过程中，应对支架的变形、位移、节点和卸架设备的压缩及支架地基的沉降等进行监测，如发现超过允许值的变形、变位，应及时采取措施予以处理。

16.2.3 连续梁桥在支架上逐孔现浇施工时，应符合本章第16.3节的相关规定。

JTG F90—2015

8.11.2 移动模架施工应符合下列规定：

1 模架应按产品的操作手册拼装，并由移动模架设计制造厂家派专人现场指导安装与调试。

2 首孔梁浇筑位置就位后应按设计要求进行预压。

3 混凝土的浇筑过程中，应随时检查模架的关键受力部位和支撑系统，有异常时应采取有效措施及时处理；移动过孔时，应监控模架的运行状态。

4 每完成一孔梁的施工，均应对模架的关键部位及支撑系统进行检查，发现问题应及时处理。

5 模架横向移动和纵向移动过孔时，应解除作用于模架上的全部约束。纵向移动时两侧的承重钢梁应保持同步。模架在移动过孔时的抗倾覆系数不得小于1.5。

第8.11.2条对照规范

➤ **《公路桥涵施工技术规范》**(JTG/T F50—2011)

16.3.1 移动模架宜采用定型产品，模架的功能、承载能力、长度、模板的尺寸及支承系统等，应与所施工的预应力混凝土连续梁的各项要求相适应，设计制造厂家应提供模架的产品出厂质量合格证书，以及操作手册等相关技术文件。当采用非定型模架时，应对模架进行专门的设计计算，并应进行荷载试验，确认其能保证施工的安全和质量后方可投入使用。

16.3.2 模架的拼装应按照产品的操作手册进行，并应保证拼装期间的施工安全；拼装完成后应对其拼装质量进行检验，并应在首孔梁的浇筑位置就位后进行荷载试压试验，检验和试压合格后方可正式使用。

16.3.3 模架的支承系统应安全可靠，应具有足够的承载能力、刚度和稳定性。模架的后端宜设置后吊点，应使模架中的模板与已浇梁段的悬臂端梁体紧密贴合，防止该处产生错台或漏浆。模架应设置预拱度，预拱度值应经计算并参考荷载试验结果确定。

16.3.4 首孔梁浇筑混凝土前，应做好施工前的各项准备工作，制订详细的施工方案、施工工艺、各项保障措施及应急预案；浇筑施工时，应对模架进行挠度监测，监测的数据及分析结果应作为修正模架预拱度的依据。首孔梁的混凝土在顺桥向宜从桥台（或过渡墩）开始向悬臂端进行浇筑，中间孔宜从悬臂端开始向已浇梁段推进浇筑，末孔宜从一联中最后一个墩位处向已浇梁段推进浇筑，最终与已浇梁段接合；梁体混凝土在横桥向应对称浇筑。连续梁逐孔现浇的纵向分段接缝位置应符合设计规定；设计未规定时，宜设在1/5跨的弯矩零点附近。

16.3.5 任一孔梁的混凝土浇筑施工完成后，内模中的侧向模板应在混凝土抗压强度达到2.5MPa后，顶面模板应在混凝土抗压强度达到设计强度等级的75%后，方可拆除；外模架应在梁体建立预应力后方可卸落。

16.3.6 模架横移和纵向移动过孔前，应解除作用于模架上的全部约束。纵向移动时两侧的承重钢梁应保持基本同步，不同步的最大距离偏差应符合产品设计的规定，且应有限位和紧急止动装置；移动到下一孔位置后，应立即对模架进行准确就位并固定。模架在移动过孔时的抗倾覆稳定系数应不小于1.5。

16.3.7 模架的拆除应根据不同的施工环境条件确定相应的拆除方案，并应有可靠的起吊和拆除安全措施，防止发生事故。

16.3.8 移动模架在使用期间尚应符合下列规定：

1 在梁体混凝土的浇筑施工过程中，应随时对模架的关键受力部位和支承系统进行检查，有异常时应采取有效措施及时处理；在移动过孔时，应对模架的运行状态进行监控。

2 模架所有操作平台的边缘处，均应设置防护栏杆，必要时应挂安全网，同时应在模架的适当部位配备消防器材。

3 模架中的动力和照明线路应由专业人员敷设，并应定期检查清理，消除漏电、短路等隐患。

4 每完成一孔梁的施工，均应对模架的关键部位及支承系统等进行检查，发现问题后应及时处理。

JTG F90—2015

8.11.3 装配式桥施工应符合下列规定：

1 装配式桥构件移动、存放和吊装时的混凝土强度不应低于设计吊装强度；设计未规定时，不得低于设计强度的 80%。

2 存梁台座应坚固稳定，且应高出地面 0.2m 以上，存放地点应设置排水系统。梁、板构件存放支点位置应符合设计规定。上下层垫木应在同一条竖线上；叠放的高度宜按构件强度、台座地基的承载力、垫木强度及叠放的稳定性等计算确定，大型构件不宜超过 2 层，小型构件不宜超过 6 层。

3 架桥机的抗倾覆稳定系数不得小于 1.3；架桥机过孔时，起重小车应位于对稳定最有利的位置，且抗倾覆稳定系数不得小于 1.5。架桥机的安装、使用、检修、检验等应符合现行《架桥机安全规程》(GB 26469)的有关要求。

4 梁、板构件移动吊点位置应符合设计规定，经冷拉的钢筋不得用作构件吊环，吊环应顺直，吊绳与起吊构件的交角小于 60°时应设置吊梁或起吊扁担。

5 吊移高宽比较大的预应力混凝土 T 型梁和 I 型梁应采取防止梁体侧向弯曲的有效措施。

6 架桥机纵向移动应一次到位，不得中途停顿。起吊天车提升与携梁行走不得同时进行，天车携梁应平稳前移。停止作业的架桥机应临时锚固。

7 运梁、架设应在相邻梁片之间的横向主筋焊接完成后实施。

8 架梁和湿接缝施工期间应设置母索系统。

9 梁、板安装及架桥机移动过孔期间，作业区域下方应设警戒区。

10　就位后的梁、板应及时固定，T型梁、I型梁应与先安装的构件形成横向连接。

第8.11.3条对照规范

➤ **《公路桥涵施工技术规范》**(JTG/T F50—2011)

4.1.7　预制构件的吊环，必须采用未经冷拉的热轧光圆钢筋制作，且其使用时的计算拉应力应不大于50MPa。

16.4.1　本节适用于装配式钢筋混凝土和预应力混凝土梁、板桥（以下统称装配式桥）构件的预制、移运、存放和安装施工。装配式桥施工的一般要求应符合下列规定：

1　装配式桥的构件在脱底模、移运、存放和吊装时，混凝土的强度应不低于设计规定的吊装强度；设计未规定时，应不低于设计强度的80%。

2　构件安装前应检查其外形、预埋件的尺寸和位置，允许偏差不得超过设计规定；设计未规定时，不得超过本章的有关规定。

3　安装构件时，支承结构（墩台、盖梁）的混凝土强度和预埋件（包括预留锚栓孔、锚栓、支座钢板等）的尺寸、高程及平面位置应符合设计要求。

4　构件安装就位完毕并经检查校正符合要求后，方可焊接或浇筑混凝土固定构件。跨径25m以上预应力混凝土简支梁的安装应验算裸梁的稳定性。

5　对分层、分段安装的构件，应在先安装的构件可靠固定且受力较大的接头混凝土达到设计要求的强度后，方可继续安装；设计未规定时，应达到设计强度的80%后方可继续安装。

6　分段拼装梁的接头混凝土或砂浆，其强度应不低于构件的设计强度；不承受内力的构件的接缝砂浆，其强度应不低于M10。需与其他混凝土或砌体结合的预制构件的砌筑面应按施工缝处理。

7　构件吊运安装时，其起重安全应符合本规范第25章的规定。吊运工具、设备的使用技术要求，应参照起重吊装的有关规定执行。

16.4.2　构件预制场的布置应满足预制、移运、存放及架设安装的施工作业要求；场地应平整、坚实，应根据地基情况和气候条件，设置必要的防排水设施，并应采取有效措施防止场地沉陷。砂石料场的地面宜进行硬化处理。

16.4.3　构件预制台座的地基应具有足够的承载能力，并应符合下列规定：

1　预制台座应采用适宜的材料和方式制作，且应保证其坚固、稳定、不沉陷；当用于预制后张预应力混凝土梁、板时，宜对台座两端及适当范围内的地基进行特殊加固处理。

2 预制台座的间距应能满足施工作业的要求；台座表面应光滑、平整，在2m长度上平整度的允许偏差应不超过2mm，且应保证底座或底模的挠度不大于2mm。

3 对预应力混凝土梁、板，应根据设计提供的理论拱度值，结合施工的实际情况，正确预计梁体拱度的变化情况，在预制台座上按梁、板构件跨度设置相应的预拱度。当后张预应力混凝土梁预计的上拱度值较大时，可考虑在预制台座上设置反拱。

16.4.4 各种构件混凝土的浇筑除应符合本规范第6章的规定外，尚应符合下列规定：

1 腹板底部为扩大断面的T形梁，应先浇筑扩大部分并振实后，再浇筑其上部腹板。

2 U形梁可上下一次浇筑或分两次浇筑。一次浇筑时，宜先浇筑底板至底板承托顶面，待底板混凝土振实后再浇筑腹板；分两次浇筑时，宜先浇筑底板至底板承托顶面，按施工缝处理后，再浇筑腹板混凝土。

3 小型构件宜在振动台上振动浇筑。混凝土砌块、小型盖板、路缘石等小型构件，可在移动式底模上浇筑。

4 采用平卧重叠法支立模板、浇筑构件混凝土时，下层构件顶面应设临时隔离层；上层构件必须待下层构件混凝土强度达到5.0MPa后方可浇筑。

5 中小跨径的空心板浇筑混凝土时，对芯模应有防止上浮和偏位的可靠措施。

16.4.5 对高宽比较大的预应力混凝土T形梁和I形梁，应对称、均衡地施加预应力，并应采取有效措施防止梁体产生侧向弯曲。

16.4.6 构件的场内移运应符合下列规定：

1 对后张预应力混凝土梁、板，在施加预应力后可将其从预制台座吊移至场内的存放台座上后再进行孔道压浆，但必须满足下列要求：

1)从预制台座上移出梁、板仅限一次，不得在孔道压浆前多次倒运。

2)吊移的范围必须限制在预制场内的存放区域，不得移往他处。

3)吊移过程中不得对梁、板产生任何冲击和碰撞。

2 后张预应力混凝土梁、板在孔道压浆后进行移运的，其压浆浆体强度应不低于设计强度的80%。

3 梁、板构件移运时的吊点位置应符合设计规定；设计未规定时，应根据计算决定。构件的吊环必须采用未经冷拉的HPB235钢筋制作，且吊环应顺直。吊绳与起吊构件的交角小于60°时，应设置吊架或起吊扁担，使吊环垂直受力。吊移板式构件时，不得吊错上、下面。

16.4.7 构件的存放应符合下列规定：

1 存放台座应坚固稳定，且宜高出地面200mm以上。存放场地应有相应的防排水设施，并应保证梁、板等构件在存放期间不致因支点沉陷而受到损坏。

2 梁、板构件存放时，其支点应符合设计规定的位置，支点处应采用垫木和其他适宜的材料进行支承，不得将构件直接支承在坚硬的存放台座上；存放时混凝土养护期未满的，应继续养护。

3 构件应按其安装的先后顺序编号存放，预应力混凝土梁、板的存放时间不宜超过3个月，特殊情况下不应超过5个月。

4 当构件多层叠放时，层与层之间应以垫木隔开，各层垫木的位置应设在设计规定的支点处，上下层垫木应在同一条竖直线上；叠放的高度宜按构件强度、台座地基的承载力、垫木强度及叠放的稳定性等经计算确定，大型构件宜为2层，不应超过3层，小型构件宜为6～10层。

5 雨季或春季融冻期间，应采取有效措施防止因地面软化下沉而造成构件断裂及损坏。

16.4.8 构件的运输应符合下列规定：

1 板式构件运输时，宜采用特制的固定架稳定构件。对小型构件，宜顺宽度方向侧立放置，并应采取措施防止倾倒；如平放，在两端吊点处必须设置支搁方木。

2 梁的运输应按高度方向竖立放置，并应有防止倾倒的固定措施；装卸梁时，必须在支撑稳妥后，方可卸除吊钩。

3 采用平板拖车或超长拖车运输大型构件时，车长应能满足支点间的距离要求，支点处应设活动转盘防止搓伤构件混凝土；运输道路应平整，如有坑洼而高低不平时，应事先处理平整。

4 水上运输构件时，应有相应的封舱加固措施，并应根据天气状况安排装卸和运输作业时间，同时应满足水上(海上)作业的相关安全规定。

16.4.9 简支梁、板的安装应符合下列规定：

1 安装前应对墩台的施工质量进行检验，并应对支座或临时支座的平面位置和高程进行复测，合格后方可进行梁、板等构件的安装。

2 安装的方法和安装设备宜根据构件的结构特点、重量及施工环境条件等综合确定，并应制订专项施工技术方案、安装工艺及安全技术方案，对安装设备的强度、刚度和稳定性应进行必要的验算。

3 采用架桥机进行安装作业时，其抗倾覆稳定系数应不小于1.3；架桥机过孔时，应将起重小车置于对稳定最有利的位置，且抗倾覆稳定系数应不小于1.5。

4 采用吊机吊装构件时，如采用1台吊机起吊，应在吊点位置的上方设置吊架或起吊扁担；如采用两台吊机抬吊，应统一指挥，协调一致，使构件的两端同时起吊、同时就位。

5 梁、板安装施工期间及架桥机移动过孔时，严禁行人、车辆和船舶在作业区域的桥下通行。

6 梁、板就位后，应及时设置保险垛或支撑将构件临时固定，对横向自稳性较差的T形梁和I形梁等，应与先安装的构件进行可靠的横向连接，防止倾倒。

7 安装在同一孔跨的梁、板，其预制施工的龄期差不宜超过10d。梁、板上有预留孔道的，其中心应在同一轴线上，偏差应不大于4mm。梁、板之间的横向湿接缝，应在一孔梁、板全部安装完成后方可进行施工。

8 对弯、坡、斜桥的梁、板，其安装的平面位置、高程及几何线形应符合设计要求。

16.4.10 先简支后连续的梁，其施工应符合下列规定：

1 先简支安装的梁，除应符合第16.4.9条的规定外，尚应设置临时支座进行支承。在一片梁中，临时支座顶面的相对高差不应大于2mm。

2 简支变连续的施工程序应符合设计规定，且应在一联梁全部安装完成后方可进行湿接头混凝土的浇筑。

3 对湿接头处的梁端，应按施工缝的要求进行凿毛处理。永久支座应在设置湿接头底模之前安装。湿接头处的模板应具有足够的强度和刚度，与梁体的接触面应密贴并具有一定的搭接长度，各接缝应严密不漏浆。负弯矩区的预应力管道应连接平顺，与梁体预留管道的接合处应密封；预应力锚固区预留的张拉齿板应保证其外形尺寸准确且不被损坏。

4 湿接头的混凝土宜在一天中气温相对较低的时段浇筑，且一联中的全部湿接头应一次浇筑完成。湿接头混凝土的养护时间应不少于14d。

5 湿接头按设计要求施加预应力、孔道压浆且浆体达到规定强度后，应立即拆除临时支座，按设计规定的顺序完成体系转换。同一片梁的临时支座应同时拆除。

6 仅为桥面连续的梁、板，应按设计要求进行施工。

JTG F90—2015

8.11.4 悬臂浇筑除应符合现行《公路桥涵施工技术规范》(JTG/T

F50)的有关规定外,尚应符合下列规定:

1 挂篮制作加工完成后应进行试拼装。现场组拼后,应检查验收,并应按最大施工组合荷载的1.2倍做荷载试验。

2 挂篮行走滑道铺设应平顺,锚固应稳定。行走前应检查行走系统、吊挂系统、模板系统等。

3 挂篮应在混凝土强度符合要求后移动,墩两侧挂篮应对称平稳移动;就位后应立即锁定;挂篮每次移动后,应经检查验收。

4 雨雪天或风力超过挂篮设计移动风力时,不得移动挂篮。

第8.11.4条对照规范

➢ **《公路桥涵施工技术规范》**(JTG/T F50—2011)

16.5.1 用于悬臂浇筑施工的挂篮,其结构除应满足强度、刚度和稳定性要求外,尚应符合下列规定:

1 挂篮与悬浇梁段混凝土的重量比不宜大于0.5,且挂篮的总重应控制在设计规定的限重之内。

2 挂篮的最大变形(包括吊带变形的总和)应不大于20mm。

3 挂篮在浇筑混凝土状态和行走时的抗倾覆安全系数、自锚固系统的安全系数、斜拉水平限位系统的安全系数及上水平限位的安全系数均不应小于2。

4 挂篮的支承平台应有足够的平面尺寸,应能满足梁段现场施工作业的需要。

5 挂篮模板的制作与安装应准确、牢固,安装误差应符合本规范第5章的规定。后吊杆和下限位拉杆孔道应严格按设计尺寸准确预留。

6 挂篮制作加工完成后应进行试拼装。挂篮在现场组拼后,应全面检查其安装质量,并应进行模拟荷载试验,符合挂篮设计要求后方可正式投入使用。

16.5.2 钢筋的制作及安装除应符合本规范第4章的规定外,尚应符合下列规定:

1 底板钢筋与腹板钢筋的连接应牢固,且宜采用焊接;底板上、下两层的钢筋网应采用两端带弯钩的竖向筋进行连接,使之形成整体;顶板底层的横向钢筋宜采用通长筋。

2 钢筋与预应力管道相互影响时,钢筋仅可移动,不得切断。若挂篮的下限位器、下锚带、斜拉杆等部位影响下一步操作必须切断钢筋时,应在该工序完成后,将切断的钢筋连接好再补孔。

16.5.3 墩顶及墩顶邻近梁段可采用落地支架或托架施工，支架和托架应符合本规范第5章的规定。墩顶梁段宜全断面一次浇筑完成，当梁段过高一次浇筑完成难以保证质量时，可沿高度方向分两次浇筑，但宜将两次浇筑混凝土的龄期差控制在7d以内。预应力混凝土连续梁的墩顶梁段施工时，应按设计规定设置墩梁临时固结装置，且临时固结装置的结构和采用的材料应满足方便、快速拆除的要求。

16.5.4 悬臂浇筑施工应符合下列规定：

1 悬臂浇筑施工应对称、平衡地进行，两端悬臂上荷载的实际不平衡偏差不得超过设计规定值；设计未规定时，不宜超过梁段重的1/4。悬臂梁段应全断面一次浇筑完成，并应从悬臂端开始，向已完成梁段推进分层浇筑。

2 悬臂浇筑的施工过程控制宜遵循变形和内力双控的原则，且宜以变形控制为主。悬浇过程中梁体的中轴线允许偏差应控制在5mm以内，高程允许偏差为±10mm。

3 挂篮前移时，宜在其后方设置控制其滑动的装置或在滑道上设置止动装置；前移就位后，应立即将后锚固点锁定，防止倾覆。

4 当悬臂浇筑施工跨越铁路、公路、航道及其他建筑物时，应采取有效的安全施工防护措施。

16.5.5 悬臂浇筑时预应力的施工除应符合本规范第7章的规定外，尚应符合下列规定：

1 预应力管道的安装定位应准确，备用管道和长束的管道应采取措施保证其在使用时的有效性。

2 对纵向预应力长钢束的张拉，宜通过必要的试验确定其张拉程序和各项参数，张拉持荷时间宜增加1倍；当钢束的伸长值不能满足要求时，可采取补张拉或反复张拉的措施，但张拉应力不得超过设计规定的最大控制应力。横向预应力采用一端张拉时，其张拉端宜在梁两侧交错设置。竖向预应力宜采取反复张拉的方式进行，反复张拉的次数应以钢束的伸长值是否达到要求且是否可靠锚固而定。

3 对竖向预应力孔道，压浆时应从下端的压浆孔压入，压力宜为0.3～0.4MPa，且压入的速度不宜过快。

16.5.6 悬臂浇筑预应力混凝土梁的合龙和体系转换应符合下列规定：

1 合龙的顺序应符合设计规定。

2 合龙施工前应对两端悬臂梁段的轴线、高程和梁长受温度影响的偏移值进行观测，并应根据实际观测值进行合龙的施工计算，确定准确的合龙温度、合龙时间及合龙程序。

3 对两端的悬臂梁段采取施加水平推力的方式调整梁体的应力时，千斤顶的施力应对称、均衡。

4 合龙时,宜采取措施将合龙口两侧的悬臂端予以临时刚性连接,再浇筑合龙段混凝土。合龙段的混凝土宜在一天中气温最低且稳定的时段内浇筑,浇筑后应及时覆盖洒水养护。

5 合龙时在桥面上设置的全部临时施工荷载应符合施工控制的要求。对预应力混凝土连续梁,合龙后应在规定的时间内尽快拆除墩梁临时固结装置,按设计规定的程序完成体系转换和支座反力调整。

JTG F90—2015

8.11.5 悬臂拼装应符合下列规定:

1 梁段装车、装船运输应平稳安放,梁段与车、船之间应安装防倾覆固定装置。

2 梁段起吊时混凝土强度应符合设计规定。

3 拼装施工前应按施工荷载对起吊设备进行强度、刚度和稳定性验算,其安全系数不得小于2。梁段起吊安装前,应对起吊设备进行全面安全技术检查,并应分别进行1.25倍设计荷载的静荷和1.1倍设计荷载的动荷起吊试验。梁段正式起吊拼装前,起吊条件应符合要求。

4 天气突然变化、卷扬机电机过热或其他机械设备出现故障时,应暂停吊运作业,并应采取相应的应急避险措施。

第8.11.5条对照规范

➤ **《公路工程施工安全技术规程》**(JTJ 076—95)

6.4.4.2 遇有下列情况时,现场指挥人员,必须在构件妥善处理后,暂时停止吊装作业:

(1)天气突然变化,影响作业安全;

(2)卷扬机、电机过热,或其它机械设备出现故障等。

➤ **《公路桥涵施工技术规范》**(JTG/T F50—2011)

16.6.6 节段的钢筋宜在专用胎架上制成整体骨架后,吊入模板内进行安装;吊装整体骨架时应设置吊架,吊点的布置应合理,且宜采用多点起吊,防止变形。对预埋件的安装和预留孔的设置，应采用定位钢筋将其准确固定；当有体外预应力钢束转向器时，其安装必须准确可靠。

16.6.10 节段的起吊、移运、存放应符合下列规定：

1 节段从预制台座起吊时，混凝土的强度应符合设计规定。

2 节段的移运应满足运输安全和施工安全的要求。在移运时，应采取措施防止对节段产生冲击或碰撞。

3 节段在存放台座的叠放层数不宜超过两层，并应对存放台座及其地基的承载力进行验算。节段支点的位置应符合设计规定，且宜采用垫木或橡胶板等弹性支撑物进行支承。

4 节段的存放时间应符合设计要求；设计未要求时，不宜少于28d。对未达到养护时间的节段，应在存放时继续养护。

16.6.11 墩顶及相邻梁段采用现浇方式施工时，应符合本章第16.5.3条的规定，且应使其与预制梁段匹配良好。对连续梁，墩顶的现浇梁段与墩之间应按设计要求临时固结。

16.6.12 悬臂拼装施工应符合下列规定：

1 节段拼装施工前，应对预制节段的匹配面进行必要的处理，并应确定接缝施工的方法和工艺。在悬臂拼装施工过程中，应跟踪监测各节段梁体的挠度变化情况，控制其中轴线及高程；当实测梁体线形与设计值有偏差时，应及时进行调整。

2 施工前应按施工荷载对起吊设备进行强度、刚度和稳定性验算，其安全系数应不小于2。节段起吊安装前，应对起吊设备进行全面安全技术检查，并应分别进行1.25倍设计荷载的静荷和1.1倍设计荷载的动荷起吊试验，经检查及起吊试验符合要求后方可正式进行节段的起吊拼装。

3 节段悬臂拼装时，桥墩两侧的节段应对称起吊，且应保证桥墩两侧平衡受力，最大不平衡力应符合设计规定。

16.6.14 节段悬臂拼装的预应力施工除应符合本规范第7章的规定外，尚应符合下列规定：

1 对采用胶接缝的节段，在拼装工作结束并经检查符合要求后，应立即施加预应力对接缝进行挤压；对采用湿接缝的节段，应在接缝混凝土强度达到设计强度的80%以上时方可对其施加预应力。

2 临时预应力钢束的布置和张拉控制应力应符合设计规定，并应满足多次重复张拉的作业要求；临时预应力钢束在结构永久预应力施工完成后方可拆除。

3 节段对称悬臂拼装完成并施加预应力后，方可放松起吊吊钩，并应立即对预应力孔道进行压浆和封锚。

4　对梁顶面明槽内已张拉的预应力钢束应加以保护，严禁在其上堆放物体或抛物撞击。

16.6.15　合龙及体系转换的程序应符合设计要求，施工应符合本章第16.5.6条的规定。

JTG F90—2015

8.11.6　顶推施工应符合现行《公路桥涵施工技术规范》(JTG/T F50)的有关规定，墩台上宜设置导向装置，顶推过程中，宜监测梁体的轴线位置、墩台的变形、主梁及导梁控制界面的挠度和应力变化等；发现异常，应停止顶推并处理。

第8.11.6条对照规范

➢ **《公路工程施工安全技术规程》**(JTJ 076—95)

6.4.6.6　在各顶推点，应派专人进行测量，随时将墩顶的位移数据，报告给指挥人员。

➢ **《公路桥涵施工技术规范》**(JTG/T F50—2011)

16.7.7　梁体的顶推应符合下列规定：

1　顶推施工宜根据梁体长度、顶推跨度、桥墩所能承受的水平推力等条件，选择适宜的顶推方式。

2　顶推滑道的长度应大于水平千斤顶行程加滑块的长度，宽度应为滑板宽度的1.2～1.5倍；相邻墩滑道顶面高程的允许偏差应为±2mm，同墩两滑道高程的允许偏差应为±1mm；滑动装置的摩擦系数宜经试验确定。

3　采用单点或多点水平千斤顶方式顶推时，实际总顶推力应不小于计算顶推力的2倍；采用单点或多点拉杆方式顶拉时，拉杆的截面积和根数应满足顶拉力的要求，拉锚器的锚固和放松应方便、快速，设置在各墩顶的反力台应牢固且应满足顶拉反力的要求。多点顶推(拉)时，各点的水平千斤顶应同步运行。

4　宜在墩台上设置导向装置，防止梁体在顶推过程中产生偏移。顶推过程中，宜对梁体的轴线位置、墩台的变形、主梁及导梁控制截面的挠度和应力变化等进行施工监测；发生异常情况时，应停止顶推，查明原因并进行处理后方可继续施工。

5　顶推时至少应在两个墩上设置保险千斤顶。如遇顶推故障需采用竖向千斤顶将梁顶高时,最大顶升高度不得超过设计规定或不得大于10mm,起顶的反力值不得大于计算反力的1.1倍。

6　平曲线连续梁顶推施工时,预制台座的平面及梁体均应按设计线形设置成圆弧形;导梁宜设置成直线形,但与主梁连接处应偏转一定角度,使导梁前端的中心落在设计线形的中线上。顶推应使梁体沿圆弧曲线前进。

7　竖曲线连续梁顶推施工时,预制台座的底模板顶面应符合设计竖曲线的曲率;所需水平顶推力的大小,应考虑正负纵坡的影响。

16.7.8　梁体顶推到位后的落梁应符合下列规定:

1　落梁前应按设计规定的顺序,对预应力钢束进行张拉、锚固和压浆,拆除全部临时预应力钢束。拆除墩、台上的滑动装置时,梁体的各支点应均匀顶起,其顶力应按设计支点反力的大小进行控制,顶起时相邻墩各顶点的高差不得大于5mm,同墩两侧梁底顶起时高差不得大于1mm。

2　落梁时,应按设计规定的顺序和每次的下落量分步进行,同一墩、台的千斤顶应同步运行;落梁反力的允许偏差应为±10%设计反力。

3　永久支座应在落梁前进行安装。

16.7.9　钢梁的顶推施工除应参照本节的相关规定执行外,尚应符合下列规定:

1　顶推方式宜根据钢梁的结构特点选择确定。

2　导梁与钢梁之间宜采用焊接连接或采用螺栓连接。对钢梁结构的支点和顶推施力点处宜适当加固,并应采取措施防止结构在顶推过程中产生变形。

JTG F90—2015

8.11.7　整孔预制安装箱梁施工应符合现行《公路桥涵施工技术规范》(JTG/T F50)的有关规定,架设安装时,箱梁在起落过程中应保持水平;顶落梁时梁体的两端应同步缓慢起落,并不得冲击临时支座。

第8.11.7条对照规范

➤ **《公路桥涵施工技术规范》**(JTG/T F50—2011)

16.8.10　箱梁的场内移运及存放应符合下列规定:

1　箱梁在场内的移运可采用龙门吊机或轮胎式移梁机,且应预设相应的移运通道。

2　采用滑移方式移梁时,滑道应设在坚固稳定的地基基础上。滑道应保持平整，滑移时4个支点的相对高差不得超过4mm，两滑道之间的高差不得超过50mm。滑移的动力设施应经计算及试验确定。滑移过程中应采取有效措施保证梁体不受损伤。

3 梁体预应力钢束初张拉后进行吊运或滑移时，箱梁顶面严禁堆放重物或施加其他额外荷载；终张拉后吊运或滑移箱梁时，应在预应力孔道压浆浆体达设计规定强度后方可进行。

4 箱梁的存放台座应坚固稳定，且应有相应的防排水设施，应保证箱梁在存放期间不致因台座下沉受到损坏。箱梁在存放时，其支点距梁端的距离应符合设计规定。

16.8.11 箱梁的运输应符合下列规定：

1 当采用运梁车运输箱梁时，运梁线路的路面应平坦，地基应有足够的承载能力，纵向坡度应不大于3%，横向坡度（人字坡）应不大于4%，最小曲率半径应不小于运梁车的允许转弯半径。在运梁车通过的限界内，不得有任何障碍物。

2 运梁车装载箱梁时，其支承应牢固，起步和运行应缓慢，平稳前进，严禁突然加速或紧急制动。重载运行时的速度宜控制在5km/h以内，曲线、坡道地段应严格控制在3km/h以内。当运梁车接近卸梁地点或架桥机时，应减速徐停。

3 当采用水运方式运输箱梁时，除支承应符合结构受力及运输要求外，尚应对梁体进行固定，并应采取防止船体摆动的有效措施，保证其在风浪颠簸中不移位。

4 不论采取何种方式运输箱梁，均不得使其在装卸和运输过程中产生任何形式的损伤及变形。

16.8.12 箱梁的架设安装应符合下列规定：

1 箱梁应采用通过技术质量监督部门产品认证的专用架桥机，或由海事部门颁发船舶证书及起重检验证书的起重船进行架设安装，且起重参数应能满足架梁的要求，起重船的锚泊系统应能满足作业水域的条件。吊架和吊具应专门设计。起重设备、吊架和吊具等应经试吊确认安全后方可用于正式施工，吊具应定期进行探伤检查。

2 采用架桥机安装作业时，其抗倾覆稳定系数不应小于1.3；架桥机过孔时，起重小车应位于对稳定最有利的位置，且抗倾覆稳定系数不应小于1.5。

3 采用起重船安装作业时，起重船在进入安装位置后应根据流速、流向、风向和浪高等情况抛锚定位，定位时不得利用桥墩墩身带缆；在起重船定位和箱梁架设安装过程中，船体和梁体均不得对桥墩或承台产生碰撞。

4 架设安装时，箱梁在起落过程中应保持水平；顶落梁时梁体的两端应同步缓慢起落，并不得冲击临时支座。箱梁就位时，应设置必要的装置对梁体的空间位置进行精确调整。

5 在墩顶设置的临时支座，其形式和位置应符合设计规定，梁底与支座应密贴；4个临时支座的顶面相对高差不得超过4mm。

6 箱梁架设安装后的吊梁孔应采用收缩补偿混凝土封填。

8.12 拱桥

8.12.1 各类拱桥施工涉及高空作业，安全防护设施均应符合本规范第5.7节的有关规定。

8.12.2 拱架浇(砌)筑拱圈应符合下列规定：

1 拱架及模板应进行专项设计，强度、刚度和稳定性应满足最不利工况要求。落地式拱架弹性挠度不得大于相应结构跨度的1/2 000，且不得超过50mm；拱式拱架弹性挠度不得大于相应结构跨度的1/1 000，且不得超过100mm。拱架抗倾覆稳定系数不得小于1.5，并应满足本规范第5.2节的有关规定。

2 拱架正式施工前应进行预压，预压应符合本规范第5.2节的有关规定。

3 拱圈混凝土浇筑或圬工砌筑顺序应按设计要求实施，两端应同步、对称浇(砌)筑。浇(砌)筑时应观测拱架变形情况，发现异常应及时处理。

4 拱架拆除应设专人指挥，不得使用机械强行拽拉拱架。

5 现浇混凝土拱圈的拱架应按设计要求拆除，设计无规定时应在拱圈混凝土达到设计强度的85%后拆除。浆砌圬工拱桥的拱架应在砂浆强度达到设计强度的85%后拆除。

6 拱架应纵向对称均衡拆除、横向同时拆除。

7 满布式落地拱架应从拱顶向拱脚依次循环拆除。

8 多孔拱桥拱架应多孔同时或各连续孔分阶段拆除；桥墩允许承受单孔施工荷载的可单孔拆除。

第 8.12.2 条对照规范

➤ **《公路工程施工安全技术规程》**(JTJ 076—95)

6.4.9.1 拱架应具有足够的强度、刚度和稳定性。拱架须经验算,必要时应经试验或预压,并应满足防洪、流水、排水、通航等安全要求。采用土牛拱架时,亦应采用相应的安全措施,保证拱圈砌筑的安全。

6.4.9.7 拱架拆除工作必须按设计程序进行。拱架脱离拱圈时,应经检查确认安全后方可继续进行拱架拆除工作。拱架拆除时,应听从统一指挥。严禁在拱架上、下同时进行作业,并严禁使用机械强拽拱架,使之倾倒的做法。

➤ **《公路桥涵施工技术规范》**(JTG/T F50—2011)

15.2.1 拱架应进行专门设计,并应符合下列规定:

1 拱架的设计应遵循安全可靠、结构简单、受力明确、制作和安拆方便的原则。所采用材料的性能和质量应符合相应的国家或行业标准的规定;常备式构件用作拱架时,其设计与计算应依据该构件的技术要求进行。

2 设计荷载除应符合本规范第 5.2.6 条的规定外,尚应根据拱桥的结构特点和施工荷载特性分析取用,拱圈的自重荷载宜乘以 1.2 倍系数。在计算荷载作用下,应按可能产生的最不利荷载组合验算拱架的强度、刚度和稳定性。

3 对拱架各截面应力强度进行验算时,应根据拱架的结构形式和所承受的荷载大小,按分阶段浇筑或砌筑施工的工况,分别验算其拱顶、拱脚和 1/4 跨各截面,以及各连接节点的应力。

4 应严格控制拱架的刚度,拱架受载后,对落地式拱架其弹性挠度应不大于相应结构跨度的 1/2 000,且不得超过 50mm;对拱式拱架,应不大于相应结构跨度的 1/1 000,且不得超过 100mm。

5 稳定性的验算应包括拱架的整体稳定和局部稳定,抗倾覆稳定系数应不小于1.5。对拱架在拼装过程中的稳定性亦应进行验算,当不能满足拼装要求时,应采取必要的辅助稳定措施。

6 拱架的地基与基础设计应符合现行行业标准《公路桥涵地基与基础设计规范》(JTG D63)的规定,并应对地基承载力进行验算。

15.2.2 拱架的制作和安装应符合下列规定:

1 制作拱架所采用材料的规格和质量应符合施工设计要求。对钢拱架,宜采用标准化、通用化的常备式构件,或型钢、钢管等材料;在特殊情况下采用木拱架时,应选择材质坚硬、无损伤且湿度较小的材料。拱架的制作应保证杆件或构件的尺寸准确，连接节点处的螺栓孔或焊接质量应满足施工设计要求。

2 拱架在安装前，应对桥轴线、拱轴线、跨径、高程等进行校核，确认无误后方可进行拼装。拼装应根据拱架构造确定的适宜的方法进行，分片或分段拼装时应有保证拱架稳定的临时措施，必要时应设置缆风绳进行固定；拱架拼装时尚应设置足够的平联、斜撑和剪刀撑保证其横向的稳定。

3 拱架应设置施工预拱度和卸落装置，其施工要求除应符合本规范第 5.4.3 条的规定外，拱式拱架尚应考虑其受载后产生水平位移所引起的拱圈挠度。各类拱架的顶部高程应符合拱圈下缘加预拱度后的几何线形，允许偏差为±10mm；拱架纵轴的平面位置偏差应不大于跨度的 1/1 000，且不大于 30mm。

4 拱架安装完成后，应按设计荷载进行预压；并应对其平面位置、顶部高程、节点连接及纵横向的稳定性进行全面检查，符合要求后，方可进行下一工序。

5 拱架应稳定、牢固，应能抵抗在施工过程中可能发生的偶然碰撞和震动。

15.2.3 拱架的拆卸应符合下列规定：

1 现浇混凝土拱圈的拱架，其拆除期限应符合设计规定；设计未规定时，应在拱圈混凝土强度达到设计强度的 85%后，方可卸落拆除。

2 卸落拱架应按提前拟定的卸落程序进行，且宜分步卸落；在纵向应对称均衡卸落，在横向应同时一起卸落。满布式落地拱架卸落时，可从拱顶向拱脚依次循环卸落；拱式拱架可在两支座处同时均匀卸落；多孔拱桥卸架时，若桥墩允许承受单孔施工荷载，可单孔卸落，否则应多孔同时卸落，或各连续孔分阶段卸落。卸落拱架时，应设专人对拱圈的挠度和墩台的位移等情况进行监测，当有异常时，应暂停卸落，查明原因并采取相应措施后方可继续进行。

3 石拱桥的拱架卸落时间应符合下列要求：

1)浆砌石拱桥拱架，应待砂浆强度达到设计强度的 85%后方可卸落；设计另有规定时，应从其规定。

2)跨径小于 10m 的小拱桥，宜在拱上建筑全部完成后卸架；中等跨径的实腹式拱桥，宜在护拱砌完后卸架；跨径较大的空腹式拱桥，宜在拱上小拱横墙砌好(未砌小拱圈)后卸架。

3)当需要裸拱卸架时，应对裸拱进行截面强度及稳定性验算，并应采取必要的辅助稳定措施。

15.3.1 跨径较小的拱圈或拱肋，应按拱圈的全宽从两端拱脚向拱顶对称地连续浇筑混凝土，并应在拱脚混凝土初凝前全部完成。跨径较大的拱圈或拱肋，应沿拱跨方向分段对称浇筑，分段的位置应以拱架受力对称、均匀和变形小为原则，且宜设置在拱顶、$L/4$ 部位、拱脚及拱架节点等处；各段的接缝面应与拱轴线垂直，各分段点应预留间隔槽,其宽度宜为0.5～1.0m,槽内有钢筋接头时,其宽度尚应满足钢筋接头的需要。

15.3.2 浇筑拱圈混凝土时,应严格按照预先制定的浇筑程序对称于拱顶进行,并应控制两端的浇筑速度,避免产生过大的偏差。分段浇筑时,各分段内的混凝土宜一次连续浇筑完成,因故中断时,应浇筑成垂直于拱轴线的施工缝;如已浇筑成斜面,应凿成垂直于拱轴线的平面或台阶式结合面。

15.3.3 间隔槽混凝土的浇筑应符合设计规定。设计未规定时,应在拱圈混凝土的强度达到设计强度的85%后,由拱脚向拱顶对称进行浇筑;拱顶及拱脚间隔槽的混凝土应在最后封拱时浇筑。

15.3.4 大跨径拱圈采用分环(层)、分段法浇筑混凝土时,纵向钢筋宜分段设置,且其接头应设在最后的几个间隔槽内,待浇筑间隔槽混凝土时再连接。

15.3.5 大跨径钢筋混凝土箱形拱圈采用在拱架上组装部分预制部件然后现浇混凝土的方法进行施工时,组装和现浇均应从两拱脚向拱顶对称进行。箱形拱圈的底板施工时,应按拱架的变形情况设置间隔缝,缝内的混凝土应在底板合龙时浇筑;拱圈的底、腹板混凝土强度达到设计强度的85%后方可安装盖板,铺设钢筋,现浇顶板混凝土。

15.3.6 拱圈合龙的温度应符合设计要求;设计未要求时,宜选择夜间气温较稳定时段的温度。拱圈合龙前如采取千斤顶对两侧拱圈施加压力的方法调整拱圈应力时,拱圈混凝土的强度应达到设计规定的强度。

15.3.7 拱圈在浇筑过程中,应随时监测拱架的变形,如变形量超过计算值,应及时查明原因,并采取加固拱架或调整加载顺序的措施,保证施工安全。

JTG F90—2015

8.12.3 混凝土拱肋、横撑、斜撑施工应符合本规范第8.12.2条的规定,应在拱肋、横撑、斜撑混凝土强度达到100%后,按设计要求的顺序拆除支架。

8.12.4 悬臂浇筑混凝土拱圈除应符合本规范第8.11.4条的规定外,尚应符合下列规定:

1 扣塔、扣索、锚碇组成的系统强度、刚度和稳定性应满足最不利工况要求。

2 扣索应在拱圈混凝土达到设计规定的强度后分批、分级张拉，扣索、锚索的钢丝绳和卡具的安全系数应大于2。

3 应按设计要求调索，并应设专人检查张拉段和扣锚段工作状况、记录索力和位移变化。

4 扣索和锚索应在合龙段混凝土强度符合设计规定的强度或达到设计强度的85%后拆除；挂篮应在拱脚处拆除。

第8.12.4条对照规范

➤ **《公路桥涵施工技术规范》**(JTG/T F50—2011)

15.7.2 悬臂浇筑拱圈的挂篮除应符合本规范第16.5节的规定外，尚应符合下列规定：

1 挂篮应具有可靠的稳定性和良好的调节性能，应能适应各拱段倾斜角度的变化。

2 挂篮的行走轨道应与拱圈的弧度相适应，并应与拱圈可靠连接，避免行走时下滑。

3 挂篮应设置可伸缩的抗剪装置，抵抗在浇筑拱圈混凝土时产生的下滑力，且不应影响挂篮的正常行走。

4 底模宜设计成可调节式的弧形模板，满足拱圈弧度不断变化的要求。

5 后锚系统应稳固可靠，且应适应拱圈的弧度变化，后支点宜反顶在拱圈上。

6 对拱圈的两个半拱，应各配备一套挂篮，按从拱脚至拱顶的施工顺序，对称浇筑拱圈混凝土。两个半拱的施工进度应保持基本对称同步，且应符合设计的规定。

15.7.3 悬臂浇筑拱圈的扣索和锚索应采用钢绞线或带镦头锚的高强钢丝，其安全系数应大于2；锚碇应采用钢筋混凝土锚碇，其抗拔、抗滑安全系数应不小于2；扣塔应具有足够的强度、刚度和稳定性，除应满足本章第15.4.3条的规定外，扣塔塔顶的最大偏位不得大于10mm。

15.7.4 在悬臂浇筑拱圈的施工过程中，应对扣索和锚索系统、拱圈的应力和变形等进行监控，并应确定适当的扣索张拉次数，保证拱圈混凝土在悬臂施工过程中不出现拉应力。大跨度拱桥悬浇拱圈时，应对拱肋在悬臂状态下的控制工况进行压屈分析计算，其压屈稳定系数应大于4。

15.7.5 对支架浇筑的首段和悬臂浇筑段的拱圈，均应严格控制其尺寸、轴线平面及立面的精度。各节段重量的允许偏差应为±2%或符合设计规定值。

15.7.6 悬臂浇筑拱圈应选择在当天气温最低且温度场较为稳定的时段合龙，且宜先焊接劲性骨架，达到受力状态下的合龙；然后绑扎钢筋，浇筑合龙段混凝土，完成结构状态的合龙。

15.7.7 扣索和锚索应在合龙段混凝土强度符合设计规定的强度或达到设计强度的85%后方可拆除；挂篮宜沿轨道从拱顶缓慢地滑移到拱脚后再进行拆除。所有的拆除工作均应按施工设计规定的程序分步、对称进行，并应采取措施保证施工安全。

JTG F90—2015

8.12.5 斜拉扣挂法悬拼拱肋施工应符合下列规定：

1 扣塔架设及扣锚索张拉应搭设操作平台及张拉平台。

2 扣塔上应设缆风索，缆风索安全系数应大于2。

3 扣索、锚索应逐根分级、对称张拉、放张，扣索、锚索安全系数应大于2。

8.12.6 拱上吊机施工拱肋应符合下列规定：

1 拱上吊机抗倾覆稳定性应满足最不利工况要求。

2 过程中扣索、锚索施工应满足本规范第8.12.5条的相关规定。

3 拱上吊机前行到位后，前支后锚应牢固。非工作状态时应收拢吊钩，臂杆应与钢梁固定。

4 吊机纵、横移轨道上应配备止轮器。

8.12.7 钢管拱肋内混凝土应按设计顺序两端对称浇筑。

第8.12.7条对照规范

➤ **《公路桥涵施工技术规范》**(JTG/T F50—2011)

15.8.2 钢管拱肋的安装除应符合本章相应施工方法的规定外，尚应符合下列规定：

1　钢管拱肋在成拱过程中，宜同时安装横向联结系，未安装联结系的拱肋不得超过1个节段，否则应采取临时横向稳定措施。特殊情况下采用单肋合龙的安装方案时，应设置可靠的节段连接装置和足够的横向抗风缆，保证单拱肋的横向稳定。

2　拱肋节段间的焊接宜按安装顺序同步进行，且宜对称施焊。施焊前应保证节段间有可靠的临时连接，并应有效地控制焊缝间隙；施焊时结构应处于无应力状态。合龙口的焊接或栓接作业应选择在环境温度相对稳定的时段内尽快完成。

3　采用斜拉扣挂悬拼法施工时，拱肋上的扣挂节点应进行专门设计，并应在工厂制造时设置；扣索宜采用多根钢绞线或高强钢丝束，并应根据使用环境设防腐护套，扣索的强度安全系数应大于2。

15.8.3　混凝土的施工应符合下列规定：

1　混凝土应采用泵送顶升压注施工，混凝土应具有低含气量、大流动性、收缩补偿、延后初凝和早强等性能，其配合比应经试验确定。

2　压注前应先对管内进行清洗、润湿管壁并泵入适量水泥浆，然后再正式压注混凝土。

3　混凝土应由拱脚至拱顶对称、均衡地压注，有腹箱的断面应先管后腹，除拱顶外不宜在拱肋内的其他部位设置横隔板。压注应连续进行，不得中断，直至拱顶端的溢流管排出正常混凝土时方可停止，溢流管的高度应为1.5～2.0m。压注时尚应考虑上、下游拱肋的对称性和均衡性，并应将施工时间控制在6～8h内。混凝土压注完成后应及时关闭设于压注口的倒流截止阀。

4　管壁与混凝土应结合紧密，管内的混凝土应密实，其质量检验应按现行行业标准《超声波检测混凝土缺陷技术规程》(CECS 21)的规定执行。

5　对大跨径钢管混凝土拱桥混凝土的配合比和泵送工艺，应在试验室试验的基础上，根据需要进行模拟压注试验。

JTG F90—2015

8.12.8　转体施工应符合下列规定：

1　桥梁转体的转动体系、锚固体系、动力体系等应进行专项设计。

2　转体施工前，应掌握转体作业期间的天气情况，遇恶劣天气不得进行转体施工。

3　正式转体前应进行试转，明确转动角速度、拱圈悬臂端线速度、牵引力等相关技术参数。

4　转体完成后应及时约束固定，并应浇筑施工球铰处混凝土。

5　合龙段施工时，悬臂端的临时压重及卸载应按照设计方案要求的重量、位置及顺序作业。

第8.12.8条对照规范

➤ **《公路桥涵施工技术规范》**(JTG/T F50—2011)

15.5.2　采用转体法施工时，拱圈的预制及拼装应符合下列规定：

1　应按照设计确定的位置、高程，充分利用地形，合理布置预制场地，在适当的支架和模板上进行，支架应稳固且安装方便。

2　应严格控制拱肋的制作尺寸，构件尺寸的允许偏差为±5mm，质量偏差为±2%，拱肋轴线平面、立面的允许偏差为±10mm。

JTG F90—2015

8.12.9　有平衡重平转施工应符合下列规定：

1　转体前，应核对平衡体的重量和转动体系的重心；采用临时配重，应设置锚固设施。

2　转动体系应平衡可靠，抗倾覆安全系数应大于1.5，四周的保险支腿应稳固。

3　转动铰低于水面应设围堰保护，低于地平面应在基坑周围砌护墙，围堰和基坑周围应设护栏，非转体作业人员不得入内。

4　扣索和后锚索应牢固可靠。扣索张拉应符合设计要求，应检测扣索的索力，允许偏差不得超过±3%。

5　采用内、外锚扣体系时，扣索宜采用钢绞线和带镦头锚的高强钢丝等高强材料，其安全系数应大于2；大跨径拱桥采用多扣点张拉时，应确保张拉过程同步。

6　扣索张拉到位、拱圈卸架后，应进行24h观测，检验锚固、支撑体系的可靠程度。

7　转动时应控制转动速度，千斤顶应同步牵引。转动角速度应控制在 0.01～0.02rad/min，拱圈悬臂端的线速度应控制在 1.5～2.0m/min。

8　钢丝绳牵引索应在千斤顶直接顶推启动后再牵引转动。

9　接近止动距离时应按方案要求进行止动操作，并应设专人负责限位工作。

10　合龙段混凝土达到设计强度后，应分批、分级松扣，拆除扣、锚索。

条文说明

1　转动体系的重心不准轻则造成偏转，重则导致转体倾覆或拉索断裂；临时配重不进行锚固，转动过程中配重易发生偏移。

3　转动铰低于水面设围堰保护，是将湿施工转化为干施工，避免在水下进行转体作业，增加作业难度；转动铰低于地平面开挖基坑是为转体施工创造作业空间；围堰和基坑周围的防护措施是为避免外界因素对转体施工造成干扰。

7　转速过快易发生超转、偏转，不利于及时调整转体姿态，同时还会对千斤顶造成损害。本款参考《公路桥涵施工技术规范》(JTG/T F50—2011)第 15.5.3 条制定。

8　本款规定是为避免静摩擦阻力过大，导致牵引索拉断。

第 8.12.9 条对照规范

➤ **《公路工程施工安全技术规程》**(JTJ 076—95)

6.4.7.4　平衡重转体施工前应先利用配重做试验，进行试转动，检查转体是否平衡稳定。试转的角度应大于实际需要转动的角度，如不符合要求时应进行调整。

➤ **《公路桥涵施工技术规范》**(JTG/T F50—2011)

15.5.3　采用有平衡重平转施工时，应符合下列规定：

1 对跨径较大、转动体系重心较高的拱桥,宜采用环道与中心支承相结合的转盘结构;对中、小跨径的拱桥,可采用中心支承的转盘结构。平衡重宜视情况利用桥台或设置临时配重。转体前,应核对平衡体的重量和转动体系的重心;如采用临时配重,应保证锚固设施安全、可靠。

2 应待拱圈混凝土达到设计规定的强度后,方可分批、分级张拉扣索。对扣索的索力应进行检测,其允许偏差为±3%。张拉达到设计控制应力时,拱圈应脱离支架成为以转盘为支点的悬臂平衡状态,且应根据合龙高程(考虑合龙温度)的要求精调张拉扣索。

3 采用内、外锚扣体系时,扣索宜采用钢绞线和带镦头锚的高强钢丝等高强材料,其安全系数应大于2。扣点应设在拱顶点附近,如因大跨径拱桥单点扣索力太大或其他原因需采用多扣点时,应控制好扣索的同步张拉,使拱圈的截面应力处于允许的受力状态。

4 扣索和锚索之间宜通过置于扣、锚支承(桥台或立柱)的顶部交换梁相连接。扣索的锚点高程不宜低于扣点,宜与通过锚点的水平线形成0°~5°的角度。采用千斤顶张拉扣索时应分级进行,并应同时对结构内力及挠度进行监测,直至拱圈脱架。

5 扣索张拉到位、拱圈卸架后,应有24h的观测阶段,检验锚固、支承体系的可靠程度。同时应观测拱结构的变形状态及其随气温变化的规律,确定转体前拱顶的高程。

6 转体的牵引索可采用钢绞线或高强钢丝束,其一端引出,另一端应绕固于上转盘上,牵引动力可采用液压千斤顶等。转动时宜控制速度,角速度不宜大于0.01~0.02rad/min或拱圈悬臂端的线速度不宜大于1.5~2.0m/min。采用钢绳牵引转动时,应在千斤顶直接顶推启动后再进行。

7 转体的牵引力应有一定的富余。转体牵引力可按式(15.5.3)计算:

$$T = \frac{2fGR}{3D} \tag{15.5.3}$$

式中:T——牵引力(kN);

G——转体总重力(kN);

R——铰柱半径(m);

D——牵引力偶臂(m);

f——摩擦系数,无试验数据时,可取静摩擦系数为0.1~0.12,动摩擦系数为0.06~0.09。

8 转体合龙应在当日最低温度时进行。当合龙温度与设计计算温度相差较大时,应考虑温度差带来的影响,修正合龙高程。合龙时,宜采取先打入钢楔的快速合龙措施,然后施焊接头钢筋,浇筑接头混凝土,封固转盘;合龙应严格控制拱肋的高程和轴线,合龙接口的高程允许偏差为±10mm,轴线允许偏差为±5mm。合龙段混凝土达到设计强度后,应分批、分级松扣,拆除扣、锚索。

JTG F90—2015

8.12.10 无平衡重平转施工应符合下列规定:

1 尾索张拉、扣索张拉、拱体平转、合龙卸扣作业应监测索力、轴线、高程等。

2 无平衡重平面转体锚固体系的抗剪强度、抗滑稳定性应符合设计要求。锚碇系统两方向的平撑及尾索应形成三角稳定体。转动体系应灵活自如、安全可靠。位控体系应能控制转动体的转动速度和位置。

3 两组尾索应上下左右对称、均衡张拉,桥轴向和斜向的尾索应分次、分组交叉张拉,各尾索的内力应均衡。

4 扣索张拉前,应检查支撑、锚梁、轴套、拱铰、拱体和锚碇等部位(件)。扣索应锚固可靠,拱圈(肋)卸架应对称拴扣风缆。

5 扣索应对称于拱体按由下向上的次序分级张拉。张拉过程中各索内力相对偏差应控制在5kN以内。

6 风缆的走速在启动和就位阶段应控制在0.5～0.6m/min,中间阶段应控制在0.8～1.0m/min。

7 合龙后扣索应对称、均衡、分级拆除,拆除过程中应监控拱轴线及扣索内力。

条文说明

1 索力、轴线、高程对转体的稳定性、系统受力及转体姿态至关重要,是保证转体施工安全顺利完成的重要因素,因此施工过程中一定要加强监测。

5 张拉过程中各索内力相对偏差过大,易造成扣索受力不均,导致转体侧移。

6　本条参考《公路桥涵施工技术规范》(JTG/T F50—2011)第15.5.4条制定。

第8.12.10条对照规范

➢ **《公路工程施工安全技术规程》**(JTJ 076—95)

6.4.7.6　无平衡重平转法施工的扣索张拉时，应检查支撑、锚梁、锚碇、拱体等，确认安全后方可施工。

➢ **《公路桥涵施工技术规范》**(JTG/T F50—2011)

15.5.4　采用无平衡重平转施工时，应符合下列规定：

1　转体系统宜由锚固体系、转动体系和位控体系等构成。对尾索张拉、扣索张拉、拱体平转、合龙卸扣等工序，施工时应进行索力、轴线、高程等监测。

2　张拉尾索时，两组尾索应按照上下左右对称、均衡的原则，对桥轴向和斜向的尾索进行分次、分组交叉张拉，并应使各尾索的内力均衡。张拉达到设计规定的荷载后，应对其内力进行量测；不符合要求时，应重新进行张拉，使之达到设计内力且均衡。

3　张拉扣索前，应在桥轴向和斜轴向支撑以及拱顶、3/8、1/4、1/8跨径处设立平面位置和高程监测点，且应在全面检查支撑、锚梁、轴套、拱铰、拱体和锚碇等的质量，经分析确认安全后，方可开始张拉。扣索分级张拉时，应对称于拱体按由下向上的次序进行。张拉过程中应随时进行监测，各索内力的相对偏差应控制在5kN以内。

4　转体前应对全桥各部位进行检查，符合要求后方可正式转动；转体不能自行启动时，宜采用千斤顶在拱顶处施力使拱体启动，并宜以风缆控制拱体的转速，风缆的走速在启动和就位阶段宜控制在0.5～0.6m/min，中间阶段宜控制在0.8～1.0mm/min。当拱体采用双拱肋在同一岸上下游预制并进行平转达到一定角度后，上下游拱体宜同步对称向桥轴线旋转。

5　两岸拱体平转至桥轴线位置就位后，应对其高程和轴线进行测量，不符合设计要求时应进行调整，且宜按设计要求的合龙温度进行合龙施工。

6　合龙口混凝土符合设计规定的强度或达到设计强度的85%后，应按对称均衡的原则，分级卸除扣索，卸除过程中应对拱体的拱轴线和标高以及扣索的内力进行监测；全部扣索卸除后，应测量拱体的最终轴线位置和高程。

JTG F90—2015

8.12.11 竖转法施工应符合下列规定：

1 扣索应选用钢丝绳或钢绞线，钢丝绳的安全系数不得小于6，钢绞线的安全系数不得小于2，锚碇的抗拔、抗滑安全系数不得小于2。

2 索塔的偏载、荷载变化和风力等不得超出设计要求。

3 转动铰应转动灵活，接触面应满足局部承压要求；索塔顶端滚轴组鞍座内应无异物；拱上多余约束应解除。

4 遇恶劣天气不得进行转体施工。

5 转动前应进行试转，竖转速度应控制在0.005～0.01rad/min。

6 转动过程中扣索应同步提升，速度应均匀、可控，并应不间断观测吊塔顶部位移、检测后锚索与扣索的索力差，并应控制在允许范围以内。

7 拱顶两侧应对称拴扣缆风索，释放索距应与扣索提升同步。

条文说明

1 钢丝绳的弹性模量一般为206GPa，钢绞线的弹性模量为1.93～1.96GPa，故钢丝绳的变形量小，容易脆断；此外钢丝绳采用卷扬拉动，摩擦阻力大，而钢绞线靠夹片咬合，故在安全系数选择时，选用钢丝绳的安全系数较大。

5 本款参考《公路桥涵施工技术规范》(JTG/T F50—2011)第15.5.5条制定。

第8.12.11条对照规范

➤ **《公路桥涵施工技术规范》**(JTG/T F50—2011)

15.5.5 采用竖转法施工时，应符合下列规定：

1 竖转法施工中的转动系统宜由转动铰、提升体系、锚固体系等构成。竖转施工宜采用横向连接成整体的双肋为一个转动单元。

2 扣索宜选用钢丝绳或钢绞线，扣索的锚碇宜采用钢筋混凝土锚。扣索系统应经计算确定，钢丝绳的安全系数应不小于6，钢绞线的安全系数应不小于2，锚碇的抗拔、抗滑安全系数应不小于2。

3 索塔的设计应充分考虑偏载、荷载变化和风力等因素的不利影响，应保证其强度、刚度及稳定性满足拱肋竖转施工的要求。

4 转动铰宜根据推力大小选用钢制的轴销铰、钢板包裹混凝土的弧形柱面铰或球面铰；转动铰应转动灵活，接触面应满足局部承压的要求。

5 转动前应进行试转，检验转动系统的可靠性。竖转速度宜控制在0.005～0.01rad/min范围内，提升重量大者宜采用较低的转速，转动过程中应保持平稳。

6 两岸拱体竖转就位后的合龙施工，应符合本规范第16.5.3条和第16.5.4条的相关规定。

JTG F90—2015

8.12.12 吊杆(索)、系杆施工应搭设稳定、安全的施工平台，张拉应同步、对称。

8.12.13 拱上结构应符合下列规定：

1 缆索吊装或斜拉扣挂系统应符合本规范第8.12.6条的有关规定。

2 拱上结构施工应符合现行《公路桥涵施工技术规范》(JTG/T F50)的有关规定。

第8.12.13条对照规范

➤ **《公路桥涵施工技术规范》**(JTG/T F50—2011)

15.12.1 应在主拱圈的混凝土强度达到设计规定强度后，方可进行拱上结构的施工。施工前应对拱上结构立柱、横墙等基座的位置和高程进行复测检查，如超过允许偏差应予以调整，基座与主拱的联结应牢固；同时应解除拱架、扣索等约束。

15.12.2 对大跨径拱桥的拱上结构，施工时应严格按照设计加载程序进行；设计未提供加载程序时，应根据施工验算由拱脚至拱顶均衡、对称加载。施工中应对主拱圈进行监测和控制。

15.12.3 对在支架或拱架上浇筑拱圈的中、小跨上承式拱桥，当不卸除支架或拱架进行拱上结构施工时，其主拱圈的混凝土强度应全部达到设计规定的强度；对下承式或中承式拱桥，其悬吊桥面系的混凝土应在支架或拱架卸落后进行浇筑，吊杆混凝土应在桥面系完成后再对称浇筑。

15.12.4 在支架或拱架上浇筑拱圈的拱桥，其拱上结构混凝土浇筑施工时应符合下列规定：

1 立柱的底座应与拱圈同时浇筑，立柱上端的施工缝应设在横梁承托的底面。

2 桥面系的梁与板应同时浇筑，两相邻伸缩缝间的桥面板应一次浇筑完成。

15.12.5 对中、小跨径装配式拱桥的拱上结构，应在主拱圈混凝土和砂浆强度均达到设计规定强度后方可施工；采用少支架施工的拱桥应先卸除支架后，再从拱脚至拱顶对称进行施工。

15.12.6 拱上腹拱圈施工时，应考虑腹拱圈所产生的推力对立柱或横墙的影响，相邻腹板的施工进度应同步。

15.12.7 安装预制桥面板时，应按照纵横向对称的原则进行，且宜从拱的一端至另一端分阶段往复安装，改善主拱圈的受力。

15.12.8 采用无支架施工的大、中跨径拱桥，其拱上结构宜充分利用缆索吊装施工。

8.13 斜拉桥

8.13.1 混凝土索塔施工应符合下列规定：

1 参加索塔施工的人员应体检，患高血压、心脏病、高空作业禁忌症及医生认为其他不适合从事高空作业的人员，不得从事索塔施工作业。

2 塔吊上部应装设测风仪。塔吊停机作业后，吊臂应按顺风方向停放。

3 索塔施工作业，应在劲性骨架、模板、塔吊等构筑物顶部设置有效的避雷设施，并应定期检测防雷接地电阻。

4 索塔、横梁等悬空作业，应形成绕索塔塔身封闭的高空作业系统，每层施工面应设置安全立网和平网，立网高度不得小于1.5m，平网应随施工高度提升，网格、网距、受力等应符合要求。

5　索塔施工应设警戒区，通往索塔人行通道的顶部应设防护棚。

6　索塔上部、下部、塔腔内部等通信联络应畅通有效。

7　起重作业应执行本规范第5.6节的有关规定。

8　索塔施工超过40m时应设置施工升降机。

9　索塔施工机具、设备和物料的提升和吊运应使用专用吊具。

10　采用泵送浇筑塔身混凝土，混凝土泵管应附墙设置，泵管附墙件应经计算、审核，并应定期检查。

11　索塔施工平台四周及塔腔内部应按要求配备消防器材。

12　索塔施工应设置劲性骨架，劲性骨架的刚度、强度应能满足钢筋架立、模板安装的要求。

13　倾斜索塔施工应验算索塔内力，并应分高度设置水平横撑或拉杆。

条文说明

2　装设测风仪是为测量风速和风向，确保起重作业时风速不超过规定要求。

4　斜拉桥的索塔、横梁大多属于30m以上高处作业，防止高处坠落，做好临边防护尤为重要。考虑索塔、横梁施工高空消防和减少风载的需要。

8　作业人员通过爬梯攀爬超过40m的高度，容易疲劳而引发事故。且沿塔身制作、安装超过40m高度的爬梯，作业难度和危险性都较大；爬梯使用期间，焊接点、栓接点的检查维护难以到位；爬梯拆除和塔身外壁修补危险性增大。根据高塔施工的有关事故案例，故做此规定。

第8.13.1条对照规范

➤ **《公路工程施工安全技术规程》**(JTJ 076—95)

6.4.11.11　索塔应设置上下扶梯和塔顶作业平台。索鞍的安装应保证位置准确。

6.4.11.14　对索塔高度在20m以上或高度不足20m的索塔，当在郊区或平原区施工或附近无高大建筑物提供防雷保护时，索塔仍需设置避雷器，其接地电阻不得大于10Ω。

JTG F90—2015

8.13.2 索塔横梁及塔身合龙段施工应符合下列规定：

1 支架系统应进行专门设计，其强度、刚度和稳定性应满足最不利工况要求。

2 支架焊接、栓接作业应设置牢固的作业平台。

3 支架系统安装完成后，应组织验收，并应详细记录。

4 横梁与索塔采用异步施工时，上部索塔、下部横梁均应采取防止高空坠落和物体打击的安全措施。

5 下横梁和中横梁钢筋混凝土施工时，在支撑模板的分配梁四周应安装不低于1.2m的安全护栏，护栏外侧应满挂安全网。

6 索塔横梁及塔身合龙段预应力施工，应搭设操作平台，防护设施应符合本规范第5.7节的有关规定。

7 在横梁、塔身合龙段内部空心段拼装、拆除模板时，应配备消防器材和照明设施，必要时应采取通风措施。

第8.13.2条对照规范

➤ **《公路桥涵施工技术规范》**(JTG/T F50—2011)

17.2.1 索塔的施工方法宜根据结构特点、施工环境和设备能力等综合确定。索塔施工期间，应具有必要的起重设备和安全通道。索塔施工时应对其平面位置、断面尺寸、倾斜度、应力和线形等进行监测和控制。

17.2.2 混凝土索塔的施工应符合下列规定：

1 塔柱节段施工长度的划分，宜根据索塔结构形式、钢筋定尺长度和施工条件等因素确定；塔柱模板应具有足够的强度、刚度和稳定性，用于高塔且风力较大地区的模板应进行抗风稳定性验算。

2 塔座及塔柱实心段施工时，除应控制好模板的平面位置和倾斜度外，尚应对混凝土采取降低水化热和温度控制的措施；同时宜采取适当措施缩短塔座与承台、塔柱与塔座之间浇筑混凝土的间隔时间，间歇期不宜大于10d。

3 索塔与主梁不宜交叉施工，必须交叉施工时应采取保证质量和施工安全的措施。索塔施工时宜设置劲性骨架，所设置的劲性骨架应能起到保证钢筋架立、模板安装和拉索预埋导管空间定位精度的作用；劲性骨架应采用型钢制作，不得使用管材。

4 横梁施工时，应设置可靠的支架系统。支架系统应进行专门设计，其强度、刚度和稳定性应满足使用要求，同时应考虑变形和日照温差等因素对支架系统的不利影响。体积过大的横梁可沿高度方向分次浇筑，但分次浇筑的时间间隔不宜超过10d，并应采取措施防止施工接缝处产生收缩裂缝；分次浇筑时支架系统的设计宜考虑横梁的全部自重。

5 塔柱和横梁可同步施工或异步施工。但异步施工时塔柱与横梁之间浇筑混凝土的间隔时间不应超过30d，并应采取措施使塔梁之间的接缝可靠连接，不得产生收缩裂缝。倾斜塔柱施工时，应对各施工阶段塔柱的强度和变形进行验算，分高度设置主动横撑或拉杆，使其线形、内力和倾斜度满足设计要求并保证施工期结构的安全。

6 混凝土浇筑施工时应根据索塔的高度及混凝土供应能力选择适宜的输送方式，采用输送泵时宜一泵到顶。浇筑混凝土时，布料应均匀，应控制其倾落高度不超过2m，保证混凝土不产生离析，并应采取措施避免上部塔体施工时对下部塔体的表面造成污染。混凝土浇筑完成后，应及时养护。养护的方法和措施应根据结构特点、气温、环境条件等因素综合确定，每一节段现浇混凝土的养护时间应不少于7d。

7 索塔横梁和拉索锚固区的预应力施工，应符合本规范第7章的有关规定。对拉索锚固区曲率半径较小的环向预应力钢束，宜按设计要求进行模型试验，取得经验数据后方可正式施工。

8 对拉索预埋导管的安装，应在施工前认真复核设计单位提供的施工图是否已进行拉索的垂度修正；定位安装时宜利用劲性骨架控制导管进出口处的中心坐标，并应采取其他辅助措施进行调整和固定；预埋导管不宜有接头。在上塔柱安装钢锚箱或钢锚梁时，应根据构件的结构特点，提前确定吊装的方法和施工工艺，并验算吊装的安全性；吊装宜在风速10m/s以下的时段进行，安装的允许误差应符合设计要求。

17.2.3 钢索塔的施工应符合下列规定：

1 钢索塔的构件在工厂制作时应进行试拼装，试拼装合格后方可启运，并应根据不同的运输方式对构件进行必要的临时加固和保护。节段构件安装的吊点、导向件及临时匹配件宜在厂内制作时设置。

2 安装施工前应编制详细的节段构件吊装施工工艺，并应核对各节段构件的编号和起吊重量。在吊装前应对节段构件起吊的稳定性进行验算,并应对各关键部位进行临时加固后试吊,确认无误方可正式起吊安装。

3 钢索塔与基础的连接采用螺栓锚固时,承压板与混凝土之间应保持密贴,混凝土表面应抛光磨平并对承压板进行机械加工切削;采用埋入式锚固时,应保证底座的安装精度符合设计要求。

4 采用高强度螺栓连接或焊接连接的钢索塔,其工地现场连接施工应符合本规范第 19 章的规定。

5 倾斜索塔架设时,应验算索塔内力,控制成塔线形,分高度设置水平横撑或拉杆。在架设安装过程中,应分阶段对已完成的索塔采取必要的抑振措施,保证后续施工中永久结构和临时结构的安全性,以及施工操作人员的舒适性。

6 钢索塔架设安装时,应根据高空作业的特点制订安全施工专项方案,保证施工安全,并应充分考虑天气对施工的影响。

17.7.3 采用先塔后梁的方法进行倾斜索塔的施工时,应采取必要措施,避免塔柱根部的混凝土产生过大的拉、压应力;有横梁的索塔,在横梁施工时应根据其构造特点对模板和支架系统进行专门设计,支架系统应可靠,其强度、刚度和稳定性应满足使用的要求。采用先梁后塔方法时,索塔应结合拉索的安装和张拉并按照施工控制的要求进行分段施工。

JTG F90—2015

8.13.3 钢梁施工应符合下列规定:

1 钢梁施工应编制专项施工方案,超过一定规模的危险性较大工程应按要求进行专家论证。

2 钢梁构件和梁段运输应采取临时固定措施。

3 钢梁存放场地应平整、稳固、排水良好,基础承载力应满足要求。钢梁存放堆码不得大于两层。

4 吊装作业应设置缆风绳等软固定设施。

5 非定型桥面悬臂吊机应进行专门设计,委托具有相应资质的专业单位加工制造,并组织验收。

6 梁段吊装前,应检查桥面悬臂吊机的前支点和后锚固点等关键受力部位。

7 不得用桥面悬臂吊机调整梁段之间的缝宽及梁端高程。

8 压锚前应校验液压千斤顶、测力设备。压索前应检查张拉系统,连接丝杆与斜拉索应顺直。

9 在现场高空焊接、栓接梁段,宜采用桥梁永久检修小车作为焊接、栓接操作平台。梁段焊缝探伤作业人员应穿带有防辐射功能的防护背心。

10 已拼接的桥面钢箱梁临边应设置防护栏杆。

11 钢箱梁悬拼过程中,箱梁内应保持通风,箱梁内照明应使用安全电压。

12 主梁施工过程中,在梁端安装斜拉索后,应在梁端采取控制斜拉索的措施。

13 大跨径斜拉桥施工安排应合理,长悬臂状态下的主梁施工不宜在大风或台风季节进行;不可避免时,应验算长悬臂主梁的稳定性,并应采取临时抗风加固措施。

条文说明

7 钢箱梁吊装到位后,梁端之间有连接,摩擦阻力较大,如果用桥面悬臂吊机强行调整梁段之间的缝宽及梁端高程,容易导致桥面吊机倾覆或钢绞线拉断箱梁坠落。

11 箱梁内的焊接作业会产生一氧化碳、一氧化氮、氟化氢、氧化锰等有毒有害气体,对人身健康产生危害。

第 8.13.3 条对照规范

➤ **《公路桥涵施工技术规范》**(JTG/T F50—2011)

17.3.4 钢主梁的施工应符合下列规定:

1 钢梁应由具备相应资质的专业单位加工制造,制造完成后应在工厂内进行试拼装和涂装,经质量检验合格后方可运至工地现场。加工制造应符合本规范第19章的规定,钢梁构件上的吊点、导向件及临时匹配件宜按照设计要求在工厂加工制造时设置。

2 钢梁的构件或梁段在运输过程中,应采取可靠的临时加固措施,避免受到损伤。在工地临时存放时，应对存放场地进行规划，存放场地应平整、稳固、排水良好，存放的构件或梁段应支离地面一定高度，基础应具有足够的强度，并应防止地基的不均匀沉降；同时应采取必要的防护措施，防止钢梁积水锈蚀和栓接板面损坏、污染。

3 钢梁架设安装采用的桥面悬臂吊机或其他起吊设备，其基本要求应符合本章第 17.3.3 条第 2 款的规定。桥面悬臂吊机的前支点和后锚固点应严格按设计要求可靠设置，保证架设安装期的起吊安全。

4 钢梁安装施工前应编制详细的梁段吊装施工工艺，并应制定梁段间连接的工艺标准、焊接或栓接的工艺检验标准，以及施工的安全技术规程。在吊装前应核对各构件或梁段的起吊重量，对构件或梁段起吊的稳定性进行验算，经试吊确认无误后方可正式起吊安装。

5 在支架上进行索塔附近无索区梁段安装施工时，应设置可调节梁段空间位置的装置，保证梁体在安装时的精确定位。

6 应采取必要措施减少钢箱梁安装时的接缝偏差，在内、外腹板位置，高度方向和宽度方向的拼接错口宜不大于 2mm。

7 采用高强度螺栓连接或焊接连接的钢梁，其工地现场连接施工应符合本规范第 19 章的规定。

17.3.5 钢—混凝土组合梁的施工应符合下列规定：

1 钢—混凝土组合梁在施工前，应根据结构的特点和受力特性确定施工程序和施工工艺。钢结构部分的施工应符合本章第 17.3.4 条的规定。

2 混凝土桥面板宜预制施工，对跨径不大的组合梁或某些特殊部位，可现浇施工。采取预制施工时，预制台座顶面的平整度宜不大于 2mm；侧向模板的设置应保证钢筋及预应力管道的准确定位。

3 桥面板混凝土可适当掺加能提高混凝土抗裂性能的材料，但掺加材料应得到设计的认可并应通过试验确定其掺量和效果。混凝土浇筑后，应及时覆盖洒水养护，养护的时间应不少于 7d；拆模后应及时对桥面板侧面的混凝土进行凿毛，凿毛可采用人工方式或采用高压水冲法，凿毛的深度宜为 5～8mm。

4 预制桥面板的存放台座应进行专门设计，桥面板在台座上叠放的数量应根据地基情况经计算确定。当台座位于软弱地基上时，应采取措施防止地基不均匀沉降。预制桥面板的存放时间不宜少于 6 个月。

5 预制桥面板在起吊、运输和安装时，应采取必要措施防止对其产生碰撞、坠落等损伤而开裂，对吊点处的局部应力应进行验算。预制桥面板安装前，应将钢梁与桥面板的结合面及剪力连接装置表面清理干净；安装应遵循先预制先安装的原则，安装时不得因桥面板就位困难而随意破坏剪力连接装置。

6 各桥面板单元之间的湿接缝应采用微膨胀低收缩混凝土。湿接缝混凝土浇筑后的养护时间应不少于 7d，对桥面板预应力钢束的张拉亦宜在混凝土龄期达 7d 后进行。

7 当组合梁采用先组合形成节段再安装的方法施工时，应在规划的场地上设置台座，将钢梁准确置于台座上，再支立模板进行桥面板混凝土的浇筑施工。台座应进行专门设计，同时应考虑台座地基的不均匀沉降对组合梁节段形成时的不利影响。组合梁节段的存放、运输和安装施工应符合本节的相关规定。

17.3.6 钢—混凝土混合梁的施工应符合下列规定：

1 混合梁施工时，钢主梁部分的施工应符合本章第 17.3.4 条的规定；混凝土主梁部分的施工应符合本章第 17.3.2 条或第 17.3.3 条的规定。钢梁与混凝土梁在结合段处的临时连接应严格按照设计要求设置。

2 对支承钢—混凝土结合段连接施工的支架，应进行专门设计，支架的强度、刚度和稳定性应满足使用的要求，并应充分考虑变形、地基的不均匀沉降和日照温差等因素对支架系统的不利影响。

3 结合段在浇筑混凝土之前，应对混凝土梁的结合面进行严格凿毛，并将全部结合面清理干净。结合段宜采用微膨胀低收缩混凝土，其配合比应通过专项试验确定；混凝土浇筑时应充分振捣，保证其密实性；混凝土浇筑后的养护时间应不少于 7d。

4 结合段的预应力钢束宜在混凝土龄期达 7d 后张拉或符合设计规定，张拉时应对称均衡地进行，预应力的其他施工要求应符合本规范第 7 章的规定。

17.3.7 主梁采用支架现浇、顶推、转体等方法施工时，应按本规范相关章节的规定执行。

17.3.8 对大跨径斜拉桥，应采取措施，合理安排施工进度计划，避免在不利的大风或台风季节进行长悬臂状态下的主梁施工；不可避免时，应采取必要的临时抗风措施，保证结构在施工过程中的安全。

17.3.9 主梁的合龙施工应符合下列规定：

1 主梁的合龙应按照设计和施工控制的要求进行，施工前应确定施工程序并进行合龙施工计算，制订详细的施工工艺及各项保障措施的方案。

2 对合龙前最后若干个悬臂施工梁段的高程、线形、轴线偏差及索力应进行严格控制，使合龙口两侧主梁的自然相对偏差满足合龙的误差要求。

3 混凝土主梁和全焊钢主梁在合龙时，应按照设计要求设置临时刚性连接，控制合龙口长度及主梁轴线与高程的变化。

4 主梁合龙施工期间，应对桥面上的临时施工荷载进行严格控制，不得随意施加除合龙施工需要的其他附加荷载。

5 主梁中跨合龙后，应按设计要求的程序在规定时间内拆除塔梁临时固结装置，保证结构体系的安全转换。

6 边跨合龙应根据主梁的结构特点按本条的相关要求进行施工。

7 多塔斜拉桥主梁的合龙顺序应符合设计规定。

JTG F90—2015

8.13.4 混凝土主梁挂篮悬浇除应符合本规范第 8.11 节挂篮施工的规定外，尚应符合下列规定：

1 挂篮安装调试后，应按最大施工组合荷载的 1.2 倍做荷载试验。

2 采用挂篮浇筑主梁 0 号段及相邻梁段浇筑施工时，应设置可靠的支架系统，施加在支架上的临时施工荷载应包括悬浇挂篮的重量。

3 浇筑混凝土前，应检查挂篮锚固、水平限位、吊带等部件。

4 浇筑混凝土应保持挂篮对称平衡，偏载量不得超过设计规定。

5 挂篮后端应与已完成的梁段锚固，稳定系数不得小于 2。

6 挂篮行走速度应小于 0.1m/min，前移滑道应铺设平整、顺直，不得偏移。前移时应检查后锚固及各部件受力情况，后锚固的稳定系数不得小于 2。就位后，后锚固点应立即锁定。

7 挂篮后锚固解除后，挂篮应沿箱梁中轴线对称向两端推进，每前进 0.5m 应观测一次。

第 8.13.4 条对照规范

➤ **《公路桥涵施工技术规范》**(JTG/T F50—2011)

17.3.1 主梁应严格按照预定的程序、方法和措施进行施工。对设计为飘浮或半飘浮体系的斜拉桥，在主梁施工期间应使塔梁临时固结。主梁在悬臂施工时，应保持两端的施工荷载对称平衡，其最大不平衡荷载不得超过设计允许的范围。

17.3.2 混凝土主梁采用悬臂浇筑法施工时，除应符合本规范第 16.5 节的有关规定外，尚应符合下列规定：

1　主梁 0 号梁段及相邻梁段浇筑施工时，应设置可靠的支架系统。支架系统应进行专门设计，其强度、刚度和稳定性应满足使用要求，同时应考虑变形、地基的不均匀沉降和日照温差等因素对支架系统的不利影响；施加在支架上的临时施工荷载应包括悬浇挂篮的重量。辅助跨梁段的现浇支架亦应符合上述规定。

2　用于悬浇施工的挂篮应进行专门设计，挂篮应满足使用期的强度和稳定性要求，同时应考虑主梁在浇筑混凝土时抗风振的刚度要求。挂篮的全部构件制作完成后应进行检验和试拼，合格后再运至现场整体组装，并应按设计荷载及技术要求进行预压。挂篮在预压时应测定其弹性挠度的变化、高程调整的性能及其他技术性能。

17.3.3　混凝土主梁采用悬臂拼装法施工时，除应符合本规范第 16.6 节的有关规定外，尚应符合下列规定：

1　梁段的预制可采用长线法或短线法台座。预制台座的设计应考虑主梁成桥线形的影响，并应保证预制梁段的截面尺寸能满足拼装的精度要求。预制梁段的混凝土端面应密实饱满，不得随意修补。

2　对梁段拼装用的非定型桥面悬臂吊机或其他起吊设备，应进行专门设计并宜委托具有相应资质的专业单位加工制造，加工完成后应进行出厂质量验收。起吊设备在现场组装后应进行试吊，确认安全方可用于正式施工。

JTG F90—2015

8.13.5　斜拉索施工应符合下列规定：

1　在船上放置索盘架，应保持放索船平衡。索盘架底部与船体甲板应焊牢，索盘架的 4 个承重点应置于船体骨架上，索架应焊斜支撑。

2　斜拉索展开时，索头小车应保持平衡，操作人员与索体距离不得小于 1m。

3　塔端挂索施工平台应搭设牢固，作业平台关键部位焊接应牢固，平台四周及人员上下平台的通道应设置防护栏杆，护栏外侧应满挂安全网。人员上下通道跳板应满铺。

4　塔内脚手架应稳定可靠，操作平台应封闭，操作平台底应挂安全网。作业人员不得向索孔外扔物品。

5 塔腔内应设人员疏散安全通道。

6 塔腔内照明应采用安全电压,并应配备消防器材。塔腔内不得存放易燃易爆物品。

7 塔端挂索前,应检查塔顶卷扬机、导向轮钢丝绳及卷扬机与塔顶平台的连接焊缝。

8 挂索前,应检查塔腔内撑脚千斤顶、手拉葫芦及千斤顶的吊点情况。

9 挂索或桥面压索前,应检查张拉机具。连接丝杆与斜拉索应顺直,夹板应无变形,焊缝应无裂纹,螺栓应无损伤。

10 梁端移动挂索平台应搭设牢固,滑车及轨道应保持完好。

11 塔腔内放软牵引索应同步,安装工具夹片应及时。

12 千斤顶、油泵等机具及测力设备应校验。张拉杆的安全系数应大于2,每挂5对索应用探伤仪检查一次张拉杆,不得使用有裂纹、疲劳及变形的张拉杆。

条文说明

2 斜拉索展开时扭力释放会导致索体翻转,发生事故。

3 塔端挂索施工平台多在30m以上,属于特级高处作业,作业平台的稳固性及临边防护极为关键。

第8.13.5条对照规范

➤ **《公路桥涵施工技术规范》**(JTG/T F50—2011)

17.4.1 拉索及其附件应符合设计规定,进场后应进行质量验收。平行钢丝拉索应符合现行国家标准《斜拉桥热挤聚乙烯高强钢丝拉索技术条件》(GB/T 18365)的要求,成品拉索在出厂前应做放索试验,同时应做1.2～1.4倍设计索力的超张拉检验,检验后冷铸锚板的内缩值不宜大于5mm;钢绞线拉索采用的钢绞线、锚具应分别符合现行国家标准《预应力混凝土用钢绞线》(GB/T 5224)和《预应力筋用锚具、夹具和连接器》(GB/T 14370)的要求。成品拉索和钢绞线应缠绕成盘进行运输,在起吊、运输和存放时应采取措施防止其产生破损、变形或腐蚀。

17.4.2 拉索在安装施工前,应按设计要求及拉索结构的不同制订相应的施工方案、施工工艺及施工安全技术方案。安装前还应全面检查预埋拉索导管的位置是否准确，发现问题应及时采取措施予以处理，同时应将导管内的杂物清理干净。

17.4.3 拉索的安装施工应按设计和施工控制的要求进行，在安装和张拉拉索时应采用专门设计制作的施工平台及其他辅助设施进行操作，保证施工安全。张拉拉索用的千斤顶、油泵等机具及测力设备应按本规范第7章的要求进行配套校验；为施工配备的张拉机具，其能力应大于最大拉索所需要的张拉力。

17.4.4 拉索可在塔端或梁端单端进行张拉，张拉时应按索塔的顺桥向两侧及横桥向两侧对称同步进行。同步张拉时不同步索力之间的差值不得超出设计和施工控制的规定；两侧不对称或设计拉力不同的拉索，应按设计规定的索力分级同步张拉，各千斤顶同步之差不得大于油表读数的最小分格。拉索张拉的顺序、级次数和量值应符合设计和施工控制的规定；张拉宜以测定的索力或油压表量值为准，以延伸值作校核。

17.4.5 平行钢丝拉索的安装和张拉施工应符合下列规定：

1 施工前应根据索长、索重、斜度和风力等因素，计算拉索在安装时锚头距索管口不同距离以及满足锚环支承时的牵引力；张拉杆、连接套和软牵引等施工辅助设施应经专门设计，并应在正式使用前进行1.2倍设计牵引力的对拉试验。

2 吊装时不宜使用起重钩或容易对索体产生集中应力的吊具直接挂扣拉索，宜采用带胶垫的管形夹具和尼龙吊带并设置多吊点进行起吊。放索时索体应在柔软的滚轮或皮带输送机上拖拉，并应控制索盘的转速，防止转速过快导致索盘倾覆。

3 安装施工时不得挤压、弯折索体，不得损伤索体的保护层和索端的锚头及螺纹；应在索管管口处设置对中控制的装置或限位器进行调控，防止锚头和索体在穿入索管时因偏位而产生摩擦受损。当拉索的索体防护层和锚头已发生不影响使用的损伤时，应及时进行修复并记录在案，施工结束后对损伤部位尚应进行跟踪维护。

4 拉索的内置式减振圈和外置式抑振器未安装前，应采取有效措施，保证塔、梁两端的索管和锚头不受到水或其他介质的污染和腐蚀。

5 张拉平行钢丝拉索时，其施工的方法和设备应根据索型、锚具、布索方式、塔和梁的构造特点确定。

17.4.6 钢绞线拉索的安装施工应符合下列规定：

1 安装施工前，应在桥面上的适当位置设置钢绞线的放线架、导向轮和切割工作平台，以及切割和镦头的相关设备；并应在塔柱外的顺桥向两侧附近安装操作平台和起吊设备。

2 拉索外套管的连接接长采用热熔焊接接头时,热熔焊接的温度应符合外套管材料的要求。对外套管进行移动时,不得将其在未加支垫保护的桥面上拖拽;起吊过程中,其下方严禁站人。与外套管有连接关系或承套关系的所有部件均应与其临时固定,临时固定时宜在塔、梁两端各留出1m左右的空间。

3 钢绞线的下料长度应计入牵引、张拉时的工作长度;下料时对钢绞线的切割应采用砂轮锯,不得采用电弧焊或氧乙炔进行切断。

4 牵引安装钢绞线时,其牵引装置必须安全可靠,牵引过程中钢绞线不得产生弯折,转向时应通过导向轮实现。每根钢绞线安装就位后,均应及时用夹片锁定。

17.4.7 钢绞线拉索的张拉施工应符合下列规定:

1 钢绞线拉索宜采用单根安装、单根张拉、最后再整体张拉的施工方法。单根钢绞线的张拉应按分级、等值的原则进行,整体张拉时应以控制所有钢绞线的延伸量相同为原则。拉索整体张拉完成后,宜对各个锚固单元进行顶压,并安装防松装置。

2 在一根斜拉索中,单根张拉后各钢绞线索力的离散误差不宜超过±2%;整体张拉完成后,各钢绞线索力的离散误差不宜超过±1%。

3 拉索的张拉工作全部完成后,应及时对塔、梁两端的锚固区进行最后的组装以及抗震防护与防腐处理。

17.4.8 拉索索力实测值与设计值的偏差不宜大于5%,超过时应进行调整。调整索力时应对索塔和相应的主梁梁段进行变形和应力监测,并作记录。

8.14 悬索桥

8.14.1 重力式锚碇基坑作业应符合下列规定:

1 基坑开挖施工除应符合本规范第8.8节的有关规定外,尚应沿等高线自上而下分层进行开挖,及时支护坑壁,在坑外和坑底应分别设置截水沟和排水沟。

2 夜间施工基坑周围应设置警示灯。

8.14.2 重力式锚碇基础施工应符合下列规定:

1 沉井作为锚碇基础施工除应符合本规范第8.5节的有关规定外,尚应在施工下沉过程中注意观察江边堤防等水利设施的稳定情况,发现异常应及时采取相关措施。

2 地下连续墙基础的施工除应符合本规范第 8.6 节的有关规定外，尚应在基坑开挖前对地下连续墙基底的基岩裂隙进行压浆封闭，并应采取防渗措施。

3 高处作业和脚手架施工应符合本规范第 5.7 节的有关规定。

第 8.14.2 条对照规范

➤ **《公路桥涵施工技术规范》**(JTG/T F50—2011)

18.2.1 重力式锚碇的基坑开挖和基础施工应符合下列规定：

1 基坑开挖施工除应符合本规范第 12 章的有关规定外，基坑尚应沿等高线自上而下分层进行开挖，在坑外和坑底应分别设置截水沟和排水沟，并应防止地面水流入坑内而引起塌方或破坏基底土层。采用机械开挖时，应在基底高程以上预留 150～300mm 土层采用人工清理，且不得破坏基底岩土的原状结构；采用爆破方法施工时，宜使用预裂光面爆破等小型爆破法，避免对边坡造成破坏。对深大基坑，应采取边开挖边支护的措施保证其边坡的稳定，边坡支护的方法应符合设计规定。

2 沉井基础的施工应按本规范第 10 章的有关规定执行。地下连续墙基础的施工除应符合本规范第 12 章的有关规定外，基坑开挖前对地下连续墙基底的基岩裂隙宜进行压浆封闭，并应减少地下水向基坑渗透。采用“逆作法”进行基坑开挖时必须进行施工监测，监测内容宜包括环境监测、水工监测、地下连续墙体监测、土工监测及内衬监测等。

JTG F90—2015

8.14.3 隧道锚洞室开挖和岩锚开挖宜在开挖场所附近选取一处地质相似的地方进行爆破试验，对爆破施工方案的各种参数应进行试验和修正，并应据此确定爆破方案。

条文说明

试爆的目的是为取得爆破相关参数，以便指导后期正式爆破参数选定，达到控制爆破的效果，确保隧道结构安全。

第 8.14.3 条对照规范

➤ **《公路桥涵施工技术规范》**(JTG/T F50—2011)

18.2.2 隧道锚洞室开挖和岩锚施工应符合下列规定：

1 洞室的开挖除应符合现行行业标准《公路隧道施工技术规范》(JTG F60)的有关规定外，在条件许可的情况下，宜在附近选取一地质相似的地方进行爆破监控试验，对爆破施工方案的各种参数进行试验和修正，据此确定爆破方案。开挖施工时应严格控制爆破，减少对围岩的扰动。对于向下倾斜的隧道锚，如地下水较丰富应采取必要的措施将水引出洞外，在衬砌混凝土的施工缝处应沿隧洞轴线方向预埋止水板。

2 岩锚施工时的钻孔宜采用破碎法施工，在成孔过程中应对钻孔深度和孔空间轴线位置进行检查和记录；达到设计深度后，应采用洁净高压水冲洗孔道并采取有效方法将钻渣掏出。锚索下料时宜采用砂轮机切割，穿束时应设置定位环，保证锚索在孔中位于对中位置，同时应避免锚索扭转。锚索安装完成后应及时对孔道进行压浆。

JTG F90—2015

8.14.4 索塔施工应符合现行《公路桥涵施工技术规范》(JTG/T F50)和本规范第 8.13 节的有关规定。

第 8.14.4 条对照规范

➤ **《公路桥涵施工技术规范》**(JTG/T F50—2011)

18.3.1 悬索桥索塔的施工应按本规范第 17.2 节的相关规定执行。

18.3.2 索塔在施工过程中应对其施工状况进行监测和控制。施工完成后，应测定裸塔的倾斜度、塔顶高程及塔的中心线里程，并做好沉降、变位观测点标记。

JTG F90—2015

8.14.5 索鞍吊装施工应符合下列规定：

1 对设置在塔顶或鞍部顶面的起重支架及附属的起重装置等应

进行专门设计，其强度、刚度和稳定性应符合要求。

2　地面各作业施工区域场地应设置警戒区，并应设置地面安全通道、作业卷扬机防护顶棚等安全防护设施。

3　起重支架在索鞍吊装作业前，应进行荷载试验。试吊加载的重量分别为设计吊重的 80%、100%、110%和 125%，其中 80%和 125%加载时为静载试验，100%和 110%加载时为动载试验。

4　索鞍吊装时应垂直起吊，吊装过程中构件下方不得站人或有人员过往。

5　索鞍吊装施工尚应按本规范第 5.6 节、第 5.7 节的有关规定执行。

第 8.14.5 条对照规范

➤ **《公路桥涵施工技术规范》**(JTG/T F50—2011)

18.4.2　索鞍在安装前，应根据鞍体的形状和重量、施工环境条件、起吊高度等因素选用吊装设备；对设置在塔顶的起重支架及附属的起重装置等应进行专门设计，其强度、刚度和稳定性应满足使用的要求，并应有足够的安全系数。

18.4.3　起重安装的所有准备工作完成后，应对起重设施进行全面检查。索鞍在正式起吊前，应先将鞍体吊离地面 0.1～0.2m 并持荷 10min 以上，检验起重设施各部位的受力和变形状况；并应在离地面 1～3m 范围内将鞍体提升起降两次检验卷扬机电机的性能。经上述检验并确认起重设施的各部位均正常后方可进行正式起吊作业。

18.4.4　主索鞍底座钢格栅和散索鞍底座安装调整完成后，必须进行全桥联测检查，确认无误后方可灌注底座下的混凝土。

18.4.5　索鞍在安装时应根据设计规定的预偏量进行就位和固定，且应在主缆加载过程中根据监控数据分次顶推到设计位置。顶推前应确认滑动面的摩阻系数.严格控制顶推量。

JTG F90—2015

8.14.6　猫道施工设计应符合下列规定：

1　猫道应根据悬索桥的跨径、主缆线形、施工环境条件等因素进行专门设计，其结构形式和各部尺寸应满足主缆工程施工的需要。

2　猫道的线形宜与主缆空载时的线形平行。猫道面层宜由阻风面积小的两层大、小方格钢丝网组成，面层顶部与主缆下沿的净距宜为1.3～1.5m；猫道的净宽宜为3～4m，扶手高宜为1.2～1.5m。猫道在桥纵向应左右对称于主缆中心线布置，猫道间宜设置横向人行通道。

3　猫道的强度、刚度和抗风稳定性应符合要求；猫道承重索计算时，其荷载组合与安全系数应符合表8.14.6的规定。

表8.14.6　施工猫道承重索强度计算荷载组合及安全系数取值表

荷载组合		安全系数	备注
静力结构强度验算	恒载	≥3.5	
	恒载＋活载	≥3.0	
	恒载＋活载＋温度荷载	≥3.0	温度荷载按温降15℃考虑
风荷载组合结构强度验算	恒载＋活载＋施工阶段风荷载组合	≥3.0	按6级风力考虑
	恒载＋最大阵风荷载组合	≥2.5	

4　承重索的锚固系统每端宜设大于2m的调整长度。

5　猫道锚固系统及其他各种预埋件应满足设计受力要求，拉杆应按照设计要求调整，拉杆加工制作单位应按规定具备相关资质，拉杆制作完成后应做探伤和抗拉试验。

第8.14.6条对照规范

➤ **《公路桥涵施工技术规范》**(JTG/T F50—2011)

18.5.1　猫道应根据悬索桥的跨径、主缆线形、施工环境条件等因素进行专门设计，其结构形式及各部尺寸应满足主缆工程施工的需要。猫道设计应符合下列规定：

1　猫道的线形宜与主缆空载时的线形平行。猫道面层宜由阻风面积小的两层大、小方格钢丝网组成，面层顶部与主缆下沿的净距宜为1.3～1.5m；猫道的净宽宜为3～4m，扶手高宜为1.2～1.5m。猫道在桥纵向应左右对称于主缆中心线布置，猫道间宜设置若干条横向人行通道。

2　承重索设计时应充分考虑猫道的恒载及可能作用于其上的其他荷载。对承重索进行强度计算时,其荷载组合与安全系数应符合表 18.5.1 的规定。承重索的锚固系统应有足够的调整范围,每端宜设±2m 以上的调节长度。

表 18.5.1 猫道承重索强度计算荷载组合与安全系数

荷载组合		安全系数	备注
静力结构强度验算	恒载	≥3.5	
	恒载+活载	≥3.0	
	恒载+活载+温度荷载	≥3.0	温度荷载按温降 15℃考虑
风荷载组合结构强度验算	恒载+活载+施工阶段风荷载组合	≥3.0	按 6 级风考虑
	恒载+最大阵风荷载组合	≥2.5	

3 设计时宜根据桥位处的施工环境条件和当地的气象条件对猫道进行抗风稳定验算。对特大跨径悬索桥,必要时可通过猫道断面节段模型三分力测力风洞试验,获得试验参数后对猫道进行结构动力分析及抗风稳定性验算。可采取适当增加猫道间横向联结的措施增强其抗风稳定性。

18.5.2 猫道钢构件的制作要求可参照本规范第 19 章的相关规定执行,面层和承重索的材料均应符合相应产品的质量要求。承重索和抗风缆采用钢丝绳时,架设前应对钢丝绳进行预张拉处理消除其非弹性变形,预张拉的荷载应不小于其破断荷载的 0.5 倍,且应持荷 60min,并进行两次;预张拉时的测长和标记宜在温度较稳定的夜间进行。承重索端部的锚头应垂直于承重索,并应对锚头部位进行静载检验,符合受力要求后方可使用。

JTG F90—2015

8.14.7 先导索施工应符合下列规定:

1 先导索施工前应对施工方案进行专项论证,并应加强先导索跨越区域的监控。

2 采用火箭牵引先导索施工,应由专业机构操作,并按规定经相关部门批准。火箭发射及着陆区域应设置安全警戒区。

3 采用拖轮牵引先导索施工,拖力应满足牵引技术要求,并应经海事、航道管理部门批准,施工期间应封航。

4 采用直升机、无人机牵引先导索施工,直升机、无人机性能应满足牵引技术要求，并应按规定经有关部门批准。

5 恶劣天气不得进行先导索牵引作业。

8.14.8 猫道架设应符合下列规定：

1 猫道架设应遵循横桥向对称、顺桥向边跨和中跨平衡的原则，裸塔塔顶的变位及扭转应控制在设计允许范围内。

2 承重索及其他钢丝绳投入使用前应严格验收，严禁使用断丝、变形、锈蚀等超出相应规定的钢丝绳，施工过程中应注意检查和防护。

3 承重索和抗风缆采用钢丝绳时，架设前应通过预张拉消除钢丝绳非弹性变形，预张拉荷载不得小于其破断拉力的0.5倍。

4 横桥向架设承重索，两侧应同步架设，数量差不宜超过1根；顺桥向架设承重索，边跨与中跨应连续架设，且中跨的承重索宜采用托架法架设。

5 面层及横向通道铺设，宜从索塔塔顶开始，同时向跨中和锚碇方向对称、平衡架设安装，并应设置牵引及反拉系统，控制面层铺设下滑速度。

6 猫道面层应每隔0.5m绑扎一根防滑木条，每3m交替设置面层小横梁和大横梁，并应与猫道牢固连接。

7 猫道外侧应设置扶手绳及钢丝密目网。

8 猫道单根承重索宜采用整根钢丝绳，接长的连接方式应安全、可靠，应进行工艺评定，并应进行静载试验，连接部位实际抗拉力应大于钢丝绳最小破断力。

第8.14.8条对照规范

➢ **《公路桥涵施工技术规范》**(JTG/T F50—2011)

18.5.3 猫道的架设应按照横桥向对称、顺桥向边跨和中跨平衡的原则进行，且应将裸塔塔顶的变位及扭转控制在设计允许的范围内。猫道架设施工应符合下列规定：

1 先导索的架设方法宜根据桥跨跨径、地形等条件综合确定，且应减少对通航的影响。

2 承重索架设时，在横桥向，两侧应保持基本同步，数量差不宜超过1根；在顺桥向，边跨与中跨应连续架设，且中跨的承重索宜采用托架法架设。架设后，应对其线形进行调整，各根索在跨中的高程相对误差宜控制在±30mm以内。

3 面层及横向通道宜从索塔塔顶开始，同时向跨中和锚碇方向对称、平衡地进行架设安装，并应设置牵引及反拉系统，控制面层铺设时可能产生的下滑等现象，保证施工安全；中跨、边跨猫道面层的架设进度，应以索塔两侧的水平力差异不超过设计要求为准进行控制。猫道面层在架设过程中应对索塔塔顶的偏移和承重索的垂度进行监测。

JTG F90—2015

8.14.9 猫道拆除应符合下列规定：

1 猫道拆除前应制订专项施工方案，对承重索、扶手绳、横向通道等构件应进行受力计算，拆除使用的各种机具应满足受力要求。

2 猫道拆除前应收紧承重索。

3 猫道面层和底梁宜按中跨从塔顶向跨中方向、边跨从塔顶向锚碇方向的顺序分段拆除。

4 猫道下放前，下放的垂直方向不得有障碍物。

5 猫道拆除前，影响拆除作业区域的翼缘板不得施工。

第8.14.9条对照规范

➤ **《公路桥涵施工技术规范》**(JTG/T F50—2011)

18.5.5 主缆的防护工程及检修道安装施工完成后，可进行猫道的拆除工作。拆除前应利用锚固调节系统适当收紧承重索，使其恢复悬链线受力状态。猫道拆除时宜分节段拆除其面层和底梁，拆除宜按中跨从塔顶向跨中方向、边跨从塔顶向锚碇方向的顺序进行。在拆除过程中，应采取适当措施保护主缆、吊索和桥面附属设施等已施工完成的结构。

JTG F90—2015

8.14.10 主缆施工应符合下列规定：

1 索股放索速度不得超过方案规定值,索股牵引过程中应有专人跟踪牵引锚头,且宜在沿线设观测点监测索股的运行状况。

2 索股整形入鞍时,握索器与索股应连接可靠,索股应保持在限位轮中,操作人员不得处于索股下方。

3 索股锚头入锚后应临时锚固,索鞍位置处调整好的索股应临时压紧固定,不得在鞍槽内滑移。

第 8.14.10 条对照规范

➢ **《公路桥涵施工技术规范》**(JTG/T F50—2011)

18.6.3 预制平行钢丝索股的架设施工应符合下列规定:

1 索股的牵引系统宜结合工程特点、施工安全、工艺水平及环境条件等因素综合确定。索股滚筒的间距宜为 8m 左右,在索鞍或坡度变化较大的位置应适当加密。

2 索股的放索工艺应与索股的包装工艺相匹配,并应采取适当措施防止索股在索盘上突然释放。放索牵引过程中应有专人跟踪牵引锚头,且宜在沿线设观测点监测索股的运行状况,发现问题应及时采取措施加以纠正。

3 架设时对前 3 根索股宜低速牵引,对牵引系统进行试运转,在保证运转正常后方可进行正式的索股架设工作。索股在牵引架设时应在其后端施加反拉力;牵引过程中如绑扎带有连续两处绷断时,应停机进行修补。索股锚头牵引到位后,在卸下锚头前应将索股临时固定,防止滑移。索股在架设过程中如出现鼓丝现象,在入锚前应进行梳理,不得将其留在锚跨内。

4 索股整形入鞍时,应在该段索股处于无应力状态下采用整形器完成,整形时应保持钢丝平顺,不得交叉、扭转或损伤钢丝。索股横移时,应将索股从猫道滚筒上提起,确认全跨径的索股已脱离滚筒后,方可移至索鞍的正上方;横移时的拽拉量不宜过大,且操作人员不得处于索股下方。

5 索股锚头入锚后应进行临时锚固。在跨中位置应对索股设定 200～300mm 的抬高量,并做好编号标志。

18.6.4 采取空中纺线法架设主缆时,应符合下列规定:

1 钢丝接头的性能必须通过试验确定。在梨形蹄铁处或索鞍座附近不得存在工厂钢丝接头。

2 编缆前应先挂一根基准钢丝作为参照,并以此为准确定第一条编织索股的正确高程。

3　完成一条索股的纺线后应对丝股进行梳理，对不符合线形要求的钢丝必要时应进行接长或截短处理。

4　一条丝股抖开、梳理、裁切完成后，应采用手动液压千斤顶将其挤压成圆形，并采用纤维强力带每 3m 一道包扎定型。

5　空中纺线完成一条索股后，其后续工序可按照预制平行钢丝索股的要求进行施工。

18.6.5　索股的线形调整应符合下列规定：

1　垂度调整应在夜间温度稳定时进行。温度稳定的条件为：长度方向索股的温差 $\Delta t_1 \leqslant 2$℃；横截面索股的温差 $\Delta t_2 \leqslant 1$℃。

2　对基准索股的线形应采用绝对垂度进行调整，调整完成后，应连续数天对其线形进行观测，观测宜在风力小于 5 级的夜间且温度稳定时进行，并应记录对应的跨中高程、气温、索股温度及索鞍 IP 点的偏量，确认基准索股的线形稳定后方可进行其他索股的架设；其他索股的线形应以基准索股为准，进行相对垂度调整。调整好的索股在索鞍位置应临时压紧固定，不得在鞍槽内滑移。

3　对索股线形进行垂度调整时，其精度宜以索股高程的允许误差控制：索股中跨跨中为 $\pm L/20\,000$（L 为跨径），边跨跨中为中跨跨中的 2 倍；上下游基准索股高差为 10mm，一般索股（相对于基准索股）为 −5mm，+10mm。

JTG F90—2015

8.14.11　索夹与吊索施工应符合下列规定：

1　在满足施工需要的前提下，应减小猫道面层开孔面积，并应在开孔位置四周绑扎防滑木条，设立警示标志。

2　索夹在主缆上定位后，应紧固螺栓。紧固同一索夹的螺栓时，各螺栓受力应均匀。

3　采用缆索吊安装索夹及吊索时，应符合本规范第 5.6 节、第 5.7 节中的有关规定。

4　吊运物体时，作业人员不得沿主缆顶面行走。

5　猫道上摆放索夹的位置处应铺设木板。

6　缆索吊吊装索夹、吊索时，运行速度应平稳，作业人员应在吊运构件到位稳定后作业。

7 制动不良不得吊运作业。

第 8.14.11 条对照规范

➢《公路桥涵施工技术规范》(JTG/T F50—2011)

18.7.1 索夹的制造除应符合本章第 18.4.1 条的相关规定外,尚应符合下列规定:

1 同一只索夹构件(半只索夹)的修补点应不超过 2 个,同一修补点不得重复修补。

2 螺杆、螺母和垫圈的表面宜进行磷化或发蓝处理。高强螺栓应抽样进行楔负载拉力试验,螺母应抽样进行保证荷载和硬度试验,无损检测及硬度等试验结果应满足设计和相关标准的规定。

3 索夹各部件加工面的精度应符合表 18.7.1 的规定。

表 18.7.1 索夹各部件加工面的精度要求

项目	精度要求	项目	精度要求
长度 (mm)	±2	壁厚度(%)	0~5
内径 (mm)	±2	圆度 (mm)	2
螺孔位置度 (mm)	±1.5	平直度(mm)	1
螺孔直径公差 (mm)	±2	索夹孔内的表面粗糙度 Ra(μm)	12.5~25
螺栓孔直线度	L/500	索夹质量的容许误差(%)	8

18.7.2 索夹的安装应符合下列规定:

1 安装前,应测定主缆的空缆线形,并在对设计规定的索夹位置进行确认后,方可于温度稳定时在空缆上放样定出各索夹的具体位置并编号。安装前尚应清除索夹内表面及索夹位置处主缆表面的油污及灰尘,涂上防锈漆。

2 索夹在场内运输和安装过程中应注意保护,防止损坏其表面。

3 索夹在主缆上精确定位后,应立即紧固螺栓,且在紧固同一索夹的螺栓时,应保证各螺栓受力均匀。索夹安装位置的纵向误差应不大于 10mm。

4 索夹螺栓的紧固应按安装时、加劲梁吊装后、全部二期恒载完成后三个荷载阶段分步进行,对每次紧固的数据应进行记录并存档。

18.7.3 吊索的制作、检验和包装应符合现行行业标准《公路悬索桥吊索》(JT/T 449)的规定,在运输和安装过程中应保证其不受到任何损伤。

JTG F90—2015

8.14.12 加劲梁施工应符合下列规定:

1 加劲梁安装前应制订专项施工方案,并应对桥位处的自然环境条件进行勘察,掌握当地的有关气象资料。

2 安装加劲梁的吊机、吊索具等应进行专门设计,加劲梁吊装作业前应按各工况进行试吊,试吊荷载为最大梁段重量的1.2倍。

3 钢箱加劲梁接头焊缝的施焊宜从桥面中轴线向两侧对称进行,接头焊缝强度和刚度不符合要求时,不得解除临时刚性连接。

4 钢桁架梁吊装,桥面吊机、铰接设备、吊索牵引机具、片架运输台车、行走轨道铰点过渡梁和移动操作台车等设备应做专项设计、加工及试验。桥面吊机应满足拼装过程中顺桥向坡度变化的要求,底盘应设止滑保险装置。

5 吊装设备应安排专人负责监测,发现吊绳松弛、油泵漏油、吊具偏位等情况应立即停止作业。

6 吊装加劲梁,梁体上不得搭载人员、材料及设备。

7 顶推安装钢箱梁型自锚式悬索桥加劲梁应符合本规范第8.11.3条、第8.11.6条的有关规定,顶推设备的能力不得小于2倍的计算顶推力;拼装平台、临时墩墩顶均应设导向及纠偏装置。

第8.14.12条对照规范

➤ **《公路桥涵施工技术规范》**(JTG/T F50—2011)

18.8.1 加劲梁安装前应编制专项施工技术方案,并应对桥位处的自然环境条件进行勘察,充分掌握当地的有关气象资料,制订各项保障方案和应急预案。对特大跨径或处于风环境恶劣地区的悬索桥,应就加劲梁安装的方法、程序和工艺进行专门研究。

18.8.2 加劲梁在安装施工过程中,应严格遵守高空作业及水上作业的安全规定;在台风季节进行加劲梁安装时应制订抗风预案。

18.8.4 钢箱加劲梁的安装应符合下列规定:

1 安装钢箱加劲梁的非定型吊机应进行专门设计，在安装前必须进行试吊，检验其安全性和可靠性。

2 钢箱加劲梁的运输方式应满足安装的要求。采取水上运输时，应保证安装时船舶定位的精度，必要时宜进行现场驳船定位试验；陆上运输时，应使加劲梁能到达吊机起吊安装位置的正下方。

3 安装的顺序应符合设计规定。从吊装第二节段开始，应与相邻节段间预偏0.5～0.8m的工作间隙，吊至设计高程后再牵拉连接，并应避免吊装过程中与相邻节段发生碰撞。安装合龙段前，应根据实际的合龙长度，对合龙段长度进行修正。

4 安装过程中应监测索塔的变位情况，并应根据设计要求和实测塔顶位移量分阶段调整索鞍偏移量。

5 钢箱加劲梁工地接头的焊接连接和高强度螺栓连接施工应符合本规范第19章的相关规定。采用焊接连接时，应先将待连接钢箱加劲梁的节段与已安装节段临时刚性连接，接头焊缝的施焊宜从桥面中轴线向两侧对称进行；应待接头焊缝形成并具有足够的强度和刚度后，方可解除临时刚性连接。

18.8.5 钢桁架梁的安装应符合下列规定：

1 钢桁架梁的架设安装方法宜根据钢桁架的结构特点、施工安全、设备和现场环境条件等因素综合确定。

2 采取单构件方式安装时，宜根据钢桁架和吊索的受力情况及桥位的气候条件，选择全铰接法或逐次固结法。架设的顺序可从索塔处开始，向中跨跨中及边跨的端部方向进行。

3 采用全铰接法架设时，在桁架梁逐渐接近设计线形后，可对部分铰接点逐次固结；采用逐次固结法架设时，宜采用接长杆牵引吊索与桁架梁连接，且宜在不同架设阶段采用千斤顶调整吊索张力，直至最后拆除接长杆入锚。架设过程中应逐一对桁架梁及吊索的内力及变形进行分析，并应将桁架梁斜杆及吊索的最大应力控制在允许范围内。

4 应对桥面吊机、铰接设备、吊索牵引机具、片架运输台车、行走轨道铰点过渡梁和移动操作平台等设备作专项的设计、加工及试验。桥面吊机应满足拼装过程中顺桥向坡度变化的要求，底盘应设止滑保险装置。

8.15 钢桥

8.15.1 钢桥安装应编制专项施工方案，应附具临时支架、支承、吊机等临时结构和钢桥结构本身在不同受力状态下的强度、刚度及稳定性验算结果。

第 8.15.1 条对照规范

➤ **《公路桥涵施工技术规范》**(JTG/T F50—2011)

19.13.1 一般要求

1 钢桥宜根据跨径大小、河流或海域情况、起吊能力等选择安装方法。钢桥安装应按施工图、加工图和拼装简图进行,并应编制专项施工技术方案和安全技术方案。

2 安装前应对临时支架、支承、吊机等临时结构和钢桥结构本身在不同受力状态下的强度、刚度及稳定性进行验算;应按照杆件明细表核对进场的杆件、梁段及零件,查验产品出厂合格证及材料的质量证明书;并应对桥梁的墩台顶面高程、中线及各孔跨径进行复测,误差在允许偏差内方可安装。

3 钢桥杆件在工地安装过程中,矫正、制孔、组装、焊接和涂装等工序的施工质量应符合本章中的相关规定。钢桥构件在运输、存放和安装过程中损坏的涂层,应按照本章第 19.10 节的有关规定补涂;钢桥的面层涂装应在钢桥结构安装完成后进行。

4 钢桥工地安装时,不得在现场对结构杆件进行未被批准的临时性的焊接和切割作业。

5 钢桥安装应进行施工过程控制,保证其内力、变形、线形及高程符合设计要求。

JTG F90—2015

8.15.2 平板拖车运输钢桥构件应符合下列规定:

1 平板拖车速度宜小于 5km/h。

2 牵引车上应悬挂安全标志。超高的部件应有专人照看,并应配备适当工具清除障碍。

3 除驾驶员外,还应指派 1 名助手,协助瞭望。平板拖车上不得坐人。

4 重车下坡应缓慢行驶,不得紧急制动。驶至转弯或险要地段时,应降低车速,同时注意两侧行人和障碍物。

5 装卸车应选择平坦、坚实的路面为装卸地点。装卸车时,机车、平板车均应驻车制动。

第8.15.2条对照规范

➤《公路工程施工安全技术规程》(JTJ 076—95)

6.6.2.1 大型预制构件平板拖车运输,时速宜控制在5km/h以内。简支梁的运输,除在横向加斜撑防倾覆外,平板车上的搁置点必须设有转盘。

6.6.2.2 运输超高、超宽、超长构件时,必须向有关部门申报,经批准后,在指定路线上行驶。牵引车上应悬挂安全标志。超高的部件应有专人照看,并配备适当工具,保证在有障碍物情况下安全通过。

6.6.2.3 平板拖车运输构件时,除一名驾驶员主驾外,还应指派一名助手,协助瞭望,及时反映安全情况和处理安全事宜。平板拖车上不得坐人。

6.6.2.4 重车下坡应缓慢行驶,并应避免紧急刹车。驶至转弯或险要地段时,应降低车速,同时注意两侧行人和障碍物。

6.6.2.6 装卸车应选择平坦、坚实的路面为装卸地点。装卸车时,机车、平板车均应刹闸。

JTG F90—2015

8.15.3 水上运输钢桥构件应符合下列规定:

1 水上运输前,应根据所经水域的水深、流速、风力等情况,制订运输方案,并按规定审批。

2 需临时封闭航道时,应按规定报相关管理部门批准,并办理相关手续。

3 装船前应进行稳性验算。

4 驳船装载的钢桥构件应安放平稳。拖轮牵引驳船行进速度应缓慢,不得急转弯。

第8.15.3条对照规范

➤《公路工程施工安全技术规程》(JTJ 076—95)

6.6.3.1 驳船装载的预制构件应用撑木、垫木将构件安放平稳。拖轮牵引驳船行进时，速度要缓慢，不得急转弯。

6.6.3.4 如需临时封闭航道时，应经港航监督部门的批准。

➤ **《公路桥涵施工技术规范》**(JTG/T F50—2011)

19.12.3 运输应符合相应运输方式的有关安全规定。采用船舶运输时，装船前应进行稳定性验算，其抗倾覆安全系数应不小于1.5。提供工地抗滑移系数试验用的试件，应随同杆件或梁段运至工地。

JTG F90—2015

8.15.4 轨道平车运输钢桥构件应符合下列规定：

1 轨道路基宽度、平整度、强度应满足施工要求。铺设轨道应平直、圆顺，轨距应在允许误差值之内，轨道半径不得小于25m，纵坡不宜大于2%，纵坡大于2%的区域应采取相应的安全措施。轨道与其他道路交叉时，应按规定铺设交叉道口。

2 轨道平车运输大型构件前，应检查平车的转向托盘或转盘、支撑制动器等。

3 大型构件运输过程中应检查构件的稳定状况及轨道平车运行情况，发现异常应停止作业。

4 下坡时应以溜绳控制速度，并应人工拖拉止轮木块跟随前进。

第8.15.4条对照规范

➤ **《公路工程施工安全技术规程》**(JTJ 076—95)

6.6.1.1 轨道路基要有足够的宽度、平整度、强度。铺设轨道要平直、圆顺，轨距应在允许误差值之内，轨道半径不得小于25m，纵坡不宜大于2%。轨道与其他道路交叉时，应按规定铺设交叉道口。

6.6.1.2 轨道平车运输大型构件时，平车的转向托盘(或转盘)支撑制动器等应进行检查。

6.6.1.3 大型预制构件运输应设专人指挥，并经常检查构件在平车上的稳定状况及轨道平车在运转中有无变形。

6.6.1.4 构件运输时，速度要缓慢，下坡时要以溜绳控制速度，并用人工拖拉止轮木块跟随前进。当纵坡坡度较大时，必须有相应的安全措施，方可运输。

JTG F90—2015

8.15.5 钢桥安装应设置避雷设施并应符合现行《建筑物防雷设计规范》(GB 50057)的规定。

8.15.6 起重吊装作业应符合本规范第5.6节的有关规定。

8.15.7 水上安装应符合本规范第5.8节的有关规定。

8.15.8 构件组拼和钢桥安装属于高处作业时，应符合本规范第5.7节的有关规定。

8.15.9 钢梁杆件组装，应在平整的作业台上进行，基础承载力应满足要求。

第8.15.9条对照规范

➢ **《公路工程施工安全技术规程》**(JTJ 076—95)

6.4.12.1 钢梁杆件组装，应在平整的作业台上进行，其基础应有足够的承载力。

JTG F90—2015

8.15.10 支架上拼装钢梁应符合下列规定：

1 冲钉和粗制螺栓总数不得少于孔眼总数的1/3，其中冲钉不得多于2/3。

2 冲钉和粗制螺栓总数不得少于6个，少于6个时，应将全部孔眼插入冲钉或粗制螺栓。

3 采取悬臂或半悬臂法拼装钢梁时，联结处冲钉数量应按所承受荷载计算决定，且不得少于孔眼总数的一半，其余孔眼宜布置精制螺栓，冲钉和精制螺栓应均匀布置。

4 高强度螺栓栓合梁拼装时，其余孔眼宜布置高强度螺栓。吊装杆件时，应在杆件完全固定后松钩卸载。

第 8.15.10 条对照规范

➤ **《公路桥涵施工技术规范》**（JTG/T F50—2011）

19.13.2 钢桥的工地安装应符合下列规定：

1 杆件宜采用预先组拼、栓合或焊接，扩大拼装单元进行安装，对容易变形的构件应进行强度和稳定性验算，必要时应采取加固措施。杆件组拼前应清除杆件上的附着物，摩擦面应保持干燥、整洁。应根据外界环境和焊接等变形因素的影响，采取措施，保证钢桥结构的线形、拱度及中心线位置。

2 在支架上拼装钢梁时，冲钉和粗制螺栓总数不得少于孔眼总数的 1/3，其中冲钉不得多于 2/3；孔眼较少的部位，冲钉和粗制螺栓总数应不少于 6 个或将全部孔眼插入冲钉或粗制螺栓。采取悬臂或半悬臂法拼装钢梁时，联结处所需冲钉数量应按所承受荷载计算决定，但不得少于孔眼总数的一半，其余孔眼宜布置精制螺栓，冲钉和精制螺栓应均匀布置。高强度螺栓栓合梁拼装时，冲钉数量应符合上述规定，其余孔眼宜布置高强度螺栓。吊装杆件时，必须待杆件完全固定后方可松钩卸载。

3 拼装用的冲钉直径（中段圆柱部分）应较孔眼设计直径小 0.2～0.3mm，其长度应大于板束厚度。拼装用精制螺栓的直径应较孔眼设计直径小 0.4mm，拼装板束用的粗制螺栓直径应较孔眼直径小 1.0mm。冲钉和螺栓可采用 35 号碳素结构钢制造。

4 钢桥安装过程中，每完成一节间应测量其位置、高程和预拱度，不符合要求时应进行校正。

5 对斜拉桥和悬索桥的大型钢箱梁安装，其施工要求尚应分别符合本规范第 17、18 章的相关规定。

JTG F90—2015

8.15.11 装拆脚手架、上紧螺栓、铆合等不得交叉作业。杆件拼装对孔应采用冲钉探孔。

第 8.15.11 条对照规范

➤《公路工程施工安全技术规程》(JTJ 076—95)

6.4.12.6 装拆脚手架、上紧螺栓、铆合等作业,应上下交替进行,避免双层作业。杆件拼装对孔时,应用冲钉探孔,严禁用手指伸入检查。

JTG F90—2015

8.15.12 钢梁上的各种电动机械和电缆线、照明线路等,应保持绝缘良好。

第 8.15.12 条对照规范

➤《公路工程施工安全技术规程》(JTJ 076—95)

6.4.12.4 钢梁上的各种电动机械和电缆线、照明线路等,必须保持绝缘良好,应有专人值班进行管理。

JTG F90—2015

8.15.13 拼装杆件时,应安好梯子、溜绳、脚手架。斜杆应安拴保险吊具。杆件起吊时,应先试吊。

第 8.15.13 条对照规范

➤《公路工程施工安全技术规程》(JTJ 076—95)

6.4.12.5 拼装杆件时,应安好梯子、溜绳、脚手架。斜杆应安拴保险吊具。杆件起吊时,先提升 0.3m 左右,确认安全后再继续起吊。

JTG F90—2015

8.15.14 架梁用的扳手、小工具、冲钉及螺栓等应存放在工具袋内,不得抛掷。多余的料具应及时清理。

第 8.15.14 条对照规范

➤ **《公路工程施工安全技术规程》**(JTJ 076—95)

6.4.12.8 架梁用的扳手、小工具、冲钉及螺栓等物，应使用工具袋装好，严禁抛掷。多余的料具要及时清理，并堆放在安全地点。

JTG F90—2015

8.15.15　悬臂拼装法施工应符合下列规定：

1　吊机应按设计就位、锚固，并应做动、静荷载试验。

2　构件起吊前，应检查构件，吊环应无损伤，结合面不得有突出外露物，构件上不得有浮置物件。

3　构件应垂直起吊，并应保持平衡稳定，不得碰撞已安装构件和其他作业设施。

4　构件起升后，运送构件的车辆或船舶应迅速撤出。

5　卷扬机电机过热或其他机械设备出现故障时，应暂停吊运作业。

8.15.16　钢桥顶推施工应符合本规范第 8.11.6 条的有关规定。

8.15.17　钢桥现场检验检测涉及高处作业时应符合本规范第 5.7 节的有关规定。

8.15.18　钢桥的 X 射线探伤作业应符合现行《工业 X 射线探伤放射卫生防护标准》(GBZ 117)的规定。

8.16　桥面及附属工程

8.16.1　桥面系施工前，上下行桥之间空隙处应满布安全网。

8.16.2 反开槽安装的伸缩装置槽口应临时铺设钢板或砂袋，并应在开槽处设置警示标志。

第8.16.2条对照规范

➤ **《公路桥涵施工技术规范》**(JTG/T F50—2011)

21.3.3 伸缩装置宜在桥面铺装完成后，采取反开槽的方式进行安装；当采取先安装再铺装桥面的方式时，应采取有效措施对安装好的伸缩装置进行妥善保护。

JTG F90—2015

8.16.3 桥面清扫垃圾、冲洗弃渣等应集中收集后运往指定地点，不得直接抛往桥下。

8.16.4 混凝土防撞护栏的施工应符合下列规定：

1 装配式梁式桥防撞护栏施工前，边梁应与中梁连接牢固。

2 单柱墩桥梁防撞护栏应两侧对称施工。

第8.16.4条对照规范

➤ **《公路桥涵施工技术规范》**(JTG/T F50—2011)

21.7.1 混凝土防撞护栏的施工应符合下列规定：

1 对结构重心位于梁体以外的悬臂式防撞护栏，应在主梁横向联结或拱上结构完成后方可施工。

2 对就地现浇的防撞护栏，宜在顺桥向每间隔5～8m设1道断缝或假缝。

3 防撞护栏的钢筋应与梁体的预留钢筋可靠连接。

4 模板宜采用钢模，支模时宜在其顶部和底部各设1道对拉螺杆，或采用其他固定模板的装置。

5 宜采用坍落度较小的干硬性混凝土，浇筑时应分层进行，分层厚度不宜超过200mm；振捣时应采取适当的措施使模板表面的气泡逸出。

6 对预制安装的防撞护栏，在搬运和安装时，应采取适当的保护措施，防止损伤棱角处的混凝土。连接钢板的焊接质量应符合设计要求和本规范的相关规定。

7 施工完成后的防撞护栏，其顶面高程和位置应准确，位于弯道上的护栏其线形应平顺。

8.17 涵洞与通道

8.17.1 顶进法施工涵洞或通道桥涵应编制专项施工方案。

第 8.17.1 条对照规范

➤ **《公路桥涵施工技术规范》**(JTG/T F50—2011)

23.1.2 顶进施工前应进行现场调查，制订专项施工技术方案，并应进行下列计算和验算：

1 应进行工作坑地基的承载能力、边坡稳定性计算，以及顶推后背承载能力计算。当采用从一侧顶进的方法施工时，应进行桥涵上覆土抗推能力计算。对于有沉降限值要求的工程，应进行地基或地面沉降计算。

2 采用对拉法、牵引法时，应进行拉杆或者拉索等受力构件的强度计算；采用对拉法、对顶法时，应进行桥涵上覆土抗隆起承载能力计算。

3 采用井点降水时，应进行水力计算。当实际地基的地质与设计资料不符时，应根据降水后实测的土力学指标，验算桥涵顶进过程中的地基承载力。

JTG F90—2015

8.17.2 涵洞基坑和顶进工作坑开挖应符合本规范第 8.8 节的有关规定。

第 8.17.2 条对照规范

➤ **《公路桥涵施工技术规范》**(JTG/T F50—2011)

23.1.4 顶进工作坑及后背的施工应符合下列规定：

1 工作坑的位置应根据现场地形、土质、结构物尺寸及施工需要确定。在保证排水和安全的前提下，工作坑边缘距公路、铁路和其他构筑物应有足够的安全距离。

2 工作坑基底和顶推后背的承载力应能满足顶入桥涵的要求，边坡应稳定，否则应加固。

3 工作坑滑板的中心线应与桥涵中心线一致。滑板应具有足够的强度、刚度和稳定性，必要时应在滑板上层配置钢筋网，并应防止顶进时滑板开裂；滑板的表面应平整，底面宜设粗糙面或锚梁增加抗滑能力，且宜将滑板做成前高后低的仰坡，坡度宜为0.2%～0.5%，地基承载力较好时宜取小值，反之取大值。沿顶进方向的滑板两侧距桥涵外缘50～100mm处宜设置导向墩，控制桥涵的顶入方向。

JTG F90—2015

8.17.3 现场浇筑涵洞或通道桥涵时，支架、模板应安装牢固，应符合本规范第5.2节的有关规定。

8.17.4 顶进前应编制公路中断和抢修预案，并应配备抢修人员和物资。

第8.17.4条对照规范

➢ **《公路工程施工安全技术规程》**(JTJ 076—95)

6.4.6.13 顶入法施工的现场应备有一定数量的木料或草袋，以备因雨水或其它原因引起路基变形时抢修加固路基，确保线路行车安全。

JTG F90—2015

8.17.5 雨季不宜顶进作业，无法避开时，应采取防洪、排水措施。

第8.17.5条对照规范

➢ **《公路工程施工安全技术规程》**(JTJ 076—95)

6.4.6.19 施工中地下水位较高时，应有防止坍方、流沙等安全防护措施。顶入法施工，不宜在雨季进行。

➤ **《公路桥涵施工技术规范》**(JTG/T F50—2011)

23.1.3 顶进作业宜在地下水位降至基底以下 0.5～1.0m 时进行,且宜避开雨季施工,必须在雨季施工时应做好防洪及防雨排水工作。复杂条件下的大型桥涵顶进施工时,应根据地质条件和上部建筑的结构安全要求,采取必要的顶进围护结构和地基加固措施,保证顶进施工自身以及上部、周边构筑物的安全。

JTG F90—2015

8.17.6 顶进作业时,地下水位应降至涵洞或通道桥涵基础底面 1m 以下,且降水作业应控制土体沉降。

条文说明

8.17.5～8.17.6 有水时,顶进涵(桥)周围土体力学性能急剧下降,另外,雨水还容易带走沙土,造成土体的松散,对顶进作业非常不利,极易引起事故。

8.17.7 顶进前,应注浆加固易坍塌土体,并应通过现场试验确定注浆参数,注浆时土体不得隆起。

8.17.8 传力柱支承面应密贴,方向应与顶力轴线一致。宜 4～8m 加一道横梁,应采用填土压重等防止传力柱崩出伤人的措施,传力柱上方不得站人。顶进时应安排专人密切观察传力柱的变化,有拱起、弯曲等变形时,应立即停止顶进,进行调整。

第 8.17.8 条对照规范

➤ **《公路工程施工安全技术规程》**(JTJ 076—95)

6.4.6.14 顶入施工应连续进行。施工中要防止地下渗水造成路基坍塌。顶入作业时遇有发生坍方、设备扭曲变形时应停止作业。

JTG F90—2015

8.17.9 顶入路基后,宜连续顶进。

第 8.17.9 条对照规范

➤《公路桥涵施工技术规范》(JTG/T F50—2011)

23.1.6 顶进作业应符合下列规定:

1 顶进前应对桥涵主体结构进行质量验收,同时应检查顶进设备并做预顶试验。千斤顶应按桥涵的中轴线对称布置,顶进的传力设备安装时应与顶力线一致并与横梁垂直;顶程较长时,顶柱与横梁应采用可靠的方法固定。

2 桥涵顶进时的挖土应与监测紧密配合,根据顶进偏差应随时调整挖土方法,挖土时应保持刃角有足够的吃土量,挖掘进尺及坡度应视土质情况确定。

3 涵管顶进施工时应在工作坑内安装导轨,导轨高程的允许偏差为±2mm,中心线允许偏差为 3mm。首节涵管安放在导轨上时,应测量其中线和前后两端的高程,符合要求后方可顶进。作业时可在涵管前端先挖土后顶进,且轴向超挖量在铁路道砟下不得大于 100mm,其余情况不得大于 300mm,涵管上部超挖量不得大于 15mm,下部 135°范围内不应超挖。

4 顶进作业宜连续进行,不宜长期停工,应防止地下水渗出,造成坍塌。发生事故时应立即停止顶进并进行处理。

5 桥涵顶进时,对节间接缝及结构物应按设计要求进行防水处理。

JTG F90—2015

8.17.10 顶进挖土时,应派专人监护。发现异常情况时,作业人员及机械应立即撤离危险区域,并应视情况采取交通安全保障措施。

第 8.17.10 条对照规范

➤《公路桥涵施工技术规范》(JTG/T F50—2011)

23.1.7 桥涵顶进作业时应进行下列监测与控制:

1 桥涵顶进施工过程中,应监测桥涵主体结构的倾斜和偏位以及后背的变形,如有偏差应采取措施及时纠正。

2 穿越铁路顶进施工时,应监测线路加固受力构件的变形、线路横移量、轨道沉降等;穿越公路顶进施工时,应监测路面的沉降、路面横移量、路面隆起等;穿越重要构筑物顶进施工时,应根据其结构安全要求,确定监测的内容和方法,采取控制措施。

JTG F90—2015

8.17.11　顶进挖土作业应坚持“勤挖快顶”的原则。不得掏洞取土、逆坡挖土。顶进暂停期内不得挖土。

8.17.12　挖土机械不得碰撞加固设施和桥涵主体结构。人工清理开挖工作面时，挖土机械应退出开挖面。

第8.17.12条对照规范

➤ **《公路工程施工安全技术规程》**(JTJ 076—95)

6.4.6.15　机械挖土不得碰撞已挖好的洞内土壁。人工清理开挖面时机械应及时退出。

JTG F90—2015

8.17.13　支点桩不得爆破拆除。

9 隧道工程

9.1 一般规定

9.1.1 隧道施工前应开展安全风险评估，辨识施工过程中的主要危险源及危害因素，制定安全防护措施，并应根据工程建设条件、技术复杂程度、地质与环境条件、施工管理模式，以及工程建设经验对隧道工程实施动态风险控制和跟踪处理。

9.1.2 隧道施工应按设计文件规定的施工方法制订施工方案，地质条件发生变化时，应及时进行设计变更。

第9.1.2条对照规范

➤ **《公路隧道施工技术规范》**(JTG F60—2009)

3.1.2 隧道施工前，应编制实施性施工组织设计，并做好技术准备和组织落实工作。

➤ **《公路隧道施工技术细则》**(JTG/T F60—2009)

1.0.3 公路隧道施工应按照批准的设计文件施工。在施工准备和施工过程中均应加强地质复核工作，并根据地质预测、预报及监控量测信息实施动态管理。

3.1.6 实施性施工组织设计应报监理工程师及相关部门，按程序批准后实施；在实施过程中应根据客观条件、生产资源配置变化情况及时调整施工组织设计，并呈送监理工程师批准，实行动态管理。

9.1.3 压力容器操作人员应按照有关规定经专业机构培训，并应取得相应的从业资格。

9.1.4 施工现场布设应符合下列规定：

1 临时设施的设置除应符合本规范第4.1节的有关规定外，尚应避开高边坡、陡峭山体下方、深沟、河流、池塘边缘等区域。

2 弃渣场地应设置在不易溃塌、不产生滑坡的安全地段，不得堵塞河流、泄洪通道。

3 隧道内供风、供水、供气管线与供电线路应分别架设，照明和动力线路应分层架设。

4 供电线路架设应遵循“高压在上、低压在下，干线在上、支线在下，动力线在上、照明线在下”的原则。110V以下线路距地面不得小于2m，380V线路距地面不得小于2.5m，6～10kV线路距地面不得小于3.5m。

第9.1.4条对照规范

➢ **《公路工程施工安全技术规程》**(JTJ 076—95)

7.1.1 施工场地应作出详细的部署和安置，出渣、进料及材料堆放场地应妥善布置，弃渣场地应设置在不堵塞河流、不污染环境、不毁坏农田的地段。对风、水、电、路等设施作出统一安排，并在进洞前基本完成。

➢ **《公路隧道施工技术规范》**(JTG F60—2009)

3.2.2 弃渣场地布置应满足安全、环保的要求，并方便弃渣。

3.2.4 严禁将临时房屋布置在受洪水、泥石流、塌方、滑坡及雪崩等自然灾害威胁的地段。

➢ **《公路隧道施工技术细则》**(JTG/T F60—2009)

3.2.1 隧道开工前应绘制施工场地总布置图。施工场地布置应结合工程规模、工期、地形特点、弃渣场和水源等情况，本着因地制宜、充分利用地形、合理布置、统筹安排的原则进行，并满足下列要求：

1 以洞口为中心布置施工场地。施工场地应事先规划，分期安排，并减少与现有道路交叉和干扰。

2 轨道运输的弃渣线、编组线和联络线,应形成有效的循环系统。

3 长隧道洞外应有大型机械设备安装、维修和存放的场地。

4 机械设备、附属车间、加工场应相对集中。仓库应靠近公路,并设有专用线。

5 合理布置大堆材料(砂石料)、施工备品及回收材料堆放场地的位置。

6 生活服务设施,应集中布置在宿舍附近。

7 运输便道、场区道路和临时排水设施等,应统一规划,做到合理布局,形成网络。

8 危险品库房应按有关规定办理。

9 确定风、水、电设施的位置。

10 确定混凝土拌和站和预制场的位置。

3.2.2 弃渣场地的布置应满足下列要求:

1 场地容量应足够,且出渣运输方便。

2 不得占用其他工程场地和影响附近各种设施的安全。

3 不得影响附近的农田水利设施,不占或少占农田。

4 不得堵塞河道、沟谷,不得挤压桥梁墩台及其他建筑物。

5 弃渣场堆的边坡,应作防护,防止水土流失。

3.2.3 临时工程应满足下列要求:

1 临时工程应在隧道开工前基本完成。

2 运输便道需引至洞口,满足行车安全要求,并经常养护,保证畅通。

3 风、水、电设施宜靠近洞口布设,安装机械和管线应按有关规定布置,并及早架设。

4 临时房屋应结合季节和地区特点,选用定型、拼装或简易式建筑,并能适应施工人员工作和生活的需要。各种房屋应遵守消防安全规定。爆破器材库、油库的位置应符合有关规定。

5 严禁将临时房屋布置在受洪水、泥石流、塌方、滑坡及雪崩等自然灾害威胁的地段。临时房屋的周围应设有排水系统,并避开高压电线。生活用水的排放,不得影响施工。

6 临时工程及场地布置时应采取措施保护自然环境。

7 临时工程的布置应考虑突发性自然灾害,并制定相应的应急预案。

JTG F90—2015

9.1.5 隧道洞口管理应符合下列规定:

1 隧道洞口应设专人负责进出人员登记及材料、设备与爆破器材进出隧道记录和安全监控等工作。

2 隧道施工应建立洞内外通信联络系统。

3 长、特长及高风险隧道施工应设置稳定可靠的视频监控系统、门禁系统和人员识别定位系统。

9.1.6 隧道洞口与桥梁、路基等同一个工点有多个单位同时施工或洞内不同专业交叉作业时,应共同制定现场安全措施。

9.1.7 隧道内施工不得使用以汽油为动力的机械设备。

第 9.1.7 条对照规范

➢ **《公路工程施工安全技术规程》**(JTJ 076—95)

7.3.2 进洞的各类机械与车辆,宜选用带净化装置的柴油机动力,燃烧汽油的车辆和机械不得进洞(如通风良好,可以达到本章"通风及防尘"要求者除外)。

➢ **《公路隧道施工技术规范》**(JTG F60—2009)

7.1.5 进洞的各类施工机械与车辆,宜选用带净化装置的柴油机动力,有轨式出渣运输车辆宜选用电瓶车,汽油动力机械不宜进洞。

JTG F90—2015

9.1.8 通风机、抽水机等隧道安全设备应配备备用设备。

9.1.9 隧道内作业台车、台架应满足施工安全要求,高处作业安全防护设施应符合本规范第 5.7 节的有关规定。

9.1.10 隧道洞口、开关箱、配电箱、台车、台架、仰拱开挖等危险区域应设置明显的警示标志。洞内施工设备均应设反光标识。

9.1.11 隧道内应按要求配备消防器材。

9.1.12 应根据危险源辨识情况编制隧道坍塌、突水突泥、触电、火灾、爆炸、窒息、有害气体等应急预案并应配备相应的应急资源。

9.1.13 高压富水隧道钻孔作业应采取防突水、突泥冲出的反推或拴锚等措施。

9.1.14 不良地质隧道地段应遵循"早预报、预加固、弱爆破、短进尺、强支护、早封闭、勤量测、快衬砌"的原则施工。

第 9.1.14 条对照规范

➤ **《公路工程施工安全技术规程》**(JTJ 076—95)

7.1.5 遇有不良地质地段施工时,应按照先治水、短开挖、弱爆破、先护顶、强支护、早衬砌的原则稳步前进。如设计文件中指明有不良地质情况时,必要时应进行超前钻孔,探明情况,采取预防措施。

JTG F90—2015

9.1.15 超前地质预报和监测方案应作为必要工序统一纳入施工组织管理。

9.1.16 施工隧道内不得明火取暖。

9.1.17 隧道内严禁存放汽油、柴油、煤油、变压器油、雷管、炸药等易燃易爆物品。

条文说明

隧道内存放汽油、柴油、煤油、变压器油、雷管、炸药等易燃易爆物品易发生火灾事故。

9.2 洞口与明洞

9.2.1 洞口施工前,应先清理洞口上方及侧方可能滑塌的表土、灌木及山坡危石等。

第9.2.1条对照规范

➤ **《公路工程施工安全技术规程》**(JTJ 076—95)

7.2.1.1 开挖人员到达工作地点时,应首先检查工作面是否处于安全状态,并检查支护是否牢固,顶板和两帮是否稳定,如有松动的石、土块或裂缝应先予以清除或支护。

➤ **《公路隧道施工技术规范》**(JTG F60—2009)

5.1.2 边坡和仰坡以上可能滑塌的表土、灌木及山坡危石等应清除或加固。

JTG F90—2015

9.2.2 洞口的截、排水系统应在进洞前完成,并应与路基排水顺接,不得冲刷路基坡面、桥台锥体、农田屋舍,土质截水沟、排水沟应随挖随砌。

第9.2.2条对照规范

➤ **《公路工程施工安全技术规程》**(JTJ 076—95)

7.1.2 进洞前应先做好洞口工程,稳定好洞口的边坡和仰坡,做好天沟、边沟等排水设施,确保地表水不致危及隧道的施工安全。

➤ **《公路隧道施工技术规范》**(JTG F60—2009)

5.1.6 洞口边、仰坡排水系统应在雨季之前完成。

5.1.7 隧道排水应与洞外排水系统合理连接,不得侵蚀软化隧道和明洞基础,不得冲刷路基坡面及桥涵锥坡等设施。

JTG F90—2015

9.2.3 石质边、仰坡应采用预留光爆层法或预裂爆破法,不得采用深眼大爆破或集中药包爆破开挖。

第 9.2.3 条对照规范

➤《公路隧道施工技术规范》(JTG F60—2009)

5.2.2 明洞石质开挖应防止爆破影响边仰坡的稳定。

➤《公路隧道施工技术细则》(JTG/T F60—2009)

5.1.3 洞口土石方的开挖与防护施工应符合下列规定：

1 洞口边坡、仰坡的开挖应减少对岩土体的扰动，严禁采用大爆破。

2 对边坡和仰坡以上可能滑塌的表土、灌木及山坡危石等的处理措施，应结合施工和运营阶段的隧道安全和环境保护等因素确定。

3 临时防护应视地质条件、施工季节和施工方法等，及时采取喷锚等措施。

JTG F90—2015

9.2.4 洞口边、仰坡坡面防护应符合要求，洞口施工应监测边、仰坡变形。

第 9.2.4 条对照规范

➤《公路隧道施工技术规范》(JTG F60—2009)

5.1.5 应随时检查边坡和仰坡的变形状态，发现不稳定现象时，及时采取措施，保证施工安全。

5.1.8 应对地表沉降和拱顶下沉进行监控量测，并适当增加量测频率。

JTG F90—2015

9.2.5 洞口开挖应先支护后开挖、自上而下分层开挖、分层支护。不得掏底开挖或上下重叠开挖。陡峭、高边坡的洞口应根据设计和现场需要设安全棚、防护栏杆或安全网，危险段应采取加固措施。洞口工程应及早完成。

第 9.2.5 条对照规范

➢《公路隧道施工技术规范》(JTG F60—2009)

5.1.4 洞口边坡及仰坡应自上而下开挖，不得掏底开挖或上下重叠开挖。洞口有邻近建(构)筑物时，应采取微震动控制爆破。当地质条件不良时，应采取稳定边坡和仰坡的措施。

5.1.9 洞口永久性挡护工程应紧跟土石方开挖及早完成。地基承载力应满足设计要求。

JTG F90—2015

9.2.6 洞口附近存在建(构)筑物且使用爆破掘进的，应采用控制爆破技术，并应监测振动波速及建(构)筑物的沉降和位移。

第 9.2.6 条对照规范

➢《公路隧道施工技术细则》(JTG/T F60—2009)

5.1.4 洞口爆破可能影响邻近建筑物时，宜对建筑物下沉、倾斜、裂缝及震动等进行监测。

JTG F90—2015

9.2.7 洞口施工应采取措施保护周围建(构)筑物、既有线、洞口附近交通道路。

9.2.8 洞口开挖宜避开雨季、融雪期及严寒季节。

第 9.2.8 条对照规范

➢《公路隧道施工技术规范》(JTG F60—2009)

5.1.1 洞口开挖和进洞施工宜避开雨期、融雪期及严寒季节。

JTG F90—2015

9.2.9 明洞施工应符合下列规定：

1 明洞开挖前，洞顶及四周应设防水、排水设施。

2 明洞应自上而下开挖。石质地段开挖应控制爆破炸药用量，开挖后应立即施作边坡防护。

3 开挖松软地层边、仰坡应随挖随支护。

4 衬砌强度未达到设计的70%、防水层未完成时，不得回填。

5 明洞槽不宜在雨天开挖。

第9.2.9条对照规范

➢ **《公路隧道施工技术规范》**(JTG F60—2009)

5.2.3 明洞边墙地基承载力应满足设计要求。边墙基础混凝土灌注前应排除坑内积水，完成后应及时回填。

5.2.6 明洞拱圈混凝土达到设计强度后由人工夯实回填至拱顶以上1m，方可采用机械回填。

➢ **《公路隧道施工技术细则》**(JTG/T F60—2009)

5.2.2 明洞边墙基础施工应符合下列规定：

1 基础开挖应核对地质条件，检测地基承载力，当地基不满足设计要求时，应及时上报监理、设计单位，并按设计单位提供的处理方案施工。

2 偏压和单压明洞外边墙的基底，在垂直路线方向应按设计要求挖成一定坡度的斜坡，提高边墙抗滑力。

3 基础混凝土灌注前必须排除坑内积水，边墙基础完成后应及时回填。

5.2.5 明洞回填施工应符合下列规定：

1 墙背回填应两侧对称进行。底部应铺填0.5～1.0m厚碎石并夯实，然后向上回填。石质地层中墙背与岩壁空隙不大时，可采用与墙身同级混凝土回填；空隙较大时，可采用片石混凝土或浆砌片石回填密实。土质地层，应将墙背坡面开凿成台阶状，用干砌片石分层码砌，缝隙用碎石填塞紧密，不得任意抛填土石。

2 墙后有排水设施时，应与回填同时施工。

3 拱背回填应对称分层夯实，每层厚度不得大于0.3m，两侧回填高差不得大于0.5m,回填至拱顶齐平后应分层满铺填筑。

4 明洞结构的防水应符合本细则第11章的有关规定。

9.3 开挖

9.3.1 长度小于300m的隧道,起爆站应设在洞口侧面50m以外;其余隧道洞内起爆站距爆破位置不得小于300m。

9.3.2 装药、起爆、通风、盲残炮处置等应符合现行《爆破安全规程》(GB 6722)的有关规定。

第9.3.2条对照规范

➤ **《公路工程施工安全技术规程》**(JTJ 076—95)

7.2.2.1 装药与钻孔不宜平行作业。

7.2.2.2 爆破器材加工房应设在洞口50m以外的安全地点。严禁在加工房以外的地点改制和加工爆破器材。长隧道施工必须在洞内加工爆破器材时,其加工硐室的设置应符合国家现行的《爆破安全规程》(GB 6722—86)的有关规定。

7.2.2.3 爆破作业和爆破器材加工人员严禁穿着化纤衣物。

7.2.2.4 进行爆破时,所有人员应撤离现场,其安全距离为:

(1)独头巷道不少于200m;

(2)相邻的上下坑道内不少于100m;

(3)相邻的平行坑道,横通道及横洞间不少于50m;

(4)全断面开挖进行深孔爆破(孔深3~5m)时,不少于500m。

7.2.2.5 洞内每天放炮次数应有明确的规定,装药离放炮时间不得过久。

7.2.2.6 装药前应检查爆破工作面附近的支护是否牢固;炮眼内的泥浆,石粉应吹洗干净;刚打好的炮眼热度过高,不得立即装药。如果遇有照明不足,发现流砂、流泥未经妥善处理,或可能有大量溶洞涌水时,严禁装药爆破。

7.2.2.7 洞内爆破不得使用黑色火药。

7.2.2.8 火花起焊时严禁明火点炮,其导火索的长度应保证点完导火索后,人员能撤至安全地点,但不得短于1.2m。

一个爆破工一次点燃的根数不宜超过5根。如一人点炮超过5根或多人点炮时,应先点燃计时导火索,计时导火索的长度不得超过该次被点导火索中最短导火索长度的1/3。当计时导火索燃烧完毕，无论导火索点完与否，所有爆破工必须撤离工作面。

7.2.2.9 为防止点炮时发生照明中断，爆破工应随身携带手电筒。严禁用明火照明。

7.2.2.10 采用电雷管爆破时，必须按国家现行的《爆破安全规程》(GB 6722—86)的有关规定进行，并应加强洞内电源的管理，防止漏电引爆。装药时可用投光灯、矿灯照明。起爆主导线宜悬空架设，距各种导电体的间距必须大于1m。

7.2.2.11 爆破后必须经过15min通风排烟后，检查人员方可进入工作面，检查有无"盲炮"及可疑现象；有无残余炸药或雷管；顶板两帮有无松动石块；支护有无损坏与变形。在妥善处理并确认无误后，其他工作人员才可进入工作面。

7.2.2.12 当发现"盲炮"时，必须由原爆破人员按规定处理。

7.2.2.13 装炮时应使用木质炮棍装药，严禁火种。无关人员与机具等均应撤至安全地点。

7.2.2.14 两工作面接近贯通时，两端应加强联系与统一指挥。若石隧道两工作面距离接近15m(软岩为20m)，一端装药放炮时，另一端人员应撤离到安全地点。导坑已打通的隧道，两端施工单位应协调放炮时间。放炮前要加强联系和警戒，严防对方人员误入危险区。

土质或岩石破碎隧道接近贯通时，应根据岩性适当加大预留贯通的安全距离，此时只准一端掘进，另一端的人员和机具应撤离至安全地点。贯通后的导坑应设专人看管，严禁非施工作业人员通行。

➤ **《公路隧道施工技术规范》**(JTG F60—2009)

6.1.4 爆破作业及爆破物品管理，必须符合现行《爆破安全规程》(GB 6722)有关规定。

6.4.1 施工前应进行钻爆设计，并根据实际爆破效果及时对爆破设计参数进行调整。

6.4.2 爆破器材必须具备相关的检验合格证、技术指标及说明书。

6.4.3 钻爆作业应按照钻爆设计进行。

6.4.4 炮眼的深度、角度、间距应按爆破设计要求确定，并应符合下列精度规定：

1 掏槽眼眼口间距误差和眼底间距误差不得大于50mm。

2 辅助眼眼口排距、行距误差不得大于50mm。

3 周边眼沿隧道设计断面轮廓线上的间距误差不得大于50mm，周边眼外斜率不得大于50mm/m，眼底不超出开挖断面轮廓线100mm，最大不得超过150mm。

4 内圈炮眼至周边眼的排距误差不得大于50mm，炮眼深度超过2.5m时，内圈炮眼与周边眼宜采用相同的斜率。

6.4.5 钻眼完成后，应按炮眼布置图进行检查并做好记录，不符合要求的炮眼应重钻，经检查合格后才能装药。

6.4.6 装药前应将炮眼内泥浆、石屑吹洗干净。已装药的炮眼应及时堵塞密封。周边眼的堵塞长度不宜小于200mm。

6.4.7 采用电力起爆时，除应执行现行《爆破安全规程》(GB 6722)的有关规定外，还应符合下列规定：

1 装药前电灯及电线应撤离开挖面，装药时应用投光灯、矿灯、风灯照明。

2 起爆主导线应敷设在电线和管路的对侧，不得已设在同一侧时，与钢轨、管道等导电体的间距必须大于1.0m，并悬空架设。

3 放炮前，应检查主线的连接，确认起爆顺序无误后方可起爆。

4 在地下水较多的地段，所用爆炸材料应能防水，连接线应采用塑料导线。敷设爆破网路时接头不得浸在水中，应加强接头的防水与绝缘处理。

6.4.8 隧道爆破可能影响周围建(构)筑物安全时，应监测围岩爆破影响深度以及爆破震动对周围建(构)筑物的破坏程度。

6.4.9 爆破前，所有人员应撤至安全地点。爆破后必须待洞内有害气体浓度符合本规范第13章规定后方可进入开挖面工作。

6.4.10 爆破作业应在上一循环喷射混凝土终凝不少于4h后进行。

JTG F90—2015

9.3.3 爆破后应按先机械后人工的顺序找顶，并应安全确认。

9.3.4 机械开挖应根据断面和作业环境选择机型、划定安全作业区域，并应设置警示标志。

9.3.5 人工开挖应设专人指挥，作业人员应保持安全操作距离。

第9.3.5条对照规范

➤ **《公路工程施工安全技术规程》**(JTJ 076—95)

7.2.1.2 人工开挖土质隧道时，操作人员必须互相配合，并保持必要的安全操作距离。

JTG F90—2015

9.3.6 两座平行隧道开挖，同向开挖工作面纵向距离应根据两隧道间距、围岩情况确定，且不宜小于2倍洞径。

9.3.7 隧道双向开挖面间相距15～30m时，应改为单向开挖。停挖端的作业人员和机具应撤离。土质或软弱围岩隧道应加大预留贯通的安全距离。

第9.3.7条对照规范

➤ **《公路隧道施工技术规范》**(JTG F60—2009)

6.1.5 隧道双向开挖接近贯通时，两端施工应加强联系，统一指挥。当两开挖面间距离剩下15～30m时，应改为单向开挖，并落实贯通面的安全措施，直到贯通为止。

JTG F90—2015

9.3.8 涌水段开挖宜采用超前钻孔探水查清含水层厚度、岩性、水量与水压。

9.3.9 全断面法施工应符合下列要求：

1 应控制一次同时起爆的炸药量。

2 地质条件较差地段应对围岩进行超前支护或预加固。

第9.3.9条对照规范

➤ **《公路隧道施工技术规范》**(JTG F60—2009)

6.2.1 全断面法施工应符合下列规定：

1 围岩自稳性好，无地下水出露或出露量不大。

2 采用大型机械配套作业。

3　超前开挖导洞时，应控制开挖距离。

➤《公路隧道施工技术细则》(JTG/T F60—2009)

6.2.2　全断面法可用于Ⅰ～Ⅲ级围岩的中小跨度隧道，Ⅳ级围岩中跨度隧道和Ⅲ级围岩大跨度隧道在采用了有效的预加固措施后，也可采用全断面法开挖。

对于邻近有建筑物需要控制爆破震动速度的隧道用全断面开挖时，可以选择导洞超前再全断面扩挖的方法施工，但应控制导洞超前距离。

JTG F90—2015

9.3.10　台阶法和环形开挖预留核心土法施工，除应符合现行《公路隧道施工技术规范》(JTG F60)的有关规定外，尚应符合下列规定：

1　围岩较差、开挖工作面不稳定时，应采用短进尺、上下台阶错开开挖或预留核心土措施，宜采用喷射混凝土、注浆等措施加固开挖工作面。

2　应根据围岩条件和初期支护钢架间距确定台阶上部开挖循环进尺，上台阶每循环开挖支护进尺Ⅴ、Ⅵ级围岩不应大于1榀钢架间距，Ⅳ级围岩不得大于2榀钢架间距。

3　围岩较差、变形较大的隧道，上部断面开挖后应立即采取控制围岩及初期支护变形量的措施。

4　台阶下部断面一次开挖长度应与上部断面相同，且不得超过1.5m。

5　台阶下部开挖后应及时喷射混凝土封闭。

第9.3.10条对照规范

➤《公路隧道施工技术规范》(JTG F60—2009)

6.2.2　台阶法施工应符合下列规定：

1　台阶长度不宜超过隧道开挖宽度的1.5倍。台阶不宜多分层。

2　上台阶钢架施工时，应采取有效措施控制其下沉和变形。

3　下台阶应在上台阶喷射混凝土强度达到设计强度的70%后开挖。

6.2.3　环形开挖留核心土法施工应符合下列规定：

1　环形开挖进尺宜为0.5～1.0m；核心土面积应不小于整个断面面积的50%。

2 开挖后应及时施工喷锚支护、安设钢架支撑，相邻钢架必须用钢筋连接，并应按设计要求施工锁脚锚杆。

3 围岩地质条件差，自稳时间短时，开挖前应按设计要求进行超前支护。

4 核心土与下台阶开挖应在上台阶支护完成后、喷射混凝土强度达到设计强度的70%后进行。

➤ **《公路隧道施工技术细则》**(JTG/T F60—2009)

6.2.3 台阶法可用于Ⅲ～Ⅳ级围岩的中小跨度隧道，Ⅴ级围岩的中小跨度隧道在采用了有效的预加固措施后亦可采用台阶法开挖。采用台阶法施工时应符合下列规定：

1 上台阶高度宜为2.5m，装渣机械应紧跟开挖面，减少扒渣距离。

2 控制上台阶钢架下沉和变形，可采用扩大拱脚和加强锁脚锚杆，加设临时仰拱等措施。

3 当岩体不稳定时，应缩短进尺，先施工边墙支护，后开挖中间土体，左右错开或拉中槽后再挖边帮，并及时施工仰拱。

4 应解决好上、下部施工干扰问题，下部应减少对上部围岩、支护的干扰和破坏。

JTG F90—2015

9.3.11 中隔壁法施工应符合现行《公路隧道施工技术规范》(JTG F60)的有关规定，且同侧上、下层开挖工作面应保持3～5m距离。

第9.3.11条对照规范

➤ **《公路隧道施工技术规范》**(JTG F60—2009)

6.2.4 中隔壁法或交叉中隔壁法施工应符合下列规定：

1 初期支护完成后方可进行下一分部开挖。地质较差时，每个台阶底部均应按设计要求设临时钢架或临时仰拱。

2 各部开挖时，周边轮廓应尽量圆顺。

3 应在先开挖侧喷射混凝土强度达到设计要求后再进行另一侧开挖。

4 左右两侧导坑开挖工作面的纵向间距不宜小于15m。

5 当开挖形成全断面时，应及时完成全断面初期支护闭合。

6 中隔壁及临时支撑应在浇筑二次衬砌时逐段拆除。

JTG F90—2015

9.3.12 双侧壁导坑法施工应符合下列规定：

1 及时施工初期支护并尽早封闭成环。

2 侧壁导坑形状应近似于椭圆形断面。

3 导坑跨度宜为隧道跨度的1/3。

4 左右导坑前后距离不宜小于15m。

5 导坑与中间土体同时施工时，导坑应超前30～50m。

第9.3.12条对照规范

➢ **《公路隧道施工技术规范》**(JTG F60—2009)

6.2.5 双侧壁导坑法施工应符合下列规定：

1 侧壁导坑开挖后，应及时施工初期支护并尽早形成封闭环。

2 侧壁导坑形状应近于椭圆形断面，导坑跨度宜为整个隧道跨度的三分之一。

3 左右导坑施工时，前后拉开距离不宜小于15m。

4 导坑与中间土体同时施工时，导坑应超前30～50m。

JTG F90—2015

9.3.13 仰拱开挖施工应符合下列规定：

1 Ⅳ级及以上围岩仰拱每循环开挖长度不得大于3m，不得分幅施作。

2 仰拱与掌子面的距离，Ⅲ级围岩不得超过90m，Ⅳ级围岩不得超过50m，Ⅴ级及以上围岩不得超过40m。

3 底板欠挖硬岩应采用人工钻眼松动、弱爆破方式开挖。

4 开挖后应立即施作初期支护。

5 栈桥等架空设施强度、刚度和稳定性应满足施工要求；栈桥基础应稳固；桥面应做防侧滑处理；两侧应设限速警示标志，车辆通过速度不得超过5km/h。

条文说明

Ⅳ级及以上围岩是指Ⅳ级、Ⅴ级、Ⅵ级围岩。

第9.3.13条对照规范

➤ **《公路隧道施工技术规范》**(JTG F60—2009)

6.2.6 仰拱部位开挖应符合下列规定：

1 挖至设计高程时，底面应圆顺，渣物应清除。

2 做好排水设施，清除积水。

3 隧道底两隅与侧墙连接处应圆顺。

4 仰拱部开挖时，应采取措施保证施工交通安全。

9.4 装渣与运输

9.4.1 装渣与运输应符合现行《公路隧道施工技术规范》(JTG F60)的有关规定。

第9.4.1条对照规范

➤ **《公路隧道施工技术规范》**(JTG F60—2009)

7.1.3 运输线路或道路应设专人进行维修和养护，使其处于平整、畅通状态。线路或道路两侧的废渣和余料应随时清除。

7.1.6 爆破器材运输应符合有关安全管理规定。

7.2.4 有轨运输作业应符合下列规定：

1 机动车牵引不得超载。

2 车辆装载的高度，斗车不应超过顶面0.5m，宽度不应超过车宽。

3 列车连接必须良好，必须采用不能自行脱钩的连接装置。利用机车进行车辆的调车、编组和停留时，必须有可靠的制动装置，严禁溜放。

4 车辆在同方向行驶时，相邻两组列车间的距离不应小于100m。人推斗车的间距不应小于20m。

5　在洞内施工地段、视线不良的弯道上或通过道岔和洞口平交道等处，机动车牵引的列车运行速度不宜超过 10km/h；其他地段在采取有效的安全措施后，最大速度不宜超过 20km/h。

6　轨道旁的料堆，距钢轨外缘不应小于 0.8m，高度不应大于 1.0m。

7　洞内在曲线区间、转辙器、人行横道处等应设慢行标志。车辆的限制速度、注意或危险提示等必须用交通标志及标灯明示出来。

8　长隧道施工应有载人列车供施工人员上下班使用，并应制订保证安全的措施。严禁非专职人员开车。

7.3.2　装渣作业应符合下列规定：

1　装渣前及装渣过程中，应检查开挖面围岩的稳定情况。发现有松动岩石或塌方征兆时，必须先处理后装渣。

2　装渣作业应由专人指挥。要注意爆后残留在掌子面上和埋在爆渣之中的拒爆残药，发现拒爆残药，必须立即通知专业人员进行处理。

3　人工装渣时，应将车辆停稳并制动。漏斗装渣时，漏斗处应有防护设备和联络信号，装渣结束后漏斗处应加盖；接渣时，漏斗口下不得有人通过。

4　机械装渣时，装载机械应能在开挖断面内安全运转，装渣机操作时其回转范围内不得有人通过；机械装渣作业应严格按操作规程进行，并不得损坏已有的支护及设施。

5　采用有轨式装渣机械时，轨道应紧跟开挖面，调车设备应及时向前移动。

7.3.3　卸渣作业应符合下列规定：

1　应根据弃渣场地形条件、弃渣利用情况、车辆类型，妥善布置卸渣路线。卸渣应在规定的卸渣路线上依次进行，不得干扰任何施工作业或其他设施。

2　卸渣宜采用自动卸渣或机械卸渣设备和平渣设备。机械卸渣时应有专人指挥，及时平整；人工卸渣时，应将车辆停稳制动，严禁站在斗车内扒渣。

3　所有弃渣堆顶面及坡脚处，或与原地面衔接处，均应按设计要求修筑永久排水设施和其他必要的防护工程。

4　轨道运输卸渣时，卸渣码头应搭设牢固，并设挂钩、栏杆，轨道末端应设置可靠的挡车装置和标志，以及足够宽的卸车平台。

JTG F90—2015

9.4.2　运渣车辆应状态完好、制动有效，不得载人，不得超载、超宽、超高运输。

第9.4.2条对照规范

➢《公路工程施工安全技术规程》(JTJ 076—95)

7.3.1 各类进洞车辆必须处于完好状态，制动有效，严禁人料混载。

7.3.3 所有运载车辆均不准超载、超宽、超高运输。运装大体积或超长料具时，应有专人指挥，专车运输，并设置显示界限的红灯。

➢《公路隧道施工技术规范》(JTG F60—2009)

7.1.4 出渣运输车辆必须处于完好状态，制动有效，严禁人料混载，不准超载、超宽、超高运输。运装大体积或超长料具时，应有专人指挥，专车运输，并设置显示界限的红灯。

JTG F90—2015

9.4.3 装渣、卸渣及运输作业场地的照明应满足作业人员安全的需要，隧道内停电或无照明时，不得作业。

9.4.4 长、特长隧道施工有轨运输应配备载人列车，并设专人操作。

第9.4.4条对照规范

➢《公路工程施工安全技术规程》(JTJ 076—95)

7.3.6.1 有轨运输应遵守下列规定：

(1)洞内平曲线半径不应小于车轴距的7倍；洞外不应小于10倍；

(2)双线运输时，其车辆错车净距应大于0.4m，车辆距坑壁或支撑边缘的净距不应小于0.2m；

(3)单线运输时，在一侧应设宽度不小于0.7m的人行道，并在适当地点设错车道，其长度应能满足最长列车运行的要求；

(4)洞内轨道坡度宜与隧道纵坡一致，卸渣地段应设不小于1%的上坡道；

(5)在线路尽头应设置挡车装置和标志，以及足够宽的卸车平台；

(6)运输线路应有专人维修、养护，线路两侧的废渣和余料应随时清理。

JTG F90—2015

9.4.5　无轨运输应设置会车场所、转向场所及行人的安全通路。

第 9.4.5 条对照规范

➤《公路工程施工安全技术规程》(JTJ 076—95)

7.3.6.3　无轨运输应遵守下列规定：

(1)洞内运输的车速不得超过：人力车 5km/h；机动车在施工作业地段单车 10km/h，有牵引车及会车时 5km/h；机动车在非作业地段单车 20km/h，有牵引车时 15km/h，会车时 10km/h；

(2)车辆行驶中严禁超车；

(3)在洞口、平交道口及施工狭窄地段应设置“缓行”标志，必要时应设专人指挥交通；

(4)凡停放在接近车辆运行界限处的施工设备与机械，应在其外缘设置低压红色闪光灯，组成显示界限，以防运输车辆碰撞；

(5)在洞内倒车与转向时，必须开灯鸣号或有专人指挥；

(6)洞外卸渣场地段应保持一段的上坡段，并在堆渣边缘内 0.8m 处设置挡木；

(7)路面应有一定的平整度，并设专人养护；

(8)洞内车辆相遇或有行人通行时，应关闭大灯光，改用近光或小灯光。

➤《公路隧道施工技术规范》(JTG F60—2009)

7.2.5　无轨运输作业应符合下列规定：

1　洞内宜铺设简易路面，路面的平整度、强度等指标应满足出渣车辆运行要求，并做好排水及路面的维修工作。

2　从隧道的开挖面到弃渣场地，必须按需要设置会车场所、转向场所及行人的安全通路。

3　在洞口、平交道口、狭窄的施工场地，必须设置明显的警示标志，必要时应设专人指挥交通。

4　单车道净宽不得小于车宽加 2m，并应隔适当距离设置错车道；双车道净宽不得小于 2 倍车宽加 2.5m；会车视距宜大于 40m。

5 行车速度，在施工作业地段和错车时不应大于15km/h，成洞地段不宜大于20km/h。

6 车辆行驶中严禁超车，洞内倒车与转向应由专人指挥。

7 洞内应加强通风，洞内作业环境应符合职业健康标准。

9.5 支护

9.5.1 围岩自稳程度差的地段应先进行超前支护、预加固处理，并应符合设计要求。

第9.5.1条对照规范

➤ **《公路隧道施工技术细则》**(JTG/T F60—2009)

7.1.2 当掌子面自稳能力差时，应选择超前支护、掌子面预加固、改变开挖工序等措施。

JTG F90—2015

9.5.2 应随时观察支护各部位，支护变形或损坏时，作业人员应及时撤离现场。

第9.5.2条对照规范

➤ **《公路工程施工安全技术规程》**(JTJ 076—95)

7.4.2 施工期间，现场施工负责人应会同有关人员对支护各部定期进行检查。在不良地质地段每班应设专人随时检查，当发现支护变形或损坏时，应立即整修和加固；当变形或损坏情况严重时，应先将施工人员撤离现场，再行加固。

7.4.11 当发现测量数据有不正常变化或突变，洞内或地表位移值大于允许位移值，洞内或地面出现裂缝以及喷层出现异常裂缝时，均应视为危险信号，必须立即通知作业人员撤离现场，待制定处理措施后才能继续施工。

JTG F90—2015

9.5.3 喷射混凝土、锚杆、钢筋网、超前小导管、管棚支护施工应符合现行《公路隧道施工技术规范》(JTG F60)的有关规定。焊接作业区域内不得有易燃易爆物品,下方不得有人员站立或通行。

第9.5.3条对照规范

➢ **《公路工程施工安全技术规程》**(JTJ 076—95)

7.4.9 喷锚支护时,危石应清除,脚手架应牢固可靠,喷射手应配戴防护用品;机械各部应完好正常,压力应保持在0.2MPa左右;注浆管喷嘴严禁对人放置。

7.4.10 当发现已喷锚区段的围岩有较大变形或锚杆失效时,应立即在该区段增设加强锚杆,其长度应不小于原锚杆长度的1.5倍。如喷锚后发现围岩突变或围岩变形量超过设计允许值时,宜用钢支架支护。

➢ **《公路隧道施工技术规范》**(JTG F60—2009)

8.2.8 喷射混凝土作业安全与防护应符合下列规定:

1 应检查和处理支护作业区危石,施工机具应布置于安全地带。

2 施工用作业台架应牢固可靠,并应设置安全栏杆。

3 施工时,非作业人员不得进入喷射作业区,喷嘴前禁止站人。

4 作业区粉尘浓度必须符合本规范第13章的规定。作业人员应戴防尘口罩、防护镜、防护帽等劳保用品。

5 喷射作业完成后,应及时清洗机具。

8.3.4 普通水泥砂浆锚杆施工应符合下列规定:

1 普通水泥砂浆锚杆材料、直径、插入孔内长度,应满足设计要求。

2 砂浆应在初凝前使用,已初凝的砂浆不得使用。

3 砂浆灌浆后应及时插入锚杆杆体。锚杆杆体插到设计深度时,孔口应有砂浆流出;若孔口无砂浆流出,则应将杆体拔出重新灌浆。全长黏结锚杆应灌浆饱满。

4 垫板、螺母应在砂浆初凝后安装。垫板与喷射混凝土应紧密接触。

8.3.5 中空注浆锚杆施工时应保持中空通畅,并留有专门排气孔。螺母应在砂浆初凝后拧紧。

8.3.6 水泥砂浆药包锚杆施工应符合下列规定:

1 应对药包做泡水检验。

2 药包不应有受潮结块现象。

3 药包应以专用工具推入钻孔内,防止中途破裂。

4 锚杆插到设计深度时,孔口应有砂浆流出。

5 应使垫板与喷射混凝土紧密接触。

8.3.7 全长黏结式锚杆安设后不得敲击，其端部 3d 内不得悬挂重物。

8.4.2 钢筋网安装应符合下列规定：

1 应在初喷一层混凝土后再进行钢筋网铺设。

2 采用双层钢筋网时，第二层钢筋网应在第一层钢筋网被喷射混凝土全部覆盖后进行铺挂。

3 钢筋搭接长度不得小于 $30d$（d 为钢筋直径），并不得小于一个网格长边尺寸。

4 钢筋网应与锚杆或其他固定装置连接牢固。

5 钢筋网应随受喷岩面起伏铺设，与受喷面的最大间隙不宜大于 30mm。

➤ **《公路隧道施工技术细则》**(JTG/T F60—2009)

7.2.4 喷射混凝土作业应符合下列规定：

1 喷射作业应分段、分片由下而上顺序进行，每次作业区段纵向长度不宜超过 6m。

2 一次喷射厚度应根据设计厚度和喷射部位确定，初喷厚度宜控制在 40～60mm。复喷一次喷射厚度拱顶不得大于 100mm、边墙不得大于 150mm。

3 岩面有较大凹洼时，应在初喷时找平。

4 前一层喷射混凝土终凝后 1h 以上且喷层表面已蒙上粉尘时，后一层喷射作业前应清洗干净受喷面。

5 喷射混凝土作业时喷嘴应垂直岩面。喷射混凝土必须直接喷在岩面上。喷枪头到喷射面距离宜为 0.6～1.2m，喷射机工作压力应控制在 0.1～0.15MPa。

JTG F90—2015

9.5.4 钢架施工除应符合现行《公路隧道施工技术规范》(JTG F60)的有关规定外，尚应符合下列规定：

1 钢架底脚基础应坚实、牢固。

2 相邻的钢架应连接成整体。

3 已安装的钢架发生扭曲变形时，应及时逐榀更换，不得同时更换相邻的钢架。

4 下部开挖后，钢架应及时接长、落底，钢架底脚不得左右同时开挖。

5 拱脚开挖后应立即安装拱架、施作锁脚锚杆，锁脚锚杆数量、长度、角度应符合设计要求。

6 拱脚不得脱空，不得有积水浸泡。

7 临时钢架支护应在隧道钢架支撑封闭成环并满足设计要求后拆除。

第 9.5.4 条对照规范

➢ **《公路隧道施工技术规范》**(JTG F60—2009)

8.5.4 钢架安装应符合下列规定：

1 钢架拱脚必须放在牢固的基础上。应清除底脚下的虚渣及其他杂物，脚底超挖部分应用喷射混凝土填充。

2 钢架应分节段安装，节段与节段之间应按设计要求连接。连接钢板平面应与钢架轴线垂直，两块连接钢板间采用螺栓和焊接连接，螺栓不应少于 4 颗。

3 相邻两榀钢架之间必须用纵向钢筋连接，连接钢筋直径不应小于 18mm，连接钢筋间距不应大于 1.0m。

4 钢架应垂直于隧道中线，竖向不倾斜、平面不错位，不扭曲。上、下、左、右允许偏差±50mm，钢架倾斜度应小于 2°。

8.5.5 钢架安装就位后，钢架与围岩之间的间隙应用喷射混凝土充填密实。喷射混凝土应由两侧拱脚向上对称喷射，并将钢架覆盖，临空一侧的喷射混凝土保护层厚度应不小于 20mm。

9.6 衬砌

9.6.1 软弱围岩及不良地质隧道的二次衬砌应及时施作，二次衬砌距掌子面的距离Ⅳ级围岩不得大于 90m，Ⅴ级及以上围岩不得大于 70m。

第 9.6.1 条对照规范

➢ **《公路工程施工安全技术规程》**(JTJ 076—95)

7.5.1 随着隧道各部开挖工作的推进，应及时进行衬砌或压浆，特别是洞门建筑的衬砌必须尽早施工，地质不良地段的洞口必须首先完成。

➤ **《公路隧道施工技术规范》**(JTG F60—2009)

8.1.1 隧道施工支护应配合开挖作业及时进行，确保施工安全。

JTG F90—2015

9.6.2 隧道内不得加工钢筋。

9.6.3 衬砌钢筋安装应设临时支撑，临时支撑应牢固可靠并有醒目的安全警示标志。

9.6.4 钢筋焊接作业在防水板一侧应设阻燃挡板。

9.6.5 衬砌台车应经专项设计，衬砌台车、台架组装调试完成应组织验收，并应试行走，日常使用应按规定维护保养。

9.6.6 拱架、墙架和模板拆除应符合现行《公路隧道施工技术规范》(JTG F60)的有关规定。

第9.6.6条对照规范

➤ **《公路隧道施工技术规范》**(JTG F60—2009)

8.7.12 拆除拱架、墙架和模板，应符合下列规定：

1 不承受外荷载的拱、墙混凝土强度应达到5.0MPa。

2 承受围岩压力的拱、墙以及封顶和封口的混凝土强度应满足设计要求。

JTG F90—2015

9.6.7 仰拱应分段一次整幅浇筑，并应根据围岩情况严格限制分段长度。

第 9.6.7 条对照规范

➤ **《公路隧道施工技术规范》**(JTG F60—2009)

8.8.1 仰拱混凝土施工应符合下列规定:

1 仰拱混凝土应超前拱墙混凝土施工。

2 仰拱混凝土浇注前应清除积水、杂物、虚渣等。

3 仰拱混凝土浇注必须使用模板,混凝土应振捣密实。

4 仰拱施工缝和变形缝处应按设计要求进行防水处理。

5 仰拱施工前,超挖在允许范围内时,应采用与衬砌相同强度等级的混凝土进行浇注;超挖大于规定时,应按设计要求回填,不得用洞渣随意回填,严禁片石侵入仰拱断面。

➤ **《公路隧道施工技术细则》**(JTG/T F60—2009)

7.7.3 仰拱填充应符合下列规定:

1 隧道底部(包括仰拱),超挖在允许范围内应采用与衬砌相同强度等级混凝土浇筑;超挖大于规定时,应按设计要求回填,不得用洞渣随意回填,严禁片石侵入衬砌断面(或仰拱断面)。

2 仰拱以上的混凝土或片石混凝土应在仰拱混凝土达到设计强度的 70%后施工。

7.7.4 仰拱和底板混凝土强度达到设计强度 100%后方可允许车辆通行。

9.7 辅助坑道

9.7.1 横洞、平行导坑施工应符合现行《公路隧道施工技术规范》(JTG F60)的有关规定。平行导坑宜采用单车道断面,间隔 200m 左右应设置一处错车道。错车道的有效长度宜为 1.5 倍施工车辆的长度。

第 9.7.1 条对照规范

➤ **《公路隧道施工技术规范》**(JTG F60—2009)

14.4.1 横洞和平行导坑的开挖,应根据围岩级别、断面大小合理选用开挖方法。当其与正洞的距离小于 10m 时,应采用控制爆破技术。

14.4.2 平行导坑的掘进应超前于正洞。超前距离可视施工条件确定,宜大于两个临时横通道的间距。临时横通道间的距离应根据施工需要、正洞工程进度及地质情况确定。

14.4.3 平行导坑横通道的交叉口开挖应一次完成。

14.4.4 横洞和平行导坑都应设置完整通畅的排水系统。

JTG F90—2015

9.7.2 开挖前应妥善规划并完成斜井、竖井井口周边的截水、排水系统和防冲刷设施、斜井洞门、竖井锁口圈应及早施作。

条文说明

斜井、竖井口是施工的重要通道，坑道口的截水、排水系统和防冲刷设施、斜井洞门、斜井锁口圈，均应尽快及早建成，以保证正洞施工的安全顺利进行。

第9.7.2条对照规范

➤ **《公路工程施工安全技术规程》**(JTJ 076—95)

7.6.1 竖井和斜井的井口附近，应在施工前做好修整，并在周围修好排水沟、截水沟，防止地面水侵入井中，发生坍塌。竖井井口平台应比地面至少高出0.5m，井口应有严密的井盖，只有当吊笼吊罐升降时才准许打开井盖。

➤ **《公路隧道施工技术规范》**(JTG F60—2009)

14.1.1 辅助坑道洞口的截、排水工程和场地周围防护冲刷的设施，应在辅助坑道施工前完成。坑道口洞门应尽早建成。

14.3.1 井口周围应设置安全栅栏和安全门，安全栅栏高度不应小于600mm。井口的锁口圈应在井身掘进前完成，并配备井盖。在升降人员或物料时，井盖方可开启。

JTG F90—2015

9.7.3 开挖前应检查斜井、竖井与正洞连接处的围岩稳定情况，应根据检查结果确定并实施超前预加固措施。开挖后，应及时支护和监控量测。

9.7.4　斜井施工应符合下列规定：

1　无轨运输斜井内运输道路应硬化，并应采取防滑措施；长隧道斜井无轨运输道路综合纵坡不得大于10%；单车道的斜井，每隔一定距离应设置错车道，其长度应满足安全行车要求。

2　无轨运输进洞载物车辆车速不得大于8km/h，空车车速不得大于15km/h；出洞爬坡车速不得大于20km/h。

3　有轨运输井口应设置挡车器，并设专人管理；在挡车器下方5～10m及接近井底前10m处应各设一道防溜车装置；长大斜井每隔100m应分别设置防溜车装置，井底与通道连接处应设置安全索；车辆行驶时，井内严禁人员通行与作业。

4　有轨运输井身每30～50m应设置躲避洞，井底停车场应设避车洞，井底附近的固定设备应置于专用洞室。

5　斜井口、井下及提升绞车应有联络信号装置。每次提升、下放与停留应有明确的信号规定。

6　斜井中牵引运输速度不得大于5m/s，接近洞口与井底时不得大于2m/s，升降加速度不得大于0.5m/s^2。

7　斜井提升设备应按规定装设符合要求的防止过卷装置、防止过速装置、限速器、深度指示器、警铃、常用闸和保险闸等保险装置。

8　斜井提升、连接装置和钢丝绳应符合安全使用的要求，并应定期检查。

9　人员不得乘斗车上下；当斜井垂直深度超过50m时，应有运送人员的专用设施。

10　运送人员的车辆应设顶盖，并装有可靠的防坠器；车辆中应装有向卷扬机司机发送紧急信号的装置。

第9.7.4条对照规范

➤ **《公路工程施工安全技术规程》**(JTJ 076—95)

7.6.8.1　斜井的牵引运输速度不得超过3.5m/s；接近洞口与井底时不得超过2m/s；升降加速度不得超过0.5m/s。

7.6.8.3 斜井口必须设置挡车器,并设专人管理。挡车器必须经常处于关闭状态,放车时方可打开。车辆在井内行驶或停留期间,井内严禁人员通行和作业。斜井长度超过 100m 时,应在井口下 20m 和接近井底 60m 左右设置第二道挡车器。

➤ **《公路隧道施工技术规范》**(JTG F60—2009)

14.2.2 斜井施工应严格按设计要求及时支护。倾角大于 30°且地质条件较差的斜井衬砌,其墙基的末端应做成台阶形式。

14.2.3 轨道铺设的标准和要求除应按本规范第 7.2.3 条的规定执行外,尚应符合下列规定:

1 每根钢轨应安装两组防爬设备,每对钢轨应有 3 根轨距拉杆。

2 两条钢轨顶面的高差不得超过 5mm,铺设双轨时,两股道上运行车辆之间的空隙不得小于 500mm。

3 运输轨道与两侧管道、电力线之间的安全距离(有人行横道者另计)不得小于 200mm,使用胶带运输机时不得小于 400mm。

4 托索轮及安全闸等轨道辅助设备应与轨道一并铺设。

14.2.4 斜井采用有轨运输时,应符合下列规定:

1 运输车辆升降的最大速度不得大于设计规定值。

2 提升绞车应有深度指示器及自动示警装置,并设有防过卷装置。

3 斜井的提升、连接装置和钢丝绳、绳卡应符合安全使用的要求,并应定期检查、上油保养。

4 提升绞车与井口、井底均应有联络信号装置,并有专人负责。每次提升、下放、暂停应有明确的信号规定。

5 井口轨道中心必须设置安全挡车器,并经常处于关闭状态,放车时方准打开。在挡车器下方约 5~10m 及接近井底前 10m 处应各设一道防溜车装置。井底与通道连接处,应设置安全索。车辆行驶时,井内禁止人员通行与作业。

6 运输斗车之间、斗车和钢丝绳之间,应有可靠的连接装置,并加装保险绳。在斗车上、钢丝绳或车钩上,要有防脱钩设备。

7 运输长材料时,必须有装卸及进出斜井的安全措施。

8 严禁人员乘斗车上下,当斜井垂直深度超过 50m 时,应有运送人员的专用设施。

9 斜井内应有足够的照明设施。

➤ **《公路隧道施工技术细则》**(JTG/T F60—2009)

13.2.2 斜井的井口地段、不良地质或渗水地段、井底调车场、作业洞室,施工时应按设计要求加强支护，并应及时衬砌。

JTG F90—2015

9.7.5　竖井施工应符合现行《公路隧道施工技术规范》(JTG F60)的有关规定，提升机、罐笼、绞车应符合现行《矿井提升机和矿用提升绞车安全要求》(GB 20181)和《罐笼安全技术要求》(GB 16542)的有关规定，尚应符合下列规定：

1　井口应配置井盖，除升降人员和物料进出外，井盖不得打开。井口应设防雨设施，通向井口的轨道应设挡车器。井口周围应设防护栏杆和安全门，防护栏杆的高度不得小于1.2m。

2　竖井井架应安装避雷装置。

3　竖井吊桶、罐笼升降作业应制订操作规程，并严格执行。

4　每次爆破后，应有专人清除危石和掉落在井圈上的石渣，并检查初期支护和临时支撑，清理完后方可正常工作。当工作面附近或未衬砌地段发现落石、支撑发响、大量涌水时，作业人员应立即撤出井外，并报告处理。

第9.7.5条对照规范

➤ **《公路工程施工安全技术规程》**(JTJ 076—95)

7.6.7.1　竖井井口应设防雨设施，接罐地点应设置牢固的活动栅门，由专人掌管启闭。接罐人员均应佩戴安全带，上下井的人员应服从接罐人员的指挥，通向井口的轨道应设阻车器。

➤ **《公路隧道施工技术规范》**(JTG F60—2009)

14.3.2　竖井内应加强通风和排水。

14.3.3　竖井开挖钻爆作业除应符合本规范第6章有关规定外，还应符合下列规定：

1　钻眼前应先清除开挖面的石渣并排除积水。

2　每次爆破后应检测断面，不得欠挖。

14.3.4　竖井运输应符合下列规定：

1 通向井口的轨道应设阻车器。

2 井口、井底、绞车房和工作吊盘间均应有联络信号,并有专人负责。必要时应装设直通电话。

3 提升机械不得超负荷运行,并应有深度指标器和防止过卷、过速等保护装置以及限速器和松绳信号等。

4 工作吊盘的载质量不应超过吊盘的设计载重能力。

5 提升吊桶所用钩头连接装置应牢固,不得自动脱钩,并应有缓转器。罐笼提升应设置可靠的防坠器。

6 提升用的钢丝绳和各种悬挂使用的钩、链、环、螺栓等连接装置,应具有规定的安全系数,使用前应进行拉力试验,合格后方可使用。使用中应定期检查、修理和更换。

➢ **《公路隧道施工技术细则》**(JTG/T F60—2009)

13.3.4 竖井装渣宜用抓岩机。爆破的石渣宜大小均匀,以提高出渣效率。当竖井深度小于40m时,出渣也可采用三脚架或龙门架作井架,但出渣时应有稳绳装置和其他保证安全的措施。

9.8 防水和排水

9.8.1 隧道防水板施工作业台架应设置消防器材及防火安全警示标志,并应设专人负责。照明灯具与防水板间距离不得小于0.5m,不得烘烤防水板。

9.8.2 隧道排水作业应符合下列规定:

1 隧道内反坡排水方案应根据距离、坡度、水量和设备情况确定。抽水机排水能力应大于排水量的20%,并应有备用台数。

2 隧道内顺坡排水沟断面应满足隧道排水需要。

3 膨胀岩、土质地层、围岩松软地段应铺砌水沟或用管槽排水。

4 遇渗漏水面积或水量突然增加,应立即停止施工,人员撤至安全地点。

第 9.8.2 条对照规范

➤ **《公路工程施工安全技术规程》**(JTJ 076—95)

7.8.2.1 在有地下水排出的隧道,必须挖凿排水沟,当下坡开挖时应根据涌水量的大小,设置大于 20%涌水量的抽水机具予以排出。抽水机械的安装地点应在导坑的一侧或另开偏洞安装,并用栅栏与隧道隔离。

7.8.2.2 抽水设备宜采用电力机械,不得在隧道内使用内燃抽水机。抽水机械应有一定的备用台数。

7.8.2.4 如发现工作面有大量涌水时,应即令工人停止工作,撤至安全地点。

➤ **《公路隧道施工技术规范》**(JTG F60—2009)

11.2.3 洞内顺坡排水沟断面应满足排除隧道中渗漏水和施工废水的需要,并经常清理排水设施,防止淤塞,确保水路畅通。在膨胀岩、土质地层、围岩松软地段,排水沟中不得有积水,宜根据需要对排水沟进行铺砌或用管槽代替。

11.2.4 洞内反坡排水必须采用水泵抽水。

11.2.8 应制订防涌(突)水(泥)的安全措施。

➤ **《公路隧道施工技术细则》**(JTG/T F60—2009)

11.2.7 制定防涌（突）水的安全措施时，应考虑开挖面应布置超前钻孔，预防水囊、暗河、高压涌水等的危害。应对工程地质和水文地质作详细的调查分析，先判明地下水流方向，再确定钻孔位置、方向、数目和钻孔深度，并应采取下列防止涌水的措施：

1 非施工人员必须撤出危险区。

2 应及时测算水量、水压、流速、含泥沙量等,备足配套的抽水设备。

3 在钻孔口预先埋管设阀,控制排水量,防止承压水冲击及淹没坑道等意外险情发生。

4 水平钻孔钻到预期的深度尚未出水时,可会同设计单位进一步进行地质和水文的勘测工作,重新判定地下水情况。

JTG F90—2015

9.8.3 斜井及竖井排水应符合下列规定:

1 斜井应边掘进边排水;涌水量较大地段应分段截排水。

2 竖井、斜井的井底应设置排水泵站;排水泵站应设在铺设排水管的井身附近,并应与主变电所毗邻;泵站应留有增加水泵的余地。

3 水箱、集水坑处应挂设警示牌标识,并对设备进行挡护。

第9.8.3条对照规范

➢ **《公路隧道施工技术规范》**(JTG F60—2009)

11.2.1 隧道洞口及辅助坑道洞(井)口应及时做好排水系统,完善防排水措施。

9.9 通风、防尘及防有害气体

9.9.1 施工通风应符合下列规定:

1 隧道施工独头掘进长度超过150m时应采用机械通风;通风方式应根据隧道长度、断面大小、施工方法、设备条件等确定,主风流的风量不能满足隧道掘进要求时,应设置局部通风系统。

2 隧道施工通风应纳入工序管理,由专人负责。

3 隧道施工通风应能提供洞内各项作业所需要的最小风量,风速不得大于6m/s;每人供应新鲜空气不得小于$3m^3/min$,内燃机械作业供风量不宜小于$4.5m^3/(min \cdot kW)$;全断面开挖时风速不得小于0.15m/s,导洞内不得小于0.25m/s。

4 长及特长隧道施工应配备备用通风机和备用电源。

5 通风机应装有保险装置,发生故障时应自动停机。

6 通风管沿线应每50~100m设立警示标志或色灯。

7 通风管安装作业台架应稳定牢固,并应经验收合格。

8 主风机间歇时,受影响的工作面应停止工作。

条文说明

3 本款参考《公路隧道施工技术规范》(JTG F60—2009)第13.0.4条制定。

4 本款规定是为防止因通风机故障或停电造成通风机停机,导致洞内有毒有害气体和粉尘超过规定标准,危及洞内作业人员的人身安全。

第9.9.1条对照规范

➤《公路工程施工安全技术规程》(JTJ 076—95)

7.7.3 隧道内空气成分每月应至少取样分析一次;风速、含尘量每月至少检测一次。

➤《公路隧道施工技术规范》(JTG F60—2009)

13.0.3 隧道施工独头掘进长度超过150m时,必须采用机械通风。其通风方式应根据隧道长度、断面大小、施工方法、设备条件等综合确定。当主风流的风量不能满足隧道掘进要求时,应设置局部通风系统,并应尽量利用辅助坑道。

13.0.4 隧道施工通风应能提供洞内各项作业所需要的最小风量。每人应供应新鲜空气3m^3/min,采用内燃机械作业时,供风量不宜小于4.5m^3/(min·kW)。全断面开挖时风速不应小于0.15m/s,导洞内不应小于0.25m/s,但均不应大于6m/s。

13.0.5 通风管的安装应符合下列规定:

1 送风式的进风管口应设在洞外,宜在洞口里程30m以外。

2 集中排风管口应设在洞外,并应做成烟囱式。

3 通风管靠近开挖面的距离应根据开挖面大小确定,送风式通风管的送风口距开挖面不宜大于15m,排风式风管吸风口距开挖面不宜大于5m。

4 采用混合通风方式时,当一组风机向前移动,另一组风机的管路应相应接长,并始终保持两组管道相邻端交错20～30m。局部通风时,排风式风管的出风口应引入主风流循环的回风流中。

5 通风管的安装应做到平顺,接头严密,每100m平均漏风率不得大于2%,弯管半径不小于风管直径的3倍。

6 通风管应设置专人定期维护、修理,如有破损,必须及时修补或更换。当采用软风管时,靠近风机部分,应采用加强型风管。

7 送风管宜采用软管,排风管应采用硬管。

13.0.6 通风机的功率、风管的直径应根据隧道独头掘进长度、运输方式、断面大小和通风方式等计算确定。通风管应与风机配套,同一管路的直径宜一致,对长、大隧道宜选用大直径风管。当通风管较长,需要提高风压时,可采用多台通风机串联;巷道式通风无大功率通风机时,亦可采用数台通风机并联。串联与并联的通风机应采用同一型号。

13.0.7 通风机的安装与使用应符合下列规定:

1 主风机安装应符合通风设计要求。洞内辅助风机应安装在新鲜风流中。

2 通风机应装有保险装置,当发生故障时能自动停机。

3 通风机应有适当的备用量，宜为计算能力的50%。

4 主风机应保持经常运转，如需间歇时，因停止供风而受影响的工作面必须停止工作。

JTG F90—2015

9.9.2 防尘、防有害气体应符合下列规定：

1 作业过程中，空气中的氧气含量不得低于19.5%；不得用纯氧通风换气。

2 空气中的一氧化碳（CO）、二氧化碳（CO_2）、氮氧化物（NO_x）等有害气体浓度不得超过表9.9.2-1中的容许值。

表9.9.2-1 工作场所空气中有毒物质容许浓度（mg/m^3）

中文名（CAS No.）		MAC	TWA	STEL
二氧化氮（NO_2）		—	5	10
二氧化硫（SO_2）		—	5	10
二氧化碳（CO_2）		—	9 000	18 000
一氧化氮（NO）		—	15	30
一氧化碳（CO）	非高原	—	20	30
	海拔为2 000～3 000m	20	—	—
	海拔大于3 000m	15	—	—

注：TWA-时间加权平均容许浓度（8h）；MAC-最高容许浓度，指在一个工作日内任何时间都不应超过的浓度；STEL-短时间接触容许浓度（15min）。

3 空气中粉尘浓度应符合表9.9.2-2的规定。

表9.9.2-2 工作场所空气中粉尘容许浓度（mg/m^3）

中文名（CAS No.）		TWA	STEL
白云石粉尘	总尘	8	10
	呼尘	4	8
沉淀 SiO_2（白炭黑）	总尘	5	10
大理石粉尘	总尘	8	10
	呼尘	4	8
电焊烟尘	总尘	4	6

续上表

中文名（CAS No.）			TWA	STE
白云石粉尘		总尘	8	10
		呼尘	4	8
沸石粉尘		总尘	5	10
硅灰石粉尘		总尘	5	10
硅藻土粉尘游离 SiO_2 含量小于 10%		总尘	6	10
滑石粉尘（游离 SiO_2 含量小于 10%）		总尘	3	4
		呼尘	1	2
煤尘（游离 SiO_2 含量小于 10%）		总尘	4	6
		呼尘	2.5	3.5
膨润土粉尘		总尘	6	10
石膏粉尘		总尘	8	10
		呼尘	4	8
石灰石粉尘		总尘	8	10
		呼尘	4	8
石墨粉尘		总尘	4	6
		呼尘	2	3
水泥粉尘（游离 SiO_2 含量小于 10%）		总尘	4	6
		呼尘	1.5	2
炭黑粉尘		总尘	4	8
矽尘	含 10%～50%游离 SiO_2 的粉尘	总尘	1	2
	含 10%～80%游离 SiO_2 的粉尘		0.7	1.5
	含 80%以上游离 SiO_2 的粉尘		0.5	1
	含 10%～50%游离 SiO_2	呼尘	0.7	1
	含 50%～80%游离 SiO_2		0.3	0.5
	含 80%以上游离 SiO_2		0.2	0.3
大理石粉尘		总尘	8	10
		呼尘	4	8
稀土粉尘（游离 SiO_2 含量小于 10%）		总尘	2.5	5
萤石混合性粉尘		总尘	1	2

续上表

中文名(CAS No.)		TWA	STE
白云石粉尘	总尘	8	10
	呼尘	4	8
云母粉尘	总尘	2	4
	呼尘	1.5	3
珍珠岩粉尘	总尘	8	10
	呼尘	4	8
蛭石粉尘	总尘	3	5
重晶石粉尘	总尘	5	10
其他粉尘		8	10

注：1. TWA-时间加权平均容许浓度(8h)；STEL-短时间接触容许浓度(15min)。

2. "其他粉尘"指不含有石棉且游离 SiO_2 含量低于10%，不含有毒物质，尚未制定专项卫生标准的粉尘。

3. "总尘"指直径为40mm的滤膜，按标准粉尘测定方法采样所得的粉尘。

4. "呼尘"即呼吸性粉尘，指按呼吸性粉尘采样方法所采集的可进入肺泡的粉尘粒子，其空气动力学直径均在7.07μm以下，空气动力学直径5μm粉尘粒子的采样效率为50%。

4 隧道施工应采取综合防尘措施，并应配备专用检测设备及仪器。隧道内存在矽尘的作业场作，每月应至少取样分析空气成分一次、测定粉尘浓度一次。

5 隧道作业人员应配备防尘口罩、耳塞等个人劳动保护用品，并应定期体检。

条文说明

本条第1～3款参考《公路隧道施工技术规范》(JTG F60—2009)第13.0.1条制定。

第9.9.2条对照规范

➤ **《公路工程施工安全技术规程》**(JTJ 076—95)

7.7.1 隧道作业环境标准

7.7.1.1 粉尘允许浓度：每立方米空气中，含有10%以上游离二氧化硅的粉尘必须在2mg以下。

7.7.1.2 氧气不得低于20%(按体积计，下同)。

7.7.1.3 瓦斯(沼气)或二氧化碳不得超过0.5%。

7.7.1.4 一氧化碳浓度不得超过30mg/m。

7.7.1.5 氮氧化物(换算成二氧化氮)浓度应在5mg/m^3以下。

7.7.1.6 二氧化硫浓度不得超过15mg/m^3。

7.7.1.7 硫化氯浓度不得超过10mg/m^3。

7.7.1.8 氨的浓度不得超过30mg/m^3。

7.7.1.9 隧道内的气温不宜超过28℃。

7.7.2 隧道内空气成分每月应至少取样分析一次；风速、含尘量每月至少检测一次。

7.7.5 施工时宜采用湿式凿岩机钻孔，用水炮泥进行水封爆破以及湿喷混凝土喷射等有利于减少粉尘浓度的施工工艺。

7.7.6 在凿岩和装渣工作面上应做好下列防尘工作：

(1)放炮前后应进行喷雾与洒水；

(2)出渣前应用水淋透渣堆和喷湿岩壁；

(3)在吹入式的出风口，宜放置喷雾器。

➤ **《公路隧道施工技术规范》**(JTG F60—2009)

13.0.1 隧道施工作业环境应符合下列卫生及安全标准：

1 空气中的氧气含量在作业过程中始终保持在19.5%以上。严禁用纯氧进行通风换气。

2 空气中的一氧化碳(CO)、二氧化碳(CO_2)、氮氧化物(NO_2)等有害气体浓度必须符合表13.0.1-1规定。

3 空气中的粉尘浓度应符合表13.0.1-2(注：同表9.9.2-2)规定。

4 有害气体和粉尘的测定方法应按《工作场所空气中有害物质监测的采样规范》(GBZ 159)执行。

5 噪声不应大于90dB。

6 隧道内气温不宜高于28℃。

13.0.2 瓦斯隧道装药爆破时，爆破地点20m内风流中瓦斯浓度必须小于1.0%；总回风道风流中瓦斯浓度必须小于0.75%。开挖面瓦斯浓度大于1.5%时，所有人员必须撤至安全地点。

13.0.8 隧道施工必须采用综合防尘措施并符合下列规定：

1 隧道施工应采取通风、洒水等防尘措施，并按规定时间测定粉尘和有害气体的浓度。

2 钻眼作业应采用湿式凿岩，当水源缺乏、容易冻结或岩性不适于湿式凿岩时，可采用带有捕尘设备的干式凿岩，采用防尘措施后应达到规定的粉尘浓度。

3 凿岩机钻眼时必须先送水后送风。

4 放炮后必须进行喷雾、洒水，出渣前应用水淋湿石渣和附近的岩壁。

5 施工人员均应佩戴防尘口罩。

13.0.9 洞内施工环境检查应符合下列规定：

1 应测试通风的风量、风速、风压，检查通风设备的供风能力和动力消耗。

2 应检测粉尘的浓度，测定方法应符合现行《工作场所空气中有害物质监测的采样规范》(GBZ 159)规定。

13.0.10 放射性地层隧道施工应符合下列规定：

1 施工单位应建立有效的防辐射监测和监督制度，严格控制无关人员进入隧道施工现场。

2 现场施工人员必须穿戴防辐射衣具，工作场所应设置更衣室、淋浴室和污染监测装置。

3 不得在隧道内抽烟、吃饭、喝水，洞内施工人员应定期体检。

4 严格控制可能存在放射性的施工污染物排放和废弃，应在得到辐射防护和环境防护有关部门批准后方可排放和废弃。

5 隧道施工完成后，应对施工人员进行体检。施工机械应经过去污，且其污染水平达到现行《放射性污染的物料解控和场址开放的基本要求》(GBZ 167)的规定后，方可确定为正常设备使用。

9.10 风、水、电供应

9.10.1 施工供风应符合下列规定：

1 空气压缩机站应设有防水、降温和防雷击设施。

2 供风管的材质及耐风压等级应满足相应要求，供风管不得有裂纹、创伤和凹陷，管内不得留有残余物和其他脏物。

3 供风管应铺设平顺、接头严密，软管与钢风管的连接应牢固，风管应在空压机停机或关闭闸阀后拆卸。

4 不得在空压机风管进出口和软管旁停留人员或放置物品。

第9.10.1条对照规范

➤ **《公路工程施工安全技术规程》**(JTJ 076—95)

7.7.4 无论通风机运转与否,严禁人员在风管的进出口附近停留,通风机停止运转时任何人员不得靠近通风软管行走和在软管旁停留,不得将任何物品放在通风管或管口上。

➤ **《公路隧道施工技术规范》**(JTG F60—2009)

12.1.1 空气压缩机站设置应合理,并有防水、降温和防雷击设施。

12.1.3 高压风、水管路的安装使用,应符合下列规定:

1 洞内风、水管不宜与电缆电线敷设在同一侧。

2 在空气压缩机站和水池总输出管上必须设总闸阀;主管上每隔300~500m应分装闸阀。高压风管长度大于1 000m时,应在管路最低处设置油水分离器,定时放出管中的积油和水。

3 高压风、水管在安装前应进行检查,有裂纹、创伤、凹陷等现象时不得使用,管内不得保留有残余物和其他脏物。

➤ **《公路隧道施工技术细则》**(JTG/T F60—2009)

12.1.2 空气压缩机站应设在洞口附近,当有多个洞口需集中供风时,可选在适中位置,但应靠近用风量较大的洞口。长隧道及特长隧道可将空压机站布设在洞内适当位置。空气压缩机站应有具体的防水、降温和防雷击设施。

JTG F90—2015

9.10.2 施工供水的蓄水池应设防渗漏措施和安全防护设施,且不得设于隧道正上方。

9.10.3 施工供电与照明必须符合下列规定:

1 非瓦斯隧道施工供电应符合本规范第4.4节规定。

2 瓦斯隧道供电照明应符合现行《煤矿安全规程》的有关规定。

3 隧道外变电站应设置防雷击和防风装置。

4 隧道内设置6~10kV变电站时,变压器与周围及上下洞壁的最小距离不得小于0.3m，变电站周围应设防护栏杆及警示灯。

5 成洞地段固定的电线路应采用绝缘良好的胶皮线架设，施工地段的临时电线路应采用橡套电缆。竖井、斜井地段应采用铠装电缆，瓦斯地段输电线应使用密封电缆。

6 涌水隧道电动排水设备、瓦斯隧道通风设备以及斜井、竖井内电气装置应采用双回路输电，并应设可靠的切换装置和防爆措施。

7 动力干线上的每一分支线，必须装设开关及保险装置。严禁在动力线路上加挂照明设施。

8 隧道施工用电必须按设计要求设置双电源或自备电源。自备发电机组与外电线路必须电源联锁，严禁并列运行。

9 隧道内照明灯光应保证亮度充足、均匀及不闪烁，采用普通灯光照明时，其照度应符合现行《公路隧道施工技术细则》(JTG/T F60)的有关规定。

10 作业地段照明电压不宜大于36V，成洞段和不作业地段宜采用220V，照明灯具宜采用冷光源。

11 漏水地段应采用防水灯具，瓦斯地段应采用防爆灯具。

12 隧道内用电线路和照明设备应设专人负责检查和维护，检修电路与照明设备应切断电源。

条文说明

5 本款是参考有关电力工程、电气设备安装的规定，并结合隧道施工的具体情况综合制定的。

7～8 为保证用电安全做此规定。

10 本款参考《公路隧道施工技术细则》(JTG/T F60—2009)第12.3.1条制定。

第9.10.3条对照规范

➤ **《公路工程施工安全技术规程》**(JTJ 076—95)

7.8.1.1 隧道内的照明灯光应保证亮度充足、均匀及不闪烁，应根据开挖断面的大小、施工工作面的位置选用不同的高度。

7.8.1.2 隧道内用电线路，均应使用防潮绝缘导线，并按规定的高度用瓷瓶悬挂牢固。不得将电线挂在铁钉和其他铁件上，或捆扎在一起。开关外应加木箱盖，采用封闭式保险盒。如使用电缆亦应牢固地悬挂在高处，不得放在地上。

7.8.1.3 隧道内各部的照明电压应为：

(1)开挖、支撑及衬砌作业地段为12～36V；

(2)成洞地段为110～220V；

(3)手提作业灯为12～36V。

7.8.1.4 隧道内的用电线路和照明设备必须设专人负责检修管理，检修电路与照明设备时应切断电源。

7.8.1.5 在潮湿及漏水隧道中的电灯应使用防水灯口。

7.9.4.1 电压不得超过110V。

7.9.4.2 输电线路必须使用密闭电缆。

7.9.4.3 灯头、开关、灯泡等照明器材必须采用防爆型，开关必须设置在送风道或洞口。

➤ **《公路隧道施工技术规范》**(JTG F60—2009)

12.2.1 非瓦斯隧道施工供电应采用400/230V三相五线系统。

12.2.2 瓦斯隧道供电照明应符合《煤矿安全规程》的有关规定。

12.2.3 洞外变电站应设置防雷击和防风装置。

12.2.4 洞内供电线路布置和安装应符合下列规定：

1 成洞地段固定的电线路，应采用绝缘良好的胶皮线架设。施工地段的临时电线路应采用橡套电缆，竖井、斜井宜使用铠装电缆。瓦斯地段的输电线必须使用密封电缆，不得使用皮线。

2 涌水隧道的电动排水设备、瓦斯隧道的通风设备以及斜井、竖井内的电气装置应采用双回路输电，并有可靠的切换装置和防爆措施。

3 动力干线上的每一分支线，必须装设开关及保险装置。严禁在动力线路上加挂照明设施。

12.2.5 洞内变电站设置应符合下列规定：

1 成洞地段洞内设置6～10kV变电站时，应有保证安全的措施。

2 洞内变电站，应设置在干燥的紧急停车带或不使用的横通道内，变压器与周围及上下洞壁的最小距离，不得小于300mm，同时应按规定设置灯光、轮廓标等安全防护设施。

3 洞内高压变电站应采用井下高压配电装置或相同电压等级的油开关柜，不应使用跌落式熔断器，应有防尘措施。

12.2.6 对各种电气设备和输电线路应有专人经常进行检查维修、调整等工作，其作业要求应符合现行《建设工程施工现场供用电安全规范》(GB 50194)、《用电安全导则》(GB/T 13869)及《电力建设安全工作规程》(DL 5009)的有关规定。

12.2.7 隧道施工作业地段必须有充足的照明。

12.2.8 漏水地段照明应采用防水灯头和灯罩，瓦斯地段照明应采用防爆灯头和灯罩。

➢ **《公路隧道施工技术细则》**(JTG/T F60—2009)

12.3.1 非瓦斯隧道施工供电电压应符合下列规定：

1 动力设备应采用三相 380V。

2 照明电压，一般作业地段不宜大于 36V，成洞段和不作业地段可采用 220V，手提作业灯为 12～24V。

3 低压线路末端的电压降不应大于 10%。

4 高压分线部位应设明显危险警告标志。

12.3.2 洞外变电站宜设在靠近负荷集中地点和设在电源来线一侧。当变电站电源线需跨越施工地区时，其最低点距人行道和运输线路的最小高度应满足：电压 35kV 时 7.5m，电压 6～10kV 时 6.5m，电压 400V 时 6m。

变压器容量应按电气设备总用量确定。当单台电动设备容量超过变压器容量 1/3 时，宜适当增加启动附加容量。

12.3.3 洞内供电线路布置和安装应符合下列规定：

1 照明和动力电线路安装在同一侧时，必须分层架设。电线悬挂高度应满足：400V 以下不应小于 2.5m，6～10kV 不应小于 3.5m。瓦斯地段的电缆应沿侧壁铺设，不得悬空架设。

2 36V 低压变压器应设在安全、干燥处，机壳接地，输电线路长度不应大于 100m。

12.3.4 洞内变电站设置应符合下列规定：

1 短隧道变压器应设置在洞口，再低压进洞；成洞地段用 6～10kV 高压电缆送电，洞内设置 6～10kV 变电站，应有保证安全的措施。

2 洞内高压变电站之间的距离宜为 1 000m，由变电站分别向相反两方向供电，每一方供电距离宜采用 500m。

12.3.5 隧道施工作业地段采用普通光源照明时，其照度应满足表 12.3.5 的要求。

表 12.3.5 隧道施工照明标准

施工作业地段	照度标准(lx)(平均照度不小于)	施工作业地段	照度标准(lx)(平均照度不小于)
施工作业面	30	特殊作业地段或不安全因素较多地段	15
开挖地段和作业地段	10	成洞地段	4
运输巷道	6	竖井内	8

1 不安全因素较大的地段可加大照度。

2 在主要交通道路、洞内抽水机站或竖井等重要处所,应有安全照明。漏水地段照明应采用防水灯头和灯罩。瓦斯地段的照明器材料应采用防爆型。

3 隧道施工照明也宜采用荧光灯、荧光高压汞灯、卤钨灯、长弧氙灯或高压钠灯等光源照明。

9.11 不良地质和特殊岩土地段

9.11.1 富水软弱破碎围岩隧道施工应符合下列规定:

1 施工过程应加强对隧道围岩和支护结构变形、地下水变化的监测,并应依据监测结论动态调整设计和施工参数。

2 应严格控制开挖循环进尺,初期支护应及时施作。

3 应遵循"防、排、堵、截"相结合的原则治水。

4 施工中出现浑水、突水突泥、顶钻、高压喷水、出水量突然增大、坍塌等突发性异常情况应立即停止施工、分析异常原因,并应妥善处理。

第 9.11.1 条对照规范

➤ **《公路隧道施工技术规范》**(JTG F60—2009)

16.8.1 富水软弱破碎围岩隧道开挖应符合下列规定:

1 应提前了解开挖面前方的地质、地下水情况。

2 可排水施工的隧道段,采用超前钻孔排水。

3 不宜排水施工的隧道地段,应按设计采取堵水措施。

4 开挖每一循环进尺宜为 0.5~1.0m。

16.8.2 富水软弱破碎围岩施工应根据支护位移量测结果，及时调整支护参数。

16.8.3 富水软弱破碎围岩隧道防排水系统施工应符合下列规定：

1 衬砌混凝土应按设计要求的防水等级施工，施工缝、变形缝应作防水处理。

2 铺设防水板前应完成设计要求的止水注浆，严禁在已铺设防水板范围内压浆。

16.8.4 富水软弱破碎围岩隧道衬砌施工应符合下列规定：

1 仰拱应超前施工，尽早与支护构成封闭结构。

2 二次衬砌应根据监控量测结果确定施工时间，全断面浇筑。

3 整体式衬砌施工应紧跟开挖工序，及时封闭。

➤ **《公路隧道施工技术细则》**(JTG/T F60—2009)

15.8.1 富水软弱破碎围岩隧道开挖应符合下列规定：

1 采用超前地质钻探或其他探测手段，提前了解开挖面前方的地质、地下水情况，就排水与堵水进行技术、经济、环境保护等多方面比较后，确定治水、防塌的措施。

2 超前钻孔排水宜保持10～20m的超前距离；当涌水量特别大时，可采用超前适当距离的导坑排水。

3 隧道埋深在20m以内可采用地表注浆堵水措施。隧道埋深超过20m时应采用工作面预注浆堵水措施。

4 宜采用中隔壁法、交叉中隔壁法或双侧壁导坑法，循环进尺宜为0.5～1.0m。

15.8.2 富水软弱破碎围岩隧道支护宜采用超前小导管注浆、管棚、钢架、钢筋网、喷射混凝土等多种支护手段构成强支护体系。

JTG F90—2015

9.11.2 岩溶地质隧道施工应符合下列规定：

1 应先开展地质调查，并根据综合地质预报对溶洞里程、影响范围、规模、类型、发育程度和填充物、储水及补给情况、岩层稳定程度以及与隧道的相对位置等做出预测分析，制定防范措施。

2 应遵循“因地制宜、综合治理”的原则施工。

3 隧道溶洞与地表水存在水力联系时，宜在旱季进行溶洞处理和隧道施工。

4　岩溶段爆破开挖应严格控制单段起爆药量和总装药量，控制爆破震动。

5　应备用足够数量的排水设备。

条文说明

1　隧道通过岩溶地区一般设计上只简单提供溶洞里程和大概规模及类型，更为详细的情况应在隧道的开挖或超前预报中才能逐渐掌握。

第9.11.2条对照规范

➢ **《公路隧道施工技术规范》**(JTG F60—2009)

16.4.1　岩溶地区隧道开挖应符合下列规定：

1　应采取综合超前地质预报措施查明施工面前方溶洞和水的情况。

2　岩溶段爆破开挖时，严格控制单段起爆药量和总装药量，控制爆破震动。

3　溶洞内不得任意抛填开挖弃渣。

4　应准备足够数量的排水设备。

16.4.2　隧道施工遇到溶洞时，其处理应符合下列规定：

1　岩溶地区隧道施工前，应依据设计文件结合现场情况核查溶洞的分布范围、类型、规模、充填物和地下水流情况等，选择“疏导、堵填、注浆加固、跨越、绕避、宣泄”等措施进行处理。

2　溶洞规模大，内部充填有大量泥沙，且含有丰富的地下水时，应预留安全止水岩墙。

3　采用回填方法处理溶洞时，不得阻断过水通道。

16.4.3　岩溶地区隧道支护和衬砌应按设计要求根据溶洞情况进行加强。二次衬砌施工前，应检查隧道周边围岩情况。

➢ **《公路隧道施工技术细则》**(JTG/T F60—2009)

15.4.1　岩溶地区隧道施工前，应依据设计文件结合现场情况核查溶洞的分布范围、类型、规模、充填物和地下水流情况等，按照“以疏为主、堵排结合、因地制宜、综合治理”的原则分别以“疏导、堵填、注浆加固、跨越、绕避、宣泄”等措施进行处理。

15.4.2　岩溶地区隧道开挖应符合下列规定：

1 开挖方法宜采用分步开挖法。在Ⅱ～Ⅳ级围岩条件下，中小跨度隧道、溶洞仅占隧道开挖断面内一小部分时，可采用全断面法开挖。当溶洞出现在隧道一侧，应先开挖该侧，待支护完成后，再开挖另一侧。

2 涌水可能增大时，应加强超前钻孔探测。

3 溶岩段爆破开挖时，宜采用多打眼、打浅眼、多分段的措施，严格控制单段起爆药量和总装药量，控制爆破震动。

15.4.3 隧道施工遇到溶洞时，其处理应符合下列规定：

1 溶洞空腔、暗河的处理应首先选择连通方案，不改变地下水总的流动趋势；各类新建的排水暗管应有一定的坡度，以预防泥沙淤积。

2 当隧道穿越有堆积物溶洞时，如果堆积物较大，清理时会造成随清随塌的大型坍塌体，宜采用超前强预支护、注浆等措施加固周围的堆积物。

3 跨径较小、已停止发育、无水的溶洞，根据其与隧道相交的位置及其充填情况，可采用混凝土、浆砌片石或干砌片石予以回填封闭，同时根据地质情况决定是否加深边墙基础。拱部以上干、空溶洞，可采用喷锚支护加固、注浆、加设护拱及拱顶回填的方法进行处理。底板下溶洞，宜采用浆砌片石回填，但不得阻断过水通道。

4 施工中遇到一时难以处理的溶洞时，可采用迂回导坑绕过溶洞区，在处理溶洞的同时进行隧道前方施工。

15.4.4 二次衬砌施工前检查隧道周边围岩情况可采用物探手段，重点检查拱部、底板、侧边墙 5m 以内是否有空洞，隧道底部是否密实。

JTG F90—2015

9.11.3 含水沙层和风积沙隧道施工应符合下列规定：

1 含水沙地段开挖应遵循“先治水、后开挖”的原则，风积沙地段开挖应遵循“先加固、后开挖”的原则；循环进尺应严格控制，并应加强监控量测。

2 开挖完成后应及时支护、尽早衬砌、封闭成环。施工过程中应遇缝必堵，严防沙粒从支护缝隙中漏出。

第 9.11.3 条对照规范

➤ **《公路隧道施工技术规范》**(JTG F60—2009)

16.5.1 隧道通过含水沙层时，应调查其特性、规模，并制订处治方案。

16.5.2 含水沙层地段隧道开挖、支护应符合下列规定：

1 自上而下支护后开挖。

2 严格控制开挖长度，防止上部两侧不均匀下沉。

3 支护应及时，边挖边封闭，遇缝必堵，严防沙粒从支护缝隙中漏出。

4 应观测支护的实际沉落量，如预留量过大或不足，应在下一环节施工中及时调整。

16.5.3 含水沙层隧道的衬砌应仰拱先行，必要时，仰拱应紧跟开挖面，及时形成封闭的结构体系，并应采取措施防止沙土液化。

➢ **《公路隧道施工技术细则》**(JTG/T F60—2009)

15.5.1 隧道通过含水沙层时，应调查其特性、规模，了解地质构成、贯入度、相对密度、粒径分布、塑性指数、地层承载力、滞水层分布、地下水压力和透水系数等，并制定处治方案。

15.5.2 隧道通过含水沙层地段应特别加强治水措施，防止沙层流失。可采取下列措施：

1 采用注浆、冻结等方法止水，也可采用井点降水技术降低地下水位，防止沙层稀释和挟走沙粒。

2 开挖地段的排水沟应铺砌、抹墁，或用管、槽等将水引至洞外。

15.5.3 含水沙层地段隧道开挖、支护应符合下列规定：

1 可用小导管超前支护或前插型钢背板、木背板预支撑，做到先支护后开挖。

2 宜采用超短台阶、环形开挖留核心土法人工开挖，并严格控制开挖长度，防止上部两侧不均匀下沉。

JTG F90—2015

9.11.4 黄土隧道施工应符合下列规定：

1 施工前应验证黄土的年代、成因、含水率、强度、压缩性、孔隙率、抗水性等情况，掌握详细的地质信息。

2 进洞前，洞口的防排水系统应施作完毕。应采取回填夯实、填土反压、改变地表水径流等方法处理地表和浅埋段的冲沟、陷穴、裂缝。

3 宜在旱季开挖洞口，雨季施工应采取控制措施。

4 含水率较大的地层应及时排水，不得浸泡墙脚、拱脚。

5 施工中应密切观察垂直节理。

6 施工中应密切监测拱脚下沉情况。

第 9.11.4 条对照规范

➢ **《公路隧道施工技术规范》**(JTG F60—2009)

16.3.1 黄土隧道施工防排水应符合下列规定:

1 按设计做好洞顶、洞门及洞口的防排水系统,排水沟应进行铺砌,防止地表水下渗。

2 应在雨季前做好隧道洞门。

3 地层含水率大时,应及时排水,拱脚严禁被水浸泡。

16.3.2 黄土隧道开挖应符合下列规定:

1 施工中严格遵循"管超前、短进尺、强支护、早封闭、勤量测"的施工原则。

2 根据隧道开挖断面大小选择合理的开挖方法。墙脚、拱脚处必须严格控制超欠挖。

3 基底承载力不足时,应按设计采取措施加固隧道基底。

4 施工中应加强量测和观察,发现不安全因素时,应暂停开挖,加强临时支护,调整施工方案。

16.3.3 黄土隧道初期支护施工应符合下列规定:

1 施工中应注意观察垂直节理,必要时应采取措施,防止塌方事故发生。

2 开挖后应立即对隧道周边及掌子面进行喷射混凝土封闭,并及时施工其他初期支护。

3 锚杆施工应采用干钻成孔,并采用早强材料锚固。

4 钢支撑锁脚锚杆(锚管)施工应满足设计要求。

5 不得在喷射混凝土前用水冲洗开挖面。

16.3.4 黄土隧道二次衬砌施工应符合下列规定:

1 仰拱应超前拱墙二次衬砌施工。

2 拱墙二次衬砌应整体灌注。

➢ **《公路隧道施工技术细则》**(JTG/T F60—2009)

15.3.1 黄土隧道的施工应采用机械挖掘,不宜采用钻爆法施工。

15.3.2 根据隧道断面大小、埋深等情况,黄土隧道宜采用环形开挖预留核心土法、双侧壁导坑法、中隔壁法等开挖方法。

15.3.3 黄土隧道施工防排水中应注意下列事项：

1 对地表冲沟、陷穴等应采取回填夯实、填土反压、改变地表水径流等措施，将水排至隧道范围以外。

2 洞口排水沟应铺砌，砂浆抹面。控制施工用水。

3 地层含水量大时，上台阶掌子面附近宜开挖横向水沟，将水引至隧道中部纵向排水沟排出洞外，防止浸泡拱脚。

4 可采用井点降水等措施将地下水位降至隧道衬砌底部以下，保证施工顺利进行。

5 雨季施工应采取可靠措施确保施工安全。

15.3.4 黄土隧道开挖应符合下列规定：

1 墙脚、拱脚宜预留 300mm 人工开挖。

2 开挖循环进尺根据不同围岩级别宜采用 0.5～1.5m。

3 基底承载力不足时，宜按设计采用树根桩、灰土挤密桩、注浆、换填等处理措施加固隧道基底。

15.3.5 黄土隧道初期支护施工应符合下列规定：

1 施工中应特别注意观察垂直节理，必要时应采取措施，防止塌方事故发生。

2 喷射混凝土时，喷射机的压力不宜超过 0.2MPa。

3 锚杆宜采用煤矿螺旋干钻成孔；宜采用药包式或早强砂浆式锚杆。

4 钢支撑施工后每侧应施工锁脚锚杆不少于 3 根，长度不应小于 3.5m，锚杆直径不应小于 22mm，锚管可采用 ϕ42mm×4mm 或 ϕ89mm×6mm 钢管。

15.3.6 黄土隧道二次衬砌施工应符合下列规定：

1 综合考虑水平收敛和拱顶下沉速度、初期支护表面裂纹等因素，选择二次衬砌施工时机。

2 仰拱应一次灌注成型，仰拱距离掌子面宜控制为 20～30m。

15.3.7 黄土隧道衬砌完成后，应对施工缝、沉降缝、洞口路基过渡段布置水准观测点定期进行监测，监测资料应编入竣工文件。

JTG F90—2015

9.11.5 膨胀岩土地质隧道施工应符合下列规定：

1 施工前应查明膨胀岩土岩性、规模、各向异性程度、吸水性、围岩强度比、水文地质、膨胀机理等情况，选择合适的施工方法和预控措施。

2 除常规监测项目外，尚应加强监测围岩净空位移、围岩压力，并应根据监测结果及时调整预留变形量和支护参数。

3 应控制开挖循环进尺，逐次开挖断面各分部，分部开挖不得超前独进。

4 隧道开挖断面轮廓应圆顺。

5 隧道开挖后应尽快初喷混凝土封闭岩面，并应控制施工用水，加强施工用水管理，岩面不得受水浸泡。

第9.11.5条对照规范

➢ **《公路隧道施工技术规范》**(JTG F60—2009)

16.2.1 膨胀岩土隧道施工防排水应采用“以防为主，防、截、堵、排相结合”的原则。

16.2.2 应采取措施预防因分部开挖而引起围岩压力及偏压力增大。

16.2.3 初期支护应紧跟开挖尽快对围岩施加约束。

16.2.4 仰拱应尽早完成。

16.2.5 二次衬砌拱、墙应一次施工。衬砌应与围岩密贴。当衬砌混凝土强度达到设计要求时，方可拆模。

➢ **《公路隧道施工技术细则》**(JTG/T F60—2009)

15.2.1 膨胀岩土隧道施工，应根据围岩变形特性、隧道断面尺寸、结构受力性状、地下水活动状态等因素综合确定施工方法。

15.2.2 膨胀岩土隧道施工时应采取下列措施：

1 隧道开挖前，填平浅埋地段地表低洼处、封闭洞顶小河沟谷。

2 洞内出露的地下水应及时归入沟、管、槽，引排至洞内水沟。

3 顺坡施工排水，严禁挖沟直接排放，应设置防渗漏排水沟槽。反坡施工排水必须采用设备完好、系统完善的抽排水设施，严禁水渗流至开挖工作面。

4 衬砌的施工缝、变形缝应根据防水要求，结合地下水情况、防水材料特点等因素合理设置。

15.2.3 膨胀岩土隧道开挖应符合下列规定：

1 短进尺逐次开挖断面各分部，分部开挖不得超前独进。

2 隧道周壁开挖应圆顺,宜采用人工或机械开挖。中间部分可采用钻爆法开挖。

3 开挖后,应及时封闭暴露的岩体。

15.2.4 膨胀岩土隧道的初期支护宜采用喷射混凝土、锚杆、钢筋网、钢架等,必要时可采用钢纤维喷射混凝土。

1 中等强度的膨胀岩土隧道,支护应符合下列规定:

1)应采用封闭形钢架,初期支护应及时封闭成环。

2)采用可缩钢架时,其滑动节的个数与整个布点的活动量,应满足膨胀岩土的膨胀量与约束量。

3)施工中应采用长锚杆和临时仰拱等措施,确保各部开挖的稳定。

4)喷射混凝土,可采用逐次加喷或预留纵向变形缝,满足膨胀岩土的膨胀量。

5)采用钢筋网喷射混凝土时,应先喷一层约40mm厚的混凝土,并安设钢筋网,再补喷到设计厚度。

6)支护的总压缩量应与预留变形量一致。

7)渗水地段,应及时引、排水。

2 强膨胀岩土隧道应采用特殊支护形式,包括采用可压缩支护、可拉伸锚杆等。支护参数应按设计要求确定。

15.2.5 二次衬砌应在围岩变形基本稳定后,拱、墙一次施工。衬砌结构应与围岩充分密贴、及早闭合。当衬砌混凝土的强度达到设计强度的100%时,方可拆模。

JTG F90—2015

9.11.6 岩爆地质隧道施工应符合下列规定:

1 施工中应加强围岩特性、岩爆强度等级、水文地质情况等的预报、预测和分析。

2 宜在围岩内部应力释放后采用短进尺开挖,每循环进尺宜为1.0～2.0m,光面爆破的开挖面周壁宜圆顺。

3 拱部及边墙应布设预防岩爆锚杆,施工机械重要部位应加装防护钢板。

4 每循环内对暴露的岩面应加大监测及找顶频次。

5 施工过程中应密切观察岩面剥落、监听岩体内部声响情况,出现岩爆迹象,作业人员应及时撤离。

第9.11.6条对照规范

➢《公路隧道施工技术规范》(JTG F60—2009)

16.7.1 隧道施工有可能发生岩爆时,应遵循“以防为主、防治结合”的原则。事前应进行岩爆的预测预报,针对开挖面前方可能发生的岩爆,及时采取施工对策;事后应仔细研究岩爆规律,制订出后续施工的对策并逐步改进。

16.7.2 岩爆隧道施工应采取防范岩爆发生措施,并符合下列规定:

1 开挖宜短进尺循环,每循环进尺宜控制在1.0~2.0m以内。

2 采用光面爆破技术,隧道开挖断面周壁宜圆顺。

3 对岩爆强烈的开挖面,按设计施工超前锚杆锁定前方围岩。

4 拱部及边墙按设计布置预防岩爆锚杆。

16.7.3 隧道施工中发生岩爆时,应立即采取下列措施:

1 停机待避。

2 每循环内对暴露的岩面找顶2~3次。

3 采用受力及时的摩擦型锚杆、喷射50~80mm厚的钢纤维混凝土,进行支护。

4 台车、装渣机械、运输车辆加装防护钢板。注意避免岩爆伤及人员、砸坏施工设备,必要时人机撤至安全地段。

5 采取技术措施释放围岩内部应力。

➢《公路隧道施工技术细则》(JTG/T F60—2009)

15.7.1 隧道开挖过程中,可采用下列方法进行岩爆预报:

1 以超前探孔为主,辅以地震波法、电磁波法、钻速测试等手段。

2 观察岩体表面的剥落、监听岩体内部发生的声响。

3 采用工程类比法进行宏观预报。

15.7.2 针对不同岩爆级别的隧道段,可采取下列技术措施,促使围岩内部应力释放:

1 微弱岩爆地段,可直接洒水浇湿开挖面。

2 中等岩爆地段,在拱部及边墙开挖轮廓线以外100~150mm范围内,钻孔喷灌高压水。

3 强烈岩爆地段,浅埋隧道宜用地表钻孔注水;深埋隧道可先贯通15~30m^{2}的小导洞,使岩层中的地应力得到部分释放,再进行隧道的开挖。

15.7.3 预防岩爆锚杆长度宜为2m、间距0.5~1.0m,并宜与网喷钢纤维混凝土联合使用。

15.7.4 隧道施工中发生岩爆时,应注意观察工作面,并记录岩爆的位置、强度、类型、数量以及山鸣等。

JTG F90—2015

9.11.7 软岩大变形地质隧道施工应符合下列规定：

1 施工过程中应加强围岩岩性、地应力、水文地质、地质构造、变形机理分析，确定可能产生的变形程度与危害。

2 施工过程中应监测拱顶下沉、周边位移、底鼓、围岩内部位移、支护结构变形等情况，并应依据监测结果及时调整支护参数和预留变形量。发现变形异常应及时处理。

3 应严格控制循环进尺，仰拱、二衬应及时施作、封闭成环。

9.11.8 含瓦斯隧道施工应符合下列规定：

1 施工前应编制专项施工方案、超前地质预报方案、通风设计方案、瓦斯监测方案、应急预案、作业要点手册等。

2 应建立专门机构，并设专人做好瓦斯检测、记录和报告工作，瓦斯监测员应按照相关规定经专业机构培训，并应取得相应的从业资格。

3 各作业面应配备瓦检仪，高瓦斯工点和瓦斯突出地段应配置高浓度瓦检仪和自动检测报警断电装置，瓦斯隧道人员聚集处应设置瓦斯自动报警仪。

4 瓦斯检测应至少选择瓦斯压力法、综合指标法、钻屑指标法、钻孔瓦斯涌出初速度法、“R值指标法”中的两种方法，并应相互验证。

5 瓦斯含量低于0.5%时，应每0.5～1h检测一次；瓦斯含量高于0.5%时，应随时检测，发现问题立刻报告。煤与瓦斯突出较大、变化异常时应加大检测频率。

6 进入隧道施工前，应检测开挖面及附近20m范围内、断面变化处、导坑上部、衬砌与未衬砌交界处上部、衬砌台车内部、拱部塌穴等易积聚瓦斯部位、机电设备及开关附近20m范围内、岩石裂隙、溶洞、采空区、通风不良地段等部位的瓦斯浓度。隧道内瓦斯浓度限值及超限处理措施应符合表9.11.8的规定。

表9.11.8 隧道内瓦斯浓度限值及超限处理措施

序号	地 点	限值	超限处理措施
1	低瓦斯工区任意处	0.5%	超限处20m范围内立即停工,查明原因,加强通风、监测
2	局部瓦斯积聚(体积大于0.5m³)	2.0%	附近20m停工,撤人,断电,进行处理,加强通风
3	开挖工作面风流中	1.0%	停止电钻钻孔
4	煤层爆破后工作面风流	1.0%	继续通风,人员不得进入
5	局部通风机及电器开关20m范围内	0.5%	停机并不得启动
6	钻孔排放瓦斯时回流中	1.5%	撤人,停电,调整风量
7	竣工后洞内任何处	0.5%	查明渗漏点,向设计方反映,增加运营通风设备

7 通风设施应保持良好状态,并应配置一套备用通风装置,各工作面应独立通风。

8 风筒、风道、风门、风墙等设施应保持封闭,施工中应设专人维修和保养,不得频繁开启风门。

9 应配置两套电源供电,并应采用双电源线路,电源线不得分接隧道以外任何负荷。

10 应按规定设置灭火器、消防水池、消防沙等消防设施。

11 应采用湿式钻孔开挖,装药前、放炮前和放炮后,爆破工、班组长和瓦斯检测员应现场检查瓦斯浓度并参加爆破全过程。

12 爆破作业应使用煤矿许用炸药和煤矿许用瞬发电雷管或煤矿许用毫秒延期电雷管,并应使用防爆型发爆器起爆。

13 爆破母线应成短路状态,并包覆绝缘层。

14 炮孔应使用炮泥填堵,填料应采用黏土或不燃性材料。

15 起爆网络应由工作面向起爆站依次连接。

16 揭煤地段施工宜采用微振动控制爆破掘进,并应根据煤层产状、厚度范围选定石门揭煤方法,爆破后应及时喷锚支护、封闭瓦斯,仰拱、二衬应及时施工,衬砌背后应及时压浆填充空隙。

17 铲装石渣前应浇湿石渣。

18 开挖完成后应及时喷锚支护、封闭围岩、堵塞岩面缝隙。

条文说明

第6款参考《公路隧道施工技术规范》(JTG F60—2009)第16.6.6条制定。

第9.11.8条对照规范

➢ **《公路工程施工安全技术规程》**(JTJ 076—95)

7.9.1 隧道施工发现瓦斯时,应加强通风,采取防范措施,当隧道内的瓦斯浓度经通风后仍超过本规程第7.7.1条规定时,应遵守本节的各条规定。

7.9.2 瓦斯防治主要是消除瓦斯超限和积存,断绝一切可能引燃瓦斯爆炸的火源。

7.9.3 隧道内严禁使用油灯、电石灯、汽灯等有火焰的灯光照明。任何人员进入隧道必须接受检查,严禁将火柴、打火机及其他可自燃的物品带入洞内。

7.9.6 掘进工作面风流中的瓦斯浓度达到1%时,必须停止电钻打眼;达到1.5%时,必须停止工作,撤出人员,切断电源,进行处理。

放炮地点附近20m以内风流中瓦斯浓度达到1%时,严禁装药放炮。

电动机附近20m以内风流中的瓦斯浓度达到1.5%时,必须切断电源停止运行。

掘进工作面的局部瓦斯积聚浓度达到2%时,其附近20m内必须停止工作,切断电源。

7.9.7 因超过瓦斯浓度规定而切断电源的电气设备,必须在瓦斯浓度降低到1%以下时方可开动;使用瓦斯自动检测报警断电装置的掘进工作面只准人工复电。

7.9.8.1 严禁用火花起爆和裸露爆破。

7.9.8.2 爆破时,宜使用瞬发电雷管,若采用毫秒雷管时,其总的延期时间不得超过130ms。严禁使用秒和半秒延期电雷管。

7.9.8.3 使用煤矿安全炸药。

7.9.8.4 短隧道放炮时,所有人员必须撤出隧道洞外;长隧道单线应撤出300m以外,双车道上半断面开挖撤至400m以外,双车道全断面开挖应撤至500m以外。

7.9.10 必须严格采用湿式凿岩,洞内使用的金属锤头必须镶有不产生火花的合金。装渣使用的金属器械,不得猛力与石渣碰击,铲装前必须将石渣浇湿。

7.9.11 洞内装设及检修各种电气设备时,必须先切断电源。电缆互接或分路时必须在洞外进行锡焊和绝缘包扎并热补。严禁在洞内电缆上临时接装电灯或其他设备。电缆在洞内接头时,应在特制的防爆接线盒内或有防爆接线盒的电气设备内进行连接。

7.9.12 有瓦斯的隧道,每个洞口必须设专职瓦斯检查员。一般情况下每小时检测一次,并将结果记录记录簿。检测瓦斯的检定器应每季度校对一次。

7.9.13 通风必须采用吹入式。通风主机应有一台备用机,并应有两路电源供电。通风机停止时,洞内全体人员必须撤至洞外。

7.9.14 隧道内严禁一切可以导致高温与发生火花的作业。

7.9.15 隧道施工时必须配备必要的急救和抢救的设备和人员。施工人员必须具有防止瓦斯爆炸方面的安全知识。

JTG F90—2015

9.11.9 瓦斯隧道严禁两个作业面之间串联通风。洞口 20m 范围内严禁明火。严禁使用黑火药或冻结、半冻结的硝化甘油类炸药,同一工作面不得使用两种不同品种的炸药。

条文说明

本条为防止瓦斯隧道爆炸事故发生。

9.11.10 高瓦斯工区和瓦斯突出工区电气设备与作业机械必须使用防爆型。

条文说明

本条为了防止电气设备和作业机械工作时产生火花引爆瓦斯。

第 9.11.10 条对照规范

➤ **《公路工程施工安全技术规程》**(JTJ 076—95)

7.9.9 瓦斯隧道中的机具,如电瓶车、通风机、电话机、放炮器等,必须采用防爆型。

➤ **《公路隧道施工技术规范》**(JTG F60—2009)

16.6.1 瓦斯隧道施工组织应符合下列规定:

1 成立负责通风、瓦斯检测、防治处理瓦斯爆炸和煤与瓦斯突出、救护等的专门机构。

2　设置灭火器、消防水池、消防用沙等消防设施。

3　对施工作业人员、管理人员进行安全培训。

4　制订防治瓦斯的专项施工方案并严格遵照执行。

16.6.2　瓦斯工区钻爆作业应符合下列规定：

1　工作面附近20m以内风流中瓦斯浓度必须小于1%。必须采用湿式钻孔。炮眼深度不应小于0.6m，炮眼最大抵抗线不得小于0.3m。装药前炮眼应清除干净。

2　必须采用煤矿许用炸药和煤矿许用电雷管。高瓦斯工区必须采用安全等级不低于二级的煤矿许用炸药，有煤与瓦斯突出可能的地段必须采用安全等级不低于三级的煤矿许用炸药。严禁使用秒或半秒级电雷管。使用毫秒级电雷管时，最后一段的延期时间不得大于130ms。应采用连续装药方式，雷管安放在最后一节炸药中，严禁反向装药。

3　爆破网络必须采用串联连接方式，不得并联或串并联。

4　起爆电源必须使用防爆型起爆器，应安装在新鲜风流中，并与开挖面保持200m左右距离。同一开挖面不得同时使用两台及以上起爆器起爆。

5　炮眼封泥不严或不足时，不得进行爆破。严禁用煤粉、块状材料或其他可燃性材料作炮泥。

6　揭煤爆破15min后，应由救护队员佩戴防毒面具或自救器到开挖工作面，查看爆破效果、检测瓦斯浓度、巡查通风及电路，如有煤尘超标、电路破损、通风死角、瞎炮残炮等危险情况必须立即处理，在确认安全后方可通知送电、开启局部风机。通风30min后由瓦斯检测人员检测工作面、回风道瓦斯浓度。当瓦斯浓度小于1%、二氧化碳浓度小于1.5%时，解除警戒，允许施工人员进入作业面。

16.6.3　半煤半岩段与全煤层段的支护、衬砌施工应符合下列规定：

1　在掘进过程中应按设计采用超前支护或预注浆，防止坍塌或突出。

2　爆破后及时喷锚支护封闭瓦斯。

3　仰拱应及早施工，保证拱、墙、仰拱衬砌形成闭合整体。

4　煤层地层设防段的二次衬砌应预留注浆孔，衬砌完成后及时压浆，充填空隙，封闭瓦斯。

16.6.4　瓦斯隧道施工通风应符合下列规定：

1　编制全隧道和各工区的施工通风设计文件，并考虑工区贯通后的风流调整和防爆要求。

2　应建立瓦斯通风、监控、检测的组织机构，系统地测定瓦斯浓度、风量风速及气象等参数。

3 高瓦斯工区的施工通风宜采用巷道式。瓦斯隧道各掘进工作面必须独立通风，严禁任何两个工作面之间串联通风。

4 按瓦斯绝对涌出量计算的风量，应将洞内各处的瓦斯浓度稀释到0.5%以下；巷道式通风的回风道内瓦斯浓度应小于0.75%。

5 防止瓦斯聚积的风速不宜小于1m/s。对瓦斯易聚积处应实施局部通风。

6 施工期间应连续通风。因故障原因停风时，必须撤出人员、切断电源。恢复通风前，必须检测瓦斯浓度，符合规定后才可启动机器。

7 瓦斯工区的通风机应设两路电源，电源的切换应在15min内完成，保证风机正常运转；必须有一套同等性能备用通风机，并保持良好的使用状态。

8 应采用抗静电、阻燃的风管。

16.6.5 隧道内应采用便携式瓦检仪检测瓦斯。高瓦斯工区和瓦斯突出工区还应配置高浓度瓦检仪和瓦斯自动检测报警断电装置。

16.6.6 隧道内瓦斯浓度限制值及超限处理措施应符合表16.6.6规定。

表16.6.6 隧道内瓦斯浓度限制值及超限处理措施

序号	地 点	限值	超限处理措施
1	低瓦斯工区任意处	0.5%	超限处20m范围内立即停工，查明原因，加强通风监测
2	局部瓦斯积聚（体积大于0.5m^3）	2.0%	附近20m停工，撤人，断电，进行处理，加强通风
3	开挖工作面风流中	1.0%	停止电钻钻孔
4	煤层爆破后工作面风流	1.0%	继续通风不得进入
5	局部通风机及电器开关20m范围内	0.5%	停机并不得启动
6	钻孔排放瓦斯时回流中	1.5%	撤人，停电，调整风量
7	竣工后洞内任何处	0.5%	查明渗漏点，向设计方反映，增加运营通风设备

16.6.7 瓦斯隧道施工必须采取下列防爆安全措施：

1 高瓦斯工区和瓦斯突出工区供电应配置两套电源，工区内采用双电源线路，其电源线上不得分接隧道以外的任何负荷。

2 高瓦斯工区和瓦斯突出工区必须采用安全防爆型机电设备，非瓦斯工区和低瓦斯工区的行走机械严禁驶入高瓦斯工区和瓦斯突出工区。

3 严禁火源进洞。任何人员进入隧道前必须在洞口外进行登记并接受检查；进入高瓦斯工区和瓦斯突出工区的作业人员必须携带个人自救器。

4 铲装石渣前必须将石渣浇湿，防止摩擦和碰击火花。

5 通风用的风筒、风道、风门和风墙等设施，必须保持密闭，防止漏风和松动塌落，施工中应派专人维修和保养。禁止频繁开启风门，确保风流稳定。

16.6.8 含煤地层钻爆作业遇有下列情况之一者，未经妥善处理前严禁装药或放炮：

1 放炮地点附近20m以内风流中，瓦斯浓度达到或超过1%时；

2 在放炮地点20m以内，有未清除的碎石、煤渣、装载设备及其他物体阻塞隧道断面三分之一以上时；

3 隧道内通风风量不够，风向不稳或局部有循环风时；

4 炮眼内有异状，温度骤高、骤低，煤岩松散或有显著瓦斯涌出时；

5 炮眼内煤岩粉末未清除干净时；

6 存在无炮泥、封泥不足或不严的炮眼。

16.6.9 发生瓦斯事故时，应立即启动应急预案。

➢ **《公路隧道施工技术细则》**(JTG/T F60—2009)

15.6.1 瓦斯突出隧道应就预防煤与瓦斯突出、揭煤与过煤编制单项施工技术方案。内容包括：预防煤与瓦斯突出措施；揭开石门、半煤半岩段、全煤层段等各阶段施工方法和支护手段；通风瓦检方案；组织指挥、抢险救灾方案及安全措施等。必须对设计标示的突出煤层位置进行超前探测，标定各煤层的准确位置，掌握其赋存情况及瓦斯状况。施工时，至少选用下列两种方法对突出危险性进行预测，并相互验证。应采用钻孔排放瓦斯的措施，并在实施后进行效果检验。

15.6.2 瓦斯工区钻爆作业应符合下列规定：

1 爆破网络连接应符合下列规定：

1)网络线路的所有接头应相互绑扎牢固，明线应包覆绝缘层并悬空。

2)母线应与隧道中其他电缆、电线及信号线分别挂在隧道两侧，如必须挂在同一侧时，母线必须挂在其他电缆下方，并应保持300mm以上距离。

3)母线应采用具有良好绝缘性和柔软性的铜芯线，并随用随挂，严禁将其固定。母线长度应大于规定的爆破安全距离。

4)必须采用绝缘母线单回路爆破。

5)严禁将毫秒电雷管和瞬发电雷管接入同一串联网路中混合使用。

2 在岩层内爆破中：炮眼深度在1.0m以下时，炮泥长度不得小于炮眼深度的1/2；炮眼深度在1.0m以上时，炮泥长度不得小于0.5m。在煤层内爆破，装药长度不得超过炮眼深度的1/2。所有炮眼的剩余部分都必须用炮泥填塞，炮眼封泥不严或不足不得进行爆破。炮泥应采用黏土炮泥，严禁用煤粉、块状材料或其他可燃性材料作炮泥。

15.6.3 揭煤施工应符合下列规定：

1 宜采用微震动爆破法。

2 根据煤层倾角、厚度选用石门揭煤方法。

3 爆破应在洞外起爆，洞内必须停电、停止作业，人员撤至洞外。

4 揭煤后，应检验工作面前方10m上、中、下、左、右范围内煤与瓦斯突出的危险性，确保工作面前方有5m的安全区。

15.6.4 过煤施工中的掘进、支护和衬砌应符合下列规定：

1 每循环进尺不宜超过1m；应采用超前支护或预注浆，防止坍塌或突出。全煤层中必须采用电煤钻湿式钻孔，应少钻孔、少装药；半煤半岩层中掘进应在岩石炮眼中装药，煤层需爆破时必须采用松动爆破。

2 爆破后应及时喷锚支护、封闭瓦斯。

3 仰拱应及早施工，使衬砌形成闭合整体。衬砌背后应及时压浆填充空隙，封闭瓦斯。

15.6.5 隧道内应采用便携式瓦检仪，高瓦斯工区和瓦斯突出工区还应配置高浓度瓦检仪和瓦斯自动检测报警断电装置。

1 瓦斯检测应重点检测下列地点：

1)开挖面及其附近20m范围内。

2)断面变化交界处上部、导坑上部、衬砌与未衬砌交界处上部，以及衬砌台车内部、拱部塌穴等容易积聚瓦斯的地方。

3)总回风流中。

4)各洞室和通道。

5)机械、电器设备及其开关附近20m范围内。

6)岩石裂隙、溶洞和采空区瓦斯溢出口。

7)局部通风不良地段。

8)专业负责人指定的检测地点。

2 瓦斯检查应按下列规定执行：

1)导坑内瓦斯含量在0.5%以下时，每隔0.5～1h检查一次，瓦斯含量在0.5%以上时，应随时检查，不得离开开挖面，发现异常应及时报告。

2)当发现瓦斯含量在2%时，应加强通风，在瓦斯含量降到允许值后，才可进入检查。

3)在钻眼、装药、放炮前及放炮后四个环节上做好瓦斯巡回检测工作。

4)瓦斯检查人员工作时应有安全防护装备。

JTG F90—2015

9.11.11 冻土隧道施工应符合下列规定：

1 洞口段应根据季节温度的变化采取保温措施，换填、保温、防护排水等设施宜在春融前完成，季节性冻土段宜安排在非冻季节施工。施工前应查明冻土类别、含水率及分布规律、结构特征、厚度以及物理力学性质。

2 洞口应设置防寒保温门，洞口边、仰坡应“快开挖、快防护”。

3 开挖爆破后，应及时喷锚支护封闭围岩。

9.12 盾构施工

9.12.1 盾构始发应符合下列规定：

1 盾构始发前应验算盾构反力架及其支撑的刚度和强度，反力架应牢固支撑在始发井结构上。盾构反力架整体倾斜度应与盾构基座的安装坡度一致。

2 应根据工程水文地质条件、盾构机类型、盾构工作井的围护结构形式等因素加固盾构工作井端头地基，承载力应满足始发要求。

3 应拆除刀盘不能直接破除的洞门围护结构。拆除前始发工作井端头地基加固与止水效果应良好。拆除时，应将洞门围护结构分成多个小块，从上往下逐个依次拆除，拆除作业应迅速连续。

4 洞门围护结构拆除后，盾构刀盘应及时靠紧开挖面。

5 盾构始发时应在洞口安装密封装置；盾尾通过洞口后，应尽早稳定洞口。

6 盾构始发时，始发基座应稳定，盾构不得扭转。

7 千斤顶应均匀顶进，反力架受力应均匀。

8 负环脱出盾尾后，应立即对管片环向进行加固。

条文说明

1 盾构反力架的整体倾斜度应与盾构基座的安装坡度一致，以防止反力架偏心受力。

3～4 洞门围护结构破除要连续作业，尽量缩短施工时间，破除后盾构刀盘及时靠上开挖面，尽量缩短开挖面暴露的时间，目的是防止开挖面失稳。

6 盾构始发时，由于盾构周围无摩擦力，盾构易扭转。

9.12.2 盾构掘进应符合下列规定：

1 盾构应在始发段50～100m进行试掘进，并应根据地质情况、施工监测结果、试掘进经验等因素选用掘进参数。

2 土压平衡盾构掘进，开挖土体应充满土仓，并应核算排土量和开挖量。泥水平衡盾构掘进，泥浆压力与开挖面水土压力、排土量与开挖量应保持平衡。掘进过程中，应采取防止螺旋输送机发生喷涌的措施。

3 盾构机不宜长时间停机。

4 盾构刀具检查和更换地点应选择地质条件好、地层稳定的地段。

5 维修刀盘应对刀盘前方土体采取加固措施或施作竖井。

6 盾构设备应在机器停止操作时维修；液压系统维修前，应关闭相关阀门并降压；电气系统维修前，应关闭系统；空气和供水系统维修时，应关闭相应阀门并降压；刀盘、拼装机等旋转设备部件区域维修前，设备应停止运转。

条文说明

1 盾构始发进入起始段施工是掌握、摸索、了解、验证盾构适应能力及施工规律的过程。

2 适当保持土仓压力平衡的目的是控制地表变形和确保开挖面的稳定。适当保持泥水仓内压力平衡的目的也是控制地表变形和确保开挖面的稳定。

3 由于盾构自重大，长时间停机可能会造成盾构下沉。

9.12.3 盾构管片拼装应设专人指挥。管片拼装时，拼装设备与管片连接应稳固，管片拼装和吊运范围内不得有人和障碍物，拼装完的管片应及时固定。

9.12.4 盾构接收应符合下列规定：

1 盾构到达前应拆除洞门围护结构，拆除前，工作井端头地基承载力、止水应满足要求。拆除时应控制凿除深度。洞口应安装止水密封装置。

2 盾构距到达接收工作井 15m 内，应调整掘进速度、开挖压力等参数，减小推力、降低推进速度和刀盘转速，控制出土量并监测土仓内压力。

3 隧道贯通前 10 环管片应设置管片纵向拉紧装置，贯通后应快速顶推并迅速拼装管片。

4 隧道贯通前 10 环管片应加强同步注浆和即时注浆，盾尾通过洞口后应及时密封管片环与洞门间隙。

条文说明

1 本款是为确保接收工作井端头地基加固效果和洞门密封效果，并控制围护结构破除过程，防止盾构到达掘进扰动引起端头地层发生过大变形、坍陷、涌沙或涌水。

2 为防止由于盾构推力过大以及盾构切口正面土体挤压而损坏工作井洞门结构，应控制掘进参数和出土量。

9.12.5 盾构过站、掉头及解体应符合下列规定：

1 过站、掉头托架或小车的强度、刚度和稳定性应满足盾构过站、掉头及解体的需要。

2 盾构过站、掉头应观察盾构转向或移动状态。应控制好盾构掉头速度，并应随时观察托架或小车变形、焊缝开裂等情况。

3 举升盾构机应同步、平稳。

4 牵引平移盾构应缓慢平稳，钢丝绳应牢固。

5 盾构解体前应关闭各个系统，各个部件应支撑牢固。

条文说明

1 避免在移动过程中托架或小车受损破坏。

4 由于盾构重量大、体积大，因此应加强牵引和顶推的安全管理。

9.12.6 盾构洞门、联络通道施工应符合下列规定：

1 洞口负环拆除前应二次注浆。

2 联络通道施工应编制专项施工方案。

3 联络通道施工前应加固开挖范围及上方地层。

4 拆除联络通道交叉口管片前应加固管片壁后土体和联络通道处管片。

5 隧道内施工平台应与机车运输系统保持安全间距。

9.12.7 特殊地质和施工环境条件下的盾构施工应符合下列规定：

1 应制订监控量测方案，并应根据监控量测结果及时调整掘进参数。

2 浅覆土地段应根据地质、水文条件与施工环境采取地基加固、设置抗浮板或加盖板等处理措施。

3 小净距隧道施工前，应加固隧道间土体；先建隧道管片壁后应注浆，隧道内应支设钢支撑；后建隧道施工应控制掘进速度、土仓压力、出渣量、注浆压力等。

4 小半径曲线段隧道施工应制订防止盾构配套台车和编组列车脱轨或倾覆的措施。

5 盾构下穿或近距离通过既有建(构)筑物、地下管线前，应详细调查并评估施工对该地段既有建(构)筑物、地下管线的影响，并应根据实际情况加固受盾构掘进影响的地基或基础、控制掘进参数，且应加强观测既有建(构)筑物的沉降、位移。

6 大坡度地段机车和盾构机后配套台车应设置防溜装置。

条文说明

3 后建隧道的施工与先行隧道相互影响，会产生结构变形、地表下沉等不良现象，因此需要采取控制措施。

9.12.8 盾构施工运输应符合下列规定：

1 皮带输送机机架应坚固、平顺。启动皮带输送机前应发出声光警示，应空载试转，各部位运转应正常，皮带应连接牢固、松弛度适中。应在达到额定转速后均匀装料，并应设专人检查皮带运转情况。

2 轨道应平顺，钢轨与轨枕间应牢固，轨枕和轨距拉杆应符合安装规定，并应设专人养护轨道。

3 机车安全装置应可靠有效，机车行驶速度不得大于10km/h，经过转弯处或接近岔道时不得大于5km/h，靠近工作面100m距离内不得大于3km/h并应打铃警示，车尾接近盾构机台车时不得大于3km/h。

4 机车在启动和行驶过程中应启动警铃、电喇叭等警示装置。开车前应前后检查，各类物件应平稳放置、捆绑牢固，不得超载、超宽和超长运输。

9.13 水下隧道

9.13.1 钻爆法施工的水下隧道应符合下列规定：

1 应加强超前地质预测预报，查明掌子面前方地质情况，并应采取有效防治措施。

2 洞口浅埋段应进行预支护和注浆加固。

3 隧道穿越断层、破碎带、风化深槽等软弱不良地层，应采取超前预加固，并做好支护。

4 围岩薄弱部位、高水压地段施工应采取防突涌、突水措施。注浆孔口应加设防突和止浆球阀装置，现场排水设备应充足。

5 水下隧道应设置分段隔水闸门，应采取分段式集、排水井坑排水。

9.13.2 盾构法施工的水下隧道除应符合本规范第9.12节的有关规定外,尚应符合下列规定:

1 水下隧道掘进宜选用泥水平衡盾构掘进机。

2 洞门凿除前应探孔进行水位实时监测,并应做好洞门止水密封。

9.13.3 沉管法施工的水下隧道应符合下列规定:

1 基槽浚挖作业前,应对隧址处海床和航道的演进历史进行充分调查。

2 沉管浮运前,应检验沉管水密性能,掌握施工水域水文、气象信息。

3 沉管起浮后,应核实沉管浮运时的干舷高度,监控管节浮态变化,并应及时处理。

4 管节浮运、沉放时的水文、气象等工况条件应满足施工要求。浮运过程应设警戒船跟随。

5 管节沉放到位后,沉管端头封闭门应按规定程序拆除。

6 管节安装完成后,应按照规定报有关部门,并应在两岸设置禁止抛锚等警示标志。

9.14 特殊地段

9.14.1 浅埋段不宜采用全断面法施工。

9.14.2 浅埋段应加强地表沉降、拱顶下沉的量测;偏压隧道应加强对围岩的监测;地面有建(构)筑物时应采用控制爆破技术,并应监测爆破震动及变形。

9.14.3 浅埋段地表冲沟、陷穴、裂缝等应回填夯实、砂浆抹面,并处理地表水。

第9.14.3条对照规范

➤ **《公路隧道施工技术规范》**(JTG F60—2009)

5.3.1 浅埋段施工应符合下列规定：

1 不应采用全断面法开挖。

2 开挖后应尽快进行初期支护施工。

3 应增加对地表沉降、拱顶下沉的量测及反馈。量测频率不宜小于深埋段的2倍。

➤ **《公路隧道施工技术细则》**(JTG/T F60—2009)

5.3.1 浅埋段的开挖施工应符合下列规定：

1 根据围岩及周围环境条件，宜采用单侧壁导坑法、双侧壁导坑法或环形开挖留核心土法开挖。围岩的完整性较好时，宜采用台阶法开挖，不应采用全断面法。

2 开挖后，应尽快施工喷射混凝土、锚杆、敷设钢筋网或钢支撑等支护措施。喷锚支护的施工，应符合本细则第7章的规定。

5.3.2 浅埋段围岩自稳能力差时，可会同设计单位确定采用地表锚杆、管棚、超前小导管、注浆等加固围岩稳定地层的辅助工程措施。

5.3.3 控制围岩变形，应采取下列技术措施：

1 爆破开挖时，应短进尺、弱爆破、早支护，减少对围岩的扰动。

2 敷设拱脚锚杆，提高拱脚处围岩的承载力。

3 及时施工仰拱或临时仰拱。

4 地质条件差或有涌水时，可采用地表预注浆结合洞内环形固结注浆。

JTG F90—2015

9.14.4 偏压隧道施工前，应根据土压情况对偏压段进行平衡、加固处理。

9.14.5 偏压隧道靠山一侧应加强支护，每次开挖进尺不得超过一榀钢架间距，并应及时封闭。

9.14.6 下穿隧道施工前应按照规定办理相关手续，编制保证交通安全和周围结构安全的专项施工方案。

9.14.7 下穿隧道应加强监控量测工作，及时掌握隧道拱顶、净空变化及地表沉降情况。

9.14.8 桩基托换法施工应检测托换桩、托换梁及既有建(构)筑物，并应验算沉降、应力、裂缝、变形和桩顶横向位移。

9.15 小净距及连拱隧道

9.15.1 地质条件不同的两孔隧道，宜先开挖地质条件较差的隧道，后开挖地质条件较好的隧道。

第 9.15.1 条对照规范

➢ **《公路隧道施工技术规范》**(JTG F60—2009)

9.1.1 小净距隧道施工，应结合中岩墙厚度、围岩条件及埋深等制订单项施工技术方案。

➢ **《公路隧道施工技术细则》**(JTG/T F60—2009)

8.1.1 小净距隧道施工单项技术方案应严格贯彻设计意图，并包括以下内容：

1 先行洞和后行洞开挖方法。

2 先行洞和后行洞爆破设计和爆破振动控制。

3 先行洞和后行洞开挖错开距离。

4 先行洞衬砌与后行洞开挖错开距离。

5 中岩墙保护方法。

6 非小净距隧道施工方案中的其他内容。

8.1.2 小净距隧道施工应重点控制爆破震动对中岩墙的危害。相邻爆破分段起爆间隔时间宜不小于 100ms。

JTG F90—2015

9.15.2 小净距隧道施工应符合下列规定：

1　小净距隧道洞口切坡宜保留两隧道间原土体。

2　两隧道工作面应错开施工，先行洞与后行洞掌子面错开距离应大于2倍隧道开挖宽度。应严格控制爆破震动。

3　后行隧道应根据围岩情况先加固中岩墙，极软弱围岩段应加固两隧道相邻侧拱架基础。

4　宜采用光面爆破技术，并应采用低威力、低爆速炸药；爆破时另一洞内作业人员也应撤离。

第9.15.2条对照规范

➢ **《公路隧道施工技术规范》**(JTG F60—2009)

9.1.2　开挖和爆破应符合下列规定：

1　爆破应进行专门设计，并进行试爆，测试震动值，严格控制爆破震动，符合现行《爆破安全规程》(GB 6722)规定。

2　先行洞与后行洞掌子面错开距离应大于2倍隧道开挖宽度。

9.1.3　初期支护应尽早封闭。

9.1.4　后行洞开挖时应加强对中岩墙的监控量测。

中岩墙现场监控量测项目及方法可按表9.1.4执行。

表9.1.4　中岩墙现场监控量测项目及方法

序号	项目名称	方法、工具	布　　置	间隔时间		
				1～30d	1～3个月	大于3个月
1	中岩墙土压力	钢弦式压力盒	每10～30m一个断面，每个断面3个压力盒	1～2次/d	1次/2d	1次/周
2	围岩内位移	多点位移计及千分表	每10～30m一个断面，每个断面2个测点			
3	围岩压力	钢弦式压力盒	每10～30m一个断面，每个断面1个压力盒			

➢ **《公路隧道施工技术细则》**(JTG/T F60—2009)

8.1.3　开挖和爆破应符合下列规定：

1　不同围岩条件、不同净距的小净距隧道应按设计采用不同的开挖方法，V级围岩应以机械开挖为主，辅以微量的弱爆破，中小跨度隧道可参考表8.1.3-1。

表 8.1.3-1 小净距隧道开挖方法

围岩级别		中岩墙厚度(m)			
		(0.25～0.375)b	(0.375～0.5)b	(0.5～0.75)b	(0.75～1.0)b
Ⅱ、Ⅲ	先行洞	全断面法			
	后行洞	台阶法	台阶法	全断面法	全断面法
Ⅳ	先行洞	台阶法			
	后行洞	侧壁导坑法	侧壁导坑法	侧壁导坑法	台阶法
Ⅴ	先行洞	单侧壁导坑法			
	后行洞	单侧壁导坑法			

注：b 为单洞隧道的开挖宽度。

2 对Ⅲ、Ⅳ、Ⅴ级围岩小净距隧道双洞间相互影响程度划分和小净距隧道爆破震动速度控制标准可参考表 8.1.3-2 和表 8.1.3-3。

表 8.1.3-2 小净距隧道双洞间相互影响程度划分

围岩条件		影响程度			分离式单洞
		严重影响	一般影响	轻微影响	
围岩级别	Ⅲ	≤0.375b	(0.375～0.75)b	(0.75～2.0)b	≥2.0b
	Ⅳ	≤0.5b	(0.5～1.0)b	(1.0～2.5)b	≥2.5b
	Ⅴ	≤0.75b	(0.75～1.5)b	(1.5～3.5)b	≥3.5b

注：b 为单洞隧道的开挖断面的宽度。

表 8.1.3-3 小净距隧道爆破震动速度控制标准值(mm/s)

围岩级别	小净距隧道爆破震动速度控制标准值(mm/s)		
	严重影响	一般影响	轻微影响
Ⅲ	80～100	100～120	150～200
Ⅳ	50～80	80～100	100～150
Ⅴ	<50	50～80	80～100

3 先行洞的开挖可采用与分离式隧道相同的施工方法，但应重视爆破振动对中岩墙的影响。后行洞的开挖，当采用侧壁导坑法开挖时，宜先开挖靠近中岩墙侧。

8.1.4 小净距隧道初期支护、二次衬砌应满足下列要求：

1 对于差围岩，应采用封闭的初期支护；对于好围岩，初期支护可不封闭，但应尽早浇筑仰拱。

2 先行洞室的二次衬砌宜在围岩变形基本稳定后进行，宜落后于后行掌子面

2倍隧道开挖宽度以上，并满足本细则7.1.3条规定的稳定条件。

8.1.5 小净距隧道中岩墙采用水平预应力贯通锚杆加固时，应符合下列规定：

1 锚杆材料应满足设计要求，锚杆下料长度根据中岩墙厚度、锚杆布置和距离确定。垫板平面尺寸满足设计要求，螺帽采用球形底部。

2 钻孔。按设计要求定位、标记，钻孔方向宜与岩面垂直。钻孔位置允许偏差15mm、深度允许偏差±50mm。

3 注浆、安插锚杆。用注浆管向孔内注浆，注浆压力不应大于0.4MPa，注浆管应插至距孔底50～100mm处，水泥砂浆注入，缓慢拔除注浆管，随即迅速插入锚杆体。

4 施加预应力。贯通锚杆施工时，在先行洞锚杆钻孔内水泥砂浆强度达到设计后，通过扭力扳手对锚杆施加力进行初张拉，施加预应力为设计值的50%；后行洞开挖暴露出锚杆端部的螺帽，通过扭矩扳手施加预应力至设计值，然后对先行洞锚杆补拉至设计值。每根锚杆除砂浆锚杆段外，按设计有张拉自由段，用塑料套管保护。施工前应在洞外标定出扭矩扳手力矩与锚杆拉力的关系。

JTG F90—2015

9.15.3 连拱隧道施工应符合下列规定：

1 应根据中导洞探察的岩层情况确定合理的施工方案，主洞上拱部开挖应在中隔墙混凝土达到设计要求的强度后进行。

2 中导洞不得作为爆破临空面。

3 应在先行洞模筑衬砌混凝土达到设计要求的强度后进行后行洞的开挖和衬砌。

4 主洞开挖时，左、右两洞开挖掌子面错开距离宜大于30m。

5 应监测连拱隧道中隔墙的位移，并应及时对中隔墙架设水平支撑；后开挖隧道一侧的中隔墙和主洞之间的空隙宜回填密实或支撑稳固。

第9.15.3条对照规范

➤ **《公路隧道施工技术规范》**(JTG F60—2009)

9.2.1 主洞开挖应符合下列规定：

1 开挖先行主洞前,后行主洞围岩与中隔墙之间的空隙应按设计要求回填密实或支撑顶紧。

2 爆破设计时,不得以中导洞作为爆破临空面。

9.2.2 中隔墙混凝土施工应符合下列规定:

1 基础底面应清扫干净,无水、无石渣。

2 墙身内预埋件、排水管应固定牢固,位置准确。

3 中隔墙顶部应与中导洞顶紧密接触、回填密实。

9.2.3 侧墙开挖采用马口跳槽法施工时,马口开挖长度不宜超过4m。

9.2.4 开挖过程中应及时做好洞内排水系统,严禁洞内积水,排水沟不应沿边墙设置。

➢ **《公路隧道施工技术细则》**(JTG/T F60—2009)

8.2.1 连拱隧道开挖时应考虑其埋深浅、跨度大、地质条件复杂、受雨季地表水影响大的特点。

8.2.2 连拱隧道开挖宜先贯通中导洞、浇筑中隔墙,然后依次开挖主洞。

8.2.3 主洞开挖时,左、右两洞开挖掌子面错开距离宜大于30m。

8.2.4 中隔墙混凝土模板宜使用对拉拉杆。

8.2.5 中隔墙混凝土施工时应加强对预埋排水和止水设施的保护。

9.16 附属设施工程

9.16.1 设备洞、横通道及其他洞室施工应符合下列规定:

1 洞室及与正洞连接地段爆破作业前,应根据围岩级别、扩挖断面大小选择合理的开挖爆破参数。

2 安全距离以内的所有人员应撤离至安全区域。

3 洞室的永久性防水、排水工程应与正洞一次同时完成。

4 设备洞及横通道等处的施工宜采用喷锚支护,围岩不稳定时应增设钢架支撑。支护应紧跟开挖。与正洞连接地段,支护应予以加强。

第9.16.1条对照规范

➢ **《公路隧道施工技术规范》**(JTG F60—2009)

18.1.2 各类洞室及横通道与正洞连接地段,支护应按设计予以加强。

18.1.3 设备洞、横通道及其他各类洞室的永久性防、排水工程，应与正洞一次同时完成。各类洞室及横通道与正洞连接的折角处，防水层应根据铺设面的形状平顺铺设，不得出现空白。

18.1.4 电缆槽的施工应符合下列规定：

1 电缆槽开挖应与边墙基础开挖同时进行，不得在边墙浇筑后再爆破开挖。

2 电缆槽壁与边墙应连接牢固，必要时可加设短钢筋。

3 电缆槽盖板应平顺、整齐、无翘曲；盖板铺设应平稳，盖板两端与沟壁的缝隙应用砂浆填平，不得晃动或吊空；盖板规格应统一，可以互换。

18.1.5 隧道内吊顶隔板的施工应符合下列规定：

1 吊顶隔板施工前应调整好吊顶栏杆的标高，确保吊顶隔板保持在同一水平面上。

2 吊顶隔板施工时的脚手架及模板应架设牢固；模板安装时应设一定预拱度，保证隔板浇筑符合设计要求。

3 隔板钢筋与衬砌预埋钢筋及挡头板钢筋的连接必须牢固，并不得外露。

4 吊顶隔板混凝土达到设计强度后才可拆模，吊顶隔板不得产生下挠度；上下表面应光洁平整；接缝处应严密，不得漏风和渗水。

5 在隧道衬砌设置沉降缝处，隔板应相应设置横向沉降缝。

6 吊顶拉杆露出混凝土隔板的部分应镀锌或涂防锈漆。

➢ **《公路隧道施工技术细则》**(JTG/T F60—2009)

17.1.2 隧道边墙内的各类洞室以及消防洞、设备洞和横通道等与正洞连接地段的开挖，宜在正洞掘进至其位置时，将该处一次挖成。

17.1.3 设备洞及横通道等处的施工宜采用喷锚支护，必要时应增设钢架支撑。支护应紧跟开挖。与正洞连接地段，支护应予以加强。

17.1.4 衬砌施工应符合下列规定：

1 设备洞、横通道与正洞连接处的钢筋应互相连接可靠，绑扎牢固。该处的衬砌应与正洞衬砌一次同时完成。

2 复查防、排水工程的质量。防、排水工程符合设计要求后，方可进行二次衬砌施工。

3 衬砌中各类预埋管件、预留孔、槽及边墙内的各类洞室应按设计位置定位；宜尽早落实各种附属设施之间以及它们与排水系统之间有无冲突，如有冲突，应会同有关方面尽早解决。模板架设时应将经过防腐与防锈处理后的预埋管、件绑扎牢固，留出各类孔、槽及边墙内的各类洞室位置。灌筑混凝土时应确保各类预埋管件、预留孔、槽不产生移位。

JTG F90—2015

9.16.2 装饰工程施工应符合下列规定：

1 隧道装饰区域应设置作业区警示标志及人员、机械绕行线路标志。

2 各类装修原材料应分类存放并设置警示标志，并应配备防火、防爆消防设备；易燃、易爆等材料应设专人负责管理。

第 9.16.2 条对照规范

➤ **《公路隧道施工技术规范》**(JTG F60—2009)

18.2.1 洞门及隧道的内装饰应根据设计的装饰材料及设计要求，采用相应的施工方法施工，并符合现行《建筑装饰装修工程质量验收规范》(GB 50210)有关规定。

18.2.2 装饰工程应符合下列规定：

1 贴面装饰应做到黏结牢固、整齐、面平、美观，不允许背后有空响。

2 各类洞室的防护门应开启方便、严密、防火、隔热。

3 洞室应有标明洞室名称的标牌。

JTG F90—2015

9.16.3 通风机、蓄水池、电力管线及压力管道铺设等其他附属设施施工应符合本规范第 4.4 节、第 4.5 节、第 5.4 节、第 5.7 节的有关规定。

第 9.16.3 条对照规范

➤ **《公路隧道施工技术规范》**(JTG F60—2009)

18.3.1 通风机的机座与基础，应按设计要求施工。对于风机底盘与机座相连的地脚螺栓，应按设计要求的风机底盘螺栓孔布置预留灌注孔眼。螺栓埋设时，灌浆应密实。螺栓应与机座面垂直。

18.3.2 蓄水池的施工应符合下列规定：

1 蓄水池混凝土浇注应做到外光内实，无渗漏。

2 在混凝土达到设计强度后，应进行闭水试验。

3 设置避雷设备时，应进行接地电阻试验，其冲击接地电阻应符合设计要求。

18.3.3 水泵基础应稳固可靠，并按设计要求埋设水泵地脚螺栓或预留孔位。

18.3.4 管道工程施工应符合下列规定：

1 沟槽开挖遇有管道、电缆或其他结构物时，应妥善保护并及时与相关单位协商处理。

2 沟槽开挖后，应及时铺管，不得有积水。

3 管道铺设前必须清除管内污垢、杂物或浮锈，铺设应牢固。

4 吊运管道及下沟时，不得与沟壁或沟底相碰撞，且不得损坏管道的防腐层及保护层。

5 管道接口不得设在砌体内。接口到砌体的距离不应小于 0.6m。

6 所有钢管、钢制管件及各种连接附件应符合设计规定。

7 对于压力管道，应进行压力试验。

9.17 超前地质预报和监控量测

9.17.1 超前地质预报和监控量测方案应根据隧道地质条件、支护参数、施工方法以及设计要求编制，主要应包括工程简介、监测目的、监测项目、监测机构、监测方法、监测仪器、测点布置、量测频率、监测管理标准等内容。复杂工程监测方案应经论证。

第 9.17.1 条对照规范

➤ **《公路隧道施工技术细则》**(JTG/T F60—2009)

9.1.1 开工前应根据设计要求，并结合隧道规模、地形地质条件、施工方法、支护类型和参数、工期安排，以及所确定的量测目的等编制量测方案。编制内容应包括：量测项目、量测仪器选择、测点布置、量测频率、数据处理、反馈方法，以及组织机构、管理体系等。量测计划应与施工进度计划相适应。

10.1.3 隧道施工前应根据设计文件的地勘资料，编制地质预报方案和实施大纲，并报有关部门审查和批准后执行。

JTG F90—2015

9.17.2 施工监测信息应及时分析、反馈,变化异常区段应加强监测,并提出相应的对策措施。

第 9.17.2 条对照规范

➤ **《公路隧道施工技术细则》**(JTG/T F60—2009)

9.1.2 监控量测是施工工艺流程中的一个重要工序,应贯穿施工的全过程。监控量测应达到下列目的:

1 掌握围岩和支护的动态信息并及时反馈,指导施工作业。

2 通过对围岩和支护的变形、应力量测,为修改设计提供依据。

9.3.3 量测数据整理、分析与反馈应符合下列规定:

1 对初期的时态曲线应进行回归分析,预测可能出现的最大值和变化速度,掌握位移变化的规律。

2 数据异常时,应及时分析原因,提出对策和建议,并及时反馈给有关单位。

JTG F90—2015

9.17.3 监测仪器、元器件及其构成的监测系统应可靠、耐久、稳定,并按要求进行相应的校对、标定和检查。

第 9.17.3 条对照规范

➤ **《公路隧道施工技术细则》**(JTG/T F60—2009)

9.1.4 现场量测仪器,应根据量测项目及测试精度选用。宜选择简单适用、稳定可靠、操作方便、量程合理、便于进行结果处理和分析的测试仪器。

JTG F90—2015

9.17.4 施工监测应建立数据记录、计算、分析、复核及审核制度,数据应准确、可靠,具有可追溯性。

9.17.5　施工期间隧道所在区域发生地震、滑坡、泥石流等不良地质灾害后，应加强监测，并提出相应对策措施。

9.17.6　超前地质预报作业应符合下列规定：

1　地质预报工作应在隧道找顶作业结束后进行，高地应力区隧道应待工作面支护完成后进行。工作前应观察操作空间上方、周围、开挖工作面附近安全状态。

2　区域地质条件复杂的隧道，应根据区域地质勘测资料，选择以钻探法为主，结合物探法、地质调查法的多种预测预报方法综合分析。

3　应按动态设计原则，并根据地质复杂程度确定预报方案。

4　地质调查法应在隧道开挖排险结束后进行，钻探法、物探法应待工作面支护完成后进行。

5　地质调查应落实安全防护措施、完善防护设施。作业区域照明的光照度应满足数据采集和预报作业人员安全操作的需要。

6　钻探法预报钻孔孔口管应安设牢固，钻机使用的高压风、高压水的各种连接部件应采用符合要求的高压配件，管路连接应安设牢固、经常检查。

7　地震波反射法预报炸药量不得大于75g。

第9.17.6条对照规范

➤ **《公路隧道施工技术细则》**(JTG/T F60—2009)

10.2.3　复杂地质的预测、预报应坚持隧道洞内探测与洞外地质勘探相结合，地质方法与物探方法相结合，辅助导坑与主洞探测相结合，并贯穿于施工全过程。不同地质灾害级别的预报方式可采用：

1级预报可用于A级地质灾害。采用地质分析法、地震波反射法、超声波反射法、陆地声纳法、地质雷达法、瞬变电磁法、红外探测法、超前水平钻探法等进行综合预报。

2级预报可用于B级地质灾害。采用地质分析法、地震波反射法、陆地声纳法、超声波反射法，辅以红外探测法、瞬变电磁法、地质雷达法，必要时进行超前水平钻孔。

3级预报可用于C级地质灾害。以地质分析法为主。对重要地质层界面、断层或物探异常地段宜采用地震波反射法或超声波反射法进行探测,必要时采用红外探测和超前水平钻孔。

4级预报可用于D级地质灾害。采用地质分析法。

JTG F90—2015

9.17.7 监控量测作业应符合下列规定:

1 应对观测点周围环境状态进行观察判断,随时观察工作环境及周边安全状态。监控量测过程中应保证作业平台稳定牢固、安全防护到位,作业时应照明充足。

2 在富水区隧道安装量测仪器或进行钻孔时,发现岩壁松软、掉块或钻孔中的水压、水量突然增大,以及有顶钻等异常情况时,应停止钻进,并监测水情。当发现情况危急时,应立即撤出所有危险区域的人员,并采取处理措施。

3 隧道附近有重要建(构)筑物、设施设备和其他保护对象时,应对建(构)筑物进行变形和沉降观测;隧道采用爆破施工时,应按现行《爆破安全规程》(GB 6722)进行爆破监测。

第9.17.7条对照规范

➢ **《公路隧道施工技术细则》**(JTG/T F60—2009)

9.2.1 隧道施工过程中应进行洞内、外观察,洞内观察分开挖工作面观察和已支护地段观察两部分。

1 开挖工作面观察应在每次开挖后进行。及时绘制开挖工作面地质素描图,填写开挖工作面地质状态记录表和施工阶段围岩级别判定卡。对已支护地段的观察每天应进行一次,主要观察围岩、喷射混凝土、锚杆和钢架等的工作状态。观察中发现围岩条件恶化时,应立即上报设计、监理单位,采取相应处理措施。

2 洞外观察重点应在洞口段、岩溶发育区段地表和洞身埋置深度较浅地段,其观察内容应包括地表开裂、地表沉陷、边坡及仰坡稳定状态、地表水渗透情况、地表植被变化等。

9.2.2 周边位移、拱顶下沉和地表下沉等必测项目宜布置在同一断面,其量测面间距及测点数量应根据隧道埋深、围岩级别、断面大小、开挖方法、支护形式等确定。隧道开挖后应及时进行围岩、初期支护的周边位移量测、拱顶下沉量测。当围岩差、断面大或地表沉降控制要求高时宜进行围岩体内位移量测和其他量测。洞口段、浅埋段或地表有建(构)筑物,应进行地表沉降量测。

9.2.3 量测部位和测点布置,应根据设计、地质条件、量测项目和施工方法等确定。地表下沉的量测尽量与洞内拱顶下沉量测、周边位移量测在同一横断面内,当地表有建(构)筑物时,应在建(构)筑物周围增设地表下沉测点。地表下沉量测应与洞内拱顶下沉和周边位移量测频率相同,并应符合下列规定:

1 地表下沉监测范围横向应延伸至隧道中线两侧(1~2)($b/2+h+h_0$),纵向应在掌子面前后(1~2)($h+h_0$)(b 为隧道开挖宽度,h 为隧道开挖高度,h_0 为隧道埋深)。测点间距宜为 2~5m,并应根据地质条件和环境条件进行调整。

2 地表下沉监测应在隧道开挖前开始,到二次衬砌全部施工完毕,且下沉基本停止时为止。

9.2.4 洞内必测项目,各测点应在不受到爆破影响的范围内尽快安设,并应在每次开挖后 12h 内取得初读数,最迟不得超过 24h,并且在下一循环开挖前必须完成。选测项目测点埋设时间根据实际需要进行。测点应牢固、可靠、易于识别,应能真实地反应围岩、支护的动态变化信息。洞内必测项目各测点应埋入围岩中,深度不应小于 0.2m,不应焊接在钢支撑上,外露部分应有保护装置。

9.2.5 各项量测作业均应持续到变形基本稳定后 15~20d 结束。对于膨胀性和挤压性围岩,位移没有减小趋势时,应延长量测时间。

9.18 逃生与救援

9.18.1 隧道施工应配备应急救援机械设备、监测仪器、堵漏和清洗消毒材料、交通工具、个体防护设备、医疗设备和药品、生活保障和救援物资等,应进行定期检查、维护和更新。不得挪用救援物资及救援设备。

9.18.2 隧道施工应建立兼职救援队伍。

9.18.3 隧道通风、供水及供电设备应纳入正常工序管理,设专人负责管理。施工过程中应加强通风效果检测,供水供电管道、线路应通畅,同时应设置备用设备和备用电源。

9.18.4 隧道内交通道路及开挖作业等重要场所应设置安全应急照明和应急逃生标志，应急照明应有备用电源并保证光照度符合要求。

9.18.5 软弱围岩隧道开挖掌子面至二次衬砌之间应设置逃生通道，随开挖进尺不断前移，逃生通道距离开挖掌子面不得大于20m。逃生通道的刚度、强度及抗冲击能力应满足安全要求，逃生通道内径不宜小于0.8m。

9.18.6 长、特长及高风险隧道应设报警系统及逃生设备、临时急救器械和应急生活保障品等。

9.18.7 隧道施工期间各施工作业面应安装有应急照明装置的报警系统装置。

10 交通安全设施

10.1 一般规定

10.1.1 不中断交通施工作业应按现行《道路交通标志和标线》(GB 5768)和《公路养护安全作业规程》(JTG H30)设置作业控制区。

第 10.1.1 条对照规范

➤ **《公路隧道交通工程与附属设施施工技术规范》**(JTG/T F72—2011)

3.0.9 隧道内施工时宜封闭交通。不允许封闭交通时,应制订专门的安全管理方案。

3.0.10 施工现场应设置安全警示设备。

JTG F90—2015

10.1.2 在通车道路上施工或夜间作业时,应采取限速、导流及渠化等措施,交通指挥人员和上路作业人员应按规定穿着安全反光标志服或反光背心。

第 10.1.2 条对照规范

➤ **《公路隧道交通工程与附属设施施工技术规范》**(JTG/T F72—2011)

3.0.8 所有施工人员必须遵守安全操作规程;特种作业人员必须具备相应资格并持证上岗。

JTG F90—2015

10.1.3 机电工程、收费站、服务区、园林绿化等施工应符合相关行业标准的要求。

10.2 护栏

10.2.1 运货车辆未停稳,不得装、卸货物,立柱堆放应采取防止滚落的措施。

10.2.2 打、压立柱的桩机应安设牢固、平稳。桩机移动时应注意避让地面沟槽、地上架空线路等障碍物。

10.2.3 缆索放线架和线盘应放置稳固,放线架应配有制动设施。

10.2.4 缆索架设作业时,张拉人员应站在张紧器与钢丝绳连接处的侧后方,张拉时紧邻张拉跨中间立柱两侧不得站人。

10.2.5 波形梁板安装后应及时固定。

10.2.6 高边坡、陡崖、沿溪线的现浇混凝土护栏施工,作业人员应采取防坠落的措施。

10.2.7 安装桥梁金属护栏时,作业人员和未完全固定的构件应采取预防坠落的措施。

10.3 交通标志

10.3.1 基坑位于现场通道或居民区附近时,应沿边缘设立防护栏杆或围挡,夜间应加设红色警示灯。

10.3.2 标志安装应符合下列规定:

1 标志支撑结构的安装应在基础混凝土强度达到设计要求后

进行。

2　起重作业应符合本规范第5.6节的有关规定。

3　安装门架标志时,作业人员不得站在门架横梁上作业。

4　高处作业宜使用液压升降机和车载式高空平台作业车。

第10.3.2条对照规范

➢ **《公路交通安全设施施工技术规范》**(JTG F71—2006)

5.3.5　标志安装

(1)立柱必须在基础混凝土强度达到设计强度的80%以上时才能安装。

(2)路侧柱式标志板可通过抱箍固定在立柱上。

(3)悬臂、门架式标志吊装横梁时,应使预拱度达到设计文件的要求。

(4)标志板安装到位后,应进行板面平整度和安装角度的调整。

➢ **《公路隧道交通工程与附属设施施工技术规范》**(JTG/T F72—2011)

4.4.2　隧道外标志施工应符合下列规定:

1　标志立柱、横梁及连接件的制作长度误差不应大于1%,其断面尺寸应满足设计要求;焊缝不得有裂纹、未熔合、夹渣和未填满弧坑等缺陷;构件不得变形。

2　标志应按设计要求定位。当标志板面受到遮挡,影响标志的认读时,应调整标志位置。

3　标志立柱应在基础混凝土强度达到设计强度的80%以上时方可安装,立柱垂直偏差不应大于3mm/m;吊装悬臂式标志、门架式标志横梁时,横梁预拱度应满足设计要求。

4　标志板下缘至路面高度及板内侧距路肩边线距离的允许偏差为(0,±100mm)。

10.4　交通标线

10.4.1　运输、存放标线涂料、溶剂应采取防火措施。

10.4.2　热熔作业时,作业人员应穿着防护服,佩戴护目眼镜、防护手套和防有机气体口罩。

10.4.3 热熔釜熔料时最大投料量不得超过缸体的4/5,热熔釜和漆料保温桶上方不得出现明火。

条文说明

投料量过大,易发生熔料飞溅伤人。

10.4.4 喷涂水性涂料应采取防涂料飞溅的措施。

10.5 隔离栅和桥梁护网

10.5.1 隔离栅施工应符合下列规定:

1 隔离栅安装作业人员应佩戴防穿刺手套。

2 混凝土立柱和基础预制块件存放高度不得超过1.5m,且应码放整齐,不得滚落卸载。

10.5.2 桥梁护网安装应符合本规范第10.2.7条的有关规定。

第10.5.2条对照规范

➤ **《公路交通安全设施施工技术规范》**(JTG F71—2006)

7.3.2 桥梁护网的施工

(1)应以上跨桥梁与公路、铁路等设施的交叉点为控制点,向两侧对称进行桥梁护网的施工。桥梁护网的设置长度应符合设计文件的规定。

(2)应根据桥梁护网立柱预埋基础的位置安装立柱。未设置预埋件时,应采取后固定的施工工艺固定立柱。

(3)桥梁防护网网片应牢固地安装在立柱上,网片应平整、绷紧。

(4)应根据设计文件的规定对桥梁护网做防雷接地处理。

7.4.1 隔离栅和桥梁护网的封闭应严密、牢固,不应出现缺口。

7.4.7 桥梁护网的防雷接地处理应符合设计文件的规定。

10.6 防眩设施

10.6.1 运输、存放塑料防眩板应采取防火措施。

10.6.2　桥梁上下行空隙处安装防眩板应采取防坠落措施。

第 10.6.2 条对照规范

➤ **《公路交通安全设施施工技术规范》**(JTG F71—2006)

8.4.4　防眩板或防眩网应牢固安装。

11 改扩建工程

11.1 改扩建

11.1.1 不中断交通进行公路改扩建工程施工，应符合下列规定：

1 应按照现行《道路交通标志和标线》(GB 5768)、《公路养护安全作业规程》(JTG H30)和交通组织方案设置作业控制区。

2 应定期对交通安全设施进行检查和维护。

条文说明

交通组织方案是改扩建工程交通管理的重要依据，特别是交通量大的高速公路，因承担运输任务量大，一旦扩建施工对通行能力影响较大，因此需要制定交通组织方案，保证安全。同时交通组织方案实施后，因施工、车辆碰撞、恶劣天气、材料老化等原因会导致施工区交通控制设施的损坏，影响视认，因此应定期对交通安全设施进行检查和维护，保证其有效性。

第 11.1.1 条对照规范

➤ **《公路工程施工安全技术规程》**(JTJ 076—95)

10.0.1 改建工程中，边通车、边施工路段的安全生产，除应遵守本规程的有关规定外，还应加强对通行车辆的安全管理，确保施工、交通安全。

➤ **《公路桥涵施工技术规范》**(JTG/T F50—2011)

16.10.2 梁式桥拓宽改建拼接施工前，应做好下列准备工作：

1 应收集既有桥梁的设计图纸、竣工文件及相关资料，或进行必要的勘测和调研，了解既有桥梁的结构形式和现状。

2 应对桥位处地下管线和隐蔽物等的位置、尺寸进行调查，并应采取保护、避让及处理的措施。

3　应根据现场的具体情况，制订专项施工技术方案，确定施工顺序和施工工艺，合理配备施工的机具设备。

4　应在对交通流量调查的基础上，提出交通导流和安全防护的方案，保证施工期间的施工安全和交通安全。

JTG F90—2015

11.1.2　施工路段两端及沿线进出口处应设置明显的临时交通安全设施。

第11.1.2条对照规范

➤《**公路工程施工安全技术规程**》(JTJ 076—95)

10.0.2　改建工程需挖除旧路路基、路面进行重建的路段，在施工路段的两端应竖立显示正在施工的警告标志。标志应鲜明、醒目。标志与施工路段的距离，应根据开挖宽度、路线等级、交通量等情况确定。

JTG F90—2015

11.1.3　爆破作业前应临时中断交通。爆破后应立即清理道路上的土、石，检修公路设施。应确认达到行车条件后开放交通。

11.1.4　边通车边施工路段，通车路段的路面应保持清洁。

第11.1.4条对照规范

➤《**公路工程施工安全技术规程**》(JTJ 076—95)

10.0.5　通车路段的路面应经常清扫干净，防止车辆碾飞土石伤人或雨后泥泞影响通车。

JTG F90—2015

11.1.5　半幅施工作业区与车行道之间应设置隔离设施。应设专人和通信设备，指挥交通，疏导车辆。弯道顶点附近不宜堆放物料、机具。

条文说明

本条规定主要是考虑满足会车要求。

第 11.1.5 条对照规范

➢《公路工程施工安全技术规程》(JTJ 076—95)

10.0.4 在拓宽地段，如需在原有道路上运送土石方，宜采用机动车辆运输。采用手推车运输时，可划分部分路面，专供手推车行驶。并应做到：

(1)剩余部分路面宽度应保证机动车行车安全；

(2)要用红白相间的栏杆等隔离设施，与机动车行车道隔开；

(3)设专职人员指挥来往车辆。

JTG F90—2015

11.1.6　在居民点或公共场所附近开挖沟槽时，应设防护设施，夜间应设置照明灯和警示灯。

第 11.1.6 条对照规范

➢《公路工程施工安全技术规程》(JTJ 076—95)

10.0.10 在居民点或公共场所附近开挖沟槽时，应设护栏及搭设跳板供行人通过。夜间应设置照明灯和红灯。

JTG F90—2015

11.1.7　作业人员应穿着反光服，佩戴贴有反光带的安全帽。

11.2　拆除

11.2.1　应根据所拆除建(构)筑物的结构特点及施工环境要求确定拆除施工的段落、层次、顺序和方法。拆除施工应从上至下、逐层、分段实施,不得立体交叉作业。

第 11.2.1 条对照规范

➢ **《公路桥涵施工技术规范》**(JTG/T F50—2011)

16.10.3 对既有桥梁进行部分凿除或拆除时,应采取措施防止对拟保留的部分造成损伤或破坏。拆除施工过程中不宜将大型施工机具置于既有桥梁上进行作业,必须置于其上作业时,应对既有桥梁的承载能力进行验算,验算通过后方可实施;施工时应采取临时封闭交通等措施,保证安全,并应对既有桥梁的沉降及裂缝等情况进行监测,发现异常应及时采取措施进行处理。

JTG F90—2015

11.2.2 当拆除工程对周围相邻建筑安全可能产生危险时,应采取相应保护措施。

11.2.3 拆除现场应设置围挡、警示标志,非作业人员不得进入拆除现场。

11.2.4 拆除旧桥、旧涵时,在旧桥的两端应设置禁止通行的路障及标志,夜间应悬挂警示灯。

11.2.5 拆除施工中的高处作业应符合本规范第 5.7 节的有关规定。

11.2.6 拆除施工中的起重作业应符合本规范第 5.6 节的有关规定。

11.2.7 拆除施工中的爆破作业应符合本规范第 5.10 节的有关规定。

11.2.8 拆除施工作业人员和机具应处于稳固位置。必须进行临时悬吊作业时,应系好悬吊绳和安全绳。悬吊绳和安全绳应分别锚固,锚固位置应牢固。

11.2.9 拆除梁或悬臂构件应采取防坠落、防坍塌措施。

11.2.10 定向拆除墩、柱时，应采取控制倒塌方向的措施。

11.2.11 拆除的材料应及时清理、分类放置，不得随意抛掷。

11.2.12 隧道拆除二衬前应采取有效预支护措施，控制变形和沉降量。

11.2.13 隧道拆除过程中应对施工段进行监控量测。

11.2.14 隧道拆除作业应以机械作业为主要施工方法，不得扰动、破坏周边围岩和结构。

11.2.15 隧道拆除作业需爆破作业的，应采取有效措施保护既有建(构)筑物。

11.3 加固

11.3.1 采用化学材料施工时，应采取防火措施。

第 11.3.1 条对照规范

➢ **《公路桥梁加固施工技术规范》**(JTG/T J23—2008)

3.3.2 采用化学材料施工时，应符合以下规定：

1 配制化学浆液的易燃原料应密封保存、远离火源。

2 配制及使用场地必须通风良好，操作人员防护应符合有关劳动保护规定。

3 工作场地严禁吸烟、明火取暖，并配备相关的消防设施。

4 施工完成后，现场及结构内不应遗留有害化学物质。

JTG F90—2015

11.3.2　桥梁基础加固应采取防洪、防汛措施。

11.3.3　加固受力状态下的结构构件过程中对原结构有削弱时，应采取限载或支架支撑措施。所搭设的支架应按最不利荷载进行验算。

第11.3.3条对照规范

➤《公路桥梁加固施工技术规范》(JTG/T J23—2008)

3.3.4　对处于受力状态下的结构构件进行加固时，若对原结构有削弱，应采取限载或支架支撑措施。所搭设的支架应通过按最不利荷载进行的验算。

JTG F90—2015

11.3.4　不中断交通的桥梁加固施工，应符合本规范第11.1节的有关规定。

第11.3.4条对照规范

➤《公路桥梁加固施工技术规范》(JTG/T J23—2008)

3.3.5　桥梁加固施工，应减少对交通的影响。对于不中断交通桥梁的加固施工，必须采取以下安全措施：

1　施工前与公路及交通相关管理部门联系办理有关手续，按批准的时间、范围进行施工。

2　严格按现行《公路养护安全作业规程》(JTG H30)设置施工标志、限制速度标志、反光锥形交通路标和其他安全设施。桥下有通航要求时，应布置航行标志和警示灯。

3　桥梁加固前，作业区路段各公路出入口及作业区前方适当位置应设置公告信息牌，并向社会发布相关公告信息。

4　桥梁加固施工前，制订由于交通事故、车辆故障等引起的交通堵塞应急预案，在突发事件发生后及时启动。

11.3.5 桥梁顶升作业所用千斤顶的规格、型号应一致，顶升速度应一致、随顶随支，并应设置防止梁掉落的支垫保险装置。

11.3.6 采用吊架加固梁体时，吊架应稳固牢靠。高处作业应符合本规范第5.7节的有关规定。

11.3.7 局部凿除二衬混凝土进行修补加固作业，应对二衬背后防排水结构进行保护和修复。其修补的混凝土部分应与原结构物有锚固措施。

11.3.8 隧道治理渗漏水应以“疏、堵、截、排，综合治理”为原则，同时应保证二衬混凝土强度和结构的完整性。

11.3.9 隧道加固作业需要背后注浆的，应控制注浆压力和注浆量，不得破坏二衬结构。

11.3.10 隧道二衬表面需要加固补强及安装机械设备的，应满足隧道对净空限界尺寸的要求。

12　特殊季节与特殊环境施工

12.1　一般规定

12.1.1　应根据施工所在地季节性变化规律、施工环境,结合施工特点,制订特殊季节、特殊环境防范措施,编制应急预案,并应储备应急物资、定期演练。

第12.1.1条对照规范

➤ **《公路桥涵施工技术规范》**(JTG/T F50—2011)

24.1.1　冬期、雨期及热期的桥涵施工,应根据不同的季节特点制定相应的施工技术方案,并应采取有针对性的措施,保证工程质量和施工安全。

25.2.10　季节性施工的安全应符合下列规定:

1　工地现场应按照施工作业的条件,并针对季节性施工的特点,制定相应的安全技术方案。

2　雨季施工作业时应采取防雨、防洪、排水及防雷电的安全防护措施。傍山的施工现场应采取防滑坡、塌方的措施;各种临时设施包括支架、模板和脚手架等应有防强风的措施;雷雨季节到来之前,应对现场防雷装置的完好性进行检查,防止造成雷击伤害。

3　冬期施工应采取防滑、防冻的安全防护措施;对采用加热法养护混凝土的现场应有防火措施;用于冬期取暖的设施应符合防火和防煤气中毒的规定。

4　高温季节施工时,应按劳动保护的规定采取防暑降温的措施,作业时宜避开高温时段。

25.2.12　在高原、高寒、沙漠等地区进行桥涵工程的施工时,应根据环境和气候特点采取相应的特殊安全技术措施。

JTG F90—2015

12.1.2　应及时收集当地气象、水文等信息,并根据情况及时采取防范措施。

第 12.1.2 条对照规范

➤《公路工程施工安全技术规程》(JTJ 076—95)

2.0.5 施工单位应加强与气象、水文等部门的联系,及时掌握气温、雨雪、风暴和汛情等预报,做好防洪工作。

➤《公路桥涵施工技术规范》(JTG/T F50—2011)

24.1.2 施工前应及时掌握气温、雨雪、风暴、汛情等预报,制定应急预案,做好安全防范工作,避免发生事故。施工操作人员应按劳动保护的规定,采取必要的防护措施。

12.2 冬季施工

12.2.1 冬季来临前,应检修、保养使用的船机、设备、机具及防护、消防、救生设施,并应采取防冻措施。

第 12.2.1 条对照规范

➤《公路工程施工安全技术规程》(JTJ 076—95)

9.2.1 冬季施工应严格执行冬季施工的有关规定,做好保温、防冻等安全防护措施。

➤《公路桥涵施工技术规范》(JTG/T F50—2011)

24.2.2 冬期施工的工程,应预先做好冬期施工组织计划及技术准备工作。对各项设施和材料,应提前采取防雪、防冻、防火及防煤气中毒等防护措施;对钢筋的冷拉和预应力筋的张拉,应制定专门的施工工艺及安全技术方案;对处于结冰水域的结构物,应采取必要的防护措施,防止其在施工期间和完工后遭受冻胀、流冰撞击等危害。

JTG F90—2015

12.2.2 冬季施工现场的道路、工作平台、斜坡道、脚手板船舶甲板等均应采取防滑措施、及时清除冰雪。冬季施工现场应配备消防设施。

12.2.3 办公、生活区严禁使用电炉、碘钨灯等取暖,煤炭炉取暖必须采取防火、防一氧化碳中毒的措施。

条文说明

使用电炉、碘钨灯取暖易发生火灾事故,煤炭炉取暖易发生一氧化碳中毒事故。

12.2.4 雪天或滑道、电缆结冰的现场外用电梯应停用,梯笼应置于底层。

12.2.5 冬季进行高处作业应采取可靠的防滑、防寒和防冻措施,并应及时清除水、冰、霜、雪。

12.2.6 严禁明火烘烤或开水加热冻结的储气罐、氧气瓶、乙炔瓶、阀门、胶管。

条文说明

明火烘烤或开水加热冻结的储气罐、氧气瓶、乙炔瓶、阀门、胶管易发生爆炸或火灾事故。

12.2.7 封冻河流上施工应制订专项施工方案,机械设备冰上作业应经论证。

第12.2.7条对照规范

➤ **《公路工程施工安全技术规程》**(JTJ 076—95)

9.2.2 冬季施工在江河冰面上通行时,事先应详细调查冰层的厚度及承载能力。冰面结冻不实地段,严禁通行。结冻不实地段、可通行地段都应设明显标志。初冬及春融季节应经常检查冰层变化情况,以确定可否通行。

JTG F90—2015

12.2.8　内河凌汛期，水上在建的建（构）筑物和工程船舶等应采取防撞措施，现场上游应布设破冰防线。

12.3　雨季施工

12.3.1　雨季来临前，应检查、修复或完善现场避雷装置、接地装置、排水设施，围堰、堤坝等应采取加固和防坍塌措施，易冲刷部位应采取防冲或导流措施。

第 12.3.1 条对照规范

➢ **《公路工程施工安全技术规程》**(JTJ 076—95)

9.1.1　雨季及洪水期施工应根据当地气象预报及施工所在地的具体情况，做好施工期间的防洪排涝工作。

➢ **《公路桥涵施工技术规范》**(JTG/T F50—2011)

24.3.2　雨期施工应通过当地气象部门提前获取气象预报资料，制定切实可行的施工组织计划、施工技术方案及应急预案，做好防范各种自然灾害的准备工作。雨期施工应提前准备必要的防洪抢险器材、机具及遮盖材料，对水泥、钢材等工程材料应有防雨防潮、对施工机械应有防止洪水淹没等措施；施工场地和生活区应设置排水设施；同时应制定安全用电规程，严防漏电、触电；雷区应有防雷措施。

JTG F90—2015

12.3.2　现场的脚手架、跳板、桥梁、墩台等作业面应采取防滑措施。

第 12.3.2 条对照规范

➢ **《公路工程施工安全技术规程》**(JTJ 076—95)

9.1.2　在雨季施工时，施工现场应及时排除积水，人行道的上下坡应挖步梯或铺砂。脚手板、斜道板、跳板上应采取防滑措施。加强对支架、脚手架和土方工程的检查,防止倾倒和坍塌。

JTG F90—2015

12.3.3　大风、大雨后,应检查支架、脚手架、起重设备、临时用电工程、临时房屋等设施的基础。

12.3.4　雷雨时,不得从事露天作业。

第 12.3.4 条对照规范

➢ **《公路工程施工安全技术规程》**(JTJ 076—95)

9.1.4　长时间在雨季中作业的工程,应根据条件搭设防雨棚。施工中遇有暴风雨应暂停施工。

12.4　夜间施工

12.4.1　夜间施工时,作业场所或工程船舶应设置照明设备,照度应满足施工要求。光束不得直接照射工程船舶、机械的操作和指挥人员。

第 12.4.1 条对照规范

➢ **《公路工程施工安全技术规程》**(JTJ 076—95)

9.4.1　夜间施工时,现场必须有符合操作要求的照明设备。施工住地要设置路灯。

JTG F90—2015

12.4.2　夜间施工时,作业现场的预留孔洞、上下道口及沟槽等危险部位应设置夜间警示标志和警示灯。

第 12.4.2 条对照规范

➢ **《公路工程施工安全技术规程》**(JTJ 076—95)

9.4.2　施工中的小型桥涵两侧及穿越路基的管线等临时工程,应设置围栏,并悬挂红灯示警标志。

9.4.3　大型桥梁攀登扶梯处应设有照明灯具。

12.5　高温施工

12.5.1　作业时间应避开高温时段。

第 12.5.1 条对照规范

➢ **《公路工程施工安全技术规程》**(JTJ 076—95)

9.3.1　高温季节施工,应按劳动保护规定做好防暑降温措施。适当调整作息时间,尽量避开高温时间。有条件的宜搭设凉棚,供应冷饮,准备防暑药品等。

➢ **《公路水泥混凝土路面施工技术细则》**(JTG/T F30—2014)

12.4.2　高温期宜选择在早晨、傍晚或夜间施工,避开中午高温时段施工。夜间施工应有良好的操作照明,并确保施工安全。

JTG F90—2015

12.5.2　必须在高温条件下的施工作业应采取防暑降温措施。

12.5.3　施工现场的易燃易爆物品应采取防晒措施。

12.6　台风季节施工

12.6.1　在建工程、施工机械设备、临时设施、生活和办公用房应做防风加固,排水沟渠应通畅。

12.6.2　应落实船舶避风锚地、拖轮和人员的转移地点。

12.7 汛期施工

12.7.1 易发生洪水、泥石流、滑坡等灾害的施工现场应加强观测、预警,发现危险预兆应及时撤离作业人员和施工机械设备。

12.7.2 库区及下游受排洪影响地区施工作业应及时掌握水位变化情况。

12.8 能见度不良施工

12.8.1 能见度不良的施工现场不宜施工作业。

12.8.2 能见度不良时水上作业场地应按规定启用声响警示设备和红光信号灯。

12.8.3 船舶雾航必须按《国际海上避碰规则》和《中华人民共和国内河避碰规则》的有关规定执行。停航通告发布后,必须停止航行。

12.8.4 航行中突遇浓雾应立即减速、测定船位,继续航行应符合本规范第12.8.3条规定。

12.9 沙漠地区施工

12.9.1 风沙地区的临时生产、生活设施应满足防风、防沙要求,驻地附近应设置高于15m的红色信号旗和信号灯。

12.9.2 通行车辆技术性能应满足沙漠运行要求,司操人员应接受相应培训。

12.9.3　外出作业每组不得少于3人，并应配备通信设备。

12.9.4　大风来临前，机械设备应按迎风面最小正对风向放置，高耸机械应采取固定、防风措施。

12.10　高海拔地区施工

12.10.1　海拔3 000m以上地区施工作业应严格执行高海拔地区有关规定，制定相应规章制度，并应采取有效保障措施。

条文说明

以海拔3 000m为高海拔地区界定标准，是因为从医学和工程实际角度出发，在海拔3 000m地区易出现较明显的高原反应。

12.10.2　应设立医疗机构和氧疗室，现场应配备供氧器。

12.10.3　生活区、料库(场)、设备存放场应避开热融可能滑坍的冰锥、冻胀丘、高含冰量的冻土和湖塘等不良地段。

12.10.4　高海拔地区施工驻地周边沼泽地带应设置警示标志。

12.10.5　高海拔地区工作的人员应严格体检，不适合人员不得从事高海拔地区作业。

12.10.6　海拔4 000m及以上地区野外作业每天不宜超过6h，隧道内作业每天不宜超过4h。

附录A 危险性较大的工程

表A 危险性较大的工程

序号	类别	需编制专项施工方案	需专家论证、审查
1	基坑开挖、支护、降水工程	1. 开挖深度不小于3m的基坑(槽)开挖、支护、降水工程。 2. 深度小于3m但地质条件和周边环境复杂的基坑(槽)开挖、支护、降水工程	1. 深度不小于5m的基坑(槽)的土(石)方开挖、支护、降水。 2. 开挖深度虽小于5m,但地质条件、周围环境和地下管线复杂,或影响毗邻建(构)筑物安全,或存在有毒有害气体分布的基坑(槽)的土方开挖、支护、降水工程
2	滑坡处理和填、挖方路基工程	1. 滑坡处理。 2. 边坡高度大于20m的路堤或地面斜坡坡率陡于1∶2.5的路堤,或不良地质地段、特殊岩土地段的路堤。 3. 土质挖方边坡高度大于20m、岩质挖方边坡高度大于30m,或不良地质、特殊岩土地段的挖方边坡	1. 中型及以上滑坡体处理。 2. 边坡高度大于20m的路堤或地面斜坡坡率陡于1∶2.5的路堤,且处于不良地质地段、特殊岩土地段的路堤。 3. 土质挖方边坡高度大于20m、岩质挖方边坡高度大于30m且处于不良地质、特殊岩土地段的挖方边坡
3	基础工程	1. 桩基础。 2. 挡土墙基础。 3. 沉井等深水基础	1. 深度不小于15m的人工挖孔桩或开挖深度不超过15m,但地质条件复杂或存在有毒有害气体分布的人工挖孔桩工程。 2. 平均高度不小于6m且面积不小于1 200m^{2}的砌体挡土墙的基础。 3. 水深不小于20m的各类深水基础
4	大型临时工程	1. 围堰工程。 2. 各类工具式模板工程。 3. 支架高度不小于5m;跨度不小于10m,施工总荷载不小于10kN/m^2;集中线荷载不小于15kN/m。 4. 搭设高度24m及以上的落地式钢管脚手架工程;附着式整体和分片提升脚手架工程;悬挑式脚手架工程;吊篮脚手架工程;自制卸料平台、移动操作平台工程;新型及异型脚手架工程。 5. 挂篮。 6. 便桥、临时码头。 7. 水上作业平台	1. 水深不小于10m的围堰工程。 2. 高度不小于40m墩柱、高度不小于100m索塔的滑模、爬模、翻模工程。 3. 支架高度不小于8m;跨度不小于18m,施工总荷载不小于15kN/m^2;集中线荷载不小于20kN/m。 4. 50m及以上落地式钢管脚手架工程。用于钢结构安装等满堂承重支撑体系,承受单点集中荷载7kN以上。 5. 猫道、移动模架

续上表

序号	类　别	需编制专项施工方案	需专家论证、审查
5	桥涵工程	1. 桥梁工程中的梁、拱、柱等构件施工。 2. 打桩船作业。 3. 施工船作业。 4. 边通航边施工作业。 5. 水下工程中的水下焊接、混凝土浇注等。 6. 顶进工程。 7. 上跨或下穿既有公路、铁路、管线施工	1. 长度不小于40m的预制梁的运输与安装，钢箱梁吊装。 2. 跨度不小于150m的钢管拱安装施工。 3. 高度不小于40m的墩柱、高度不小于100m的索塔等的施工。 4. 离岸无掩护条件下的桩基施工。 5. 开敞式水域大型预制构件的运输与吊装作业。 6. 在三级及以上通航等级的航道上进行的水上水下施工。 7. 转体施工
6	隧道工程	1. 不良地质隧道。 2. 特殊地质隧道。 3. 浅埋、偏压及邻近建筑物等特殊环境条件隧道。 4. IV级及以上软弱围岩地段的大跨度隧道。 5. 小净距隧道。 6. 瓦斯隧道	1. 隧道穿越岩溶发育区、高风险断层、沙层、采空区等工程地质或水文地质条件复杂地质环境；V级围岩连续长度占总隧道长度10%以上且连续长度超过100m；VI级围岩的隧道工程。 2. 软岩地区的高地应力区、膨胀岩、黄土、冻土等地段。 3. 埋深小于1倍跨度的浅埋地段；可能产生坍塌或滑坡的偏压地段；隧道上部存在需要保护的建筑物地段；隧道下穿水库或河沟地段。 4. IV级及以上软弱围岩地段跨度不小于18m的特大跨度隧道。 5. 连拱隧道；中夹岩柱小于1倍隧道开挖跨度的小净距隧道；长度大于100m的偏压棚洞。 6. 高瓦斯或瓦斯突出隧道。 7. 水下隧道
7	起重吊装工程	1. 采用非常规起重设备、方法，且单件起吊重量在10kN及以上的起重吊装工程。 2. 采用起重机械进行安装的工程。 3. 起重机械设备自身的安装、拆卸	1. 采用非常规起重设备、方法，且单件起吊重量在100kN及以上的起重吊装工程。 2. 起吊重量在300kN及以上的起重设备安装、拆卸工程
8	拆除、爆破工程	1. 桥梁、隧道拆除工程。 2. 爆破工程	1. 大桥及以上桥梁拆除工程。 2. 一级及以上公路隧道拆除工程。 3. C级及以上爆破工程、水下爆破工程

附录 B　专项施工方案主要内容

B.0.1　专项施工方案应包括下列主要内容：

1　工程概况：工程基本情况、施工平面布置、施工要求和技术保证条件。

2　编制依据：相关法律、法规、规范性文件、标准、规范及图纸（国标图集）、施工组织设计等。

3　施工计划：包括施工进度计划、材料与设备计划。

4　施工工艺技术：技术参数、工艺流程、施工方法、检查验收等。

5　施工安全保证措施：组织保障、技术措施、应急预案、监测监控等。

6　劳动力计划：专职安全生产管理人员、特种作业人员等。

7　计算书及相关图纸。

附录C　风险评估报告的内容

C.0.1　风险评估报告应包括下列内容：

1　编制依据：

1)项目风险管理方针及策略。

2)相关的国家和行业标准、规范及规定。

3)项目设计和施工方面的文件。

4)项目各阶段(工程可行性研究、初步设计、详细设计等)审查意见。

5)设计阶段风险评估成果。

2　工程概况。

3　评估过程和评估方法。

4　评估内容：

1)总体风险评估。

2)专项风险评估，包括风险源普查、辨识、分析以及重大风险源的估测。

5　对策措施及建议。

6　评估结论：

1)重大风险源风险等级汇总。

2)Ⅲ级和Ⅳ级风险存在的部位、方式等情况。

3)分析评估结果的科学性、可行性、合理性及存在的问题。

附录D　特殊作业人员范围

D.0.1　特殊作业人员应包括下列人员：

1　电工。

2　焊接与热切割作业人员。

3　架子工。

4　起重信号司索工。

5　起重机械司机。

6　起重机械安装拆卸工。

7　高处作业吊篮安装拆卸工。

8　锅炉司炉。

9　压力容器操作人员。

10　电梯司机。

11　场(厂)内专用机动车司机。

12　制冷与空调作业人员。

13　从事爆破工作的爆破员、安全员、保管员。

14　瓦斯监测员。

15　工程船舶船员。

16　潜水员。

17　国家有关部门认定的其他作业人员。

附录 E　特种设备名录

E.0.1　特种设备包括其所用的材料、附属的安全附件、安全保护装置和与安全保护装置相关的设施。主要包括下列设备：

1　锅炉，是指利用各种燃料、电或其他能源，将所盛装的液体加热到一定的参数，并对外输出热能的设备。其范围规定为容积大于或等于 30L 的承压蒸汽锅炉；出口水压大于或等于 0.1MPa（表压），且额定功率大于或等于 0.1MW 的承压热水锅炉；有机热载体锅炉。

2　压力容器，是指盛装气体或液体，承载一定压力的密闭设备。其范围规定为最高工作压力大于或等于 0.1MPa（表压），且压力与容积的乘积大于或等于 2.5MPa・L 的气体、液化气体和最高工作温度大于或等于标准沸点的液体的固定式容器和移动式容器；盛装公称工作压力大于或等于 0.2MPa（表压），且压力与容积的乘积大于或等于 1.0MPa・L 的气体、液化气体和标准沸点小于或等于 60℃液体的气瓶；氧舱等。

3　压力管道，是指利用一定的压力，用于输送气体或液体的管状设备。其范围规定为最高工作压力大于或等于 0.1MPa（表压）的气体、液化气体、蒸汽介质或可燃、易爆、有毒、有腐蚀性、最高工作温度大于或等于标准沸点的液体介质，且公称直径大于 25mm 的管道。

4　电梯，是指动力驱动，利用沿刚性导轨运行的箱体或沿固定线路运行的梯级（踏步），进行升降或平行运送人、货物的机电设备。包括载人（货）电梯、自动扶梯、自动人行道等。

5　起重机械，是指用于垂直升降或垂直升降并水平移动重物的机电设备。其范围规定为额定起重量大于或等于 0.5t 的升降机；额定起重量大于或等于 1t,且提升高度大于或等于 2m 的起重机和承重形式固定的电动葫芦等。

6 场(厂)内专用机动车辆,是指仅在工厂厂区、施工场地等特定区域使用的叉车、搬运车、牵引车、推顶车等专用机动车辆。

附件一　中华人民共和国安全生产法

（2002 年 6 月 29 日第九届全国人民代表大会常务委员会第二十八次会议通过，2002 年 6 月 29 日中华人民共和国主席令第七十号公布，自 2002 年 11 月 1 日起施行。）

第一章　总　　则

第一条　为了加强安全生产监督管理，防止和减少生产安全事故，保障人民群众生命和财产安全，促进经济发展，制定本法。

第二条　在中华人民共和国领域内从事生产经营活动的单位（以下统称生产经营单位）的安全生产，适用本法；有关法律、行政法规对消防安全和道路交通安全、铁路交通安全、水上交通安全、民用航空安全另有规定的，适用其规定。

第三条　安全生产管理，坚持安全第一、预防为主的方针。

第四条　生产经营单位必须遵守本法和其他有关安全生产的法律、法规，加强安全生产管理，建立、健全安全生产责任制度，完善安全生产条件，确保安全生产。

第五条　生产经营单位的主要负责人对本单位的安全生产工作全面负责。

第六条　生产经营单位的从业人员有依法获得安全生产保障的权利，并应当依法履行安全生产方面的义务。

第七条　工会依法组织职工参加本单位安全生产工作的民主管理和民主监督，维护职工在安全生产方面的合法权益。

第八条　国务院和地方各级人民政府应当加强对安全生产工作的领导，支持、督促各有关部门依法履行安全生产监督管理职责。

县级以上人民政府对安全生产监督管理中存在的重大问题应当及时予以协调、解决。

第九条 国务院负责安全生产监督管理的部门依照本法，对全国安全生产工作实施综合监督管理；县级以上地方各级人民政府负责安全生产监督管理的部门依照本法，对本行政区域内安全生产工作实施综合监督管理。

国务院有关部门依照本法和其他有关法律、行政法规的规定，在各自的职责范围内对有关的安全生产工作实施监督管理；县级以上地方各级人民政府有关部门依照本法和其他有关法律、法规的规定，在各自的职责范围内对有关的安全生产工作实施监督管理。

第十条 国务院有关部门应当按照保障安全生产的要求，依法及时制定有关的国家标准或者行业标准，并根据科技进步和经济发展适时修订。

生产经营单位必须执行依法制定的保障安全生产的国家标准或者行业标准。

第十一条 各级人民政府及其有关部门应当采取多种形式，加强对有关安全生产的法律、法规和安全生产知识的宣传，提高职工的安全生产意识。

第十二条 依法设立的为安全生产提供技术服务的中介机构，依照法律、行政法规和执业准则，接受生产经营单位的委托为其安全生产工作提供技术服务。

第十三条 国家实行生产安全事故责任追究制度，依照本法和有关法律、法规的规定，追究生产安全事故责任人员的法律责任。

第十四条 国家鼓励和支持安全生产科学技术研究和安全生产先进技术的推广应用，提高安全生产水平。

第十五条 国家对在改善安全生产条件、防止生产安全事故、参加抢险救护等方面取得显著成绩的单位和个人，给予奖励。

第二章 生产经营单位的安全生产保障

第十六条 生产经营单位应当具备本法和有关法律、行政法规和国家标准或者行业标准规定的安全生产条件；不具备安全生产条件的，不得从事生产经营活动。

第十七条 生产经营单位的主要负责人对本单位安全生产工作负有下列职责：

（一）建立、健全本单位安全生产责任制；

（二）组织制定本单位安全生产规章制度和操作规程；

（三）保证本单位安全生产投入的有效实施；

（四）督促、检查本单位的安全生产工作，及时消除生产安全事故隐患；

（五）组织制定并实施本单位的生产安全事故应急救援预案；

（六）及时、如实报告生产安全事故。

第十八条　生产经营单位应当具备的安全生产条件所必需的资金投入，由生产经营单位的决策机构、主要负责人或者个人经营的投资人予以保证，并对由于安全生产所必需的资金投入不足导致的后果承担责任。

第十九条　矿山、建筑施工单位和危险物品的生产、经营、储存单位，应当设置安全生产管理机构或者配备专职安全生产管理人员。

前款规定以外的其他生产经营单位，从业人员超过三百人的，应当设置安全生产管理机构或者配备专职安全生产管理人员；从业人员在三百人以下的，应当配备专职或者兼职的安全生产管理人员，或者委托具有国家规定的相关专业技术资格的工程技术人员提供安全生产管理服务。

生产经营单位依照前款规定委托工程技术人员提供安全生产管理服务的，保证安全生产的责任仍由本单位负责。

第二十条　生产经营单位的主要负责人和安全生产管理人员必须具备与本单位所从事的生产经营活动相应的安全生产知识和管理能力。

危险物品的生产、经营、储存单位以及矿山、建筑施工单位的主要负责人和安全生产管理人员，应当由有关主管部门对其安全生产知识和管理能力考核合格后方可任职。考核不得收费。

第二十一条　生产经营单位应当对从业人员进行安全生产教育和培训，保证从业人员具备必要的安全生产知识，熟悉有关的安全生产规章制度和安全操作规程，掌握本岗位的安全操作技能。未经安全生产教育和培训合格的从业人员，不得上岗作业。

第二十二条　生产经营单位采用新工艺、新技术、新材料或者使用新设备，必须了解、掌握其安全技术特性，采取有效的安全防护措施，并对从业人员进行专门的安全生产教育和培训。

第二十三条　生产经营单位的特种作业人员必须按照国家有关规定经专门的

安全作业培训，取得特种作业操作资格证书，方可上岗作业。

特种作业人员的范围由国务院负责安全生产监督管理的部门会同国务院有关部门确定。

第二十四条 生产经营单位新建、改建、扩建工程项目(以下统称建设项目)的安全设施，必须与主体工程同时设计、同时施工、同时投入生产和使用。安全设施投资应当纳入建设项目概算。

第二十五条 矿山建设项目和用于生产、储存危险物品的建设项目，应当分别按照国家有关规定进行安全条件论证和安全评价。

第二十六条 建设项目安全设施的设计人、设计单位应当对安全设施设计负责。

矿山建设项目和用于生产、储存危险物品的建设项目的安全设施设计应当按照国家有关规定报经有关部门审查，审查部门及其负责审查的人员对审查结果负责。

第二十七条 矿山建设项目和用于生产、储存危险物品的建设项目的施工单位必须按照批准的安全设施设计施工，并对安全设施的工程质量负责。

矿山建设项目和用于生产、储存危险物品的建设项目竣工投入生产或者使用前，必须依照有关法律、行政法规的规定对安全设施进行验收；验收合格后，方可投入生产和使用。验收部门及其验收人员对验收结果负责。

第二十八条 生产经营单位应当在有较大危险因素的生产经营场所和有关设施、设备上，设置明显的安全警示标志。

第二十九条 安全设备的设计、制造、安装、使用、检测、维修、改造和报废，应当符合国家标准或者行业标准。

生产经营单位必须对安全设备进行经常性维护、保养，并定期检测，保证正常运转。维护、保养、检测应当作好记录，并由有关人员签字。

第三十条 生产经营单位使用的涉及生命安全、危险性较大的特种设备，以及危险物品的容器、运输工具，必须按照国家有关规定，由专业生产单位生产，并经取得专业资质的检测、检验机构检测、检验合格，取得安全使用证或者安全标志，方可投入使用。检测、检验机构对检测、检验结果负责。

涉及生命安全、危险性较大的特种设备的目录由国务院负责特种设备安全监督管理的部门制定，报国务院批准后执行。

第三十一条　国家对严重危及生产安全的工艺、设备实行淘汰制度。

生产经营单位不得使用国家明令淘汰、禁止使用的危及生产安全的工艺、设备。

第三十二条　生产、经营、运输、储存、使用危险物品或者处置废弃危险物品的，由有关主管部门依照有关法律、法规的规定和国家标准或者行业标准审批并实施监督管理。

生产经营单位生产、经营、运输、储存、使用危险物品或者处置废弃危险物品，必须执行有关法律、法规和国家标准或者行业标准，建立专门的安全管理制度，采取可靠的安全措施，接受有关主管部门依法实施的监督管理。

第三十三条　生产经营单位对重大危险源应当登记建档，进行定期检测、评估、监控，并制定应急预案，告知从业人员和相关人员在紧急情况下应当采取的应急措施。

生产经营单位应当按照国家有关规定将本单位重大危险源及有关安全措施、应急措施报有关地方人民政府负责安全生产监督管理的部门和有关部门备案。

第三十四条　生产、经营、储存、使用危险物品的车间、商店、仓库不得与员工宿舍在同一座建筑物内，并应当与员工宿舍保持安全距离。

生产经营场所和员工宿舍应当设有符合紧急疏散要求、标志明显、保持畅通的出口。禁止封闭、堵塞生产经营场所或者员工宿舍的出口。

第三十五条　生产经营单位进行爆破、吊装等危险作业，应当安排专门人员进行现场安全管理，确保操作规程的遵守和安全措施的落实。

第三十六条　生产经营单位应当教育和督促从业人员严格执行本单位的安全生产规章制度和安全操作规程；并向从业人员如实告知作业场所和工作岗位存在的危险因素、防范措施以及事故应急措施。

第三十七条　生产经营单位必须为从业人员提供符合国家标准或者行业标准的劳动防护用品，并监督、教育从业人员按照使用规则佩戴、使用。

第三十八条　生产经营单位的安全生产管理人员应当根据本单位的生产经营特点，对安全生产状况进行经常性检查；对检查中发现的安全问题，应当立即处理；不能处理的，应当及时报告本单位有关负责人。检查及处理情况应当记录在案。

第三十九条　生产经营单位应当安排用于配备劳动防护用品、进行安全生产培训的经费。

第四十条 两个以上生产经营单位在同一作业区域内进行生产经营活动，可能危及对方生产安全的，应当签订安全生产管理协议，明确各自的安全生产管理职责和应当采取的安全措施，并指定专职安全生产管理人员进行安全检查与协调。

第四十一条 生产经营单位不得将生产经营项目、场所、设备发包或者出租给不具备安全生产条件或者相应资质的单位或者个人。

生产经营项目、场所有多个承包单位、承租单位的，生产经营单位应当与承包单位、承租单位签订专门的安全生产管理协议，或者在承包合同、租赁合同中约定各自的安全生产管理职责；生产经营单位对承包单位、承租单位的安全生产工作统一协调、管理。

第四十二条 生产经营单位发生重大生产安全事故时，单位的主要负责人应当立即组织抢救，并不得在事故调查处理期间擅离职守。

第四十三条 生产经营单位必须依法参加工伤社会保险，为从业人员缴纳保险费。

第三章 从业人员的权利和义务

第四十四条 生产经营单位与从业人员订立的劳动合同，应当载明有关保障从业人员劳动安全、防止职业危害的事项，以及依法为从业人员办理工伤社会保险的事项。

生产经营单位不得以任何形式与从业人员订立协议，免除或者减轻其对从业人员因生产安全事故伤亡依法应承担的责任。

第四十五条 生产经营单位的从业人员有权了解其作业场所和工作岗位存在的危险因素、防范措施及事故应急措施，有权对本单位的安全生产工作提出建议。

第四十六条 从业人员有权对本单位安全生产工作中存在的问题提出批评、检举、控告；有权拒绝违章指挥和强令冒险作业。

生产经营单位不得因从业人员对本单位安全生产工作提出批评、检举、控告或者拒绝违章指挥、强令冒险作业而降低其工资、福利等待遇或者解除与其订立的劳动合同。

第四十七条　从业人员发现直接危及人身安全的紧急情况时，有权停止作业或者在采取可能的应急措施后撤离作业场所。

生产经营单位不得因从业人员在前款紧急情况下停止作业或者采取紧急撤离措施而降低其工资、福利等待遇或者解除与其订立的劳动合同。

第四十八条　因生产安全事故受到损害的从业人员，除依法享有工伤社会保险外，依照有关民事法律尚有获得赔偿的权利的，有权向本单位提出赔偿要求。

第四十九条　从业人员在作业过程中，应当严格遵守本单位的安全生产规章制度和操作规程，服从管理，正确佩戴和使用劳动防护用品。

第五十条　从业人员应当接受安全生产教育和培训，掌握本职工作所需的安全生产知识，提高安全生产技能，增强事故预防和应急处理能力。

第五十一条　从业人员发现事故隐患或者其他不安全因素，应当立即向现场安全生产管理人员或者本单位负责人报告；接到报告的人员应当及时予以处理。

第五十二条　工会有权对建设项目的安全设施与主体工程同时设计、同时施工、同时投入生产和使用进行监督，提出意见。

工会对生产经营单位违反安全生产法律、法规，侵犯从业人员合法权益的行为，有权要求纠正；发现生产经营单位违章指挥、强令冒险作业或者发现事故隐患时，有权提出解决的建议，生产经营单位应当及时研究答复；发现危及从业人员生命安全的情况时，有权向生产经营单位建议组织从业人员撤离危险场所，生产经营单位必须立即作出处理。

工会有权依法参加事故调查，向有关部门提出处理意见，并要求追究有关人员的责任。

第四章　安全生产的监督管理

第五十三条　县级以上地方各级人民政府应当根据本行政区域内的安全生产状况，组织有关部门按照职责分工，对本行政区域内容易发生重大生产安全事故的生产经营单位进行严格检查；发现事故隐患，应当及时处理。

第五十四条　依照本法第九条规定对安全生产负有监督管理职责的部门（以下统称负有安全生产监督管理职责的部门）依照有关法律、法规的规定，对涉及安全生产的事项需要审查批准(包括批准、核准、许可、注册、认证、颁发证照等,下同)或者验收的,必须严格依照有关法律、法规和国家标准或者行业标准规定的安全生产条件和程序进行审查;不符合有关法律、法规和国家标准或者行业标准规定的安全生产条件的,不得批准或者验收通过。对未依法取得批准或者验收合格的单位擅自从事有关活动的,负责行政审批的部门发现或者接到举报后应当立即予以取缔,并依法予以处理。对已经依法取得批准的单位,负责行政审批的部门发现其不再具备安全生产条件的,应当撤销原批准。

第五十五条 负有安全生产监督管理职责的部门对涉及安全生产的事项进行审查、验收,不得收取费用;不得要求接受审查、验收的单位购买其指定品牌或者指定生产、销售单位的安全设备、器材或者其他产品。

第五十六条 负有安全生产监督管理职责的部门依法对生产经营单位执行有关安全生产的法律、法规和国家标准或者行业标准的情况进行监督检查,行使以下职权:

(一)进入生产经营单位进行检查,调阅有关资料,向有关单位和人员了解情况。

(二)对检查中发现的安全生产违法行为,当场予以纠正或者要求限期改正;对依法应当给予行政处罚的行为,依照本法和其他有关法律、行政法规的规定作出行政处罚决定。

(三)对检查中发现的事故隐患,应当责令立即排除;重大事故隐患排除前或者排除过程中无法保证安全的,应当责令从危险区域内撤出作业人员,责令暂时停产停业或者停止使用;重大事故隐患排除后,经审查同意,方可恢复生产经营和使用。

(四)对有根据认为不符合保障安全生产的国家标准或者行业标准的设施、设备、器材予以查封或者扣押,并应当在十五日内依法作出处理决定。

监督检查不得影响被检查单位的正常生产经营活动。

第五十七条 生产经营单位对负有安全生产监督管理职责的部门的监督检查人员(以下统称安全生产监督检查人员)依法履行监督检查职责,应当予以配合,不得拒绝、阻挠。

第五十八条 安全生产监督检查人员应当忠于职守,坚持原则,秉公执法。

安全生产监督检查人员执行监督检查任务时,必须出示有效的监督执法证件;对涉及被检查单位的技术秘密和业务秘密,应当为其保密。

第五十九条　安全生产监督检查人员应当将检查的时间、地点、内容、发现的问题及其处理情况，作出书面记录，并由检查人员和被检查单位的负责人签字；被检查单位的负责人拒绝签字的，检查人员应当将情况记录在案，并向负有安全生产监督管理职责的部门报告。

第六十条　负有安全生产监督管理职责的部门在监督检查中，应当互相配合，实行联合检查；确需分别进行检查的，应当互通情况，发现存在的安全问题应当由其他有关部门进行处理的，应当及时移送其他有关部门并形成记录备查，接受移送的部门应当及时进行处理。

第六十一条　监察机关依照行政监察法的规定，对负有安全生产监督管理职责的部门及其工作人员履行安全生产监督管理职责实施监察。

第六十二条　承担安全评价、认证、检测、检验的机构应当具备国家规定的资质条件，并对其作出的安全评价、认证、检测、检验的结果负责。

第六十三条　负有安全生产监督管理职责的部门应当建立举报制度，公开举报电话、信箱或者电子邮件地址，受理有关安全生产的举报；受理的举报事项经调查核实后，应当形成书面材料；需要落实整改措施的，报经有关负责人签字并督促落实。

第六十四条　任何单位或者个人对事故隐患或者安全生产违法行为，均有权向负有安全生产监督管理职责的部门报告或者举报。

第六十五条　居民委员会、村民委员会发现其所在区域内的生产经营单位存在事故隐患或者安全生产违法行为时，应当向当地人民政府或者有关部门报告。

第六十六条　县级以上各级人民政府及其有关部门对报告重大事故隐患或者举报安全生产违法行为的有功人员，给予奖励。具体奖励办法由国务院负责安全生产监督管理的部门会同国务院财政部门制定。

第六十七条　新闻、出版、广播、电影、电视等单位有进行安全生产宣传教育的义务，有对违反安全生产法律、法规的行为进行舆论监督的权利。

第五章　生产安全事故的应急救援与调查处理

第六十八条　县级以上地方各级人民政府应当组织有关部门制定本行政区域内特大生产安全事故应急救援预案，建立应急救援体系。

第六十九条 危险物品的生产、经营、储存单位以及矿山、建筑施工单位应当建立应急救援组织；生产经营规模较小，可以不建立应急救援组织的，应当指定兼职的应急救援人员。危险物品的生产、经营、储存单位以及矿山、建筑施工单位应当配备必要的应急救援器材、设备，并进行经常性维护、保养，保证正常运转。

第七十条 生产经营单位发生生产安全事故后，事故现场有关人员应当立即报告本单位负责人。

单位负责人接到事故报告后，应当迅速采取有效措施，组织抢救，防止事故扩大，减少人员伤亡和财产损失，并按照国家有关规定立即如实报告当地负有安全生产监督管理职责的部门，不得隐瞒不报、谎报或者拖延不报，不得故意破坏事故现场、毁灭有关证据。

第七十一条 负有安全生产监督管理职责的部门接到事故报告后，应当立即按照国家有关规定上报事故情况。负有安全生产监督管理职责的部门和有关地方人民政府对事故情况不得隐瞒不报、谎报或者拖延不报。

第七十二条 有关地方人民政府和负有安全生产监督管理职责的部门的负责人接到重大生产安全事故报告后，应当立即赶到事故现场，组织事故抢救。

任何单位和个人都应当支持、配合事故抢救，并提供一切便利条件。

第七十三条 事故调查处理应当按照实事求是、尊重科学的原则，及时、准确地查清事故原因，查明事故性质和责任，总结事故教训，提出整改措施，并对事故责任者提出处理意见。事故调查和处理的具体办法由国务院制定。

第七十四条 生产经营单位发生生产安全事故，经调查确定为责任事故的，除了应当查明事故单位的责任并依法予以追究外，还应当查明对安全生产的有关事项负有审查批准和监督职责的行政部门的责任，对有失职、渎职行为的，依照本法第七十七条的规定追究法律责任。

第七十五条 任何单位和个人不得阻挠和干涉对事故的依法调查处理。

第七十六条 县级以上地方各级人民政府负责安全生产监督管理的部门应当定期统计分析本行政区域内发生生产安全事故的情况，并定期向社会公布。

第六章　法 律 责 任

第七十七条 负有安全生产监督管理职责的部门的工作人员，有下列行为之一的，给予降级或者撤职的行政处分；构成犯罪的，依照刑法有关规定追究刑事责任：

（一）对不符合法定安全生产条件的涉及安全生产的事项予以批准或者验收通过的；

（二）发现未依法取得批准、验收的单位擅自从事有关活动或者接到举报后不予取缔或者不依法予以处理的；

（三）对已经依法取得批准的单位不履行监督管理职责，发现其不再具备安全生产条件而不撤销原批准或者发现安全生产违法行为不予查处的。

第七十八条　负有安全生产监督管理职责的部门，要求被审查、验收的单位购买其指定的安全设备、器材或者其他产品的，在对安全生产事项的审查、验收中收取费用的，由其上级机关或者监察机关责令改正，责令退还收取的费用；情节严重的，对直接负责的主管人员和其他直接责任人员依法给予行政处分。

第七十九条　承担安全评价、认证、检测、检验工作的机构，出具虚假证明，构成犯罪的，依照刑法有关规定追究刑事责任；尚不够刑事处罚的，没收违法所得，违法所得在五千元以上的，并处违法所得二倍以上五倍以下的罚款，没有违法所得或者违法所得不足五千元的，单处或者并处五千元以上二万元以下的罚款，对其直接负责的主管人员和其他直接责任人员处五千元以上五万元以下的罚款；给他人造成损害的，与生产经营单位承担连带赔偿责任。

对有前款违法行为的机构，撤销其相应资格。

第八十条　生产经营单位的决策机构、主要负责人、个人经营的投资人不依照本法规定保证安全生产所必需的资金投入，致使生产经营单位不具备安全生产条件的，责令限期改正，提供必需的资金；逾期未改正的，责令生产经营单位停产停业整顿。

有前款违法行为，导致发生生产安全事故，构成犯罪的，依照刑法有关规定追究刑事责任；尚不够刑事处罚的，对生产经营单位的主要负责人给予撤职处分，对个人经营的投资人处二万元以上二十万元以下的罚款。

第八十一条　生产经营单位的主要负责人未履行本法规定的安全生产管理职责的，责令限期改正；逾期未改正的，责令生产经营单位停产停业整顿。

生产经营单位的主要负责人有前款违法行为，导致发生生产安全事故，构成犯罪的，依照刑法有关规定追究刑事责任；尚不够刑事处罚的，给予撤职处分或者处二万元以上二十万元以下的罚款。

生产经营单位的主要负责人依照前款规定受刑事处罚或者撤职处分的，自刑罚执行完毕或者受处分之日起，五年内不得担任任何生产经营单位的主要负责人。

第八十二条 生产经营单位有下列行为之一的，责令限期改正；逾期未改正的，责令停产停业整顿，可以并处二万元以下的罚款：

（一）未按照规定设立安全生产管理机构或者配备安全生产管理人员的；

（二）危险物品的生产、经营、储存单位以及矿山、建筑施工单位的主要负责人和安全生产管理人员未按照规定经考核合格的；

（三）未按照本法第二十一条、第二十二条的规定对从业人员进行安全生产教育和培训，或者未按照本法第三十六条的规定如实告知从业人员有关的安全生产事项的；

（四）特种作业人员未按照规定经专门的安全作业培训并取得特种作业操作资格证书，上岗作业的。

第八十三条 生产经营单位有下列行为之一的，责令限期改正；逾期未改正的，责令停止建设或者停产停业整顿，可以并处五万元以下的罚款；造成严重后果，构成犯罪的，依照刑法有关规定追究刑事责任：

（一）矿山建设项目或者用于生产、储存危险物品的建设项目没有安全设施设计或者安全设施设计未按照规定报经有关部门审查同意的；

（二）矿山建设项目或者用于生产、储存危险物品的建设项目的施工单位未按照批准的安全设施设计施工的；

（三）矿山建设项目或者用于生产、储存危险物品的建设项目竣工投入生产或者使用前，安全设施未经验收合格的；

（四）未在有较大危险因素的生产经营场所和有关设施、设备上设置明显的安全警示标志的；

（五）安全设备的安装、使用、检测、改造和报废不符合国家标准或者行业标准的；

（六）未对安全设备进行经常性维护、保养和定期检测的；

（七）未为从业人员提供符合国家标准或者行业标准的劳动防护用品的；

（八）特种设备以及危险物品的容器、运输工具未经取得专业资质的机构检测、检验合格，取得安全使用证或者安全标志，投入使用的；

（九）使用国家明令淘汰、禁止使用的危及生产安全的工艺、设备的。

第八十四条　未经依法批准，擅自生产、经营、储存危险物品的，责令停止违法行为或者予以关闭，没收违法所得，违法所得十万元以上的，并处违法所得一倍以上五倍以下的罚款，没有违法所得或者违法所得不足十万元的，单处或者并处二万元以上十万元以下的罚款；造成严重后果，构成犯罪的，依照刑法有关规定追究刑事责任。

第八十五条　生产经营单位有下列行为之一的，责令限期改正；逾期未改正的，责令停产停业整顿，可以并处二万元以上十万元以下的罚款；造成严重后果，构成犯罪的，依照刑法有关规定追究刑事责任：

（一）生产、经营、储存、使用危险物品，未建立专门安全管理制度、未采取可靠的安全措施或者不接受有关主管部门依法实施的监督管理的；

（二）对重大危险源未登记建档，或者未进行评估、监控，或者未制定应急预案的；

（三）进行爆破、吊装等危险作业，未安排专门管理人员进行现场安全管理的。

第八十六条　生产经营单位将生产经营项目、场所、设备发包或者出租给不具备安全生产条件或者相应资质的单位或者个人的，责令限期改正，没收违法所得；违法所得五万元以上的，并处违法所得一倍以上五倍以下的罚款；没有违法所得或者违法所得不足五万元的，单处或者并处一万元以上五万元以下的罚款；导致发生生产安全事故给他人造成损害的，与承包方、承租方承担连带赔偿责任。

生产经营单位未与承包单位、承租单位签订专门的安全生产管理协议或者未在承包合同、租赁合同中明确各自的安全生产管理职责，或者未对承包单位、承租单位的安全生产统一协调、管理的，责令限期改正；逾期未改正的，责令停产停业整顿。

第八十七条　两个以上生产经营单位在同一作业区域内进行可能危及对方安全生产的生产经营活动，未签订安全生产管理协议或者未指定专职安全生产管理人员进行安全检查与协调的，责令限期改正；逾期未改正的，责令停产停业。

第八十八条　生产经营单位有下列行为之一的，责令限期改正；逾期未改正的，责令停产停业整顿；造成严重后果，构成犯罪的，依照刑法有关规定追究刑事责任：

（一）生产、经营、储存、使用危险物品的车间、商店、仓库与员工宿舍在同一座建筑内，或者与员工宿舍的距离不符合安全要求的；

（二）生产经营场所和员工宿舍未设有符合紧急疏散需要、标志明显、保持畅通的出口，或者封闭、堵塞生产经营场所或者员工宿舍出口的。

第八十九条 生产经营单位与从业人员订立协议，免除或者减轻其对从业人员因生产安全事故伤亡依法应承担的责任的，该协议无效；对生产经营单位的主要负责人、个人经营的投资人处二万元以上十万元以下的罚款。

第九十条 生产经营单位的从业人员不服从管理，违反安全生产规章制度或者操作规程的，由生产经营单位给予批评教育，依照有关规章制度给予处分；造成重大事故，构成犯罪的，依照刑法有关规定追究刑事责任。

第九十一条 生产经营单位主要负责人在本单位发生重大生产安全事故时，不立即组织抢救或者在事故调查处理期间擅离职守或者逃匿的，给予降职、撤职的处分，对逃匿的处十五日以下拘留；构成犯罪的，依照刑法有关规定追究刑事责任。

生产经营单位主要负责人对生产安全事故隐瞒不报、谎报或者拖延不报的，依照前款规定处罚。

第九十二条 有关地方人民政府、负有安全生产监督管理职责的部门，对生产安全事故隐瞒不报、谎报或者拖延不报的，对直接负责的主管人员和其他直接责任人员依法给予行政处分；构成犯罪的，依照刑法有关规定追究刑事责任。

第九十三条 生产经营单位不具备本法和其他有关法律、行政法规和国家标准或者行业标准规定的安全生产条件，经停产停业整顿仍不具备安全生产条件的，予以关闭；有关部门应当依法吊销其有关证照。

第九十四条 本法规定的行政处罚，由负责安全生产监督管理的部门决定；予以关闭的行政处罚由负责安全生产监督管理的部门报请县级以上人民政府按照国务院规定的权限决定；给予拘留的行政处罚由公安机关依照治安管理处罚条例的规定决定。有关法律、行政法规对行政处罚的决定机关另有规定的，依照其规定。

第九十五条 生产经营单位发生生产安全事故造成人员伤亡、他人财产损失的，应当依法承担赔偿责任；拒不承担或者其负责人逃匿的，由人民法院依法强制执行。

生产安全事故的责任人未依法承担赔偿责任，经人民法院依法采取执行措施后，仍不能对受害人给予足额赔偿的，应当继续履行赔偿义务；受害人发现责任人有其他财产的，可以随时请求人民法院执行。

第七章　附　　则

第九十六条　本法下列用语的含义：

危险物品，是指易燃易爆物品、危险化学品、放射性物品等能够危及人身安全和财产安全的物品。

重大危险源，是指长期地或者临时地生产、搬运、使用或者储存危险物品，且危险物品的数量等于或者超过临界量的单元（包括场所和设施）。

第九十七条　本法自2002年11月1日起施行。

全国人民代表大会常务委员会关于修改《中华人民共和国安全生产法》的决定

（2014年8月31日第十二届全国人民代表大会常务委员会第十次会议通过。）

第十二届全国人民代表大会常务委员会第十次会议决定对《中华人民共和国安全生产法》作如下修改：

一、将第三条修改为："安全生产工作应当以人为本，坚持安全发展，坚持安全第一、预防为主、综合治理的方针，强化和落实生产经营单位的主体责任，建立生产经营单位负责、职工参与、政府监管、行业自律和社会监督的机制。"

二、将第四条修改为："生产经营单位必须遵守本法和其他有关安全生产的法律、法规，加强安全生产管理，建立、健全安全生产责任制和安全生产规章制度，改善安全生产条件，推进安全生产标准化建设，提高安全生产水平，确保安全生产。"

三、将第七条修改为："工会依法对安全生产工作进行监督。

"生产经营单位的工会依法组织职工参加本单位安全生产工作的民主管理和民主监督，维护职工在安全生产方面的合法权益。生产经营单位制定或者修改有关安全生产的规章制度，应当听取工会的意见。"

四、将第八条修改为："国务院和县级以上地方各级人民政府应当根据国民经济和社会发展规划制定安全生产规划，并组织实施。安全生产规划应当与城乡规划相衔接。

“国务院和县级以上地方各级人民政府应当加强对安全生产工作的领导，支持、督促各有关部门依法履行安全生产监督管理职责，建立健全安全生产工作协调机制，及时协调、解决安全生产监督管理中存在的重大问题。

“乡、镇人民政府以及街道办事处、开发区管理机构等地方人民政府的派出机关应当按照职责，加强对本行政区域内生产经营单位安全生产状况的监督检查，协助上级人民政府有关部门依法履行安全生产监督管理职责。”

五、将第九条修改为：“国务院安全生产监督管理部门依照本法，对全国安全生产工作实施综合监督管理；县级以上地方各级人民政府安全生产监督管理部门依照本法，对本行政区域内安全生产工作实施综合监督管理。

“国务院有关部门依照本法和其他有关法律、行政法规的规定，在各自的职责范围内对有关行业、领域的安全生产工作实施监督管理；县级以上地方各级人民政府有关部门依照本法和其他有关法律、法规的规定，在各自的职责范围内对有关行业、领域的安全生产工作实施监督管理。

“安全生产监督管理部门和对有关行业、领域的安全生产工作实施监督管理的部门，统称负有安全生产监督管理职责的部门。”

六、增加一条，作为第十二条：“有关协会组织依照法律、行政法规和章程，为生产经营单位提供安全生产方面的信息、培训等服务，发挥自律作用，促进生产经营单位加强安全生产管理。”

七、将第十二条改为第十三条，修改为：“依法设立的为安全生产提供技术、管理服务的机构，依照法律、行政法规和执业准则，接受生产经营单位的委托为其安全生产工作提供技术、管理服务。

“生产经营单位委托前款规定的机构提供安全生产技术、管理服务的，保证安全生产的责任仍由本单位负责。”

八、将第十七条改为第十八条，增加一项，作为第三项：“组织制定并实施本单位安全生产教育和培训计划”。

九、增加一条，作为第十九条：“生产经营单位的安全生产责任制应当明确各岗位的责任人员、责任范围和考核标准等内容。

“生产经营单位应当建立相应的机制，加强对安全生产责任制落实情况的监督考核，保证安全生产责任制的落实。”

十、将第十八条改为第二十条，增加一款，作为第二款：“有关生产经营单位应当按照规定提取和使用安全生产费用，专门用于改善安全生产条件。安全生产费用在成本中据实列支。安全生产费用提取、使用和监督管理的具体办法由国务院财政部门会同国务院安全生产监督管理部门征求国务院有关部门意见后制定。”

十一、将第十九条改为第二十一条，修改为：“矿山、金属冶炼、建筑施工、道路运输单位和危险物品的生产、经营、储存单位，应当设置安全生产管理机构或者配备专职安全生产管理人员。

“前款规定以外的其他生产经营单位，从业人员超过一百人的，应当设置安全生产管理机构或者配备专职安全生产管理人员；从业人员在一百人以下的，应当配备专职或者兼职的安全生产管理人员。”

十二、增加一条，作为第二十二条：“生产经营单位的安全生产管理机构以及安全生产管理人员履行下列职责：

“（一）组织或者参与拟订本单位安全生产规章制度、操作规程和生产安全事故应急救援预案；

“（二）组织或者参与本单位安全生产教育和培训，如实记录安全生产教育和培训情况；

“（三）督促落实本单位重大危险源的安全管理措施；

“（四）组织或者参与本单位应急救援演练；

“（五）检查本单位的安全生产状况，及时排查生产安全事故隐患，提出改进安全生产管理的建议；

“（六）制止和纠正违章指挥、强令冒险作业、违反操作规程的行为；

“（七）督促落实本单位安全生产整改措施。”

十三、增加一条，作为第二十三条：“生产经营单位的安全生产管理机构以及安全生产管理人员应当恪尽职守，依法履行职责。

“生产经营单位作出涉及安全生产的经营决策，应当听取安全生产管理机构以及安全生产管理人员的意见。

“生产经营单位不得因安全生产管理人员依法履行职责而降低其工资、福利等待遇或者解除与其订立的劳动合同。

“危险物品的生产、储存单位以及矿山、金属冶炼单位的安全生产管理人员的任免，应当告知主管的负有安全生产监督管理职责的部门。”

十四、将第二十条改为第二十四条，第二款修改为：“危险物品的生产、经营、储存单位以及矿山、金属冶炼、建筑施工、道路运输单位的主要负责人和安全生产管理人员，应当由主管的负有安全生产监督管理职责的部门对其安全生产知识和管理能力考核合格。考核不得收费。”

增加一款，作为第三款：“危险物品的生产、储存单位以及矿山、金属冶炼单位应当有注册安全工程师从事安全生产管理工作。鼓励其他生产经营单位聘用注册安全工程师从事安全生产管理工作。注册安全工程师按专业分类管理，具体办法由国务院人力资源和社会保障部门、国务院安全生产监督管理部门会同国务院有关部门制定。”

十五、将第二十一条改为第二十五条，修改为：“生产经营单位应当对从业人员进行安全生产教育和培训，保证从业人员具备必要的安全生产知识，熟悉有关的安全生产规章制度和安全操作规程，掌握本岗位的安全操作技能，了解事故应急处理措施，知悉自身在安全生产方面的权利和义务。未经安全生产教育和培训合格的从业人员，不得上岗作业。

“生产经营单位使用被派遣劳动者的，应当将被派遣劳动者纳入本单位从业人员统一管理，对被派遣劳动者进行岗位安全操作规程和安全操作技能的教育和培训。劳务派遣单位应当对被派遣劳动者进行必要的安全生产教育和培训。

“生产经营单位接收中等职业学校、高等学校学生实习的，应当对实习学生进行相应的安全生产教育和培训，提供必要的劳动防护用品。学校应当协助生产经营单位对实习学生进行安全生产教育和培训。

“生产经营单位应当建立安全生产教育和培训档案，如实记录安全生产教育和培训的时间、内容、参加人员以及考核结果等情况。”

十六、将第二十五条改为第二十九条，修改为：“矿山、金属冶炼建设项目和用于生产、储存、装卸危险物品的建设项目，应当按照国家有关规定进行安全评价。”

十七、将第二十七条改为第三十一条，修改为：“矿山、金属冶炼建设项目和用于生产、储存、装卸危险物品的建设项目的施工单位必须按照批准的安全设施设计施工，并对安全设施的工程质量负责。

“矿山、金属冶炼建设项目和用于生产、储存危险物品的建设项目竣工投入生产或者使用前，应当由建设单位负责组织对安全设施进行验收；验收合格后，方可投入生产和使用。安全生产监督管理部门应当加强对建设单位验收活动和验收结果的监督核查。”

十八、将第三十条改为第三十四条，修改为：“生产经营单位使用的危险物品的容器、运输工具，以及涉及人身安全、危险性较大的海洋石油开采特种设备和矿山井下特种设备，必须按照国家有关规定，由专业生产单位生产，并经具有专业资质的检测、检验机构检测、检验合格，取得安全使用证或者安全标志，方可投入使用。检测、检验机构对检测、检验结果负责。”

十九、将第三十一条改为第三十五条，修改为：“国家对严重危及生产安全的工艺、设备实行淘汰制度，具体目录由国务院安全生产监督管理部门会同国务院有关部门制定并公布。法律、行政法规对目录的制定另有规定的，适用其规定。

“省、自治区、直辖市人民政府可以根据本地区实际情况制定并公布具体目录，对前款规定以外的危及生产安全的工艺、设备予以淘汰。

“生产经营单位不得使用应当淘汰的危及生产安全的工艺、设备。”

二十、增加一条，作为第三十八条：“生产经营单位应当建立健全生产安全事故隐患排查治理制度，采取技术、管理措施，及时发现并消除事故隐患。事故隐患排查治理情况应当如实记录，并向从业人员通报。

“县级以上地方各级人民政府负有安全生产监督管理职责的部门应当建立健全重大事故隐患治理督办制度，督促生产经营单位消除重大事故隐患。”

二十一、将第三十五条改为第四十条，修改为：“生产经营单位进行爆破、吊装以及国务院安全生产监督管理部门会同国务院有关部门规定的其他危险作业，应当安排专门人员进行现场安全管理，确保操作规程的遵守和安全措施的落实。”

二十二、将第三十八条改为第四十三条，修改为：“生产经营单位的安全生产管理人员应当根据本单位的生产经营特点，对安全生产状况进行经常性检查；对检查中发现的安全问题，应当立即处理；不能处理的，应当及时报告本单位有关负责人，有关负责人应当及时处理。检查及处理情况应当如实记录在案。

“生产经营单位的安全生产管理人员在检查中发现重大事故隐患，依照前款规定向本单位有关负责人报告，有关负责人不及时处理的，安全生产管理人员可以向主管的负有安全生产监督管理职责的部门报告，接到报告的部门应当依法及时处理。”

二十三、将第四十一条改为第四十六条，第二款修改为：“生产经营项目、场所发包或者出租给其他单位的，生产经营单位应当与承包单位、承租单位签订专门的安全生产管理协议，或者在承包合同、租赁合同中约定各自的安全生产管理职责；生产经营单位对承包单位、承租单位的安全生产工作统一协调、管理，定期进行安全检查，发现安全问题的，应当及时督促整改。”

二十四、将第四十三条改为第四十八条，增加一款，作为第二款：“国家鼓励生产经营单位投保安全生产责任保险。”

二十五、增加一条，作为第五十八条：“生产经营单位使用被派遣劳动者的，被派遣劳动者享有本法规定的从业人员的权利，并应当履行本法规定的从业人员的义务。”

二十六、将第五十三条改为第五十九条，修改为：“县级以上地方各级人民政府应当根据本行政区域内的安全生产状况，组织有关部门按照职责分工，对本行政区域内容易发生重大生产安全事故的生产经营单位进行严格检查。

"安全生产监督管理部门应当按照分类分级监督管理的要求，制定安全生产年度监督检查计划，并按照年度监督检查计划进行监督检查，发现事故隐患，应当及时处理。"

二十七、将第五十六条改为第六十二条，第一款修改为："安全生产监督管理部门和其他负有安全生产监督管理职责的部门依法开展安全生产行政执法工作，对生产经营单位执行有关安全生产的法律、法规和国家标准或者行业标准的情况进行监督检查，行使以下职权：

"（一）进入生产经营单位进行检查，调阅有关资料，向有关单位和人员了解情况；

"（二）对检查中发现的安全生产违法行为，当场予以纠正或者要求限期改正；对依法应当给予行政处罚的行为，依照本法和其他有关法律、行政法规的规定作出行政处罚决定；

"（三）对检查中发现的事故隐患，应当责令立即排除；重大事故隐患排除前或者排除过程中无法保证安全的，应当责令从危险区域内撤出作业人员，责令暂时停产停业或者停止使用相关设施、设备；重大事故隐患排除后，经审查同意，方可恢复生产经营和使用；

"（四）对有根据认为不符合保障安全生产的国家标准或者行业标准的设施、设备、器材以及违法生产、储存、使用、经营、运输的危险物品予以查封或者扣押，对违法生产、储存、使用、经营危险物品的作业场所予以查封，并依法作出处理决定。"

二十八、增加一条，作为第六十七条："负有安全生产监督管理职责的部门依法对存在重大事故隐患的生产经营单位作出停产停业、停止施工、停止使用相关设施或者设备的决定，生产经营单位应当依法执行，及时消除事故隐患。生产经营单位拒不执行，有发生生产安全事故的现实危险的，在保证安全的前提下，经本部门主要负责人批准，负有安全生产监督管理职责的部门可以采取通知有关单位停止供电、停止供应民用爆炸物品等措施，强制生产经营单位履行决定。通知应当采用书面形式，有关单位应当予以配合。

"负有安全生产监督管理职责的部门依照前款规定采取停止供电措施，除有危及生产安全的紧急情形外，应当提前二十四小时通知生产经营单位。生产经营单位依法履行行政决定、采取相应措施消除事故隐患的，负有安全生产监督管理职责的部门应当及时解除前款规定的措施。"

二十九、增加一条，作为第七十五条："负有安全生产监督管理职责的部门应当建立安全生产违法行为信息库，如实记录生产经营单位的安全生产违法行为信息；对违法行为情节严重的生产经营单位，应当向社会公告，并通报行业主管部门、投资主管部门、国土资源主管部门、证券监督管理机构以及有关金融机构。”

三十、增加一条，作为第七十六条：“国家加强生产安全事故应急能力建设，在重点行业、领域建立应急救援基地和应急救援队伍，鼓励生产经营单位和其他社会力量建立应急救援队伍，配备相应的应急救援装备和物资，提高应急救援的专业化水平。

“国务院安全生产监督管理部门建立全国统一的生产安全事故应急救援信息系统，国务院有关部门建立健全相关行业、领域的生产安全事故应急救援信息系统。”

三十一、增加一条，作为第七十八条：“生产经营单位应当制定本单位生产安全事故应急救援预案，与所在地县级以上地方人民政府组织制定的生产安全事故应急救援预案相衔接，并定期组织演练。”

三十二、将第六十九条改为第七十九条，修改为：“危险物品的生产、经营、储存单位以及矿山、金属冶炼、城市轨道交通运营、建筑施工单位应当建立应急救援组织；生产经营规模较小的，可以不建立应急救援组织，但应当指定兼职的应急救援人员。

“危险物品的生产、经营、储存、运输单位以及矿山、金属冶炼、城市轨道交通运营、建筑施工单位应当配备必要的应急救援器材、设备和物资，并进行经常性维护、保养，保证正常运转。”

三十三、将第七十二条改为第八十二条，第一款修改为：“有关地方人民政府和负有安全生产监督管理职责的部门的负责人接到生产安全事故报告后，应当按照生产安全事故应急救援预案的要求立即赶到事故现场，组织事故抢救。”

增加二款，作为第二款、第三款：“参与事故抢救的部门和单位应当服从统一指挥，加强协同联动，采取有效的应急救援措施，并根据事故救援的需要采取警戒、疏散等措施，防止事故扩大和次生灾害的发生，减少人员伤亡和财产损失。

“事故抢救过程中应当采取必要措施，避免或者减少对环境造成的危害。”

三十四、将第七十三条改为第八十三条，修改为：“事故调查处理应当按照科学严谨、依法依规、实事求是、注重实效的原则，及时、准确地查清事故原因，查明事故性质和责任，总结事故教训，提出整改措施，并对事故责任者提出处理意见。事故调查报告应当依法及时向社会公布。事故调查和处理的具体办法由国务院制定。

“事故发生单位应当及时全面落实整改措施，负有安全生产监督管理职责的部门应当加强监督检查。”

三十五、将第七十七条改为第八十七条，第一款增加一项，作为第四项：“在监督检查中发现重大事故隐患，不依法及时处理的”。

增加一款，作为第二款："负有安全生产监督管理职责的部门的工作人员有前款规定以外的滥用职权、玩忽职守、徇私舞弊行为的，依法给予处分；构成犯罪的，依照刑法有关规定追究刑事责任。"

三十六、将第七十九条改为第八十九条，修改为："承担安全评价、认证、检测、检验工作的机构，出具虚假证明的，没收违法所得；违法所得在十万元以上的，并处违法所得二倍以上五倍以下的罚款；没有违法所得或者违法所得不足十万元的，单处或者并处十万元以上二十万元以下的罚款；对其直接负责的主管人员和其他直接责任人员处二万元以上五万元以下的罚款；给他人造成损害的，与生产经营单位承担连带赔偿责任；构成犯罪的，依照刑法有关规定追究刑事责任。

"对有前款违法行为的机构，吊销其相应资质。"

三十七、将第八十条改为第九十条，修改为："生产经营单位的决策机构、主要负责人或者个人经营的投资人不依照本法规定保证安全生产所必需的资金投入，致使生产经营单位不具备安全生产条件的，责令限期改正，提供必需的资金；逾期未改正的，责令生产经营单位停产停业整顿。

"有前款违法行为，导致发生生产安全事故的，对生产经营单位的主要负责人给予撤职处分，对个人经营的投资人处二万元以上二十万元以下的罚款；构成犯罪的，依照刑法有关规定追究刑事责任。"

三十八、将第八十一条改为第九十一条，修改为："生产经营单位的主要负责人未履行本法规定的安全生产管理职责的，责令限期改正；逾期未改正的，处二万元以上五万元以下的罚款，责令生产经营单位停产停业整顿。

"生产经营单位的主要负责人有前款违法行为，导致发生生产安全事故的，给予撤职处分；构成犯罪的，依照刑法有关规定追究刑事责任。

"生产经营单位的主要负责人依照前款规定受刑事处罚或者撤职处分的，自刑罚执行完毕或者受处分之日起，五年内不得担任任何生产经营单位的主要负责人；对重大、特别重大生产安全事故负有责任的，终身不得担任本行业生产经营单位的主要负责人。"

三十九、增加一条，作为第九十二条："生产经营单位的主要负责人未履行本法规定的安全生产管理职责，导致发生生产安全事故的，由安全生产监督管理部门依照下列规定处以罚款：

"（一）发生一般事故的，处上一年年收入百分之三十的罚款；

"（二）发生较大事故的，处上一年年收入百分之四十的罚款；

"（三）发生重大事故的，处上一年年收入百分之六十的罚款；

"（四）发生特别重大事故的，处上一年年收入百分之八十的罚款。"

四十、增加一条，作为第九十三条："生产经营单位的安全生产管理人员未履行本法规定的安全生产管理职责的，责令限期改正；导致发生生产安全事故的，暂停或者撤销其与安全生产有关的资格；构成犯罪的，依照刑法有关规定追究刑事责任。"

四十一、将第八十二条改为第九十四条，修改为："生产经营单位有下列行为之一的，责令限期改正，可以处五万元以下的罚款；逾期未改正的，责令停产停业整顿，并处五万元以上十万元以下的罚款，对其直接负责的主管人员和其他直接责任人员处一万元以上二万元以下的罚款：

"（一）未按照规定设置安全生产管理机构或者配备安全生产管理人员的；

"（二）危险物品的生产、经营、储存单位以及矿山、金属冶炼、建筑施工、道路运输单位的主要负责人和安全生产管理人员未按照规定经考核合格的；

"（三）未按照规定对从业人员、被派遣劳动者、实习学生进行安全生产教育和培训，或者未按照规定如实告知有关的安全生产事项的；

"（四）未如实记录安全生产教育和培训情况的；

"（五）未将事故隐患排查治理情况如实记录或者未向从业人员通报的；

"（六）未按照规定制定生产安全事故应急救援预案或者未定期组织演练的；

"（七）特种作业人员未按照规定经专门的安全作业培训并取得相应资格，上岗作业的。"

四十二、将第八十三条改为第九十五条、第九十六条，修改为：

"第九十五条生产经营单位有下列行为之一的，责令停止建设或者停产停业整顿，限期改正；逾期未改正的，处五十万元以上一百万元以下的罚款，对其直接负责的主管人员和其他直接责任人员处二万元以上五万元以下的罚款；构成犯罪的，依照刑法有关规定追究刑事责任：

"（一）未按照规定对矿山、金属冶炼建设项目或者用于生产、储存、装卸危险物品的建设项目进行安全评价的；

"（二）矿山、金属冶炼建设项目或者用于生产、储存、装卸危险物品的建设项目没有安全设施设计或者安全设施设计未按照规定报经有关部门审查同意的；

"（三）矿山、金属冶炼建设项目或者用于生产、储存、装卸危险物品的建设项目的施工单位未按照批准的安全设施设计施工的；

"（四）矿山、金属冶炼建设项目或者用于生产、储存危险物品的建设项目竣工投入生产或者使用前，安全设施未经验收合格的。

"第九十六条生产经营单位有下列行为之一的，责令限期改正，可以处五万元以下的罚款；逾期未改正的，处五万元以上二十万元以下的罚款，对其直接负责的主管人员和其他直接责任人员处一万元以上二万元以下的罚款;情节严重的,责令停产停业整顿;构成犯罪的,依照刑法有关规定追究刑事责任:

“(一)未在有较大危险因素的生产经营场所和有关设施、设备上设置明显的安全警示标志的;

“(二)安全设备的安装、使用、检测、改造和报废不符合国家标准或者行业标准的;

“(三)未对安全设备进行经常性维护、保养和定期检测的;

“(四)未为从业人员提供符合国家标准或者行业标准的劳动防护用品的;

“(五)危险物品的容器、运输工具,以及涉及人身安全、危险性较大的海洋石油开采特种设备和矿山井下特种设备未经具有专业资质的机构检测、检验合格,取得安全使用证或者安全标志,投入使用的;

“(六)使用应当淘汰的危及生产安全的工艺、设备的。”

四十三、将第八十四条改为第九十七条,修改为:“未经依法批准,擅自生产、经营、运输、储存、使用危险物品或者处置废弃危险物品的,依照有关危险物品安全管理的法律、行政法规的规定予以处罚;构成犯罪的,依照刑法有关规定追究刑事责任。”

四十四、将第八十五条改为第九十八条,修改为:“生产经营单位有下列行为之一的,责令限期改正,可以处十万元以下的罚款;逾期未改正的,责令停产停业整顿,并处十万元以上二十万元以下的罚款,对其直接负责的主管人员和其他直接责任人员处二万元以上五万元以下的罚款;构成犯罪的,依照刑法有关规定追究刑事责任:

“(一)生产、经营、运输、储存、使用危险物品或者处置废弃危险物品,未建立专门安全管理制度、未采取可靠的安全措施的;

“(二)对重大危险源未登记建档,或者未进行评估、监控,或者未制定应急预案的;

“(三)进行爆破、吊装以及国务院安全生产监督管理部门会同国务院有关部门规定的其他危险作业,未安排专门人员进行现场安全管理的;

“(四)未建立事故隐患排查治理制度的。”

四十五、增加一条,作为第九十九条:“生产经营单位未采取措施消除事故隐患的,责令立即消除或者限期消除;生产经营单位拒不执行的,责令停产停业整顿,并处十万元以上五十万元以下的罚款,对其直接负责的主管人员和其他直接责任人员处二万元以上五万元以下的罚款。”

四十六、将第八十六条改为第一百条,修改为:“生产经营单位将生产经营项目、场所、设备发包或者出租给不具备安全生产条件或者相应资质的单位或者个人的，责令限期改正，没收违法所得；违法所得十万元以上的，并处违法所得二倍以上五倍以下的罚款；没有违法所得或者违法所得不足十万元的，单处或者并处十万元以上二十万元以下的罚款；对其直接负责的主管人员和其他直接责任人员处一万元以上二万元以下的罚款；导致发生生产安全事故给他人造成损害的，与承包方、承租方承担连带赔偿责任。

“生产经营单位未与承包单位、承租单位签订专门的安全生产管理协议或者未在承包合同、租赁合同中明确各自的安全生产管理职责，或者未对承包单位、承租单位的安全生产统一协调、管理的，责令限期改正，可以处五万元以下的罚款，对其直接负责的主管人员和其他直接责任人员可以处一万元以下的罚款；逾期未改正的，责令停产停业整顿。”

四十七、增加一条，作为第一百零五条：“违反本法规定，生产经营单位拒绝、阻碍负有安全生产监督管理职责的部门依法实施监督检查的，责令改正；拒不改正的，处二万元以上二十万元以下的罚款；对其直接负责的主管人员和其他直接责任人员处一万元以上二万元以下的罚款；构成犯罪的，依照刑法有关规定追究刑事责任。”

四十八、将第九十一条改为第一百零六条，修改为：“生产经营单位的主要负责人在本单位发生生产安全事故时，不立即组织抢救或者在事故调查处理期间擅离职守或者逃匿的，给予降级、撤职的处分，并由安全生产监督管理部门处上一年年收入百分之六十至百分之一百的罚款；对逃匿的处十五日以下拘留；构成犯罪的，依照刑法有关规定追究刑事责任。

“生产经营单位的主要负责人对生产安全事故隐瞒不报、谎报或者迟报的，依照前款规定处罚。”

四十九、增加一条，作为第一百零九条：“发生生产安全事故，对负有责任的生产经营单位除要求其依法承担相应的赔偿等责任外，由安全生产监督管理部门依照下列规定处以罚款：

“（一）发生一般事故的，处二十万元以上五十万元以下的罚款；

“（二）发生较大事故的，处五十万元以上一百万元以下的罚款；

“（三）发生重大事故的，处一百万元以上五百万元以下的罚款；

“（四）发生特别重大事故的，处五百万元以上一千万元以下的罚款；情节特别严重的，处一千万元以上二千万元以下的罚款。”

五十、将第九十四条改为第一百一十条，修改为：“本法规定的行政处罚，由安全生产监督管理部门和其他负有安全生产监督管理职责的部门按照职责分工决定。予以关闭的行政处罚由负有安全生产监督管理职责的部门报请县级以上人民政府按照国务院规定的权限决定;给予拘留的行政处罚由公安机关依照治安管理处罚法的规定决定。"

五十一、增加一条,作为第一百一十三条:"本法规定的生产安全一般事故、较大事故、重大事故、特别重大事故的划分标准由国务院规定。

"国务院安全生产监督管理部门和其他负有安全生产监督管理职责的部门应当根据各自的职责分工,制定相关行业、领域重大事故隐患的判定标准。"

五十二、对部分条文作了以下修改:

(一)将第一条中的"为了加强安全生产监督管理"修改为"为了加强安全生产工作","促进经济发展"修改为"促进经济社会持续健康发展"。

(二)在第二条中的"民用航空安全"后增加"以及核与辐射安全、特种设备安全"。

(三)将第十一条中的"提高职工的安全生产意识"修改为"增强全社会的安全生产意识"。

(四)将第二十三条第一款中的"取得特种作业操作资格证书"修改为"取得相应资格"。

(五)将第二十三条第二款、第三十三条第二款、第六十六条、第七十六条中的"负责安全生产监督管理的部门"修改为"安全生产监督管理部门"。

(六)将第二十六条第二款中的"矿山建设项目和用于生产、储存危险物品的建设项目"修改为"矿山、金属冶炼建设项目和用于生产、储存、装卸危险物品的建设项目"。

(七)将第三十四条第二款、第八十八条第二项中的"封闭、堵塞"修改为"锁闭、封堵"。

(八)将第四十二条中的"重大生产安全事故"修改为"生产安全事故",将第六十八条中的"特大生产安全事故应急救援预案"修改为"生产安全事故应急救援预案"。

(九)将第四十三条、第四十四条第一款、第四十八条中的"工伤社会保险"修改为"工伤保险"。

(十)将第三章章名修改为"从业人员的安全生产权利义务"。

(十一)将第五十四条中的"依照本法第九条规定对安全生产负有监督管理职责的部门(以下统称负有安全生产监督管理职责的部门)"修改为"负有安全生产监督管理职责的部门"。

(十二)将第六十七条中的"安全生产宣传教育"修改为"安全生产公益宣传教育"。

（十三）将第七十条第二款、第七十一条、第九十二条中的“拖延不报”修改为“迟报”。

（十四）将第七十七条、第七十八条、第九十二条中的“行政处分”修改为“处分”。

（十五）将第八十七条、第八十八条中的“责令限期改正”修改为“责令限期改正，可以处五万元以下的罚款，对其直接负责的主管人员和其他直接责任人员可以处一万元以下的罚款”。

（十六）删去第八十八条中的“造成严重后果”，删去第九十条中的“造成重大事故”。

本决定自 2014 年 12 月 1 日起施行。

《中华人民共和国安全生产法》根据本决定作相应修改，重新公布。

附件二　建设工程安全生产管理条例

（中华人民共和国国务院令第393号）

（《建设工程安全生产管理条例》已经2003年11月12日国务院第28次常务会议通过，现予公布，自2004年2月1日起施行。）

第一章　总　　则

第一条　为了加强建设工程安全生产监督管理，保障人民群众生命和财产安全，根据《中华人民共和国建筑法》、《中华人民共和国安全生产法》，制定本条例。

第二条　在中华人民共和国境内从事建设工程的新建、扩建、改建和拆除等有关活动及实施对建设工程安全生产的监督管理，必须遵守本条例。

本条例所称建设工程，是指土木工程、建筑工程、线路管道和设备安装工程及装修工程。

第三条　建设工程安全生产管理，坚持安全第一、预防为主的方针。

第四条　建设单位、勘察单位、设计单位、施工单位、工程监理单位及其他与建设工程安全生产有关的单位，必须遵守安全生产法律、法规的规定，保证建设工程安全生产，依法承担建设工程安全生产责任。

第五条　国家鼓励建设工程安全生产的科学技术研究和先进技术的推广应用，推进建设工程安全生产的科学管理。

第二章　建设单位的安全责任

第六条　建设单位应当向施工单位提供施工现场及毗邻区域内供水、排水、供电、供气、供热、通信、广播电视等地下管线资料，气象和水文观测资料，相邻建筑物和构筑物、地下工程的有关资料，并保证资料的真实、准确、完整。

建设单位因建设工程需要，向有关部门或者单位查询前款规定的资料时，有关部门或者单位应当及时提供。

第七条　建设单位不得对勘察、设计、施工、工程监理等单位提出不符合建设工程安全生产法律、法规和强制性标准规定的要求，不得压缩合同约定的工期。

第八条　建设单位在编制工程概算时，应当确定建设工程安全作业环境及安全施工措施所需费用。

第九条　建设单位不得明示或者暗示施工单位购买、租赁、使用不符合安全施工要求的安全防护用具、机械设备、施工机具及配件、消防设施和器材。

第十条　建设单位在申请领取施工许可证时，应当提供建设工程有关安全施工措施的资料。

依法批准开工报告的建设工程，建设单位应当自开工报告批准之日起 15 日内，将保证安全施工的措施报送建设工程所在地的县级以上地方人民政府建设行政主管部门或者其他有关部门备案。

第十一条　建设单位应当将拆除工程发包给具有相应资质等级的施工单位。

建设单位应当在拆除工程施工 15 日前，将下列资料报送建设工程所在地的县级以上地方人民政府建设行政主管部门或者其他有关部门备案：

（一）施工单位资质等级证明；

（二）拟拆除建筑物、构筑物及可能危及毗邻建筑的说明；

（三）拆除施工组织方案；

（四）堆放、清除废弃物的措施。

实施爆破作业的，应当遵守国家有关民用爆炸物品管理的规定。

第三章　勘察、设计、工程监理及其他有关单位的安全责任

第十二条　勘察单位应当按照法律、法规和工程建设强制性标准进行勘察，提供的勘察文件应当真实、准确，满足建设工程安全生产的需要。

勘察单位在勘察作业时，应当严格执行操作规程，采取措施保证各类管线、设施和周边建筑物、构筑物的安全。

第十三条　设计单位应当按照法律、法规和工程建设强制性标准进行设计，防止因设计不合理导致生产安全事故的发生。

设计单位应当考虑施工安全操作和防护的需要，对涉及施工安全的重点部位和环节在设计文件中注明，并对防范生产安全事故提出指导意见。

采用新结构、新材料、新工艺的建设工程和特殊结构的建设工程，设计单位应当在设计中提出保障施工作业人员安全和预防生产安全事故的措施建议。

设计单位和注册建筑师等注册执业人员应当对其设计负责。

第十四条 工程监理单位应当审查施工组织设计中的安全技术措施或者专项施工方案是否符合工程建设强制性标准。

工程监理单位在实施监理过程中，发现存在安全事故隐患的，应当要求施工单位整改；情况严重的，应当要求施工单位暂时停止施工，并及时报告建设单位。施工单位拒不整改或者不停止施工的，工程监理单位应当及时向有关主管部门报告。

工程监理单位和监理工程师应当按照法律、法规和工程建设强制性标准实施监理，并对建设工程安全生产承担监理责任。

第十五条 为建设工程提供机械设备和配件的单位，应当按照安全施工的要求配备齐全有效的保险、限位等安全设施和装置。

第十六条 出租的机械设备和施工机具及配件，应当具有生产(制造)许可证、产品合格证。

出租单位应当对出租的机械设备和施工机具及配件的安全性能进行检测，在签订租赁协议时，应当出具检测合格证明。

禁止出租检测不合格的机械设备和施工机具及配件。

第十七条 在施工现场安装、拆卸施工起重机械和整体提升脚手架、模板等自升式架设设施，必须由具有相应资质的单位承担。

安装、拆卸施工起重机械和整体提升脚手架、模板等自升式架设设施，应当编制拆装方案、制定安全施工措施，并由专业技术人员现场监督。

施工起重机械和整体提升脚手架、模板等自升式架设设施安装完毕后，安装单位应当自检，出具自检合格证明，并向施工单位进行安全使用说明，办理验收手续并签字。

第十八条 施工起重机械和整体提升脚手架、模板等自升式架设设施的使用达到国家规定的检验检测期限的，必须经具有专业资质的检验检测机构检测。经检测不合格的，不得继续使用。

第十九条 检验检测机构对检测合格的施工起重机械和整体提升脚手架、模板等自升式架设设施，应当出具安全合格证明文件，并对检测结果负责。

第四章 施工单位的安全责任

第二十条 施工单位从事建设工程的新建、扩建、改建和拆除等活动，应当具备国家规定的注册资本、专业技术人员、技术装备和安全生产等条件，依法取得相应等级的资质证书，并在其资质等级许可的范围内承揽工程。

第二十一条 施工单位主要负责人依法对本单位的安全生产工作全面负责。

施工单位应当建立健全安全生产责任制度和安全生产教育培训制度，制定安全生产规章制度和操作规程，保证本单位安全生产条件所需资金的投入，对所承担的建设工程进行定期和专项安全检查，并做好安全检查记录。

施工单位的项目负责人应当由取得相应执业资格的人员担任，对建设工程项目的安全施工负责，落实安全生产责任制度、安全生产规章制度和操作规程，确保安全生产费用的有效使用，并根据工程的特点组织制定安全施工措施，消除安全事故隐患，及时、如实报告生产安全事故。

第二十二条　施工单位对列入建设工程概算的安全作业环境及安全施工措施所需费用，应当用于施工安全防护用具及设施的采购和更新、安全施工措施的落实、安全生产条件的改善，不得挪作他用。

第二十三条　施工单位应当设立安全生产管理机构，配备专职安全生产管理人员。

专职安全生产管理人员负责对安全生产进行现场监督检查。发现安全事故隐患，应当及时向项目负责人和安全生产管理机构报告；对违章指挥、违章操作的，应当立即制止。

专职安全生产管理人员的配备办法由国务院建设行政主管部门会同国务院其他有关部门制定。

第二十四条　建设工程实行施工总承包的，由总承包单位对施工现场的安全生产负总责。

总承包单位应当自行完成建设工程主体结构的施工。

总承包单位依法将建设工程分包给其他单位的，分包合同中应当明确各自的安全生产方面的权利、义务。总承包单位和分包单位对分包工程的安全生产承担连带责任。

分包单位应当服从总承包单位的安全生产管理，分包单位不服从管理导致生产安全事故的，由分包单位承担主要责任。

第二十五条　垂直运输机械作业人员、安装拆卸工、爆破作业人员、起重信号工、登高架设作业人员等特种作业人员，必须按照国家有关规定经过专门的安全作业培训，并取得特种作业操作资格证书后，方可上岗作业。

第二十六条　施工单位应当在施工组织设计中编制安全技术措施和施工现场临时用电方案，对下列达到一定规模的危险性较大的分部分项工程编制专项施工方案，并附具安全验算结果，经施工单位技术负责人、总监理工程师签字后实施，由专职安全生产管理人员进行现场监督：

（一）基坑支护与降水工程；

(二)土方开挖工程;

(三)模板工程;

(四)起重吊装工程;

(五)脚手架工程;

(六)拆除、爆破工程;

(七)国务院建设行政主管部门或者其他有关部门规定的其他危险性较大的工程。

对前款所列工程中涉及深基坑、地下暗挖工程、高大模板工程的专项施工方案,施工单位还应当组织专家进行论证、审查。

本条第一款规定的达到一定规模的危险性较大工程的标准,由国务院建设行政主管部门会同国务院其他有关部门制定。

第二十七条 建设工程施工前,施工单位负责项目管理的技术人员应当对有关安全施工的技术要求向施工作业班组、作业人员作出详细说明,并由双方签字确认。

第二十八条 施工单位应当在施工现场入口处、施工起重机械、临时用电设施、脚手架、出入通道口、楼梯口、电梯井口、孔洞口、桥梁口、隧道口、基坑边沿、爆破物及有害危险气体和液体存放处等危险部位,设置明显的安全警示标志。安全警示标志必须符合国家标准。

施工单位应当根据不同施工阶段和周围环境及季节、气候的变化,在施工现场采取相应的安全施工措施。施工现场暂时停止施工的,施工单位应当做好现场防护,所需费用由责任方承担,或者按照合同约定执行。

第二十九条 施工单位应当将施工现场的办公、生活区与作业区分开设置,并保持安全距离;办公、生活区的选址应当符合安全性要求。职工的膳食、饮水、休息场所等应当符合卫生标准。施工单位不得在尚未竣工的建筑物内设置员工集体宿舍。

施工现场临时搭建的建筑物应当符合安全使用要求。施工现场使用的装配式活动房屋应当具有产品合格证。

第三十条 施工单位对因建设工程施工可能造成损害的毗邻建筑物、构筑物和地下管线等,应当采取专项防护措施。

施工单位应当遵守有关环境保护法律、法规的规定,在施工现场采取措施,防止或者减少粉尘、废气、废水、固体废物、噪声、振动和施工照明对人和环境的危害和污染。

在城市市区内的建设工程,施工单位应当对施工现场实行封闭围挡。

第三十一条 施工单位应当在施工现场建立消防安全责任制度，确定消防安全责任人，制定用火、用电、使用易燃易爆材料等各项消防安全管理制度和操作规程，设置消防通道、消防水源，配备消防设施和灭火器材，并在施工现场入口处设置明显标志。

第三十二条 施工单位应当向作业人员提供安全防护用具和安全防护服装，并书面告知危险岗位的操作规程和违章操作的危害。

作业人员有权对施工现场的作业条件、作业程序和作业方式中存在的安全问题提出批评、检举和控告，有权拒绝违章指挥和强令冒险作业。

在施工中发生危及人身安全的紧急情况时，作业人员有权立即停止作业或者在采取必要的应急措施后撤离危险区域。

第三十三条 作业人员应当遵守安全施工的强制性标准、规章制度和操作规程，正确使用安全防护用具、机械设备等。

第三十四条 施工单位采购、租赁的安全防护用具、机械设备、施工机具及配件，应当具有生产(制造)许可证、产品合格证，并在进入施工现场前进行查验。

施工现场的安全防护用具、机械设备、施工机具及配件必须由专人管理，定期进行检查、维修和保养，建立相应的资料档案，并按照国家有关规定及时报废。

第三十五条 施工单位在使用施工起重机械和整体提升脚手架、模板等自升式架设设施前，应当组织有关单位进行验收，也可以委托具有相应资质的检验检测机构进行验收；使用承租的机械设备和施工机具及配件的，由施工总承包单位、分包单位、出租单位和安装单位共同进行验收。验收合格的方可使用。

《特种设备安全监察条例》规定的施工起重机械，在验收前应当经有相应资质的检验检测机构监督检验合格。

施工单位应当自施工起重机械和整体提升脚手架、模板等自升式架设设施验收合格之日起 30 日内，向建设行政主管部门或者其他有关部门登记。登记标志应当置于或者附着于该设备的显著位置。

第三十六条 施工单位的主要负责人、项目负责人、专职安全生产管理人员应当经建设行政主管部门或者其他有关部门考核合格后方可任职。

施工单位应当对管理人员和作业人员每年至少进行一次安全生产教育培训，其教育培训情况记入个人工作档案。安全生产教育培训考核不合格的人员，不得上岗。

第三十七条 作业人员进入新的岗位或者新的施工现场前，应当接受安全生产教育培训。未经教育培训或者教育培训考核不合格的人员，不得上岗作业。

施工单位在采用新技术、新工艺、新设备、新材料时，应当对作业人员进行相应的安全生产教育培训。

第三十八条 施工单位应当为施工现场从事危险作业的人员办理意外伤害保险。

意外伤害保险费由施工单位支付。实行施工总承包的，由总承包单位支付意外伤害保险费。意外伤害保险期限自建设工程开工之日起至竣工验收合格止。

第五章 监督管理

第三十九条 国务院负责安全生产监督管理的部门依照《中华人民共和国安全生产法》的规定，对全国建设工程安全生产工作实施综合监督管理。

县级以上地方人民政府负责安全生产监督管理的部门依照《中华人民共和国安全生产法》的规定，对本行政区域内建设工程安全生产工作实施综合监督管理。

第四十条 国务院建设行政主管部门对全国的建设工程安全生产实施监督管理。国务院铁路、交通、水利等有关部门按照国务院规定的职责分工，负责有关专业建设工程安全生产的监督管理。

县级以上地方人民政府建设行政主管部门对本行政区域内的建设工程安全生产实施监督管理。县级以上地方人民政府交通、水利等有关部门在各自的职责范围内，负责本行政区域内的专业建设工程安全生产的监督管理。

第四十一条 建设行政主管部门和其他有关部门应当将本条例第十条、第十一条规定的有关资料的主要内容抄送同级负责安全生产监督管理的部门。

第四十二条 建设行政主管部门在审核发放施工许可证时，应当对建设工程是否有安全施工措施进行审查，对没有安全施工措施的，不得颁发施工许可证。

建设行政主管部门或者其他有关部门对建设工程是否有安全施工措施进行审查时，不得收取费用。

第四十三条 县级以上人民政府负有建设工程安全生产监督管理职责的部门在各自的职责范围内履行安全监督检查职责时，有权采取下列措施：

（一）要求被检查单位提供有关建设工程安全生产的文件和资料；

（二）进入被检查单位施工现场进行检查；

（三）纠正施工中违反安全生产要求的行为；

（四）对检查中发现的安全事故隐患，责令立即排除；重大安全事故隐患排除前或者排除过程中无法保证安全的，责令从危险区域内撤出作业人员或者暂时停止施工。

第四十四条 建设行政主管部门或者其他有关部门可以将施工现场的监督检

查委托给建设工程安全监督机构具体实施。

第四十五条　国家对严重危及施工安全的工艺、设备、材料实行淘汰制度。具体目录由国务院建设行政主管部门会同国务院其他有关部门制定并公布。

第四十六条　县级以上人民政府建设行政主管部门和其他有关部门应当及时受理对建设工程生产安全事故及安全事故隐患的检举、控告和投诉。

第六章　生产安全事故的应急救援和调查处理

第四十七条　县级以上地方人民政府建设行政主管部门应当根据本级人民政府的要求，制定本行政区域内建设工程特大生产安全事故应急救援预案。

第四十八条　施工单位应当制定本单位生产安全事故应急救援预案，建立应急救援组织或者配备应急救援人员，配备必要的应急救援器材、设备，并定期组织演练。

第四十九条　施工单位应当根据建设工程施工的特点、范围，对施工现场易发生重大事故的部位、环节进行监控，制定施工现场生产安全事故应急救援预案。实行施工总承包的，由总承包单位统一组织编制建设工程生产安全事故应急救援预案，工程总承包单位和分包单位按照应急救援预案，各自建立应急救援组织或者配备应急救援人员，配备救援器材、设备，并定期组织演练。

第五十条　施工单位发生生产安全事故，应当按照国家有关伤亡事故报告和调查处理的规定，及时、如实地向负责安全生产监督管理的部门、建设行政主管部门或者其他有关部门报告；特种设备发生事故的，还应当同时向特种设备安全监督管理部门报告。接到报告的部门应当按照国家有关规定，如实上报。

实行施工总承包的建设工程，由总承包单位负责上报事故。

第五十一条　发生生产安全事故后，施工单位应当采取措施防止事故扩大，保护事故现场。需要移动现场物品时，应当做出标记和书面记录，妥善保管有关证物。

第五十二条　建设工程生产安全事故的调查、对事故责任单位和责任人的处罚与处理，按照有关法律、法规的规定执行。

第七章　法 律 责 任

第五十三条　违反本条例的规定，县级以上人民政府建设行政主管部门或者其他有关行政管理部门的工作人员，有下列行为之一的，给予降级或者撤职的行政

处分;构成犯罪的,依照刑法有关规定追究刑事责任:

(一)对不具备安全生产条件的施工单位颁发资质证书的;

(二)对没有安全施工措施的建设工程颁发施工许可证的;

(三)发现违法行为不予查处的;

(四)不依法履行监督管理职责的其他行为。

第五十四条 违反本条例的规定,建设单位未提供建设工程安全生产作业环境及安全施工措施所需费用的,责令限期改正;逾期未改正的,责令该建设工程停止施工。

建设单位未将保证安全施工的措施或者拆除工程的有关资料报送有关部门备案的,责令限期改正,给予警告。

第五十五条 违反本条例的规定,建设单位有下列行为之一的,责令限期改正,处20万元以上50万元以下的罚款;造成重大安全事故,构成犯罪的,对直接责任人员,依照刑法有关规定追究刑事责任;造成损失的,依法承担赔偿责任:

(一)对勘察、设计、施工、工程监理等单位提出不符合安全生产法律、法规和强制性标准规定的要求的;

(二)要求施工单位压缩合同约定的工期的;

(三)将拆除工程发包给不具有相应资质等级的施工单位的。

第五十六条 违反本条例的规定,勘察单位、设计单位有下列行为之一的,责令限期改正,处10万元以上30万元以下的罚款;情节严重的,责令停业整顿,降低资质等级,直至吊销资质证书;造成重大安全事故,构成犯罪的,对直接责任人员,依照刑法有关规定追究刑事责任;造成损失的,依法承担赔偿责任:

(一)未按照法律、法规和工程建设强制性标准进行勘察、设计的;

(二)采用新结构、新材料、新工艺的建设工程和特殊结构的建设工程,设计单位未在设计中提出保障施工作业人员安全和预防生产安全事故的措施建议的。

第五十七条 违反本条例的规定,工程监理单位有下列行为之一的,责令限期改正;逾期未改正的,责令停业整顿,并处10万元以上30万元以下的罚款;情节严重的,降低资质等级,直至吊销资质证书;造成重大安全事故,构成犯罪的,对直接责任人员,依照刑法有关规定追究刑事责任;造成损失的,依法承担赔偿责任:

(一)未对施工组织设计中的安全技术措施或者专项施工方案进行审查的;

(二)发现安全事故隐患未及时要求施工单位整改或者暂时停止施工的;

(三)施工单位拒不整改或者不停止施工,未及时向有关主管部门报告的;

(四)未依照法律、法规和工程建设强制性标准实施监理的。

第五十八条 注册执业人员未执行法律、法规和工程建设强制性标准的,责令停止执业 3 个月以上 1 年以下；情节严重的，吊销执业资格证书，5 年内不予注册；造成重大安全事故的，终身不予注册；构成犯罪的，依照刑法有关规定追究刑事责任。

第五十九条　违反本条例的规定，为建设工程提供机械设备和配件的单位，未按照安全施工的要求配备齐全有效的保险、限位等安全设施和装置的，责令限期改正，处合同价款 1 倍以上 3 倍以下的罚款；造成损失的，依法承担赔偿责任。

第六十条　违反本条例的规定，出租单位出租未经安全性能检测或者经检测不合格的机械设备和施工机具及配件的，责令停业整顿，并处 5 万元以上 10 万元以下的罚款；造成损失的，依法承担赔偿责任。

第六十一条　违反本条例的规定，施工起重机械和整体提升脚手架、模板等自升式架设设施安装、拆卸单位有下列行为之一的，责令限期改正，处 5 万元以上 10 万元以下的罚款；情节严重的，责令停业整顿，降低资质等级，直至吊销资质证书；造成损失的，依法承担赔偿责任：

（一）未编制拆装方案、制定安全施工措施的；

（二）未由专业技术人员现场监督的；

（三）未出具自检合格证明或者出具虚假证明的；

（四）未向施工单位进行安全使用说明，办理移交手续的。

施工起重机械和整体提升脚手架、模板等自升式架设设施安装、拆卸单位有前款规定的第（一）项、第（三）项行为，经有关部门或者单位职工提出后，对事故隐患仍不采取措施，因而发生重大伤亡事故或者造成其他严重后果，构成犯罪的，对直接责任人员，依照刑法有关规定追究刑事责任。

第六十二条　违反本条例的规定，施工单位有下列行为之一的，责令限期改正；逾期未改正的，责令停业整顿，依照《中华人民共和国安全生产法》的有关规定处以罚款；造成重大安全事故，构成犯罪的，对直接责任人员，依照刑法有关规定追究刑事责任：

（一）未设立安全生产管理机构、配备专职安全生产管理人员或者分部分项工程施工时无专职安全生产管理人员现场监督的；

（二）施工单位的主要负责人、项目负责人、专职安全生产管理人员、作业人员或者特种作业人员，未经安全教育培训或者经考核不合格即从事相关工作的；

（三）未在施工现场的危险部位设置明显的安全警示标志，或者未按照国家有关规定在施工现场设置消防通道、消防水源、配备消防设施和灭火器材的；

（四）未向作业人员提供安全防护用具和安全防护服装的；

（五）未按照规定在施工起重机械和整体提升脚手架、模板等自升式架设设施验收合格后登记的；

（六）使用国家明令淘汰、禁止使用的危及施工安全的工艺、设备、材料的。

第六十三条 违反本条例的规定，施工单位挪用列入建设工程概算的安全生产作业环境及安全施工措施所需费用的，责令限期改正，处挪用费用20%以上50%以下的罚款；造成损失的，依法承担赔偿责任。

第六十四条 违反本条例的规定，施工单位有下列行为之一的，责令限期改正；逾期未改正的，责令停业整顿，并处5万元以上10万元以下的罚款；造成重大安全事故，构成犯罪的，对直接责任人员，依照刑法有关规定追究刑事责任：

（一）施工前未对有关安全施工的技术要求作出详细说明的；

（二）未根据不同施工阶段和周围环境及季节、气候的变化，在施工现场采取相应的安全施工措施，或者在城市市区内的建设工程的施工现场未实行封闭围挡的；

（三）在尚未竣工的建筑物内设置员工集体宿舍的；

（四）施工现场临时搭建的建筑物不符合安全使用要求的；

（五）未对因建设工程施工可能造成损害的毗邻建筑物、构筑物和地下管线等采取专项防护措施的。

施工单位有前款规定第（四）项、第（五）项行为，造成损失的，依法承担赔偿责任。

第六十五条 违反本条例的规定，施工单位有下列行为之一的，责令限期改正；逾期未改正的，责令停业整顿，并处10万元以上30万元以下的罚款；情节严重的，降低资质等级，直至吊销资质证书；造成重大安全事故，构成犯罪的，对直接责任人员，依照刑法有关规定追究刑事责任；造成损失的，依法承担赔偿责任：

（一）安全防护用具、机械设备、施工机具及配件在进入施工现场前未经查验或者查验不合格即投入使用的；

（二）使用未经验收或者验收不合格的施工起重机械和整体提升脚手架、模板等自升式架设设施的；

（三）委托不具有相应资质的单位承担施工现场安装、拆卸施工起重机械和整体提升脚手架、模板等自升式架设设施的；

（四）在施工组织设计中未编制安全技术措施、施工现场临时用电方案或者专项施工方案的。

第六十六条 违反本条例的规定，施工单位的主要负责人、项目负责人未履行安全生产管理职责的，责令限期改正；逾期未改正的，责令施工单位停业整顿；造成重大安全事故、重大伤亡事故或者其他严重后果，构成犯罪的，依照刑法有关规定追究刑事责任。

作业人员不服管理、违反规章制度和操作规程冒险作业造成重大伤亡事故或者其他严重后果，构成犯罪的，依照刑法有关规定追究刑事责任。

施工单位的主要负责人、项目负责人有前款违法行为，尚不够刑事处罚的，处2万元以上20万元以下的罚款或者按照管理权限给予撤职处分；自刑罚执行完毕或者受处分之日起，5年内不得担任任何施工单位的主要负责人、项目负责人。

第六十七条　施工单位取得资质证书后，降低安全生产条件的，责令限期改正；经整改仍未达到与其资质等级相适应的安全生产条件的，责令停业整顿，降低其资质等级直至吊销资质证书。

第六十八条　本条例规定的行政处罚，由建设行政主管部门或者其他有关部门依照法定职权决定。

违反消防安全管理规定的行为，由公安消防机构依法处罚。

有关法律、行政法规对建设工程安全生产违法行为的行政处罚决定机关另有规定的，从其规定。

第八章　附　　则

第六十九条　抢险救灾和农民自建低层住宅的安全生产管理，不适用本条例。

第七十条　军事建设工程的安全生产管理，按照中央军事委员会的有关规定执行。

第七十一条　本条例自2004年2月1日起施行。

附件三　安全生产许可证条例

（中华人民共和国国务院令第397号）

（《安全生产许可证条例》已经2004年1月7日国务院第34次常务会议通过，现予公布，自公布之日起施行。）

第一条　为了严格规范安全生产条件，进一步加强安全生产监督管理，防止和减少生产安全事故，根据《中华人民共和国安全生产法》的有关规定，制定本条例。

第二条　国家对矿山企业、建筑施工企业和危险化学品、烟花爆竹、民用爆破器材生产企业（以下统称企业）实行安全生产许可制度。

企业未取得安全生产许可证的，不得从事生产活动。

第三条　国务院安全生产监督管理部门负责中央管理的非煤矿矿山企业和危险化学品、烟花爆竹生产企业安全生产许可证的颁发和管理。

省、自治区、直辖市人民政府安全生产监督管理部门负责前款规定以外的非煤矿矿山企业和危险化学品、烟花爆竹生产企业安全生产许可证的颁发和管理，并接受国务院安全生产监督管理部门的指导和监督。

国家煤矿安全监察机构负责中央管理的煤矿企业安全生产许可证的颁发和管理。

在省、自治区、直辖市设立的煤矿安全监察机构负责前款规定以外的其他煤矿企业安全生产许可证的颁发和管理，并接受国家煤矿安全监察机构的指导和监督。

第四条　国务院建设主管部门负责中央管理的建筑施工企业安全生产许可证的颁发和管理。

省、自治区、直辖市人民政府建设主管部门负责前款规定以外的建筑施工企业安全生产许可证的颁发和管理，并接受国务院建设主管部门的指导和监督。

第五条　国务院国防科技工业主管部门负责民用爆破器材生产企业安全生产许可证的颁发和管理。

第六条　企业取得安全生产许可证，应当具备下列安全生产条件：

（一）建立、健全安全生产责任制，制定完备的安全生产规章制度和操作规程；

（二）安全投入符合安全生产要求；

（三）设置安全生产管理机构，配备专职安全生产管理人员；

（四）主要负责人和安全生产管理人员经考核合格；

（五）特种作业人员经有关业务主管部门考核合格，取得特种作业操作资格证书；

（六）从业人员经安全生产教育和培训合格；

（七）依法参加工伤保险，为从业人员缴纳保险费；

（八）厂房、作业场所和安全设施、设备、工艺符合有关安全生产法律、法规、标准和规程的要求；

（九）有职业危害防治措施，并为从业人员配备符合国家标准或者行业标准的劳动防护用品；

（十）依法进行安全评价；

（十一）有重大危险源检测、评估、监控措施和应急预案；

（十二）有生产安全事故应急救援预案、应急救援组织或者应急救援人员，配备必要的应急救援器材、设备；

（十三）法律、法规规定的其他条件。

第七条　企业进行生产前，应当依照本条例的规定向安全生产许可证颁发管理机关申请领取安全生产许可证，并提供本条例第六条规定的相关文件、资料。安全生产许可证颁发管理机关应当自收到申请之日起 45 日内审查完毕，经审查符合本条例规定的安全生产条件的，颁发安全生产许可证；不符合本条例规定的安全生产条件的，不予颁发安全生产许可证，书面通知企业并说明理由。

煤矿企业应当以矿（井）为单位，在申请领取煤炭生产许可证前，依照本条例的规定取得安全生产许可证。

第八条　安全生产许可证由国务院安全生产监督管理部门规定统一的式样。

第九条　安全生产许可证的有效期为 3 年。安全生产许可证有效期满需要延期的，企业应当于期满前 3 个月向原安全生产许可证颁发管理机关办理延期手续。

企业在安全生产许可证有效期内，严格遵守有关安全生产的法律法规，未发生死亡事故的，安全生产许可证有效期届满时，经原安全生产许可证颁发管理机关同意，不再审查，安全生产许可证有效期延期 3 年。

第十条　安全生产许可证颁发管理机关应当建立、健全安全生产许可证档案管理制度，并定期向社会公布企业取得安全生产许可证的情况。

第十一条　煤矿企业安全生产许可证颁发管理机关、建筑施工企业安全生产许可证颁发管理机关、民用爆破器材生产企业安全生产许可证颁发管理机关，应当每年向同级安全生产监督管理部门通报其安全生产许可证颁发和管理情况。

第十二条 国务院安全生产监督管理部门和省、自治区、直辖市人民政府安全生产监督管理部门对建筑施工企业、民用爆破器材生产企业、煤矿企业取得安全生产许可证的情况进行监督。

第十三条 企业不得转让、冒用安全生产许可证或者使用伪造的安全生产许可证。

第十四条 企业取得安全生产许可证后，不得降低安全生产条件，并应当加强日常安全生产管理，接受安全生产许可证颁发管理机关的监督检查。

安全生产许可证颁发管理机关应当加强对取得安全生产许可证的企业的监督检查，发现其不再具备本条例规定的安全生产条件的，应当暂扣或者吊销安全生产许可证。

第十五条 安全生产许可证颁发管理机关工作人员在安全生产许可证颁发、管理和监督检查工作中，不得索取或者接受企业的财物，不得谋取其他利益。

第十六条 监察机关依照《中华人民共和国行政监察法》的规定，对安全生产许可证颁发管理机关及其工作人员履行本条例规定的职责实施监察。

第十七条 任何单位或者个人对违反本条例规定的行为，有权向安全生产许可证颁发管理机关或者监察机关等有关部门举报。

第十八条 安全生产许可证颁发管理机关工作人员有下列行为之一的，给予降级或者撤职的行政处分；构成犯罪的，依法追究刑事责任：

（一）向不符合本条例规定的安全生产条件的企业颁发安全生产许可证的；

（二）发现企业未依法取得安全生产许可证擅自从事生产活动，不依法处理的；

（三）发现取得安全生产许可证的企业不再具备本条例规定的安全生产条件，不依法处理的；

（四）接到对违反本条例规定行为的举报后，不及时处理的；

（五）在安全生产许可证颁发、管理和监督检查工作中，索取或者接受企业的财物，或者谋取其他利益的。

第十九条 违反本条例规定，未取得安全生产许可证擅自进行生产的，责令停止生产，没收违法所得，并处10万元以上50万元以下的罚款；造成重大事故或者其他严重后果，构成犯罪的，依法追究刑事责任。

第二十条 违反本条例规定，安全生产许可证有效期满未办理延期手续，继续进行生产的，责令停止生产，限期补办延期手续，没收违法所得，并处5万元以上10万元以下的罚款；逾期仍不办理延期手续，继续进行生产的，依照本条例第十九条的规定处罚。

第二十一条 违反本条例规定，转让安全生产许可证的，没收违法所得，处10

万元以上 50 万元以下的罚款，并吊销其安全生产许可证；构成犯罪的，依法追究刑事责任；接受转让的，依照本条例第十九条的规定处罚。

冒用安全生产许可证或者使用伪造的安全生产许可证的，依照本条例第十九条的规定处罚。

第二十二条　本条例施行前已经进行生产的企业，应当自本条例施行之日起 1 年内，依照本条例的规定向安全生产许可证颁发管理机关申请办理安全生产许可证；逾期不办理安全生产许可证，或者经审查不符合本条例规定的安全生产条件，未取得安全生产许可证，继续进行生产的，依照本条例第十九条的规定处罚。

第二十三条　本条例规定的行政处罚，由安全生产许可证颁发管理机关决定。

第二十四条　本条例自公布之日起施行。

附件四 公路安全保护条例

（中华人民共和国国务院令第593号）

（经2011年2月16日国务院第144次常务会议通过，自2011年7月1日起施行。）

第一章 总 则

第一条 为了加强公路保护，保障公路完好、安全和畅通，根据《中华人民共和国公路法》，制定本条例。

第二条 各级人民政府应当加强对公路保护工作的领导，依法履行公路保护职责。

第三条 国务院交通运输主管部门主管全国公路保护工作。

县级以上地方人民政府交通运输主管部门主管本行政区域的公路保护工作；但是，县级以上地方人民政府交通运输主管部门对国道、省道的保护职责，由省、自治区、直辖市人民政府确定。

公路管理机构依照本条例的规定具体负责公路保护的监督管理工作。

第四条 县级以上各级人民政府发展改革、工业和信息化、公安、工商、质检等部门按照职责分工，依法开展公路保护的相关工作。

第五条 县级以上各级人民政府应当将政府及其有关部门从事公路管理、养护所需经费以及公路管理机构行使公路行政管理职能所需经费纳入本级人民政府财政预算。但是，专用公路的公路保护经费除外。

第六条 县级以上各级人民政府交通运输主管部门应当综合考虑国家有关车辆技术标准、公路使用状况等因素，逐步提高公路建设、管理和养护水平，努力满足国民经济和社会发展以及人民群众生产、生活需要。

第七条 县级以上各级人民政府交通运输主管部门应当依照《中华人民共和国突发事件应对法》的规定，制定地震、泥石流、雨雪冰冻灾害等损毁公路的突发事件（以下简称公路突发事件）应急预案，报本级人民政府批准后实施。

公路管理机构、公路经营企业应当根据交通运输主管部门制定的公路突发事件应急预案，组建应急队伍，并定期组织应急演练。

第八条　国家建立健全公路突发事件应急物资储备保障制度，完善应急物资储备、调配体系，确保发生公路突发事件时能够满足应急处置工作的需要。

第九条　任何单位和个人不得破坏、损坏、非法占用或者非法利用公路、公路用地和公路附属设施。

第二章　公路线路

第十条　公路管理机构应当建立健全公路管理档案，对公路、公路用地和公路附属设施调查核实、登记造册。

第十一条　县级以上地方人民政府应当根据保障公路运行安全和节约用地的原则以及公路发展的需要，组织交通运输、国土资源等部门划定公路建筑控制区的范围。

公路建筑控制区的范围，从公路用地外缘起向外的距离标准为：

(一)国道不少于 20 米；

(二)省道不少于 15 米；

(三)县道不少于 10 米；

(四)乡道不少于 5 米。

属于高速公路的，公路建筑控制区的范围从公路用地外缘起向外的距离标准不少于 30 米。

公路弯道内侧、互通立交以及平面交叉道口的建筑控制区范围根据安全视距等要求确定。

第十二条　新建、改建公路的建筑控制区的范围，应当自公路初步设计批准之日起 30 日内，由公路沿线县级以上地方人民政府依照本条例划定并公告。

公路建筑控制区与铁路线路安全保护区、航道保护范围、河道管理范围或者水工程管理和保护范围重叠的，经公路管理机构和铁路管理机构、航道管理机构、水行政主管部门或者流域管理机构协商后划定。

第十三条　在公路建筑控制区内，除公路保护需要外，禁止修建建筑物和地面构筑物；公路建筑控制区划定前已经合法修建的不得扩建，因公路建设或者保障公路运行安全等原因需要拆除的应当依法给予补偿。

在公路建筑控制区外修建的建筑物、地面构筑物以及其他设施不得遮挡公路标志，不得妨碍安全视距。

第十四条　新建村镇、开发区、学校和货物集散地、大型商业网点、农贸市场等公共场所，与公路建筑控制区边界外缘的距离应当符合下列标准，并尽可能在公路一侧建设：

（一）国道、省道不少于50米；

（二）县道、乡道不少于20米。

第十五条 新建、改建公路与既有城市道路、铁路、通信等线路交叉或者新建、改建城市道路、铁路、通信等线路与既有公路交叉的，建设费用由新建、改建单位承担；城市道路、铁路、通信等线路的管理部门、单位或者公路管理机构要求提高既有建设标准而增加的费用，由提出要求的部门或者单位承担。

需要改变既有公路与城市道路、铁路、通信等线路交叉方式的，按照公平合理的原则分担建设费用。

第十六条 禁止将公路作为检验车辆制动性能的试车场地。

禁止在公路、公路用地范围内摆摊设点、堆放物品、倾倒垃圾、设置障碍、挖沟引水、打场晒粮、种植作物、放养牲畜、采石、取土、采空作业、焚烧物品、利用公路边沟排放污物或者进行其他损坏、污染公路和影响公路畅通的行为。

第十七条 禁止在下列范围内从事采矿、采石、取土、爆破作业等危及公路、公路桥梁、公路隧道、公路渡口安全的活动：

（一）国道、省道、县道的公路用地外缘起向外100米，乡道的公路用地外缘起向外50米；

（二）公路渡口和中型以上公路桥梁周围200米；

（三）公路隧道上方和洞口外100米。

在前款规定的范围内，因抢险、防汛需要修筑堤坝、压缩或者拓宽河床的，应当经省、自治区、直辖市人民政府交通运输主管部门会同水行政主管部门或者流域管理机构批准，并采取安全防护措施方可进行。

第十八条 除按照国家有关规定设立的为车辆补充燃料的场所、设施外，禁止在下列范围内设立生产、储存、销售易燃、易爆、剧毒、放射性等危险物品的场所、设施：

（一）公路用地外缘起向外100米；

（二）公路渡口和中型以上公路桥梁周围200米；

（三）公路隧道上方和洞口外100米。

第十九条 禁止擅自在中型以上公路桥梁跨越的河道上下游各1 000米范围内抽取地下水、架设浮桥以及修建其他危及公路桥梁安全的设施。

在前款规定的范围内，确需进行抽取地下水、架设浮桥等活动的，应当经水行政主管部门、流域管理机构等有关单位会同公路管理机构批准，并采取安全防护措施方可进行。

第二十条　禁止在公路桥梁跨越的河道上下游的下列范围内采砂：

（一）特大型公路桥梁跨越的河道上游500米，下游3 000米；

（二）大型公路桥梁跨越的河道上游500米，下游2 000米；

（三）中小型公路桥梁跨越的河道上游500米，下游1 000米。

第二十一条　在公路桥梁跨越的河道上下游各500米范围内依法进行疏浚作业的，应当符合公路桥梁安全要求，经公路管理机构确认安全方可作业。

第二十二条　禁止利用公路桥梁进行牵拉、吊装等危及公路桥梁安全的施工作业。

禁止利用公路桥梁（含桥下空间）、公路隧道、涵洞堆放物品，搭建设施以及铺设高压电线和输送易燃、易爆或者其他有毒有害气体、液体的管道。

第二十三条　公路桥梁跨越航道的，建设单位应当按照国家有关规定设置桥梁航标、桥柱标、桥梁水尺标，并按照国家标准、行业标准设置桥区水上航标和桥墩防撞装置。桥区水上航标由航标管理机构负责维护。

通过公路桥梁的船舶应当符合公路桥梁通航净空要求，严格遵守航行规则，不得在公路桥梁下停泊或者系缆。

第二十四条　重要的公路桥梁和公路隧道按照《中华人民共和国人民武装警察法》和国务院、中央军委的有关规定由中国人民武装警察部队守护。

第二十五条　禁止损坏、擅自移动、涂改、遮挡公路附属设施或者利用公路附属设施架设管道、悬挂物品。

第二十六条　禁止破坏公路、公路用地范围内的绿化物。需要更新采伐护路林的，应当向公路管理机构提出申请，经批准方可更新采伐，并及时补种；不能及时补种的，应当交纳补种所需费用，由公路管理机构代为补种。

第二十七条　进行下列涉路施工活动，建设单位应当向公路管理机构提出申请：

（一）因修建铁路、机场、供电、水利、通信等建设工程需要占用、挖掘公路、公路用地或者使公路改线；

（二）跨越、穿越公路修建桥梁、渡槽或者架设、埋设管道、电缆等设施；

（三）在公路用地范围内架设、埋设管道、电缆等设施；

（四）利用公路桥梁、公路隧道、涵洞铺设电缆等设施；

（五）利用跨越公路的设施悬挂非公路标志；

（六）在公路上增设或者改造平面交叉道口；

（七）在公路建筑控制区内埋设管道、电缆等设施。

第二十八条 申请进行涉路施工活动的建设单位应当向公路管理机构提交下列材料：

（一）符合有关技术标准、规范要求的设计和施工方案；

（二）保障公路、公路附属设施质量和安全的技术评价报告；

（三）处置施工险情和意外事故的应急方案。

公路管理机构应当自受理申请之日起20日内做出许可或者不予许可的决定；影响交通安全的，应当征得公安机关交通管理部门的同意；涉及经营性公路的，应当征求公路经营企业的意见；不予许可的，公路管理机构应当书面通知申请人并说明理由。

第二十九条 建设单位应当按照许可的设计和施工方案进行施工作业，并落实保障公路、公路附属设施质量和安全的防护措施。

涉路施工完毕，公路管理机构应当对公路、公路附属设施是否达到规定的技术标准以及施工是否符合保障公路、公路附属设施质量和安全的要求进行验收；影响交通安全的，还应当经公安机关交通管理部门验收。

涉路工程设施的所有人、管理人应当加强维护和管理，确保工程设施不影响公路的完好、安全和畅通。

第三章 公路通行

第三十条 车辆的外廓尺寸、轴荷和总质量应当符合国家有关车辆外廓尺寸、轴荷、质量限值等机动车安全技术标准，不符合标准的不得生产、销售。

第三十一条 公安机关交通管理部门办理车辆登记，应当当场查验，对不符合机动车国家安全技术标准的车辆不予登记。

第三十二条 运输不可解体物品需要改装车辆的，应当由具有相应资质的车辆生产企业按照规定的车型和技术参数进行改装。

第三十三条 超过公路、公路桥梁、公路隧道限载、限高、限宽、限长标准的车辆，不得在公路、公路桥梁或者公路隧道行驶；超过汽车渡船限载、限高、限宽、限长标准的车辆，不得使用汽车渡船。

公路、公路桥梁、公路隧道限载、限高、限宽、限长标准调整的，公路管理机构、公路经营企业应当及时变更限载、限高、限宽、限长标志；需要绕行的，还应当标明绕行路线。

第三十四条 县级人民政府交通运输主管部门或者乡级人民政府可以根据保护乡道、村道的需要，在乡道、村道的出入口设置必要的限高、限宽设施，但是不得影响消防和卫生急救等应急通行需要，不得向通行车辆收费。

第三十五条　车辆载运不可解体物品，车货总体的外廓尺寸或者总质量超过公路、公路桥梁、公路隧道的限载、限高、限宽、限长标准，确需在公路、公路桥梁、公路隧道行驶的，从事运输的单位和个人应当向公路管理机构申请公路超限运输许可。

第三十六条　申请公路超限运输许可按照下列规定办理：

（一）跨省、自治区、直辖市进行超限运输的，向公路沿线各省、自治区、直辖市公路管理机构提出申请，由起运地省、自治区、直辖市公路管理机构统一受理，并协调公路沿线各省、自治区、直辖市公路管理机构对超限运输申请进行审批，必要时可以由国务院交通运输主管部门统一协调处理；

（二）在省、自治区范围内跨区、市进行超限运输，或者在直辖市范围内跨区、县进行超限运输的，向省、自治区、直辖市公路管理机构提出申请，由省、自治区、直辖市公路管理机构受理并审批；

（三）在设区的市范围内跨区、县进行超限运输的，向设区的市公路管理机构提出申请，由设区的市公路管理机构受理并审批；

（四）在区、县范围内进行超限运输的，向区、县公路管理机构提出申请，由区、县公路管理机构受理并审批。

公路超限运输影响交通安全的，公路管理机构在审批超限运输申请时，应当征求公安机关交通管理部门意见。

第三十七条　公路管理机构审批超限运输申请，应当根据实际情况勘测通行路线，需要采取加固、改造措施的，可以与申请人签订有关协议，制定相应的加固、改造方案。

公路管理机构应当根据其制定的加固、改造方案，对通行的公路桥梁、涵洞等设施进行加固、改造；必要时应当对超限运输车辆进行监管。

第三十八条　公路管理机构批准超限运输申请的，应当为超限运输车辆配发国务院交通运输主管部门规定式样的超限运输车辆通行证。

经批准进行超限运输的车辆，应当随车携带超限运输车辆通行证，按照指定的时间、路线和速度行驶，并悬挂明显标志。

禁止租借、转让超限运输车辆通行证。禁止使用伪造、变造的超限运输车辆通行证。

第三十九条　经省、自治区、直辖市人民政府批准，有关交通运输主管部门可以设立固定超限检测站点，配备必要的设备和人员。

固定超限检测站点应当规范执法，并公布监督电话。公路管理机构应当加强对固定超限检测站点的管理。

第四十条 公路管理机构在监督检查中发现车辆超过公路、公路桥梁、公路隧道或者汽车渡船的限载、限高、限宽、限长标准的，应当就近引导至固定超限检测站点进行处理。

车辆应当按照超限检测指示标志或者公路管理机构监督检查人员的指挥接受超限检测，不得故意堵塞固定超限检测站点通行车道、强行通过固定超限检测站点或者以其他方式扰乱超限检测秩序，不得采取短途驳载等方式逃避超限检测。

禁止通过引路绕行等方式为不符合国家有关载运标准的车辆逃避超限检测提供便利。

第四十一条 煤炭、水泥等货物集散地以及货运站等场所的经营人、管理人应当采取有效措施，防止不符合国家有关载运标准的车辆出场(站)。

道路运输管理机构应当加强对煤炭、水泥等货物集散地以及货运站等场所的监督检查，制止不符合国家有关载运标准的车辆出场(站)。

任何单位和个人不得指使、强令车辆驾驶人超限运输货物，不得阻碍道路运输管理机构依法进行监督检查。

第四十二条 载运易燃、易爆、剧毒、放射性等危险物品的车辆，应当符合国家有关安全管理规定，并避免通过特大型公路桥梁或者特长公路隧道；确需通过特大型公路桥梁或者特长公路隧道的，负责审批易燃、易爆、剧毒、放射性等危险物品运输许可的机关应当提前将行驶时间、路线通知特大型公路桥梁或者特长公路隧道的管理单位，并对在特大型公路桥梁或者特长公路隧道行驶的车辆进行现场监管。

第四十三条 车辆应当规范装载，装载物不得触地拖行。车辆装载物易掉落、遗洒或者飘散的，应当采取厢式密闭等有效防护措施方可在公路上行驶。

公路上行驶车辆的装载物掉落、遗洒或者飘散的，车辆驾驶人、押运人员应当及时采取措施处理；无法处理的，应当在掉落、遗洒或者飘散物来车方向适当距离外设置警示标志，并迅速报告公路管理机构或者公安机关交通管理部门。其他人员发现公路上有影响交通安全的障碍物的，也应当及时报告公路管理机构或者公安机关交通管理部门。公安机关交通管理部门应当责令改正车辆装载物掉落、遗洒、飘散等违法行为；公路管理机构、公路经营企业应当及时清除掉落、遗洒、飘散在公路上的障碍物。

车辆装载物掉落、遗洒、飘散后，车辆驾驶人、押运人员未及时采取措施处理，造成他人人身、财产损害的，道路运输企业、车辆驾驶人应当依法承担赔偿责任。

第四章　公路养护

第四十四条　公路管理机构、公路经营企业应当加强公路养护，保证公路经常处于良好技术状态。

前款所称良好技术状态，是指公路自身的物理状态符合有关技术标准的要求，包括路面平整，路肩、边坡平顺，有关设施完好。

第四十五条　公路养护应当按照国务院交通运输主管部门规定的技术规范和操作规程实施作业。

第四十六条　从事公路养护作业的单位应当具备下列资质条件：

（一）有一定数量的符合要求的技术人员；

（二）有与公路养护作业相适应的技术设备；

（三）有与公路养护作业相适应的作业经历；

（四）国务院交通运输主管部门规定的其他条件。

公路养护作业单位资质管理办法由国务院交通运输主管部门另行制定。

第四十七条　公路管理机构、公路经营企业应当按照国务院交通运输主管部门的规定对公路进行巡查，并制作巡查记录；发现公路坍塌、坑槽、隆起等损毁的，应当及时设置警示标志，并采取措施修复。

公安机关交通管理部门发现公路坍塌、坑槽、隆起等损毁，危及交通安全的，应当及时采取措施，疏导交通，并通知公路管理机构或者公路经营企业。

其他人员发现公路坍塌、坑槽、隆起等损毁的，应当及时向公路管理机构、公安机关交通管理部门报告。

第四十八条　公路管理机构、公路经营企业应当定期对公路、公路桥梁、公路隧道进行检测和评定，保证其技术状态符合有关技术标准；对经检测发现不符合车辆通行安全要求的，应当进行维修，及时向社会公告，并通知公安机关交通管理部门。

第四十九条　公路管理机构、公路经营企业应当定期检查公路隧道的排水、通风、照明、监控、报警、消防、救助等设施，保持设施处于完好状态。

第五十条　公路管理机构应当统筹安排公路养护作业计划，避免集中进行公路养护作业造成交通堵塞。

在省、自治区、直辖市交界区域进行公路养护作业，可能造成交通堵塞的，有关公路管理机构、公安机关交通管理部门应当事先书面通报相邻的省、自治区、直辖市公路管理机构、公安机关交通管理部门，共同制定疏导预案，确定分流路线。

第五十一条 公路养护作业需要封闭公路的，或者占用半幅公路进行作业，作业路段长度在 2 公里以上，并且作业期限超过 30 日的，除紧急情况外，公路养护作业单位应当在作业开始之日前 5 日向社会公告，明确绕行路线，并在绕行处设置标志；不能绕行的，应当修建临时道路。

第五十二条 公路养护作业人员作业时，应当穿着统一的安全标志服。公路养护车辆、机械设备作业时，应当设置明显的作业标志，开启危险报警闪光灯。

第五十三条 发生公路突发事件影响通行的，公路管理机构、公路经营企业应当及时修复公路、恢复通行。设区的市级以上人民政府交通运输主管部门应当根据修复公路、恢复通行的需要，及时调集抢修力量，统筹安排有关作业计划，下达路网调度指令，配合有关部门组织绕行、分流。

设区的市级以上公路管理机构应当按照国务院交通运输主管部门的规定收集、汇总公路损毁、公路交通流量等信息，开展公路突发事件的监测、预报和预警工作，并利用多种方式及时向社会发布有关公路运行信息。

第五十四条 中国人民武装警察交通部队按照国家有关规定承担公路、公路桥梁、公路隧道等设施的抢修任务。

第五十五条 公路永久性停止使用的，应当按照国务院交通运输主管部门规定的程序核准后作报废处理，并向社会公告。

公路报废后的土地使用管理依照有关土地管理的法律、行政法规执行。

第五章 法律责任

第五十六条 违反本条例的规定，有下列情形之一的，由公路管理机构责令限期拆除，可以处 5 万元以下的罚款。逾期不拆除的，由公路管理机构拆除，有关费用由违法行为人承担：

（一）在公路建筑控制区内修建、扩建建筑物、地面构筑物或者未经许可埋设管道、电缆等设施的；

（二）在公路建筑控制区外修建的建筑物、地面构筑物以及其他设施遮挡公路标志或者妨碍安全视距的。

第五十七条 违反本条例第十八条、第十九条、第二十三条规定的，由安全生产监督管理部门、水行政主管部门、流域管理机构、海事管理机构等有关单位依法处理。

第五十八条 违反本条例第二十条规定的，由水行政主管部门或者流域管理机构责令改正，可以处 3 万元以下的罚款。

第五十九条　违反本条例第二十二条规定的，由公路管理机构责令改正，处 2 万元以上 10 万元以下的罚款。

第六十条　违反本条例的规定，有下列行为之一的，由公路管理机构责令改正，可以处 3 万元以下的罚款：

（一）损坏、擅自移动、涂改、遮挡公路附属设施或者利用公路附属设施架设管道、悬挂物品，可能危及公路安全的；

（二）涉路工程设施影响公路完好、安全和畅通的。

第六十一条　违反本条例的规定，未经批准更新采伐护路林的，由公路管理机构责令补种，没收违法所得，并处采伐林木价值 3 倍以上 5 倍以下的罚款。

第六十二条　违反本条例的规定，未经许可进行本条例第二十七条第一项至第五项规定的涉路施工活动的，由公路管理机构责令改正，可以处 3 万元以下的罚款；未经许可进行本条例第二十七条第六项规定的涉路施工活动的，由公路管理机构责令改正，处 5 万元以下的罚款。

第六十三条　违反本条例的规定，非法生产、销售外廓尺寸、轴荷、总质量不符合国家有关车辆外廓尺寸、轴荷、质量限值等机动车安全技术标准的车辆的，依照《中华人民共和国道路交通安全法》的有关规定处罚。

具有国家规定资质的车辆生产企业未按照规定车型和技术参数改装车辆的，由原发证机关责令改正，处 4 万元以上 20 万元以下的罚款；拒不改正的，吊销其资质证书。

第六十四条　违反本条例的规定，在公路上行驶的车辆，车货总体的外廓尺寸、轴荷或者总质量超过公路、公路桥梁、公路隧道、汽车渡船限定标准的，由公路管理机构责令改正，可以处 3 万元以下的罚款。

第六十五条　违反本条例的规定，经批准进行超限运输的车辆，未按照指定时间、路线和速度行驶的，由公路管理机构或者公安机关交通管理部门责令改正；拒不改正的，公路管理机构或者公安机关交通管理部门可以扣留车辆。

未随车携带超限运输车辆通行证的，由公路管理机构扣留车辆，责令车辆驾驶人提供超限运输车辆通行证或者相应的证明。

租借、转让超限运输车辆通行证的，由公路管理机构没收超限运输车辆通行证，处 1 000 元以上 5 000 元以下的罚款。使用伪造、变造的超限运输车辆通行证的，由公路管理机构没收伪造、变造的超限运输车辆通行证，处 3 万元以下的罚款。

第六十六条　对 1 年内违法超限运输超过 3 次的货运车辆，由道路运输管理机构吊销其车辆营运证；对 1 年内违法超限运输超过 3 次的货运车辆驾驶人，由道路运输管理机构责令其停止从事营业性运输；道路运输企业 1 年内违法超限运输的货运车辆超过本单位货运车辆总数 10%的，由道路运输管理机构责令道路运输企业停业整顿；情节严重的，吊销其道路运输经营许可证，并向社会公告。

第六十七条 违反本条例的规定，有下列行为之一的，由公路管理机构强制拖离或者扣留车辆，处 3 万元以下的罚款：

（一）采取故意堵塞固定超限检测站点通行车道、强行通过固定超限检测站点等方式扰乱超限检测秩序的；

（二）采取短途驳载等方式逃避超限检测的。

第六十八条 违反本条例的规定，指使、强令车辆驾驶人超限运输货物的，由道路运输管理机构责令改正，处 3 万元以下的罚款。

第六十九条 车辆装载物触地拖行、掉落、遗洒或者飘散，造成公路路面损坏、污染的，由公路管理机构责令改正，处 5 000 元以下的罚款。

第七十条 违反本条例的规定，公路养护作业单位未按照国务院交通运输主管部门规定的技术规范和操作规程进行公路养护作业的，由公路管理机构责令改正，处 1 万元以上 5 万元以下的罚款；拒不改正的，吊销其资质证书。

第七十一条 造成公路、公路附属设施损坏的单位和个人应当立即报告公路管理机构，接受公路管理机构的现场调查处理；危及交通安全的，还应当设置警示标志或者采取其他安全防护措施，并迅速报告公安机关交通管理部门。

发生交通事故造成公路、公路附属设施损坏的，公安机关交通管理部门在处理交通事故时应当及时通知有关公路管理机构到场调查处理。

第七十二条 造成公路、公路附属设施损坏，拒不接受公路管理机构现场调查处理的，公路管理机构可以扣留车辆、工具。

公路管理机构扣留车辆、工具的，应当当场出具凭证，并告知当事人在规定期限内到公路管理机构接受处理。逾期不接受处理，并且经公告 3 个月仍不来接受处理的，对扣留的车辆、工具，由公路管理机构依法处理。

公路管理机构对被扣留的车辆、工具应当妥善保管，不得使用。

第七十三条 违反本条例的规定，公路管理机构工作人员有下列行为之一的，依法给予处分：

（一）违法实施行政许可的；

（二）违反规定拦截、检查正常行驶的车辆的；

（三）未及时采取措施处理公路坍塌、坑槽、隆起等损毁的；

（四）违法扣留车辆、工具或者使用依法扣留的车辆、工具的；

（五）有其他玩忽职守、徇私舞弊、滥用职权行为的。

公路管理机构有前款所列行为之一的，对负有直接责任的主管人员和其他直接责任人员依法给予处分。

第七十四条　违反本条例的规定，构成违反治安管理行为的，由公安机关依法给予治安管理处罚；构成犯罪的，依法追究刑事责任。

第六章　附　　则

第七十五条　村道的管理和养护工作，由乡级人民政府参照本条例的规定执行。

专用公路的保护不适用本条例。

第七十六条　军事运输使用公路按照国务院、中央军事委员会的有关规定执行。

第七十七条　本条例自2011年7月1日起施行。1987年10月13日国务院发布的《中华人民共和国公路管理条例》同时废止。

附件五　生产安全事故报告和调查处理条例

（中华人民共和国国务院令第493号）

（《生产安全事故报告和调查处理条例》已经2007年3月28日国务院第172次常务会议通过，现予公布，自2007年6月1日起施行。）

第一章　总　　则

第一条　为了规范生产安全事故的报告和调查处理，落实生产安全事故责任追究制度，防止和减少生产安全事故，根据《中华人民共和国安全生产法》和有关法律，制定本条例。

第二条　生产经营活动中发生的造成人身伤亡或者直接经济损失的生产安全事故的报告和调查处理，适用本条例；环境污染事故、核设施事故、国防科研生产事故的报告和调查处理不适用本条例。

第三条　根据生产安全事故（以下简称事故）造成的人员伤亡或者直接经济损失，事故一般分为以下等级：

（一）特别重大事故，是指造成30人以上死亡，或者100人以上重伤（包括急性工业中毒，下同），或者1亿元以上直接经济损失的事故；

（二）重大事故，是指造成10人以上30人以下死亡，或者50人以上100人以下重伤，或者5000万元以上1亿元以下直接经济损失的事故；

（三）较大事故，是指造成3人以上10人以下死亡，或者10人以上50人以下重伤，或者1000万元以上5000万元以下直接经济损失的事故；

（四）一般事故，是指造成3人以下死亡，或者10人以下重伤，或者1000万元以下直接经济损失的事故。

国务院安全生产监督管理部门可以会同国务院有关部门，制定事故等级划分的补充性规定。

本条第一款所称的“以上”包括本数，所称的“以下”不包括本数。

第四条　事故报告应当及时、准确、完整，任何单位和个人对事故不得迟报、漏报、谎报或者瞒报。

事故调查处理应当坚持实事求是、尊重科学的原则，及时、准确地查清事故经过、事故原因和事故损失，查明事故性质，认定事故责任，总结事故教训，提出整改措施，并对事故责任者依法追究责任。

第五条　县级以上人民政府应当依照本条例的规定，严格履行职责，及时、准确地完成事故调查处理工作。

事故发生地有关地方人民政府应当支持、配合上级人民政府或者有关部门的事故调查处理工作，并提供必要的便利条件。

参加事故调查处理的部门和单位应当互相配合，提高事故调查处理工作的效率。

第六条　工会依法参加事故调查处理，有权向有关部门提出处理意见。

第七条　任何单位和个人不得阻挠和干涉对事故的报告和依法调查处理。

第八条　对事故报告和调查处理中的违法行为，任何单位和个人有权向安全生产监督管理部门、监察机关或者其他有关部门举报，接到举报的部门应当依法及时处理。

第二章　事 故 报 告

第九条　事故发生后，事故现场有关人员应当立即向本单位负责人报告；单位负责人接到报告后，应当于1小时内向事故发生地县级以上人民政府安全生产监督管理部门和负有安全生产监督管理职责的有关部门报告。

情况紧急时，事故现场有关人员可以直接向事故发生地县级以上人民政府安全生产监督管理部门和负有安全生产监督管理职责的有关部门报告。

第十条　安全生产监督管理部门和负有安全生产监督管理职责的有关部门接到事故报告后，应当依照下列规定上报事故情况，并通知公安机关、劳动保障行政部门、工会和人民检察院：

（一）特别重大事故、重大事故逐级上报至国务院安全生产监督管理部门和负有安全生产监督管理职责的有关部门；

（二）较大事故逐级上报至省、自治区、直辖市人民政府安全生产监督管理部门和负有安全生产监督管理职责的有关部门；

（三）一般事故上报至设区的市级人民政府安全生产监督管理部门和负有安全生产监督管理职责的有关部门。

安全生产监督管理部门和负有安全生产监督管理职责的有关部门依照前款规定上报事故情况，应当同时报告本级人民政府。国务院安全生产监督管理部门和负有安全生产监督管理职责的有关部门以及省级人民政府接到发生特别重大事故、重大事故的报告后，应当立即报告国务院。

必要时，安全生产监督管理部门和负有安全生产监督管理职责的有关部门可以越级上报事故情况。

第十一条 安全生产监督管理部门和负有安全生产监督管理职责的有关部门逐级上报事故情况，每级上报的时间不得超过 2 小时。

第十二条 报告事故应当包括下列内容：

（一）事故发生单位概况；

（二）事故发生的时间、地点以及事故现场情况；

（三）事故的简要经过；

（四）事故已经造成或者可能造成的伤亡人数（包括下落不明的人数）和初步估计的直接经济损失；

（五）已经采取的措施；

（六）其他应当报告的情况。

第十三条 事故报告后出现新情况的，应当及时补报。

自事故发生之日起 30 日内，事故造成的伤亡人数发生变化的，应当及时补报。道路交通事故、火灾事故自发生之日起 7 日内，事故造成的伤亡人数发生变化的，应当及时补报。

第十四条 事故发生单位负责人接到事故报告后，应当立即启动事故相应应急预案，或者采取有效措施，组织抢救，防止事故扩大，减少人员伤亡和财产损失。

第十五条 事故发生地有关地方人民政府、安全生产监督管理部门和负有安全生产监督管理职责的有关部门接到事故报告后，其负责人应当立即赶赴事故现场，组织事故救援。

第十六条 事故发生后，有关单位和人员应当妥善保护事故现场以及相关证据，任何单位和个人不得破坏事故现场、毁灭相关证据。

因抢救人员、防止事故扩大以及疏通交通等原因，需要移动事故现场物件的，应当做出标志，绘制现场简图并做出书面记录，妥善保存现场重要痕迹、物证。

第十七条 事故发生地公安机关根据事故的情况，对涉嫌犯罪的，应当依法立案侦查，采取强制措施和侦查措施。犯罪嫌疑人逃匿的，公安机关应当迅速追捕归案。

第十八条 安全生产监督管理部门和负有安全生产监督管理职责的有关部门应当建立值班制度，并向社会公布值班电话，受理事故报告和举报。

第三章　事故调查

第十九条　特别重大事故由国务院或者国务院授权有关部门组织事故调查组进行调查。

重大事故、较大事故、一般事故分别由事故发生地省级人民政府、设区的市级人民政府、县级人民政府负责调查。省级人民政府、设区的市级人民政府、县级人民政府可以直接组织事故调查组进行调查，也可以授权或者委托有关部门组织事故调查组进行调查。

未造成人员伤亡的一般事故，县级人民政府也可以委托事故发生单位组织事故调查组进行调查。

第二十条　上级人民政府认为必要时，可以调查由下级人民政府负责调查的事故。

自事故发生之日起30日内(道路交通事故、火灾事故自发生之日起7日内)，因事故伤亡人数变化导致事故等级发生变化，依照本条例规定应当由上级人民政府负责调查的，上级人民政府可以另行组织事故调查组进行调查。

第二十一条　特别重大事故以下等级事故，事故发生地与事故发生单位不在同一个县级以上行政区域的，由事故发生地人民政府负责调查，事故发生单位所在地人民政府应当派人参加。

第二十二条　事故调查组的组成应当遵循精简、效能的原则。

根据事故的具体情况，事故调查组由有关人民政府、安全生产监督管理部门、负有安全生产监督管理职责的有关部门、监察机关、公安机关以及工会派人组成，并应当邀请人民检察院派人参加。

事故调查组可以聘请有关专家参与调查。

第二十三条　事故调查组成员应当具有事故调查所需要的知识和专长，并与所调查的事故没有直接利害关系。

第二十四条　事故调查组组长由负责事故调查的人民政府指定。事故调查组组长主持事故调查组的工作。

第二十五条　事故调查组履行下列职责：

(一)查明事故发生的经过、原因、人员伤亡情况及直接经济损失；

(二)认定事故的性质和事故责任；

(三)提出对事故责任者的处理建议；

(四)总结事故教训，提出防范和整改措施；

（五）提交事故调查报告。

第二十六条 事故调查组有权向有关单位和个人了解与事故有关的情况，并要求其提供相关文件、资料，有关单位和个人不得拒绝。

事故发生单位的负责人和有关人员在事故调查期间不得擅离职守，并应当随时接受事故调查组的询问，如实提供有关情况。

事故调查中发现涉嫌犯罪的，事故调查组应当及时将有关材料或者其复印件移交司法机关处理。

第二十七条 事故调查中需要进行技术鉴定的，事故调查组应当委托具有国家规定资质的单位进行技术鉴定。必要时，事故调查组可以直接组织专家进行技术鉴定。技术鉴定所需时间不计入事故调查期限。

第二十八条 事故调查组成员在事故调查工作中应当诚信公正、恪尽职守，遵守事故调查组的纪律，保守事故调查的秘密。

未经事故调查组组长允许，事故调查组成员不得擅自发布有关事故的信息。

第二十九条 事故调查组应当自事故发生之日起 60 日内提交事故调查报告；特殊情况下，经负责事故调查的人民政府批准，提交事故调查报告的期限可以适当延长，但延长的期限最长不超过 60 日。

第三十条 事故调查报告应当包括下列内容：

（一）事故发生单位概况；

（二）事故发生经过和事故救援情况；

（三）事故造成的人员伤亡和直接经济损失；

（四）事故发生的原因和事故性质；

（五）事故责任的认定以及对事故责任者的处理建议；

（六）事故防范和整改措施。

事故调查报告应当附具有关证据材料。事故调查组成员应当在事故调查报告上签名。

第三十一条 事故调查报告报送负责事故调查的人民政府后，事故调查工作即告结束。事故调查的有关资料应当归档保存。

第四章　事 故 处 理

第三十二条 重大事故、较大事故、一般事故，负责事故调查的人民政府应当自收到事故调查报告之日起 15 日内做出批复；特别重大事故，30 日内做出批复，特殊情况下，批复时间可以适当延长，但延长的时间最长不超过 30 日。

有关机关应当按照人民政府的批复，依照法律、行政法规规定的权限和程序，对事故发生单位和有关人员进行行政处罚，对负有事故责任的国家工作人员进行处分。

事故发生单位应当按照负责事故调查的人民政府的批复，对本单位负有事故责任的人员进行处理。

负有事故责任的人员涉嫌犯罪的，依法追究刑事责任。

第三十三条 事故发生单位应当认真吸取事故教训，落实防范和整改措施，防止事故再次发生。防范和整改措施的落实情况应当接受工会和职工的监督。

安全生产监督管理部门和负有安全生产监督管理职责的有关部门应当对事故发生单位落实防范和整改措施的情况进行监督检查。

第三十四条 事故处理的情况由负责事故调查的人民政府或者其授权的有关部门、机构向社会公布，依法应当保密的除外。

第五章 法律责任

第三十五条 事故发生单位主要负责人有下列行为之一的，处上一年年收入40%至80%的罚款；属于国家工作人员的，并依法给予处分；构成犯罪的，依法追究刑事责任：

（一）不立即组织事故抢救的；

（二）迟报或者漏报事故的；

（三）在事故调查处理期间擅离职守的。

第三十六条 事故发生单位及其有关人员有下列行为之一的，对事故发生单位处100万元以上500万元以下的罚款；对主要负责人、直接负责的主管人员和其他直接责任人员处上一年年收入60%至100%的罚款；属于国家工作人员的，并依法给予处分；构成违反治安管理行为的，由公安机关依法给予治安管理处罚；构成犯罪的，依法追究刑事责任：

（一）谎报或者瞒报事故的；

（二）伪造或者故意破坏事故现场的；

（三）转移、隐匿资金、财产，或者销毁有关证据、资料的；

（四）拒绝接受调查或者拒绝提供有关情况和资料的；

（五）在事故调查中作伪证或者指使他人作伪证的；

（六）事故发生后逃匿的。

第三十七条 事故发生单位对事故发生负有责任的，依照下列规定处以罚款：

(一)发生一般事故的,处10万元以上20万元以下的罚款;

(二)发生较大事故的,处20万元以上50万元以下的罚款;

(三)发生重大事故的,处50万元以上200万元以下的罚款;

(四)发生特别重大事故的,处200万元以上500万元以下的罚款。

第三十八条 事故发生单位主要负责人未依法履行安全生产管理职责,导致事故发生的,依照下列规定处以罚款;属于国家工作人员的,并依法给予处分;构成犯罪的,依法追究刑事责任:

(一)发生一般事故的,处上一年年收入30%的罚款;

(二)发生较大事故的,处上一年年收入40%的罚款;

(三)发生重大事故的,处上一年年收入60%的罚款;

(四)发生特别重大事故的,处上一年年收入80%的罚款。

第三十九条 有关地方人民政府、安全生产监督管理部门和负有安全生产监督管理职责的有关部门有下列行为之一的,对直接负责的主管人员和其他直接责任人员依法给予处分;构成犯罪的,依法追究刑事责任:

(一)不立即组织事故抢救的;

(二)迟报、漏报、谎报或者瞒报事故的;

(三)阻碍、干涉事故调查工作的;

(四)在事故调查中作伪证或者指使他人作伪证的。

第四十条 事故发生单位对事故发生负有责任的,由有关部门依法暂扣或者吊销其有关证照;对事故发生单位负有事故责任的有关人员,依法暂停或者撤销其与安全生产有关的执业资格、岗位证书;事故发生单位主要负责人受到刑事处罚或者撤职处分的,自刑罚执行完毕或者受处分之日起,5年内不得担任任何生产经营单位的主要负责人。

为发生事故的单位提供虚假证明的中介机构,由有关部门依法暂扣或者吊销其有关证照及其相关人员的执业资格;构成犯罪的,依法追究刑事责任。

第四十一条 参与事故调查的人员在事故调查中有下列行为之一的,依法给予处分;构成犯罪的,依法追究刑事责任:

(一)对事故调查工作不负责任,致使事故调查工作有重大疏漏的;

(二)包庇、袒护负有事故责任的人员或者借机打击报复的。

第四十二条 违反本条例规定,有关地方人民政府或者有关部门故意拖延或者拒绝落实经批复的对事故责任人的处理意见的,由监察机关对有关责任人员依法给予处分。

第四十三条 本条例规定的罚款的行政处罚,由安全生产监督管理部门决定。

法律、行政法规对行政处罚的种类、幅度和决定机关另有规定的，依照其规定。

第六章　附　　则

第四十四条　没有造成人员伤亡，但是社会影响恶劣的事故，国务院或者有关地方人民政府认为需要调查处理的，依照本条例的有关规定执行。

国家机关、事业单位、人民团体发生的事故的报告和调查处理，参照本条例的规定执行。

第四十五条　特别重大事故以下等级事故的报告和调查处理，有关法律、行政法规或者国务院另有规定的，依照其规定。

第四十六条　本条例自 2007 年 6 月 1 日起施行。国务院 1989 年 3 月 29 日公布的《特别重大事故调查程序暂行规定》和 1991 年 2 月 22 日公布的《企业职工伤亡事故报告和处理规定》同时废止。

附件六　国务院办公厅关于实施公路安全生命防护工程的意见

（国办发〔2014〕55 号）

各省、自治区、直辖市人民政府，国务院各部委、各直属机构：

“十五”时期以来，全国在普通国省干线公路上实施了公路安全保障工程，有效改善了公路行车安全条件。但是，我国幅员辽阔，公路点多、线长、面广，各地交通环境差异较大，部分公路尤其是农村公路安全隐患仍比较突出，道路交通事故易发多发。为适应工业化、城镇化和农业现代化快速发展要求，全面提升公路安全水平，切实维护人民群众生命财产安全，国务院同意在全国实施公路安全生命防护工程。经国务院批准，现提出以下意见：

一、总体要求

（一）指导思想。深入贯彻党的十八大和十八届三中、四中全会精神，落实国务院的决策部署，牢固树立以人为本、安全发展的理念，坚守发展决不能以牺牲人的生命为代价的红线意识，以防事故、保安全、保畅通为目标，以落实安全生产责任为主线，以加强基层基础建设为抓手，坚持公路建设、管理、养护、安全并举，紧紧抓住农村公路这一工作重心，按照“消除存量、不添增量、动态排查”方针，大力整治公路安全隐患，不断完善安全设施，依法强化综合治理，全面提升公路安全水平，促进全国道路交通安全形势持续稳定好转。

（二）基本原则。坚持突出重点、分步实施，着力整治事故多发易发路段隐患，满足公众安全出行基本需要。坚持属地管理、分级负责，落实地方各级政府的主体责任，加强中央部门的政策指导和资金支持。坚持政府主导、社会参与，切实加大公共财政的投入保障，同时注重发挥市场机制的作用。坚持依法治安、综合治理，严厉打击车辆超限超载违法运输等破坏损害公路设施行为，着力解决影响和制约道路交通安全的源头性、根本性问题，夯实道路交通安全基础。

（三）工作目标。

——2015 年底前，全面完成公路安全隐患的排查和治理规划工作，健全完善严查车辆超限超载的部门联合协作机制，并率先完成通行客运班线和接送学生车辆集中的农村公路急弯陡坡、临水临崖等重点路段约 3 万公里的安全隐患治理。

——2017 年底前，全面完成急弯陡坡、临水临崖等重点路段约 6.5 万公里农村公路的安全隐患治理。

——2020 年底前，基本完成乡道及以上行政等级公路安全隐患治理，实现农村公路交通安全基础设施明显改善、安全防护水平显著提高，公路交通安全综合治理能力全面提升。

二、全面排查治理现有公路安全隐患

（四）全面总结普通公路安全保障工程实施经验，吸收近年来相关标准规范和国内外公路安全隐患治理研究成果，进一步提高公路安全隐患防治水平，抓紧制定《公路安全生命防护工程实施技术指南》。鼓励各地区结合当地实际，制订修订更高要求的公路隐患治理标准并组织实施。

（五）2015 年 6 月底前，各地区要按照《公路安全生命防护工程实施技术指南》，组织力量集中对所有公路进行全面排查，摸清公路安全隐患底数，建立隐患基础台账。要根据公路等级、交通流量、交通事故等情况，坚持动态排查、定期复查。

（六）各地区对排查出的安全隐患要列入治理计划，将隐患按照严重程度区分轻重缓急，实行省、市、县三级政府挂牌督办制度，逐一落实责任单位和责任人，落实治理资金，确定治理方案，明确治理时限。对 2015 年底和 2017 年底前要求完成安全隐患治理的重点路段，要按照《公路安全生命防护工程实施技术指南》，做到重点治理、保障到位。

（七）要根据公路状况、事故特征、交通流量等实际，科学判断改造需求，制定切实可行的工程改造方案，注重整条路线的规模效益，科学有序组织实施。安全隐患治理完成后，要按程序组织工程验收，确保隐患整改符合要求。对列入政府挂牌督办的安全隐患，在隐患治理完成后要组织开展治理效果评估，治理效果达不到规定要求的，要继续挂牌督办。对隐患整治不到位的农村公路，不得开通客运班线和校车。已开通的，在隐患整治到位之前要对线路进行调整；因客观条件无法调整的，应当暂停营运。

（八）地方各级人民政府要将公路安全设施维护纳入养护工程范畴，根据安全设施的使用年限定期进行维护更新。安全性能不适应新情况的，应结合公路安全隐患治理规划及时升级改造；安全设施遭到损毁的，要及时进行修复，确保公路及其附属设施处于良好的技术状况。要加大部门联合整治力度，严厉打击、惩治偷盗公路安全设施的违法行为。

三、严格规范公路工程安全设施建设

（九）整合现有标准规定，吸收各地区经验做法，修订完善公路安全设施标准。建立公路工程技术标准的动态发展工作机制，根据经济发展和实际情况不断修订完善标准。着重研究修订低等级公路技术标准，结合农村、山区实际情况，确定线形指标及安全设施设置等相关技术要求，提高技术标准的针对性和实用性。

（十）新建、改建、扩建省级及以上公路时，公路建设投资应按有关要求，认真测算并计列安全设施，审批部门要进行必要的审核，监管部门要加强监督管理，确保安全设施投资足额到位并同步建成。地方各级人民政府要保障农村公路安全设施建设投资，确保新建农村公路符合相关技术标准要求。上级人民政府要加强对下级人民政府保障农村公路安全设施建设投资的监督，确保不形成新的安全隐患。

（十一）各级发展改革部门和交通运输部门要严格落实安全生产“三同时”制度，新建、改建、扩建公路建设项目必须充分考虑安全设施建设，切实做到同时设计、同时施工、同时投入使用。公路工程建设单位在编制项目可行性研究报告时，应充分考虑安全性，制定安全专篇。设计单位应严格依据可行性研究报告进行设计，落实安全对策措施；对技术标准中的非强制性指标，应在确保安全的基础上经过综合论证后确定，避免因过多使用指标下限造成安全隐患。

（十二）公路安全设施建设必须符合有关工程技术标准和合同约定的要求，鼓励采用标准化结构、标准化施工，严格执行基本建设程序，不得随意降低标准、更改设计方案，保证公路安全设施齐全有效。各地区要进一步健全公路工程交工验收制度，严格按照公路工程管理权限吸收相应层级的公安交通管理、安全监管等部门人员参加，将安全设施作为验收重要内容，验收不合格的，不得交付使用、通车运行。

四、切实加大资金投入保障力度

（十三）经营性收费公路的安全设施完善资金由收费企业承担。地方各级人民政府及相关部门要督促收费企业整治安全隐患，加强对治理计划和实施进度的监督检查。

（十四）普通国省干线公路安全设施完善资金通过现有资金渠道予以保障。农村公路安全设施完善资金由县级人民政府财政预算内资金给予保障，省级财政要根据地方实际进行补助，中央财政通过车辆购置税等多种渠道安排资金投入，支持县级人民政府开展农村公路安全隐患治理工作。

（十五）各地区、各有关部门要引导和鼓励汽车制造、公路建设和公路运输、保险等相关行业企业积极参与公路安全设施建设，鼓励社会各界捐赠资金，按照相关规定和市场化原则探索引入保险资金，拓宽公路安全设施建设资金来源渠道。

五、大力推进公路安全综合治理

（十六）积极推动新技术和信息化手段的应用，不断投入交通技术监控等管理设备，在急弯陡坡、临水临崖等重点路段已完善公路安全防护设施的基础上，进一步完善交通管理设施。在货物运输主通道、重要桥梁入口处、高速公路入口处等公路网的重要路段和节点，设立公路超限检测站或设置动(静)态监测等技术设备，加强车辆超限超载情况监测。实行货运车辆在高速公路入口称重，全面禁止超限超载违法运输车辆进入高速公路，探索利用计重收费等检测数据加强治超执法管理。

(十七)进一步加强车辆生产、销售、登记、检验、营运准入等环节的监管，严厉打击非法生产、非法改装车辆的行为，严格追究非法生产、改装企业责任，坚决杜绝非法生产和改装车辆出厂上路。对在用非法生产、改装的车辆要强制予以整改，对非法拼装的车辆要强制拆解。对大件运输专用车辆违规从事普通货物运输的，要坚决予以纠正。抓紧清理、修订并逐步提高机动车安全技术标准，督促生产企业改进车辆安全技术性能，加快落实公路货运车辆安装限载装置制度。

(十八)加快建立客货运驾驶人从业信息、交通违法信息、交通事故信息的共享机制，设立驾驶人“黑名单”制度。研究统一货车超限超载认定标准，严格落实违法超载驾驶人记分制度，积极推广重点货运源头运政人员巡查和派驻制度，坚决遏制货车超限超载违法运输。制定并落实治超责任追究办法，严肃追究货运源头、车辆生产或改装源头和监管源头相关单位、部门及企业的责任。加大对超限超载违法运输车辆驾驶人、车辆所有人、运营管理者及货物托运人的处罚，研究推动将车辆超限超载违法运输行为列入以危险方法危害公共安全行为，追究有关人员刑事责任。

六、进一步加强组织领导和责任落实

(十九)各省(区、市)人民政府对本地区公路安全生命防护工程工作负总责，要加强组织领导，指导市(地)、县(市)人民政府严格执行相关技术标准要求，落实工程建设资金，有序组织实施。要加强督促检查，注重总结经验，优化审批程序，切实做好项目前期、工程质量监督、项目资金管理、工程验收和养护管理等工作，把公路安全生命防护工程建成平安工程、放心工程、廉洁工程。

(二十)各省(区、市)人民政府要结合实际，科学编制本地区公路安全生命防护工程建设规划，统筹安排年度建设任务，确保将农村公路急弯陡坡、临水临崖等重点路段隐患整治低限指标落实到位，同时鼓励有条件的地区将工程规划建设向村道延伸。要尽快明确 2015 年工程建设任务、投资计划、资金来源渠道等。各市(地)、县(市)人民政府要按照规划因地制宜编制年度实施计划，落实具体项目，并将计划和项目开竣工等情况及时向社会公布。

(二十一)地方各级人民政府要坚持依法严管、标本兼治，强化立足源头、长效治理，综合运用法律、行政、经济、技术等多种手段，加强车辆超限超载治理工作。公安交通管理部门和公路路政执法部门要形成合力，加大路面执法力度，集中开展治超专项行动，严查车辆超限超载违法运输行为。要重点整治非法改装车辆、货物源头装载、营运驾驶员管理等关键环节，从源头上遏制车辆超限超载违法运输。

（二十二）地方各级人民政府要把公路安全生命防护工程列入重要议事日程，纳入政府绩效考核，考核结果作为领导班子和领导干部综合考核评价的重要内容。国务院有关部门要建立约谈和问责机制，对没有完成年度目标任务或者安全隐患整治不符合要求，并由此导致重大人员伤亡和财产损失的，要严格开展责任倒查，依法依规严肃追究行政领导和相关责任人的责任。同时，要限期进行整改，整改到位前暂停该地区新建道路项目的审批。

国务院办公厅

2014 年 11 月 3 日

附件七　财政部　安全监管总局关于印发《企业安全生产费用提取和使用管理办法》的通知

（财企〔2012〕16 号）

各省、自治区、直辖市、计划单列市财政厅（局）、安全生产监督管理局，新疆生产建设兵团财务局、安全生产监督管理局，有关中央管理企业：

为了建立企业安全生产投入长效机制，加强安全生产费用管理，保障企业安全生产资金投入，维护企业、职工以及社会公共利益，根据《中华人民共和国安全生产法》等有关法律法规和国务院有关决定，财政部、国家安全生产监督管理总局联合制定了《企业安全生产费用提取和使用管理办法》。现印发给你们，请遵照执行。

附件：企业安全生产费用提取和使用管理办法

财政部

国家安全生产监督管理总局

二〇一二年二月十四日

附件：

企业安全生产费用提取和使用管理办法

第一章　总　　则

第一条　为了建立企业安全生产投入长效机制，加强安全生产费用管理，保障企业安全生产资金投入，维护企业、职工以及社会公共利益，依据《中华人民共和国安全生产法》等有关法律法规和《国务院关于加强安全生产工作的决定》（国发〔2004〕2 号）和《国务院关于进一步加强企业安全生产工作的通知》（国发〔2010〕23 号），制定本办法。

第二条　在中华人民共和国境内直接从事煤炭生产、非煤矿山开采、建设工程施工、危险品生产与储存、交通运输、烟花爆竹生产、冶金、机械制造、武器装备研制生产与试验(含民用航空及核燃料)的企业以及其他经济组织(以下简称企业)适用本办法。

第三条 本办法所称安全生产费用(以下简称安全费用)是指企业按照规定标准提取在成本中列支,专门用于完善和改进企业或者项目安全生产条件的资金。

安全费用按照“企业提取、政府监管、确保需要、规范使用”的原则进行管理。

第四条 本办法下列用语的含义是:

煤炭生产是指煤炭资源开采作业有关活动。

非煤矿山开采是指石油和天然气、煤层气(地面开采)、金属矿、非金属矿及其他矿产资源的勘探作业和生产、选矿、闭坑及尾矿库运行、闭库等有关活动。

建设工程是指土木工程、建筑工程、井巷工程、线路管道和设备安装及装修工程的新建、扩建、改建以及矿山建设。

危险品是指列入国家标准《危险货物品名表》(GB 12268)和《危险化学品目录》的物品。

烟花爆竹是指烟花爆竹制品和用于生产烟花爆竹的民用黑火药、烟火药、引火线等物品。

交通运输包括道路运输、水路运输、铁路运输、管道运输。道路运输是指以机动车为交通工具的旅客和货物运输;水路运输是指以运输船舶为工具的旅客和货物运输及港口装卸、堆存;铁路运输是指以火车为工具的旅客和货物运输(包括高铁和城际铁路);管道运输是指以管道为工具的液体和气体物资运输。

冶金是指金属矿物的冶炼以及压延加工有关活动,包括:黑色金属、有色金属、黄金等的冶炼生产和加工处理活动,以及炭素、耐火材料等与主工艺流程配套的辅助工艺环节的生产。

机械制造是指各种动力机械、冶金矿山机械、运输机械、农业机械、工具、仪器、仪表、特种设备、大中型船舶、石油炼化装备及其他机械设备的制造活动。

武器装备研制生产与试验,包括武器装备和弹药的科研、生产、试验、储运、销毁、维修保障等。

第二章 安全费用的提取标准

第五条 煤炭生产企业依据开采的原煤产量按月提取。各类煤矿原煤单位产量安全费用提取标准如下:

(一)煤(岩)与瓦斯(二氧化碳)突出矿井、高瓦斯矿井吨煤 30 元;

(二)其他井工矿吨煤15元；

(三)露天矿吨煤5元。

矿井瓦斯等级划分按现行《煤矿安全规程》和《矿井瓦斯等级鉴定规范》的规定执行。

第六条　非煤矿山开采企业依据开采的原矿产量按月提取。各类矿山原矿单位产量安全费用提取标准如下：

(一)石油,每吨原油17元；

(二)天然气、煤层气(地面开采),每千立方米原气5元；

(三)金属矿山,其中露天矿山每吨5元,地下矿山每吨10元；

(四)核工业矿山,每吨25元；

(五)非金属矿山,其中露天矿山每吨2元,地下矿山每吨4元；

(六)小型露天采石场,即年采剥总量50万吨以下,且最大开采高度不超过50米,产品用于建筑、铺路的山坡型露天采石场,每吨1元；

(七)尾矿库按入库尾矿量计算,三等及三等以上尾矿库每吨1元,四等及五等尾矿库每吨1.5元。

本办法下发之日以前已经实施闭库的尾矿库,按照已堆存尾砂的有效库容大小提取,库容100万立方米以下的,每年提取5万元;超过100万立方米的,每增加100万立方米增加3万元,但每年提取额最高不超过30万元。

原矿产量不含金属、非金属矿山尾矿库和废石场中用于综合利用的尾砂和低品位矿石。

地质勘探单位安全费用按地质勘查项目或者工程总费用的2%提取。

第七条　建设工程施工企业以建筑安装工程造价为计提依据。各建设工程类别安全费用提取标准如下：

(一)矿山工程为2.5%；

(二)房屋建筑工程、水利水电工程、电力工程、铁路工程、城市轨道交通工程为2.0%；

(三)市政公用工程、冶炼工程、机电安装工程、化工石油工程、港口与航道工程、公路工程、通信工程为1.5%。

建设工程施工企业提取的安全费用列入工程造价,在竞标时,不得删减,列入标外管理。国家对基本建设投资概算另有规定的,从其规定。

总包单位应当将安全费用按比例直接支付分包单位并监督使用,分包单位不再重复提取。

第八条　危险品生产与储存企业以上年度实际营业收入为计提依据,采取超额累退方式按照以下标准平均逐月提取：

（一）营业收入不超过 1 000 万元的，按照 4%提取；

（二）营业收入超过 1 000 万元至 1 亿元的部分，按照 2%提取；

（三）营业收入超过 1 亿元至 10 亿元的部分，按照 0.5%提取；

（四）营业收入超过 10 亿元的部分，按照 0.2%提取。

第九条 交通运输企业以上年度实际营业收入为计提依据，按照以下标准平均逐月提取：

（一）普通货运业务按照 1%提取；

（二）客运业务、管道运输、危险品等特殊货运业务按照 1.5%提取。

第十条 冶金企业以上年度实际营业收入为计提依据，采取超额累退方式按照以下标准平均逐月提取：

（一）营业收入不超过 1 000 万元的，按照 3%提取；

（二）营业收入超过 1 000 万元至 1 亿元的部分，按照 1.5%提取；

（三）营业收入超过 1 亿元至 10 亿元的部分，按照 0.5%提取；

（四）营业收入超过 10 亿元至 50 亿元的部分，按照 0.2%提取；

（五）营业收入超过 50 亿元至 100 亿元的部分，按照 0.1%提取；

（六）营业收入超过 100 亿元的部分，按照 0.05%提取。

第十一条 机械制造企业以上年度实际营业收入为计提依据，采取超额累退方式按照以下标准平均逐月提取：

（一）营业收入不超过 1 000 万元的，按照 2%提取；

（二）营业收入超过 1 000 万元至 1 亿元的部分，按照 1%提取；

（三）营业收入超过 1 亿元至 10 亿元的部分，按照 0.2%提取；

（四）营业收入超过 10 亿元至 50 亿元的部分，按照 0.1%提取；

（五）营业收入超过 50 亿元的部分，按照 0.05%提取。

第十二条 烟花爆竹生产企业以上年度实际营业收入为计提依据，采取超额累退方式按照以下标准平均逐月提取：

（一）营业收入不超过 200 万元的，按照 3.5%提取；

（二）营业收入超过 200 万元至 500 万元的部分，按照 3%提取；

（三）营业收入超过 500 万元至 1 000 万元的部分，按照 2.5%提取；

（四）营业收入超过 1 000 万元的部分，按照 2%提取。

第十三条 武器装备研制生产与试验企业以上年度军品实际营业收入为计提依据，采取超额累退方式按照以下标准平均逐月提取：

（一）火炸药及其制品研制、生产与试验企业（包括：含能材料，炸药、火药、推进剂，发动机，弹簧，引信、火工品等)：

1. 营业收入不超过1 000万元的，按照5%提取；

2. 营业收入超过1 000万元至1亿元的部分，按照3%提取；

3. 营业收入超过1亿元至10亿元的部分，按照1%提取；

4. 营业收入超过10亿元的部分，按照0.5%提取。

(二)核装备及核燃料研制、生产与试验企业：

1. 营业收入不超过1 000万元的，按照3%提取；

2. 营业收入超过1 000万元至1亿元的部分，按照2%提取；

3. 营业收入超过1亿元至10亿元的部分，按照0.5%提取；

4. 营业收入超过10亿元的部分，按照0.2%提取。

5. 核工程按照3%提取(以工程造价为计提依据，在竞标时，列为标外管理)。

(三)军用舰船(含修理)研制、生产与试验企业：

1. 营业收入不超过1 000万元的，按照2.5%提取；

2. 营业收入超过1 000万元至1亿元的部分，按照1.75%提取；

3. 营业收入超过1亿元至10亿元的部分，按照0.8%提取；

4. 营业收入超过10亿元的部分，按照0.4%提取。

(四)飞船、卫星、军用飞机、坦克车辆、火炮、轻武器、大型天线等产品的总体、部分和元器件研制、生产与试验企业：

1. 营业收入不超过1 000万元的，按照2%提取；

2. 营业收入超过1 000万元至1亿元的部分，按照1.5%提取；

3. 营业收入超过1亿元至10亿元的部分，按照0.5%提取；

4. 营业收入超过10亿元至100亿元的部分，按照0.2%提取；

5. 营业收入超过100亿元的部分，按照0.1%提取。

(五)其他军用危险品研制、生产与试验企业：

1. 营业收入不超过1 000万元的，按照4%提取；

2. 营业收入超过1 000万元至1亿元的部分，按照2%提取；

3. 营业收入超过1亿元至10亿元的部分，按照0.5%提取；

4. 营业收入超过10亿元的部分，按照0.2%提取。

第十四条　中小微型企业和大型企业上年末安全费用结余分别达到本企业上年度营业收入的5%和1.5%时，经当地县级以上安全生产监督管理部门、煤矿安全监察机构商财政部门同意，企业本年度可以缓提或者少提安全费用。

企业规模划分标准按照工业和信息化部、国家统计局、国家发展和改革委员会、财政部《关于印发中小企业划型标准规定的通知》(工信部联企业〔2011〕300

号)规定执行。

第十五条 企业在上述标准的基础上,根据安全生产实际需要,可适当提高安全费用提取标准。

本办法公布前,各省级政府已制定下发企业安全费用提取使用办法的,其提取标准如果低于本办法规定的标准,应当按照本办法进行调整;如果高于本办法规定的标准,按照原标准执行。

第十六条 新建企业和投产不足一年的企业以当年实际营业收入为提取依据,按月计提安全费用。

混业经营企业,如能按业务类别分别核算的,则以各业务营业收入为计提依据,按上述标准分别提取安全费用;如不能分别核算的,则以全部业务收入为计提依据,按主营业务计提标准提取安全费用。

第三章 安全费用的使用

第十七条 煤炭生产企业安全费用应当按照以下范围使用:

(一)煤与瓦斯突出及高瓦斯矿井落实“两个四位一体”综合防突措施支出,包括瓦斯区域预抽、保护层开采区域防突措施、开展突出区域和局部预测、实施局部补充防突措施、更新改造防突设备和设施、建立突出防治实验室等支出;

(二)煤矿安全生产改造和重大隐患治理支出,包括“一通三防”(通风,防瓦斯、防煤尘、防灭火)、防治水、供电、运输等系统设备改造和灾害治理工程,实施煤矿机械化改造,实施矿压(冲击地压)、热害、露天矿边坡治理、采空区治理等支出;

(三)完善煤矿井下监测监控、人员定位、紧急避险、压风自救、供水施救和通信联络安全避险“六大系统”支出,应急救援技术装备、设施配置和维护保养支出,事故逃生和紧急避难设施设备的配置和应急演练支出;

(四)开展重大危险源和事故隐患评估、监控和整改支出;

(五)安全生产检查、评价(不包括新建、改建、扩建项目安全评价)、咨询、标准化建设支出;

(六)配备和更新现场作业人员安全防护用品支出;

(七)安全生产宣传、教育、培训支出;

(八)安全生产适用新技术、新标准、新工艺、新装备的推广应用支出;

(九)安全设施及特种设备检测检验支出;

(十)其他与安全生产直接相关的支出。

第十八条 非煤矿山开采企业安全费用应当按照以下范围使用:

（一）完善、改造和维护安全防护设施设备（不含“三同时”要求初期投入的安全设施）和重大安全隐患治理支出，包括矿山综合防尘、防灭火、防治水、危险气体监测、通风系统、支护及防治边帮滑坡设备、机电设备、供配电系统、运输（提升）系统和尾矿库等完善、改造和维护支出以及实施地压监测监控、露天矿边坡治理、采空区治理等支出；

（二）完善非煤矿山监测监控、人员定位、紧急避险、压风自救、供水施救和通信联络等安全避险“六大系统”支出，完善尾矿库全过程在线监控系统和海上石油开采出海人员动态跟踪系统支出，应急救援技术装备、设施配置及维护保养支出，事故逃生和紧急避难设施设备的配置和应急演练支出；

（三）开展重大危险源和事故隐患评估、监控和整改支出；

（四）安全生产检查、评价（不包括新建、改建、扩建项目安全评价）、咨询、标准化建设支出；

（五）配备和更新现场作业人员安全防护用品支出；

（六）安全生产宣传、教育、培训支出；

（七）安全生产适用的新技术、新标准、新工艺、新装备的推广应用支出；

（八）安全设施及特种设备检测检验支出；

（九）尾矿库闭库及闭库后维护费用支出；

（十）地质勘探单位野外应急食品、应急器械、应急药品支出；

（十一）其他与安全生产直接相关的支出。

第十九条　建设工程施工企业安全费用应当按照以下范围使用：

（一）完善、改造和维护安全防护设施设备支出（不含“三同时”要求初期投入的安全设施），包括施工现场临时用电系统、洞口、临边、机械设备、高处作业防护、交叉作业防护、防火、防爆、防尘、防毒、防雷、防台风、防地质灾害、地下工程有害气体监测、通风、临时安全防护等设施设备支出；

（二）配备、维护、保养应急救援器材、设备支出和应急演练支出；

（三）开展重大危险源和事故隐患评估、监控和整改支出

（四）安全生产检查、评价（不包括新建、改建、扩建项目安全评价）、咨询和标准化建设支出；

（五）配备和更新现场作业人员安全防护用品支出；

（六）安全生产宣传、教育、培训支出；

（七）安全生产适用的新技术、新标准、新工艺、新装备的推广应用支出；

（八）安全设施及特种设备检测检验支出；

（九）其他与安全生产直接相关的支出。

第二十条 危险品生产与储存企业安全费用应当按照以下范围使用：

（一）完善、改造和维护安全防护设施设备支出（不含“三同时”要求初期投入的安全设施），包括车间、库房、罐区等作业场所的监控、监测、通风、防晒、调温、防火、灭火、防爆、泄压、防毒、消毒、中和、防潮、防雷、防静电、防腐、防渗漏、防护围堤或者隔离操作等设施设备支出；

（二）配备、维护、保养应急救援器材、设备支出和应急演练支出；

（三）开展重大危险源和事故隐患评估、监控和整改支出；

（四）安全生产检查、评价（不包括新建、改建、扩建项目安全评价）、咨询和标准化建设支出；

（五）配备和更新现场作业人员安全防护用品支出；

（六）安全生产宣传、教育、培训支出；

（七）安全生产适用的新技术、新标准、新工艺、新装备的推广应用支出；

（八）安全设施及特种设备检测检验支出；

（九）其他与安全生产直接相关的支出。

第二十一条 交通运输企业安全费用应当按照以下范围使用：

（一）完善、改造和维护安全防护设施设备支出（不含“三同时”要求初期投入的安全设施），包括道路、水路、铁路、管道运输设施设备和装卸工具安全状况检测及维护系统、运输设施设备和装卸工具附属安全设备等支出；

（二）购置、安装和使用具有行驶记录功能的车辆卫星定位装置、船舶通信导航定位和自动识别系统、电子海图等支出；

（三）配备、维护、保养应急救援器材、设备支出和应急演练支出；

（四）开展重大危险源和事故隐患评估、监控和整改支出；

（五）安全生产检查、评价（不包括新建、改建、扩建项目安全评价）、咨询和标准化建设支出；

（六）配备和更新现场作业人员安全防护用品支出；

（七）安全生产宣传、教育、培训支出；

（八）安全生产适用的新技术、新标准、新工艺、新装备的推广应用支出；

（九）安全设施及特种设备检测检验支出；

（十）其他与安全生产直接相关的支出。

第二十二条 冶金企业安全费用应当按照以下范围使用：

（一）完善、改造和维护安全防护设施设备支出（不含“三同时”要求初期投入的安全设施），包括车间、站、库房等作业场所的监控、监测、防火、防爆、防坠落、防尘、防毒、防噪声与振动、防辐射和隔离操作等设施设备支出；

（二）配备、维护、保养应急救援器材、设备支出和应急演练支出；

（三）开展重大危险源和事故隐患评估、监控和整改支出；

（四）安全生产检查、评价（不包括新建、改建、扩建项目安全评价）和咨询及标准化建设支出；

（五）安全生产宣传、教育、培训支出；

（六）配备和更新现场作业人员安全防护用品支出；

（七）安全生产适用的新技术、新标准、新工艺、新装备的推广应用支出；

（八）安全设施及特种设备检测检验支出；

（九）其他与安全生产直接相关的支出。

第二十三条　机械制造企业安全费用应当按照以下范围使用：

（一）完善、改造和维护安全防护设施设备支出（不含“三同时”要求初期投入的安全设施），包括生产作业场所的防火、防爆、防坠落、防毒、防静电、防腐、防尘、防噪声与振动、防辐射或者隔离操作等设施设备支出，大型起重机械安装安全监控管理系统支出；

（二）配备、维护、保养应急救援器材、设备支出和应急演练支出；

（三）开展重大危险源和事故隐患评估、监控和整改支出；

（四）安全生产检查、评价（不包括新建、改建、扩建项目安全评价）、咨询和标准化建设支出；

（五）安全生产宣传、教育、培训支出；

（六）配备和更新现场作业人员安全防护用品支出；

（七）安全生产适用的新技术、新标准、新工艺、新装备的推广应用；

（八）安全设施及特种设备检测检验支出；

（九）其他与安全生产直接相关的支出。

第二十四条　烟花爆竹生产企业安全费用应当按照以下范围使用：

（一）完善、改造和维护安全设备设施支出（不含“三同时”要求初期投入的安全设施）；

（二）配备、维护、保养防爆机械电器设备支出；

（三）配备、维护、保养应急救援器材、设备支出和应急演练支出；

（四）开展重大危险源和事故隐患评估、监控和整改支出；

（五）安全生产检查、评价（不包括新建、改建、扩建项目安全评价）、咨询和标准化建设支出；

（六）安全生产宣传、教育、培训支出；

（七）配备和更新现场作业人员安全防护用品支出；

（八）安全生产适用新技术、新标准、新工艺、新装备的推广应用支出；

（九）安全设施及特种设备检测检验支出；

（十）其他与安全生产直接相关的支出。

第二十五条 武器装备研制生产与试验企业安全费用应当按照以下范围使用：

（一）完善、改造和维护安全防护设施设备支出（不含"三同时"要求初期投入的安全设施），包括研究室、车间、库房、储罐区、外场试验区等作业场所的监控、监测、防触电、防坠落、防爆、泄压、防火、灭火、通风、防晒、调温、防毒、防雷、防静电、防腐、防尘、防噪声与振动、防辐射、防护围堤或者隔离操作等设施设备支出；

（二）配备、维护、保养应急救援、应急处置、特种个人防护器材、设备、设施支出和应急演练支出；

（三）开展重大危险源和事故隐患评估、监控和整改支出；

（四）高新技术和特种专用设备安全鉴定评估、安全性能检验检测及操作人员上岗培训支出；

（五）安全生产检查、评价（不包括新建、改建、扩建项目安全评价）、咨询和标准化建设支出；

（六）安全生产宣传、教育、培训支出；

（七）军工核设施（含核废物）防泄漏、防辐射的设施设备支出；

（八）军工危险化学品、放射性物品及武器装备科研、试验、生产、储运、销毁、维修保障过程中的安全技术措施改造费和安全防护（不包括工作服）费用支出；

（九）大型复杂武器装备制造、安装、调试的特殊工种和特种作业人员培训支出；

（十）武器装备大型试验安全专项论证与安全防护费用支出；

（十一）特殊军工电子元器件制造过程中有毒有害物质监测及特种防护支出；

（十二）安全生产适用新技术、新标准、新工艺、新装备的推广应用支出；

（十三）其他与武器装备安全生产事项直接相关的支出。

第二十六条 在本办法规定的使用范围内，企业应当将安全费用优先用于满足安全生产监督管理部门、煤矿安全监察机构以及行业主管部门对企业安全生产提出的整改措施或达到安全生产标准所需的支出。

第二十七条 企业提取的安全费用应当专户核算，按规定范围安排使用，不得挤占、挪用。年度结余资金结转下年度使用，当年计提安全费用不足的，超出部分按正常成本费用渠道列支。

主要承担安全管理责任的集团公司经过履行内部决策程序，可以对所属企业提取的安全费用按照一定比例集中管理，统筹使用。

第二十八条　煤炭生产企业和非煤矿山企业已提取维持简单再生产费用的，应当继续提取维持简单再生产费用，但其使用范围不再包含安全生产方面的用途。

第二十九条　矿山企业转产、停产、停业或者解散的，应当将安全费用结余转入矿山闭坑安全保障基金，用于矿山闭坑、尾矿库闭库后可能的危害治理和损失赔偿。

危险品生产与储存企业转产、停产、停业或者解散的，应当将安全费用结余用于处理转产、停产、停业或者解散前的危险品生产或储存设备、库存产品及生产原料支出。

企业由于产权转让、公司制改建等变更股权结构或者组织形式的，其结余的安全费用应当继续按照本办法管理使用。

企业调整业务、终止经营或者依法清算，其结余的安全费用应当结转本期收益或者清算收益。

第三十条　本办法第二条规定范围以外的企业为达到应当具备的安全生产条件所需的资金投入，按原渠道列支。

第四章　监督管理

第三十一条　企业应当建立健全内部安全费用管理制度，明确安全费用提取和使用的程序、职责及权限，按规定提取和使用安全费用。

第三十二条　企业应当加强安全费用管理，编制年度安全费用提取和使用计划，纳入企业财务预算。企业年度安全费用使用计划和上一年安全费用的提取、使用情况按照管理权限报同级财政部门、安全生产监督管理部门、煤矿安全监察机构和行业主管部门备案。

第三十三条　企业安全费用的会计处理，应当符合国家统一的会计制度的规定。

第三十四条　企业提取的安全费用属于企业自提自用资金，其他单位和部门不得采取收取、代管等形式对其进行集中管理和使用，国家法律、法规另有规定的除外。

第三十五条　各级财政部门、安全生产监督管理部门、煤矿安全监察机构和有关行业主管部门依法对企业安全费用提取、使用和管理进行监督检查。

第三十六条　企业未按本办法提取和使用安全费用的，安全生产监督管理部门、煤矿安全监察机构和行业主管部门会同财政部门责令其限期改正，并依照相关法律法规进行处理、处罚。

建设工程施工总承包单位未向分包单位支付必要的安全费用以及承包单位挪用安全费用的，由建设、交通运输、铁路、水利、安全生产监督管理、煤矿安全监察等主管部门依照相关法规、规章进行处理、处罚。

第三十七条　各省级财政部门、安全生产监督管理部门、煤矿安全监察机构可以结合本地区实际情况，制定具体实施办法，并报财政部、国家安全生产监督管理总局备案。

第五章　附　　则

第三十八条　本办法由财政部、国家安全生产监督管理总局负责解释。

第三十九条　实行企业化管理的事业单位参照本办法执行。

第四十条　本办法自印发之日起施行。《关于调整煤炭生产安全费用提取标准加强煤炭生产安全费用使用管理与监督的通知》(财建〔2005〕168 号)、《关于印发〈烟花爆竹生产企业安全费用提取与使用管理办法〉的通知》(财建〔2006〕180 号)和《关于印发〈高危行业企业安全生产费用财务管理暂行办法〉的通知》(财企〔2006〕478 号)同时废止。《关于印发〈煤炭生产安全费用提取和使用管理办法〉和〈关于规范煤矿维简费管理问题的若干规定〉的通知》(财建〔2004〕119 号)等其他有关规定与本办法不一致的，以本办法为准。

附件八　关于印发《隧道施工安全九条规定》的通知

（安监总管二〔2014〕104 号）

各省、自治区、直辖市及新疆生产建设兵团安全生产监督管理局、交通运输厅（局、委）、铁路监督管理局、国资委，有关中央企业：

为进一步加强隧道施工安全生产工作，有效防范和坚决遏制重特大事故，国家安全监管总局、交通运输部、国务院国资委、国家铁路局制定了《隧道施工安全九条规定》，现印发给你们，请遵照执行。

请各地区有关部门和中央企业要加强宣传贯彻，完善制度规定，细化落实措施，强化组织实施，严格督促检查，强化企业安全生产主体责任，认真履行各自职责，把每一条规定落实到相关企业、施工现场、作业工序和岗位人员，切实做到"铁规定、刚执行、全覆盖、真落实、见实效"。

国家安全监管总局
交通运输部
国务院国资委
国家铁路局
2014 年 9 月 19 日

隧道施工安全九条规定

一、必须证照齐全，严禁无资质施工、转包、违法分包和人员不经教育培训上岗作业。

二、必须按照标准规范和设计要求编制专项施工方案，确保按方案组织实施，严禁擅自改变施工方法。

三、必须强化施工工序和现场管理，确保支（防）护到位，严禁支护滞后和安全步距超标。

四、必须落实超前水文地质探测预报各项规定，监控量（探）测数据超标立即停工撤人，严禁冒险施工作业。

五、必须对有毒有害气体进行监测监控，加强通风管理，严禁浓度超标施工作业。

六、必须严格控制现场作业人数，掘进作业面应实施机械化作业，严禁超员组织施工作业。

七、必须按照规定设置逃生通道，严禁在安全设施不到位的情况下施工作业。

八、必须按照规定严格民用爆炸物品管理，严禁在施工现场违规运输、存放和使用民用爆炸物品。

九、必须按照规定制定应急预案、配备救援装备，严禁事故发生后违章指挥、冒险施救。

附件九　关于加强铁路公路水路沿线及在建工程地质灾害防范工作的通知

各省、自治区、直辖市、新疆生产建设兵团交通运输厅(局、委)，国土资源主管部门，各铁路监督管理局，长江、珠江航务管理局：

今年以来，我国多地遭受持续强降雨影响，部分地区发生山体滑坡、泥石流等地质灾害，严重影响到交通运输安全和人民群众生命财产安全。为此，国务院领导多次作出批示，要求严加防范强降雨引发的山体滑坡、塌方等地质灾害，确保铁路、公路、水运等交通运输安全。为贯彻落实领导同志批示精神，加强汛期对铁路、公路、水路运输地质灾害隐患的监测预警，保障交通运输安全及在建工程安全，各级交通运输主管部门、国土资源主管部门和铁路监管部门要切实做好以下工作：

一、建立预警信息互通机制

各级国土资源主管部门要加强地质灾害预报，及时发布铁路、公路及水路航道沿线地质灾情动态监测结果。对可能发生的坍塌、滑坡、泥石流等严重影响交通运输安全的地质灾害，做到早预报，及时发布预警信息。

铁路、公路、水路各有关单位和部门，要密切关注气象和地质灾害预警信息，要加强与当地气象、水文、国土资源等部门的联系与协作，建立信息互通机制，加强会商沟通，保证防灾信息共享。要重点督促地质条件恶劣、偏远山区、信息传递不便的相关单位，设专人接收预警信息，密切监视局地的雨情水情和台风潮水等汛情变化，提前采取应对措施。

二、积极采取检查防范措施

各级交通运输主管部门和铁路监管部门，要进一步督促铁路、公路、水路在建工程项目的建设单位和施工企业，对施工工地进行隐患检查，针对强降雨可能引发的洪涝以及滑坡、泥石流等地质灾害完善相关预案，并积极采取防范措施；要对地质灾害危险区的部分工程项目加强督查，如检查山岭重丘区在建铁路、公路和高填深挖路段、桥梁和隧道工程作业区域、施工驻地和临时工棚、取弃土场、材料堆场等处所的防范洪涝、地质灾害设施和措施。新开工项目人员驻地的选址要避开地质不良和可能被洪水冲毁的区域；对易发生灾情的工程和可能出现险情的作业区域和施工驻地等，要提前进行风险评估，采取有效防范措施，做好应对险情和灾情的各项对策。

各级交通运输主管部门和铁路监管部门要会同各级国土资源主管部门，根据当地地质灾害预警信息，开展专项检查，对检查中发现的问题要责令及时整改，对一时难以整改到位的项目必须停工整顿。

三、全面做好隐患排查治理

各级交通运输主管部门和铁路监管部门，要督促路段（航段）管辖单位加强对铁路、公路和水路沿线地质灾害巡查监测工作。路段（航段）管辖单位要对地质灾害隐患进行专项检查、登记造册，确定"地质灾害隐患点"。对危险性较大的地质灾害隐患点，设置相应的警示标志，加强监测预警，采取有效措施确保车船通行安全，责任落实到人，有序开展治理。各级交通运输主管部门、铁路监管部门及国土资源主管部门要及时提供必要的指导和技术支持。

四、科学开展应急处置工作

铁路、公路及水路沿线及在建工地发生地质灾害险情后，在各级地方政府的统一领导下，铁路、公路、水路相关部门和单位要依靠国土资源主管部门技术支持，迅速组织专业力量开展应急救援工作，防止次生灾害的进一步发生，并做好后续的灾情评估工作。

交通运输部

国土资源部

国家铁路局

2014 年 8 月 22 日

附件十　交通运输部安委会关于贯彻落实《安全生产法》的通知

各省、自治区、直辖市、新疆生产建设兵团交通运输厅（局、委），部属有关单位：

2014年12月1日，新修订的《安全生产法》正式实施，进一步强化了企业安全生产主体责任，明确了交通运输等有关行业、领域的安全监管责任，赋予了相关行业部门相应的安全监管执法权限和行政强制手段，并加大违法行为的责任追究力度，对维护安全生产秩序，提升安全发展水平具指导、规范和保障作用。为深入贯彻落实法律规定，进一步强化交通运输安全生产监督管理工作，不断提高交通运输安全生产规范化、法制化水平，现将有关事项通知如下：

一、提高思想认识、准确把握法律内涵

《安全生产法》作为安全生产领域的综合性、基础性法律，不仅明确了交通运输等行业管理部门作为"负有安全生产监督管理职责的部门"的责任、执法地位和权限，并且在完善安全生产工作方针，建立"五位一体"的安全管理机制，严格企业有关安全管理人员配备标准和考核管理，加强事故预防隐患预防预控，强化联合执法检查和违法信息共享、加强事故信息公开等方面提出了诸多新的要求，对规范交通运输安全生产秩序，提升交通运输安全监管水平，构建交通运输安全生产长效机制具有重要意义。各级交通运输部门要充分认识贯彻落实《安全生产法》的重要性，深入学习领会法律要求，细化制定贯彻落实措施，切实做到依法履职。

二、突出重点工作，依法加强安全监督管理

（一）督促企业依法落实安全生产主体责任。有关生产经营单位要依法落实安全生产主体责任，建立健全覆盖企业生产经营各环节、标准清晰、责任到岗的安全生产责任制；扎实推进安全生产标准化建设，依法完成安全生产标准达标任务；加强安全生产管理，全面落实安全生产管理机构设置和安全管理人员配备有关标准的规定。各级交通运输部门要加强监督检查，督促企业切实落实安全生产主体责任。

（二）依法开展企业主要负责人和安全管理人员考核。危险品港区储存、公路水运工程建设以及道路运输等重点领域生产经营单位的主要负责人和安全管理人员要依法经主管的负有安全生产监督管理职责的部门考核合格。各级交通运输部门要加快制定或完善相应的人员考核制度，明确考核主体、考核程序及考核内容，并依法开展考核工作。

（三）依法规范安全生产行政执法行为。各级交通运输部门要根据《安全生产法》的要求，认真研究完善相应的执法规范，严格安全生产执法程序，特别是对法律赋予的查封、扣押、强制停电、停止供应民爆物品等新增强制性措施，要会同相关部门研究制定配套的具体操作细则，确保安全生产行政执法行为合法、规范。

（四）积极推进依计划开展安全生产监督检查。各级交通运输部门、部属相关单位要建立安全生产年度监督检查计划制度，加强安全生产监督检查的统筹协调，积极推进安全生产依计划、依规范开展监督检查，不断提升安全生产监督检查规范化水平。

（五）依法加强危化品港区建设项目安全监管。各级交通运输部门要加强与法制、安监等部门的沟通协调，进一步明确危险品港区储存、装卸等建设项目的安全设施设计审查、竣工验收监督核查等事项的职责分工，避免出现安全监管盲区和死角。

（六）依法强化事故隐患排查治理。生产经营单位要依法建立健全事故隐患排查治理制度，及时发现并消除事故隐患。各级交通运输部门、部属相关单位要加快研究制定道路运输、水路运输、港口罐区、港航消防、公路水运建设工程等重点领域事故隐患判定标准及重大隐患督办制度，强化重大事故隐患的排查和整改。

（七）依法加强重大危险源管理。各级交通运输部门、部属有关单位要加强对辖区危险品港口、客运站所属加油、加气站、公路水运建设工程民爆物品存储、使用场所等危险性较大的场所和设施的排查，督促有关生产经营单位建立和完善重大危险源登记建档、检测评估、应急预案、报备等制度，切实强化重大危险源的安全监管，严防事故发生。

（八）依法建立健全联合检查和违法信息抄告机制。各级交通运输部门、相关部属单位要根据各自领域安全监管需求，建立健全与安监、公安、海洋、渔业等相关部门联合执法机制，加强相互协作，并完善违法信息抄告机制。要重点推进与安监部门危化品运输托运人非法信息，与公安部门的营运车辆事故和营运驾驶员非法违规信息、与旅游部门的道路旅游客运非法违规信息以及与海洋、水利等部门的非法采砂信息等抄告机制，形成各负其责、相互协作、信息共享、齐抓共管的安全监管格局。

（九）依法建立安全生产举报制度。各级交通运输部门、部属相关单位要建立完善安全生产举报制度，规范安全生产举报受理、核实、处置等程序，畅通社会公众投诉举报渠道，充分发挥社会监督作用，最大限度地发现和消除安全生产违法行为和事故隐患。

（十）依法建立安全生产违法行为信息库。各级交通运输部门、部属相关单位要将建立和完善安全生产违法行为信息库，纳入交通运输安全生产诚信体系统筹谋划，及时向社会公布有关安全生产严重违法违规信息，并通报相关管理部门和金融机构等，不断完善安全生产守信激励和失信惩戒机制。

（十一）依法强化事故应急救援能力建设。各级交通运输部门、部属相关单位要加强重点领域的应急救援基地建设和应急救援队伍建设，加快推进统一指挥、反应灵敏、协调有序，运转高效的事故救援信息系统建设。积极推进危化品港口储存、城市轨道交通运营单位建立应急救援组织或指定兼职应急救援人员，配备必要的应急救援器材、设备和物资。不断完善各类应急预案并加强演练，切实增强预案的针对性、实用性和可操作性，不断提高防范和应对重大突发事件的能力。

（十二）依法公开事故调查报告，各级海事机构要加快完善水上交通事故公开的相关制度，规范水上交通事故报告公开工作，督促有关单位和人员认真汲取事故教训，使社会公共进一步了解事故发生的原因和调查处理结果，避免类似事故重复发生。

三、完善保障措施，确保各项措施落实到位

（一）加强组织领导，加大宣贯工作力度。各部门、各单位要加强新《安全生产法》宣贯工作，精心组织，创新载体，充分利用各类媒体，广泛宣传法律中涉及交通运输行业的有关内容，营造交通运输安全生产守法、执法的良好氛围。

（二）结合各自实际，加快完善相关配套制度。各部门、各单位要根据《安全生产法》的要求，结合各地、各领域特点，加快制修订有关配套管理制度，细化明确具体操作程序和规范，完善相应安全监管措施，确保法律各项规定落实到实处。各项贯彻落实新《安全生产法》的主要配套制度，应在 2015 年年底前基本完成。

交通运输部安全委员会

2015 年 3 月 10 日

附件十一　交通运输部办公厅关于深入开展公路桥梁和隧道工程施工安全专项整治工作的通知

各省、自治区、直辖市、新疆生产建设兵团交通运输厅(局、委):

为深入贯彻落实《国务院安委会关于集中开展"六打六治"打非治违专项行动的通知》(安委〔2014〕6号)和《交通运输部关于加强"平安交通"建设集中整治安全生产若干问题的意见》(交安监发〔2014〕166号)部署,牢固树立红线底线意识,下大力气解决公路桥梁和隧道工程施工安全的突出问题,确保集中整治活动取得实效,现就公路桥梁和隧道工程施工安全专项整治工作有关事项通知如下:

一、打非治违整治重点

(一)严禁公路工程建设无资质施工,整治转包、违规分包和以包代管行为。

(二)严禁工程项目参建人员无资质上岗,整治施工单位企业负责人、项目负责人和专职安全生产管理人员无安全生产考核合格证书,以及特种作业人员、监理单位监理工程师无相应证书上岗。

(三)严禁施工作业人员冒险作业,整治一线作业人员无安全防护用品,未经安全教育培训和安全生产技术交底进场作业。

(四)严禁机械设备带病作业,整治施工单位自有或租赁特种设备未经检验合格,非标专用设备未经联合验收合格投入使用。

二、桥梁工程整治重点

(一)桥梁围堰等大型临时结构施工必须进行专项设计,履行设计计算校核和审批手续,严禁随意调整专项设计方案。

(二)高空作业必须规范设置人员上下爬梯或电梯及临边防护设施,严禁违规使用起重机械运载人员。

(三)支架、脚手架必须经过设计验算和专项验收,严禁未处理地基基础或未预压施工。

(四)使用挂篮、移动模架、滑模、爬模等大型非标专用设备必须全面检查及试运行,严禁限位装置不全或无效使用

三、隧道工程整治重点

（一）严格执行施工组织设计和专项施工方案，必须按规定开展风险评估和风险控制，严禁擅自改变施工方法和施工工序。

（二）严格规范开挖和衬砌施工，必须按照设计施做锚杆、拱架、仰拱及初喷等工序并留有影像资料，严禁不设、少设锚杆或拱架，及开挖面与仰拱、二衬安全距离过长。

（三）严格做好超前地质预报和监控量测，必须及时掌握围岩变形和收敛情况，出现异常情况立即撤出人员，严禁降低监控量测频率及编造超前预报报告。

（四）严格落实民用爆炸物品管理规定，必须执行民用爆炸物品领退及双签制度，严禁民用爆炸物品混装运输，严禁隧道内储存炸药或雷管。

（五）严格落实应急救援物资配备要求，开挖面至二次衬砌之间必须设置救生通道及应急包，应设置门禁系统和作业面监控系统，严禁无逃生通道施工作业。

（六）严格执行主要负责人带班和工程技术人员现场值班制度，Ⅴ级及以上围岩施工时，施工技术负责人必须到场管理，严禁冒险作业。

四、有关要求

（一）严格落实责任。一是施工单位要落实工程质量安全主体责任，严格规范桥梁和隧道工程施工管理及劳务管理，项目负责人将负有质量安全职责的人员对应到具体路段和结构物并对职责范围内的质量安全具体负责。二是监理单位要加强桥梁和隧道工程关键工序质量检测验收。三是勘察设计单位要强化动态设计和服务质量，把工程安全作为设计工作的重要因素。四是建设单位要严格合同管理，落实设计、施工、监理、检测等参建单位质量安全责任，强化关键工序质量检测验收程序管理，确保桥梁和隧道工程质量安全管控到位。

（二）严格执法追责。监管部门应加大执法力度，对严重违法违规行为从严执法并追究责任。一是严厉打击转包、非法分包和质量安全失信等行为，强化质量安全源头管理。二是加大施工中以包代管、偷工减料等违规行为的查处力度，切实规范市场秩序。三是一经发现施工现场重大质量安全隐患，要实施挂牌督办，立即停工整改。同时，对拒不整改的，依法依规严肃追究隐患责任单位和责任人，对违法违规行为予以处罚，相关失信行为记入企业和人员信用评价。

（三）严格隐蔽工程管理。建设单位要建立隐蔽工程影像资料留存制度。监理单位对桥梁隧道等隐蔽工程验收实施现场与隐蔽工程照片同步验收，确保施工过程可溯、可查。施工单位要对隐蔽工程施工过程进行照片及视频的采集，及时向有关监管部门和建设、监理单位提供。

（四）严格监督考核。各地要明确公路桥梁和隧道工程专项整治工作责任部门和人员，建立专项整治问题和隐患清单及整改落实情况台账，加强专项整治工作跟踪督办，严格绩效目标考核，对不履职、失职、渎职的要严格依法依规追责和问责。

交通运输部办公厅
2014 年 9 月 12 日

附件十二　关于加强在建公路工程项目施工驻地和设施安全管理工作的通知

各省、自治区、直辖市、新疆生产建设兵团交通运输厅(局、委),中交建设集团,部属各单位,部内各司局:

2014 年 10 月 10 日 21 时许,陕西黄延高速公路扩能工程延安市甘泉县境内 LJ-14 合同段中马岔隧道右线出口红线外发生山体滑坡,造成农民工临时居住的两排八间宿舍被冲垮,21 人被埋。其中,19 人死亡,2 人受伤。此起灾害事故引起了国务院领导的高度重视并作出重要批示。为贯彻落实国务院领导批示精神,深刻吸取事故教训,举一反三,切实加强在建公路工程项目施工驻地和设施安全管理工作,现将有关要求通知如下:

一、切实预防地质灾害对施工活动的伤害。各省级交通运输主管部门应严格落实《交通运输部、国土资源部、国家铁路局关于加强铁路公路水路沿线及在建工程地质灾害防范工作的通知》(交应急发〔2014〕150 号)要求,结合桥梁隧道工程施工安全专项整治活动,立即对在建高等级公路项目驻地和设施地质灾害组织进行隐患排查,并进一步明确,公路地质灾害风险评估的范围要求,确定不同风险情况下施工驻地和设施的选址原则和监测预警(报警)标准。

二、充分发挥工程项目设计单位的作用。设计单位应向建设单位提交项目地质状况调查报告,针对工程实际提出风险预警点或区段。

三、施工人员驻地和项目部驻地实施一体化管理。施工项目部及施工人员驻地应落实日常监测、预警等防范措施。分包或劳务队伍驻地选址须经施工项目部检查确认,并办理确认手续。施工人员驻地和施工项目部驻地建设应统筹,一体化管理。

四、加强施工驻地与设施的检查和管理。建设单位(项目法人)应建立健全沿线地质风险台账,定期进行巡查,对有重大风险与隐患的驻地及时加强防范或整改。

五、加强信息沟通与灾害救援。相关单位应及时了解异常气候和天气状况,在不利天气条件下(或不利天气影响时段),应加强监测和巡查,在预警时段必须保证 24 小时专人值班、指挥。应进一步完善应急处置机制和信息沟通渠道,切实提升灾害救援能力。

交通运输部安委办

2014 年 10 月 20 日

附件十三　交通运输部关于推进交通运输安全体系建设的意见

各省、自治区、直辖市、新疆生产建设兵团交通运输厅(局、委),中远、中海、招商局、中交建设、中外运长航集团,国家铁路局,中国民用航空局、国家邮政局,部属各单位:

为全面贯彻落实党的十八届三中、四中全会精神,推进交通运输安全体系建设,实现"平安交通"总目标。现提出如下意见:

一、交通运输安全体系建设的重要意义

交通运输安全生产工作,事关人民群众生命财产安全,事关经济发展和社会稳定。随着我国经济社会的发展,对交通运输安全工作提出了新的更高要求。推进交通运输安全体系建设,是贯彻落实党中央国务院关于安全工作部署的重要举措,是建设"平安交通"的客观要求,是依法加强交通运输安全生产和监督管理、提高安全发展水平的必然选择。交通运输系统必须立足现实、着眼长远,构建科学完善的交通运输安全体系,为我国经济社会健康发展和人民群众安全便捷出行提供可靠的交通运输安全保障。

二、总体要求

(一)指导思想。

深入贯彻落实党的十八届三中、四中全会精神,坚持以人为本、安全发展,坚持安全第一、预防为主、综合治理,坚持法治思维、依法行政,强化红线意识、守住底线,以建设"平安交通"为目标,以改革创新为动力,推进交通运输安全体系建设,提高交通运输安全发展水平。

(二)基本原则。

——坚持安全第一、预防为主。牢固树立安全第一理念,真正把安全发展放在首要位置,做到关口前移、超前预控、有效防范,做到认识到位、责任到位、执行到位。

——坚持依法治理、明责履责。完善法规制度,明晰安全生产监督管理职责定位,制定责任清单,严格履行监督管理职责,严格执法、文明执法。

——坚持改革创新、标本兼治。深化安全生产体制机制改革,创新工作方式方法，加强隐患排查治理和风险防控，强化基层、夯实基础，构建长效机制。

——坚持统筹谋划、有序推进。加强形势研判，探索安全生产规律，科学谋划交通运输安全生产全局，统筹兼顾、相互协调，有重点、分步骤推进安全体系建设。

（三）建设目标。

到2017年“平安交通”五年建设阶段，初步建成交通运输安全生产“法规制度、安全责任、预防控制、宣传教育、支撑保障、国际化战略”六个体系。交通运输安全生产法规制度和标准规范基本健全，责任更加明晰落实，监督管理能力明显提升，从业人员综合素质整体提高，保障水平显著增强，基本适应我国经济社会发展和“平安交通”建设的需要。

到2020年全面建成小康社会阶段，建成系统完备、科学规范、运行有效的交通运输安全体系，全面适应我国小康社会和现代交通运输事业发展需要。

三、重点工作

（一）法规制度体系建设。

1. 健全安全生产法规。落实安全生产法等法规，结合行业和各地需求，对现行交通运输法规进行全面梳理，推进交通运输安全生产法规的立改废工作。2017年底前，完成安全生产法和政府职能转变涉及交通运输安全生产方面需要配套建立完善的法规。

2. 完善安全生产制度。加快建立健全针对性和操作性强、科学规范的管理制度，突出交通运输安全生产重点领域，按照分清轻重缓急的原则，推进安全生产管理制度制定工作。2017年底前，交通运输企业应按照相关法规要求完善企业内部各项安全生产规章制度；各级交通运输管理部门应建立健全重点监管名单、责任追究、“一岗双责”、隐患排查治理、奖惩激励、诚信管理、安全生产约谈、挂牌督办、监督检查、巡视等安全生产管理制度。

3. 制定安全生产标准规范。围绕交通运输基础设施建设与运营、运输工具和装备设施、生产作业、养护和安全生产管理等方面制定完善相应的安全生产标准规范。2017年底前，重点推进城市公交、轨道交通运营、港口危化品罐区作业等领域标准规范的制定。

4. 完善安全生产应急预案。按照相关要求对现有应急预案进行评估，及时修订不实用或针对性、操作性不强的应急预案。认真梳理交通运输应急工作职责和应急需求，加快应有未有的应急预案编制，构建完善应急预案体系。

（二）安全责任体系建设。

5. 强化企业安全生产主体责任。交通运输企业应严格依法依规从事安全生产活动，按规定设置安全生产管理机构，配足专兼职安全生产管理人员，深入推进安全生产标准化建设，强化安全生产绩效考核，主要负责人、管理人员、从业人员应严格落实安全生产法定责任。2017年底前，交通运输企业安全生产责任网络全面构建，主体责任有效落实。

6.明晰安全生产监督管理责任。按照交通运输管理部门的法定权力、义务和政府部门赋予的职责，科学界定中央和地方、政府和企业、部门之间职责分工，明晰各级交通运输管理部门安全监督管理工作职责。2017年底前，交通运输主管部门和管理机构的安全生产监督管理层级责任链条完善，监督管理责任有效落实。

7.落实安全生产"一岗双责"。按照"党政同责、一岗双责、齐抓共管"以及"管行业必须管安全、管业务必须管安全、管生产经营必须管安全"的总要求，各级交通运输管理部门和交通运输企业应明确"一岗双责"的内容和要求，规范履职行为，并研究建立考核评价、尽职免责机制。2017年底前，建立安全生产工作述职机制，各单位和各部门负责人应将安全生产工作履职情况作为年度述职的重要内容。

8.严格安全生产问责追责。建立完善安全生产事故和重大隐患的问责追责机制，按照"四不放过"原则，严格事故调查处理，依法严肃追究责任单位和相关责任人责任。相关交通运输管理部门应对事故发生单位的整改措施落实情况加强监督检查。2017年底前，基本建立安全生产问责追责机制。

（三）预防控制体系建设。

9.加强安全生产形势研判。分析交通运输安全生产形势，根据季节性特点，查找影响安全生产的因素，剖析事故发生原因，总结安全生产规律，举一反三，制定有效的政策和措施，超前预警预防。2017年底前，建立完善安全生产事故统计分析机制，编制分析报告。

10.强化隐患排查治理。交通运输企业应依法落实安全生产隐患排查治理主体责任，做到整改措施、责任、资金、时限和预案"五落实"；交通运输管理部门应依法落实监督管理责任，分类分级加强事故隐患管理，实现督查检查、挂牌督办及责任追究的闭合管理。2017年底前，全面建立企业主导、政府监管、社会监督、运行高效的隐患排查治理体系。

11.推进安全生产风险管理。落实部关于推进安全生产风险管理工作的部署，重点强化客运、危险品运输、城市轨道交通、港口危化品罐区、在建和运营桥梁隧道等的风险源辨识、评估和管控，注重加强跨行业跨部门跨地区联防联控，充分利用科技和信息化手段，强化预测预警预控和过程监管，构建行业自律、政府监督、中介服务、专家咨询的协调推进机制。2017年底前，完善相关制度，规模以上客运、危险品运输和港口危化品罐区企业以及工程施工总承包特级和一级企业、国家重点建设项目、在役特大桥及长隧道全面实施安全生产风险管理。

12. 加强安全生产监督检查。明确安全监督检查工作职责和要求，规范监督检查程序和内容，强化现场监督检查和日常监督检查，并采取安全生产巡视、明察暗访、突击检查等方式，重点巡视督查安全生产工作部署落实和安全责任履职情况，督促整改安全隐患，严肃查处存在问题，严厉打击非法违规行为。2017 年底前，建立完善安全生产巡视和监督检查工作机制，落实年度巡视和监督检查计划。

13. 强化社会监督。充分发挥职工、公众、社团、工会、媒体等监督作用，完善举报、受理、处置、信息公开等办法。加强与媒体合作，设立曝光台，及时曝光非法违法企业、安全生产事故多发频发单位、造成恶劣社会影响的交通运输安全生产事件等。2017 年底前，建立完善的安全生产投诉举报渠道。

14. 加强安全应急演练。突出公路航道保通保畅、水上搜救溢油、灾害险情、事故救援处置等重点，按照相关应急预案开展应急演练，切实提升安全防范和现场应急处置能力。大力开展岗位练兵，夯实基本功，提高安全意识、实操技能和应对突发事件的能力。2017 年底前，针对各类应急预案至少开展一次应急演练，每年至少开展一次岗位练兵。

（四）宣传教育体系建设。

15. 加强安全文化宣传引导。采取多种形式，注重发挥媒体的作用，加强安全生产法律法规、安全和应急知识宣传，增强从业人员和社会公众的安全意识，积极主动参与"平安交通"和安全文化建设，营造"我要安全"的氛围。

16. 强化企业从业人员教育培训。交通运输企业应按照法律法规要求，制定并实施年度教育培训计划，重点加强一线从业人员岗位教育培训，未经安全生产教育和培训合格的从业人员，不得上岗作业。企业主要负责人、安全生产管理人员必须经相关管理部门培训合格，特种作业人员必须按规定取得相应资格。2017 年底前，交通运输企业应对所属从业人员系统进行一次安全生产知识轮训，培训时间原则上不少于 24 学时。

17. 提高安全监督管理人员业务素质。各级交通运输管理部门应完善安全生产教育培训机制，有计划、有步骤地对各类安全监督管理人员进行轮训，切实提高综合素质和业务能力。2017 年底前，交通运输管理部门应对所属从事安全监督管理的人员系统进行一次安全管理知识轮训，培训时间原则上不少于 24 学时。

18. 加强安全生产诚信管理。认真落实国务院关于加强企业安全生产诚信建设的部署，加快推进交通运输企业安全生产诚信体系建设，促进企业依法守信做好安全生产工作，切实保障人民群众和从业人员生命安全。2017 年底前，基本建立交通运输企业安全生产诚信体系。

（五）支撑保障体系建设。

19. 加强安全管理力量配备。交通运输企业应严格按照法律法规要求设置安全管理机构，配足专兼职安全管理人员。交通运输管理部门应完善部、省、市、县四级安全管理机构，明确相应专职安全监督管理人员。有通航水域或农村公路通营运车辆的乡镇按规定配备专（兼）职安全监督管理人员。

20. 保障安全生产费用和工作经费。交通运输企业应按照“企业提取、政府监督管理、确保需要、规范使用”的原则，足额提取安全费用，单独核算，按规定范围安排使用，不得挤占、挪用。各级交通运输管理部门应将安全管理工作经费列入年度部门预算，主要用于安全生产考核评价、巡视和检查、事故原因调查、企业标准化建设、宣传教育培训等。实现每年安全生产经费预算到位，专款专用。

21. 加强安全监督管理和应急救援装备设施建设。各地交通运输主管部门应按照相关要求编制“十三五”安全生产发展规划。加强安全监督管理装备器材配备，为专门从事安全监督管理部门配备必要的交通工具、监督检测设备、事故调查取证与分析设备、个人防护设备等。加强交通运输监督管理、应急救援、教育培训等装备和基地建设。

22. 强化安全科技和信息化建设。加强安全生产和安全监督管理关键技术研究和装备设施研发，推广应用性能可靠、先进适用的安全生产新技术、新工艺、新设备和新材料，淘汰落后设备和工艺，积极推进信息化技术在交通运输安全生产和监督管理中的应用。2017 年底前，完成安全生产风险管理、隐患排查治理、安全诚信管理、在线教育培训等信息系统建设。

23. 发挥行业组织的作用。各交通运输行业协（学）会应按照诚信建设要求，充分发挥在安全生产方面的行业自律作用。鼓励和支持行业协（学）会等行业组织、科研机构、院校，在安全生产科技攻关、教育培训、风险评估、诚信评级等方面发挥技术支撑作用。2017 年底前，积极培育交通运输安全生产咨询服务机构，并依法加强监督管理，规范其咨询服务行为。

（六）国际化战略体系建设。

24. 提升国际影响力。建立健全机制，统筹行业力量，积极参加有关国际事务和行动，加大交通运输安全方面国际公约、规则和标准等制定的参与力度，提升我国际话语权和影响力。

25. 提高国际化水平。加强国际交通运输安全发展的研究，学习借鉴发达国家交通运输的安全理念、管理方法，引进先进的技术装备。2017 年底前，建立健全国际交通运输安全应急方面的信息搜集研究机制，开展与发达国家、发展中国家的对标研究。

26.加强国际交流与合作。深化与有关国家、地区和国际组织在交通运输安全与应急方面的交流合作，与周边国家和地区初步建立相关的安全应急协调联动机制。利用多种平台，开展交通运输安全应急交流与能力建设，加强信息沟通与共享。

四、相关要求

（一）加强组织领导。各部门、各单位要认清形势，高度重视交通运输安全体系建设，强化组织领导，明确一把手负总责，明确责任部门和责任人；要根据部统一部署，结合本单位实际，制定具体实施意见，细化工作目标，明确责任和完成时限。

（二）加强沟通协作。交通运输安全体系建设各项重点工作任务涉及多领域、多部门，各部门、各单位要加强协调配合，形成工作合力，着力推进重点工作落实，确保安全体系建设各项工作有序开展。

（三）加强督查考核。各部门、各单位要把交通运输安全体系建设工作作为年度工作目标考核重要内容，加大督查力度，及时发现并解决存在的困难和问题，保证实施效果。对于工作不落实或达不到要求的，要追责问责。

铁路、民航、邮政系统可结合各自安全监管职责和安全生产的实际，建立健全本系统的安全体系，保障综合交通运输安全生产稳定向好发展。

交通运输部

2015 年 2 月 10 日

附件十四　交通运输部关于加强公路水运工程质量和安全管理工作的若干意见

各省、自治区、直辖市、新疆生产建设兵团交通运输厅(局、委),部管有关社团,部属各单位,部内各单位:

为进一步提高公路水运工程质量和安全生产管理水平,推动交通运输科学发展、安全发展,现就加强公路水运工程质量和安全管理工作提出如下意见:

一、总体要求

(一)指导思想。以确保工程质量、安全为目标,以质量和安全问题为导向,贯彻全寿命周期成本理念和安全责任理念,强化底线、红线意识,严格执行工程质量和安全的法规制度和标准,加强公路水运工程质量和安全管理,提升公路水运工程安全性、可靠性和耐久性,切实推进交通建设科学发展、安全发展和可持续发展。

(二)基本原则。

质量为本,安全为先。坚持把确保工程质量和安全放在公路水运工程建设发展的首位,落实工程质量和安全一票否决制,坚持工程进度和资金投入服从工程质量和安全。

预防为主,防治结合。实施公路水运工程质量和安全风险管理,注重源头防控,完善质量和安全保障条件;健全隐患排查机制,强化治理措施,及时消除质量和安全隐患。

落实责任,完善机制。落实从业单位的主体责任,强化公路水运工程质量和安全的政府监管责任;健全考核评价制度,加强信用体系建设,完善管控机制。

技术引领,创新管理。注重技术创新和信息化技术应用,切实推进和实施现代工程管理;创新公路水运工程质量和安全管理机制,营造工程质量和安全文化氛围。

(三)总体目标。用 3 年左右的时间,进一步完善工程质量和安全管理规章制度,落实工程质量和安全责任;完善信用体系建设,实现从业单位和关键人的质量安全信用与市场监管联动;全面推行高速公路、大型水运工程施工标准化和“平安工地”创建活动,覆盖率达到 100%;总承包和专业承包施工企业安全生产标准化考核全面达标;重大及以上质量和安全责任事故得到有效遏制,较大和一般责任事故明显下降；国家重点工程项目一次交工验收合格率达到100％，其他工程项目达到98％以上，工程耐久性指标明显提升。

二、把握关键，夯实工程质量和安全基础

（四）强化质量和安全基本保障。建立工程项目合理工期科学论证制度，保障关键工序施工作业的有效时间，严禁擅自压缩合理工期。把建设资金到位、建设用地落实、社会稳定风险可控列入工程实施的重要基础条件，条件不满足不得开工。

（五）强化质量和安全职责落实。在工程项目管理、实施、监督等层面全面推进工程质量和安全职责的机构落实、制度落实、人员落实、责任落实。全面实行工程质量和安全责任登记制度，健全责任档案，把工程质量和安全责任制落实到人。

（六）强化一线作业人员教育培训。施工单位应履行对从业人员教育培训的法定职责，强化一线作业人员守法守规意识，提升专业技能和安全知识。实施关键岗位一线作业人员岗前培训，保证岗位操作程序、质量要求、安全风险、防范措施等明确交底到每个人。

（七）强化质量和安全信用体系建设与管理。完善质量和安全信用信息采集评价机制，建立健全信息平台，实现信息互通共享，将工程质量和安全与企业信誉、市场准入挂钩，形成有效约束机制。对发生重大质量和安全事故，存在重大隐患或未整改到位、质量和安全严重违法违规行为的参建单位及项目法人、项目经理、项目总监、项目勘察设计负责人等实行“黑名单”制度并公布。

三、落实责任，加强工程项目质量和安全管理

（八）建设单位对工程质量和安全管理负总责。推行现代工程管理，提升专业化管理能力，实施质量和安全风险管理。履行基本建设程序，健全工期调整和工程变更管理制度，开展质量、安全检查和隐患排查治理，落实整改措施、责任和时限，督促整改到位。招标及合同文件明确工程质量和安全目标及责任、施工标准化和“平安工地”创建要求及相关费用，并组织实施到位。

（九）勘察设计单位对勘察设计质量负主体责任。坚持地质选线、选址，实施全寿命周期成本设计。加强对勘察设计工作的过程管理，完善勘察设计质量后评估制度。落实设计安全风险评估制度，对存在重大工程质量和安全风险的部位进行专项设计，明确控制要点和保障要求。加强设计交底和驻场服务，根据施工进展和质量、安全风险提出相应要求和建议。

（十）施工单位对施工质量和安全负主体责任。建立质量和安全管理体系，落实岗位责任。依法规范管理施工分包和劳务合作，严禁以包代管。落实长大桥隧、高边坡、深基坑、大型临时围堰等施工安全风险评估制度，建立危险性较大工程专项施工方案专家审查机制。推行施工现场动态预警法，运用信息化手段进行工程风险监控和预报预警。加强施工管理,落实施工方案,强化质量自检自控。隧道开挖、梁板架设、沉箱安装、水下爆破等风险较大工序实行项目负责人在岗带班制度。发现严重违规操作行为,直接追究项目负责人和专职安全员责任,并对企业信用扣分。规范安全生产专项经费管理,定期公示使用情况。

(十一)监理单位须严格履行现场监理责任。加强对驻地监理机构业务指导和管理考核,逐级落实监理责任。驻地监理机构和人员须依法、依合同、依职责和监理规范开展监理工作,严格监理程序,严格危险性较大工程专项施工方案的审查,严格隐蔽工程和关键部位质量抽检和工序验收。发现质量、安全问题和隐患应及时督促整改、严格验收,确保监理指令闭合。

(十二)试验检测机构要严格落实试验检测工作责任制。加强能力建设,健全试验检测数据报告责任人制度,依法、依规、依合同开展试验检测工作,客观反映工程质量,为工程实施提供指导。试验检测机构须落实工地试验室标准化建设要求,对试验检测数据报告真实性负责。工地试验室存在出具虚假试验检测数据报告等违规行为的,要计入试验检测机构信用评价,并与机构等级管理挂钩。

四、加大力度,强化工程质量和安全监管

(十三)落实工程质量和安全监管责任。各级交通运输主管部门要细化落实监管责任,健全监管工作程序,建立监管工作台账,完善监管绩效考核机制。加强工程质量和安全督查,深化隐患排查治理,分级分类建立质量和安全问题及隐患清单,对重大问题或隐患实施挂牌督办,落实质量、安全一票否决制。定期对存在较大质量和安全风险的落后技术、落后工艺和工程产品等开展风险评估,并公布相关目录。

(十四)曝光质量和安全违法违规行为。各级交通运输主管部门应健全工程质量和安全违法违规行为曝光制度,形成一处失信处处受限的监管机制。对于公路水运工程建设市场督查、质量和安全督查发现的违反基建程序、招投标行为违规、压缩工期、偷工减料、试验检测数据报告造假、主要材料或产品质量不合格、严重违规操作、存在重大质量和安全隐患或整改不力、发生重大质量或安全事故的建设、勘察设计、施工、监理、试验检测、材料供应等单位及责任人予以公开曝光。

(十五)严格质量事故查处和责任追究。完善工程质量事故报告和查处通报制度。对擅自简化基建程序、压缩工期、降低质量标准等造成重大质量事故或重大隐患的责任人要严肃行政问责。对因违法违规行为造成重大质量事故或重大隐患的责任单位,采取通报、约谈、挂牌督办、重点监管、列入"黑名单"、依法取消其参加依法必须进行招标的项目的投标资格并予以公告。情况严重的,建议有关部门降低或吊销相应资质,并严查事故背后的腐败问题。触犯法律的,要依法追究相关责任人的法律责任。

（十六）做好生产安全事故处理工作。发挥行业主管部门专业技术优势，组织或参与事故调查，按照“四不放过”原则，做好事故处理工作，依法依规严肃行政问责和责任追究。建立健全生产安全事故、重大安全隐患的查处督办制度，采取通报、约谈、挂牌督办、重点监管等措施，提升安全监管工作实效。

五、强化措施，增强质量和安全工作保障

（十七）强化组织领导。各级交通运输主管部门要加强组织领导，牢固树立底线思维和红线意识。明确工程质量和安全一把手负责制，推进各项制度措施落实，及时解决工程质量和安全突出问题，强化组织保障。

（十八）完善法规制度。鼓励地方制定完善本地区的工程质量和安全法规制度。坚持顶层设计和问题导向，研究工程质量和安全相关规章制度执行中存在的问题，不断调整完善，提高针对性和可操作性，强化制度保障。

（十九）强化科技支撑。着力开展公路水运工程质量和安全形势评估预警，施工质量和安全风险源辨识、评估与控制技术，质量和安全控制与信息化监管技术，工程耐久性设计、评价与保障技术，隐蔽工程检测检验技术与装备等研究，加强先进、成熟、适用科技成果的推广应用，为强化工程质量和安全工作提供科技支撑。

（二十）强化监管队伍建设。明确工程质量和安全监督机构的行政执法地位和监管职能，公示执法内容和程序，加强执法队伍培训。落实国家相关规定，将工程质量和安全监督执法人员经费及工作经费纳入同级财政预算，强化监管能力保障。

（二十一）强化质量和安全文化建设。坚持生命至上、质量为本的理念，宣传典型成功经验，开展事故警示教育，形成内化于心的工程质量、安全和诚信意识，构建外化于行的“全员保质量、人人要安全”的自觉行动，强化工程质量和安全文化的基础性保障作用。

交通运输部

2014 年 11 月 18 日

附件十五　交通运输部关于推进安全生产风险管理工作的意见

（交安监发〔2014〕120号）

各省、自治区、直辖市、新疆生产建设兵团交通运输厅(局、委)，天津市交通运输和港口管理局，天津市市政公路管理局，中远、中海、招商局、中交建设、中外运长航集团，部属各单位：

《中共中央关于全面深化改革若干重大问题的决定》提出建立安全预防控制体系，交通运输系统要把推进安全生产风险管理工作作为落实党中央国务院决策部署、实现平安交通的重要途径。

为此，提出以下意见。

一、总体要求

(一)充分认识推进安全生产风险管理工作的重要性。推进安全生产风险管理工作是着力解决制约交通运输科学发展安全发展突出问题、提高交通运输安全生产综合实力的重要途径和必然选择，是防范和减少交通运输安全生产事故发生的有效手段，是减轻风险损害的有效方法。安全生产风险管理是在对风险源辨识、评估的基础上，优化组合各种风险管理技术，对风险实施有效控制，妥善处理风险所致结果，以最小成本达到最大安全保障的系列活动。实施安全生产风险管理，应建立健全完善的制度和标准、有效的运行管理机制、可靠的资源保障和科学的技术支撑。各部门各单位要充分认识推进安全生产风险管理工作的重要性和必要性，认真履行职责，扎实推进工作，确保取得实效。

(二)基本原则。

——顶层设计、有效融合。全面谋划，与日常安全管理工作相结合，改进方式方法，完善制度标准。

——创新机制、持续改进。创新驱动，建立完善持续改进机制，确保机制运行顺畅、有效。

——依靠科技、注重实效。攻克安全生产风险防控关键技术，解决风险管理体系建设的关键问题。

——突出重点、先行先试。根据行业特点，对高风险领域要优先建立风险管理体系，逐步实现行业全覆盖。

（三）目标任务。

——前期工作目标。2015年底前，成立组织机构，细化工作方案，实施宣贯培训，基本建立安全生产风险管理规章制度、标准规范，开展试点工作。

——中期工作目标。2017年底前，规模以上客运和危险货物运输企业，工程施工总承包特级和一级企业，国家重点建设项目，在役特大桥及长隧道全面实施安全生产风险管理。

——远期工作目标。到2020年，交通运输系统全面实施安全生产风险管理，交通运输科学发展安全发展水平得到显著提升。

二、安全生产风险管理体系建设

（四）制度标准。研究制定交通运输安全生产风险管理规定，明确相应的职责、程序、内容和法律责任。建立安全生产风险源辨识、评估、控制、教育培训、检查考核以及重大风险源报备等制度。

按照风险管理的要求，修订完善现行有关安全生产和管理的制度和标准。制定安全生产风险分类分级标准，分领域编制风险源辨识手册和评估指南，把风险评估纳入重大政策和重大项目决策程序。

（五）运行机制。明确各单位主要负责人、分管领导、安全管理部门和岗位人员的责任，建立安全生产风险管理工作的内部审查机制，健全监督与问责机制。着力构建自我检验、自我修复、自我优化的安全生产风险管理工作持续改进机制；着力建立跨行业跨部门跨地区重大风险的沟通协调、联防联控机制；着力建立健全社会监督、中介服务、专家咨询等全社会参与的合作机制。

（六）资源保障。研究制定相关政策，在组织、人力、资金、设施装备等方面予以优先保障。积极引导将安全生产风险管理体系建设相关的制度标准制定、科技攻关、宣传教育、设施装备和信息化建设等资金，纳入各级政府财政预算。交通运输企业应将开展安全生产风险管理工作的相关投入纳入安全生产专项费用。

（七）技术支撑。开展关键技术攻关，加大先进技术推广应用力度，加快建立交通运输安全生产风险管理技术支撑体系。依托部省两级行业信息化重大工程，加强安全生产风险管理信息系统和监测监控平台建设，分级分类建立安全生产风险源数据库；加强基础信息管理，实现交通运输安全生产风险监测预警、科学评估、统计分析、分级管理和动态管控等功能。

三、安全生产风险管理内容

（八）开展风险源辨识、评估和控制。开展安全生产风险源辨识工作，建立风险源清单并逐一评估，确定安全生产风险等级和管控临界，针对不同的风险，制定具体的控制措施和管控责任制度。

（九）加强公路水运工程建设风险管理。重点对在建高速公路、深基坑、高边坡、长大桥隧等大型构造物工程，重点港口建设工程及三级以上航道、航电枢纽工程施工，复杂地质环境施工，易受台风、洪水、山体滑坡和泥石流等自然灾害影响的施工区域，围堰施工、桥梁挂篮施工、临崖临水高边坡作业、各类起重机械、支架脚手架、大型模板支撑体系等作业环节，进行风险源辨识、评估和控制。在可行性研究和设计、施工全过程卖施风险管理。

（十）加强在役基础设施风险管理。重点对在役长大桥隧和临崖临水、连续长大急弯陡坡路段以及易受自然灾害影响的路段、防波堤、航道设施等公共基础设施，国家高等级航道、涉航建筑物、客运危货和大型作业码头等进行风险源辨识、评估和控制。在维护和运营管理全过程实施风险管理。

（十一）加强道路运输风险管理。重点对长途客运、旅游包车、危险化学品运输、客货站场以及营运环境、运输线路、车辆安全性能、车辆动态监管等进行风险源辨识、评估，优化管理、有效控制。

重点完善道路运输车辆安全技术规范，提升道路运输站场安全生产条件，建立健全不同经营形式道路运输企业安全管理制度，强化道路运输企业全程动态监管责任落实。

（十二）加强水路运输风险管理。重点对“四类重点船舶”、客运和危险货物港口作业、渡口码头、港口危险化学品罐区储运等进行风险源辨识、评估，优化管理、有效控制。重点建立健全船舶检验、船舶配载、现场查验、通航监管、港口码头重点货物作业流程等方面的制度规范，优化“六区一线”重点水域安全监管模式，完善各种气候条件和通航环境下的船舶运输和港口作业安全措施。

（十三）加强城市客运风险管理。重点对轨道交通、城市公共汽车、出租车运输组织、营运环境、运输线路、车辆安全性能、控制和监测信息系统等进行风险源辨识、评估，优化管理、有效控制。

完善规章制度、落实岗位责任、加强设施维护，确保信息系统稳定可靠运行，提升应急突发事件能力。

（十四）加强应急演练和处置能力建设。针对可能导致发生事故的安全生产风险，特别是重大风险源，制定相应的应急预案并加强应急演练。加强应急处置能力建设，按照要求配置应急设施设备和物资，构建平时服务、急时应急的应急保障体系。确保遇突发事件，及时启动相应的应急预案，有序高效处置。

四、工作要求

（十五）强化组织领导。部安委会负责全行业安全生产风险管理工作的部署、指导和组织实施，部安委办具体负责综合协调、跟踪督导和日常工作。各级交通运输管理部门和行业企业要明确相应的领导机构，建立完善工作机制，细化明确任务目标，确保工作有序推进。

（十六）强化责任落实。严格落实领导责任、部门责任和岗位责任，建立健全风险管理责任链条。行业企业要切实落实安全生产风险管控的主体责任，将风险管理作为企业安全生产标准化建设的重要内容。各级交通运输管理部门要严格履行监管责任，加强监督检查，确保各项工作落到实处。

（十七）强化监督考核。建立健全推进安全生产风险管理工作的监督考核机制，将安全生产风险管理纳入绩效考核、信用考核。

对于推进不力、失职渎职，或安全生产风险管控不力，导致发生责任事故的，要依法依规追究相关责任单位和责任人的责任。

附件十六　公路水运工程安全生产监督管理办法

第一章　总　则

第一条　为加强公路水运工程安全生产监督管理工作，保障人身及财产安全，根据《中华人民共和国安全生产法》、《建设工程安全生产管理条例》、《安全生产许可证条例》，制定本办法。

第二条　公路水运工程建设活动的安全生产行为及对其实施监督管理，应当遵守本办法。

第三条　本办法所称公路水运工程，是指列入国家和地方基本建设计划的公路、水运基础设施新建、改建、扩建以及拆除、加固等建设项目。

本办法所称从业单位，是指从事公路水运工程建设、勘察、设计、监理、施工、检验检测、安全评价等工作的单位。

第四条　公路水运工程安全生产监督管理应当坚持安全第一、预防为主、综合治理的方针。

第五条　公路水运工程安全生产监督管理实行统一监管、分级负责。

交通部负责全国公路水运工程安全生产的监督管理工作。

县级以上地方人民政府交通主管部门负责本行政区域内的公路水运工程安全生产监督管理工作，但长江干流航道工程安全生产监督管理工作由交通部设在长江干流的航务管理机构负责。

交通部和县级以上地方人民政府交通主管部门，可以委托其设置的安全监督机构负责具体工作，法律、行政法规规定不能委托的事项除外。

依照本条规定承担公路水运工程安全生产监督管理职能的部门或者机构，统称为公路水运工程安全生产监督管理部门。

第六条　公路水运工程安全生产监督管理部门的主要职责：

（一）宣传、贯彻、执行有关安全生产的法律、法规，按照法定权限制定公路水运工程安全生产管理规章和技术标准；

（二）依法对公路水运工程从业单位安全生产条件实施监督管理，组织施工单位的主要负责人、项目负责人、专职安全生产管理人员的考核管理工作；

（三）建立公路水运工程安全生产应急管理机制，制定重大生产安全事故应急预案；

（四）建立公路水运工程从业单位安全生产信用体系，作为交通行业信用体系建设的一部分，对从业单位和人员实施安全生产动态管理；

（五）受理公路水运工程安全生产方面的举报和投诉，依法对公路水运工程安全生产实施监督检查和相应的行政处罚；

（六）依法组织或者参与调查处理生产安全事故，按照职责权限对公路水运工程生产安全事故进行统计分析，发布公路水运工程安全生产动态信息。省级交通主管部门负责向交通部和国务院其他有关部门报送事故信息；

（七）指导下级交通主管部门开展公路水运工程安全生产监督管理工作；

（八）组织公路水运工程安全生产技术研究和先进技术推广应用；

（九）开展公路水运工程安全生产经验交流，普及安全生产知识；

（十）法律、法规规定的其他职责。

第二章　安全生产条件

第七条　从业单位从事公路水运工程建设活动，应当具备法律、行政法规规定的安全生产条件。任何单位和个人不得降低安全生产条件。

第八条　施工单位应当取得安全生产许可证，施工单位的主要负责人、项目负责人、专项安全生产管理人员（以下简称“安全生产三类人员”）必须取得考核合格证书，方可参加公路水运工程投标及施工。

施工单位主要负责人，是指对本企业日常生产经营活动和安全生产工作全面负责、有生产经营决策权的人员，包括企业法定代表人、企业安全生产工作的负责人等。

项目负责人，是指由企业法定代表人授权，负责公路水运工程项目施工管理的负责人。包括项目经理、项目副经理和项目总工。

专职安全生产管理人员，是指在企业专职从事安全生产管理工作的人员，包括企业安全生产管理机构的负责人及其工作人员和施工现场专职安全员。

第九条　交通部负责组织公路水运工程一级及以上资质施工单位安全生产三类人员的考核发证工作。

省级交通主管部门负责组织公路水运工程二级及以下资质施工单位安全生产三类人员的考核发证工作。

第十条　施工单位安全生产三类人员考核分为安全生产知识考试和安全管理

能力考核两部分。考核合格的,由交通部或省级交通主管部门颁发《安全生产考核合格证书》。

第十一条 施工单位的垂直运输机械作业人员、施工船舶作业人员、爆破作业人员、安装拆卸工、起重信号工、电工、焊工等国家规定的特种作业人员,必须按照国家规定经过专门的安全作业培训,并取得特种作业操作资格证书后,方可上岗作业。

第十二条 施工单位在工程中使用施工起重机械和整体提升式脚手架、滑模爬模、架桥机等自行式架设设施前,应当组织有关单位进行验收,或者委托具有相应资质的检验检测机构进行验收,使用承租的机械设备和施工机具及配件的,由承租单位、出租单位和安装单位共同进行验收,验收合格的方可使用。验收合格后30日内,应向当地交通主管部门登记。

第十三条 从业单位应当对从业人员进行安全生产教育和培训,保证从业人员具备必要的安全生产知识,熟悉有关的安全生产规章制度和安全操作规程,掌握本岗位的安全操作技能。未经安全生产教育和培训合格的从业人员,不得上岗作业。

第三章 安全责任

第十四条 建设单位在编制工程招标文件时,应当确定公路水运工程项目安全作业环境及安全施工措施所需的安全生产费用。

安全生产费用由建设单位根据监理工程师对工程安全生产情况的签字确认进行支付。

第十五条 建设单位在公路水运工程施工招标文件中应当按照法律、法规的规定对施工单位的安全生产条件、安全生产信用情况、安全生产的保障措施等提出明确要求。

建设单位不得对咨询、勘察、设计、监理、施工、设备租赁、材料供应、检测等单位提出不符合工程安全生产法律、法规和工程建设强制性标准规定的要求。不得随意压缩合同规定的工期。

第十六条 勘察单位应当按照法律、法规和工程建设强制性标准进行勘察,重视地质环境对安全的影响,提交的勘察文件应当真实、准确,满足公路水运工程安全生产的需要。

勘察单位应当对有可能引发公路水运工程安全隐患的地质灾害提出防治建议。

勘察单位及勘察人员对勘察结论负责。

第十七条　设计单位应当按照法律、法规和工程建设强制性标准进行设计，防止因设计不合理导致安全生产隐患或者生产安全事故的发生。

采用新结构、新材料、新工艺的工程和特殊结构的工程，设计单位应当在设计文件中提出保障施工作业人员安全和预防生产安全事故的措施建议。

设计单位和设计人员应当对其设计负责。

第十八条　监理单位应当按照法律、法规和工程建设强制性标准进行监理，对工程安全生产承担监理责任。应当编制安全生产监理计划，明确监理人员的岗位职责、监理内容和方法等。对危险性较大的工程作业应当加强巡视检查。

监理单位应当审查施工组织设计中的安全技术措施或者专项施工方案是否符合工程建设强制性标准。监理单位在实施监理过程中，发现存在安全事故隐患的，应当要求施工单位整改，必要时，可下达施工暂停指令并向建设单位和有关部门报告。

监理单位应当填报安全监理日志和监理月报。

第十九条　为公路水运工程提供施工机械设备、设施和产品的单位，应确保配备齐全有效的保险、限位等安全装置，提供有关安全操作的说明，保证其提供的机械设备和设施等产品的质量和安全性能达到国家有关标准。所提供的机械设备、设施和产品应当具有生产（制造）许可证、产品合格证或者法定检验检测合格证明。对于尚无相关国家标准或者行业标准的设备和设施，应当保障其质量和安全性能。

第二十条　施工单位应当对施工安全生产承担责任。

施工单位主要负责人依法对本单位的安全生产工作全面负责。施工单位应当建立健全安全生产责任制度和安全生产教育培训制度及安全生产技术交底制度，制定安全生产规章制度和操作规程，保证本单位安全生产条件所需资金的投入，对所承担的公路水运工程进行定期和专项安全检查，并做好安全检查记录。

施工单位的项目负责人依法对项目的安全施工负责，落实安全生产各项制度，确保安全生产费用的有效使用，并根据工程特点组织制定安全施工措施，消除安全事故隐患，及时、如实报告生产安全事故。

本条所称安全生产技术交底制度，是指公路水运工程每项工程实施前，施工单位负责项目管理的技术人员对有关安全施工的技术要求向施工作业班组、作业人员详细说明，并由双方签字确认的制度。

第二十一条　施工单位应当设立安全生产管理机构，配备专职安全生产管理人员。施工现场应当按照每 5 000 万元施工合同额配备一名的比例配备专职安全生产管理人员，不足 5 000 万元的至少配备一名。

专职安全生产管理人员负责对安全生产进行现场监督检查，并做好检查记录，发现生产安全事故隐患，应当及时向项目负责人和安全生产管理机构报告；对违章指挥、违章操作和违反劳动纪律的，应当立即制止。

第二十二条 施工单位在工程报价中应当包含安全生产费用，一般不得低于投标价的1%，且不得作为竞争性报价。

安全生产费用，应当用于施工安全防护用具及设施的采购和更新、安全施工措施的落实、安全生产条件的改善，不得挪作他用。

第二十三条 施工单位应当在施工组织设计中编制安全技术措施和施工现场临时用电方案，对下列危险性较大的工程应当编制专项施工方案，并附安全验算结果，经施工单位技术负责人、监理工程师审查同意签字后实施，由专职安全生产管理人员进行现场监督：

（一）不良地质条件下有潜在危险性的土方、石方开挖；

（二）滑坡和高边坡处理；

（三）桩基础、挡墙基础、深水基础及围堰工程；

（四）桥梁工程中的梁、拱、柱等构件施工等；

（五）隧道工程中的不良地质隧道、高瓦斯隧道、水底海底隧道等；

（六）水上工程中的打桩船作业、施工船作业、外海孤岛作业、边通航边施工作业等；

（七）水下工程中的水下焊接、混凝土浇注、爆破工程等；

（八）爆破工程；

（九）大型临时工程中的大型支架、模板、便桥的架设与拆除；桥梁、码头的加固与拆除；

（十）其他危险性较大的工程。

必要时，施工单位对前款所列工程的专项施工方案，还应当组织专家进行论证、审查。

第二十四条 施工单位应当在施工现场出入口或者沿线各交叉口、施工起重机械、拌和场、临时用电设施、爆破物及有害危险气体和液体存放处以及孔洞口、隧道口、基坑边沿、脚手架、码头边沿、桥梁边沿等危险部位，设置明显的安全警示标志或者必要的安全防护设施。

施工单位应当根据不同施工阶段和周围环境及季节、气候的变化，在施工现场采取相应的安全施工措施。施工现场暂时停止施工的，施工单位应当做好现场防护。因施工单位安全生产隐患原因造成工程停工的，所需费用由施工单位承担，其他原因按照合同约定执行。

第二十五条　施工单位应当将施工现场的办公、生活区与作业区分开设置，并保持安全距离；办公、生活区的选址应当符合安全性要求。职工的膳食、饮水、休息场所、医疗救助设施等应当符合卫生标准。

施工现场临时搭建的建筑物应当符合安全使用要求。施工现场使用的装配式活动房屋应当具有生产（制造）许可证、产品合格证。

第二十六条　施工单位应当在施工现场建立消防安全责任制度，确定消防安全责任人，制定用火、用电、使用易燃易爆材料等各项消防管理制度和操作规程，设置消防通道，配备相应的消防设施和灭火器材。

第二十七条　施工单位应当向作业人员提供必需的安全防护用具和安全防护服装，书面告知危险岗位的操作规程并确保其熟悉和掌握有关内容和违章操作的危害。

作业人员有权对施工现场的作业条件、作业程序和作业方式中存在的安全问题提出批评、检举和控告，有权拒绝违章指挥和强令冒险作业。

在施工中发生可能危及人身安全的紧急情况时，作业人员有权立即停止作业或者在采取必要的应急措施后撤离危险区域。

第二十八条　作业人员应当遵守安全施工的工程建设强制性标准、规章制度，正确使用安全防护用具、机械设备等。

第二十九条　施工单位采购、租赁的安全防护用具、机械设备、施工机具及配件，应当具有生产（制造）许可证、产品合格证，并在进入施工现场前由专职安全管理人员进行查验。

施工现场的安全防护用具、机械设备、施工机具及配件必须由专人管理，定期进行检查、维修和保养，建立相应的资料档案，并按照国家有关规定及时报废。

第三十条　施工单位应当对管理人员和作业人员进行每年不少于两次的安全生产教育培训，其教育培训情况记入个人工作档案。

施工单位在采用新技术、新工艺、新设备、新材料时，应当对作业人员进行相应的安全生产教育培训。

新进人员和作业人员进入新的施工现场或者转入新的岗位前，施工单位应当对其进行安全生产培训考核。

未经安全生产教育培训考核或者培训考核不合格的人员，不得上岗作业。

第三十一条　施工单位应当为施工现场的人员办理意外伤害保险，意外伤害保险费应由施工单位支付。实行施工总承包的，由总承包单位支付意外伤害保险费。

第三十二条　建设工程实行施工总承包的，由总承包单位对施工现场的安全生产负总责。总承包单位依法将建设工程分包给其他单位的，分包合同中应当明确各自的安全生产方面的权利、义务。总承包单位对分包工程的安全生产承担连带责任。

分包单位应当服从总承包单位的安全生产管理，分包单位不服从管理导致生产安全事故的，由分包单位承担主要责任。

第三十三条 建设单位、施工单位应当针对本工程项目特点制定生产安全事故应急预案，定期组织演练。发生生产安全事故，施工单位应当立即向建设单位、监理单位和事故发生地的公路水运工程安全生产监督管理部门以及地方安全监督部门报告。建设单位、施工单位应当立即启动事故应急预案，组织力量抢救，保护好事故现场。

第四章 监督检查

第三十四条 公路水运工程安全生产监督管理部门在职责范围内履行安全生产监督检查职责时，有权采取下列措施：

(一)要求被检查单位提供有关安全生产的文件和资料；

(二)进入被检查单位施工现场进行检查；

(三)纠正施工中违反安全生产要求的行为，依法实施行政处罚。

第三十五条 公路水运工程安全生产监督管理部门对从业单位安全生产监督检查的内容主要有：

(一)从业单位安全生产条件的符合情况；

(二)施工单位安全生产三类人员和特种作业人员具备上岗资格情况；

(三)从业单位执行安全生产法律、法规、规章和工程建设强制性标准的情况；

(四)从业单位对安全生产管理制度、安全责任制度和各项应急预案的建立和落实情况；

(五)安全生产管理机构或者专职安全生产管理人员的设置和履行职责情况；

(六)员工的安全教育培训情况；

(七)其他应当监督检查的情况。

第三十六条 公路水运工程安全生产监督管理部门应当对公路水运工程下列施工现场的安全生产情况进行监督检查：

(一)现场驻地；

(二)施工作业点(面)；

(三)危险品存放地；

（四）预制厂、半成品加工厂；

（五）非标施工设备组装厂。

公路水运工程安全生产监督管理部门对易发生生产安全事故的危险工程及施工作业环节应当进行重点监督检查。

第三十七条　公路水运工程安全生产监督管理部门对监督检查中发现的安全问题，应当作出如下处理：

（一）从业单位存在安全管理问题需要整改的，以书面方式通知存在问题单位限期整改；

（二）从业单位存在严重安全事故隐患的，责令立即排除；

（三）重大安全事故隐患在排除前或者在排除过程中无法保证安全的，责令其从危险区域内撤出作业人员或者暂时停止施工；

（四）建设单位违反安全管理规定造成重大生产安全事故的，对全部或者部分使用国有资金的建设项目，暂停资金拨付；

（五）建设单位未列建设工程安全生产费用的，责令其限期改正并不得办理监督手续；逾期未改正的，责令该建设工程停止施工并通报批评。

被检查单位应当立即落实处理决定，并将整改结果书面报检查单位。责令停工的，应当经复查合格后，方可复工。

第三十八条　公路水运工程安全生产监督管理部门应当建立从业单位信用档案，并将监督检查情况和处理结果及时登录在安全生产信用管理系统中。

第三十九条　从业单位整改不力，多次整改仍然存在安全问题的，公路水运工程安全生产监督管理部门将其列入安全监督检查重点名单，登录在安全生产信用管理系统中，并向有关部门通报。

对存在重大安全事故隐患但拒绝整改或者整改效果不明显或者发生重特大安全事故等不再具备安全生产条件的，公路水运工程安全生产监督管理部门应当向安全生产许可证颁发部门通报，建议暂扣或者吊销安全生产许可证，同时向有关资质证书颁发部门建议降低资质等级。

第四十条　公路水运工程安全生产监督管理部门可委托具备国家规定资质条件的机构对容易发生重特大生产安全事故的工程项目和危险性较大的工程施工进行安全评价和监测。

第四十一条　公路水运工程安全生产监督管理部门应当健全内部管理制度，加强对监督管理人员的教育培训，提高执法水平。监督管理人员应当忠于职守，秉公办事，坚持原则，清正廉洁。与监督检查对象有利害关系的监督人员，应当回避。

第四十二条　公路水运工程安全生产监督管理部门应当建立举报制度，及时受理对公路水运工程生产安全事故或者事故隐患以及监督检查人员违法行为的检举、控告和投诉。

第五章　附　　则

第四十三条　违反本办法规定，按照《中华人民共和国安全生产法》、《建设工程安全生产管理条例》、《安全生产许可证条例》的相关规定，给予行政处罚。

第四十四条　本办法自 2007 年 3 月 1 日起施行。

附件十七　交通运输部安全生产事故责任追究办法(试行)

第一条　为了进一步落实交通运输安全生产责任,促进交通运输业科学发展安全发展,依据《中华人民共和国安全生产法》等法律法规,结合交通运输安全生产实际,制定本办法。

第二条　交通运输部对部属单位及人员和部属单位对所属单位及人员的安全生产事故责任追究,适用本办法。

第三条　交通运输部安全监督管理部门会同部纪检监察、组织人事部门组织实施本办法。部属单位依照职责和干部管理权限,负责本系统或者本单位安全生产事故责任追究工作。

第四条　部属单位应当按职责分工开展安全生产管理和安全监管工作,做到职责明晰、责任落实。

第五条　安全生产事故责任的认定,应当以事故调查为基础作出。

第六条　安全生产事故责任的认定和追究坚持依法依规、实事求是、客观公正的原则,做到程序合法、处理适当、及时公开。

第七条　责任追究实行回避制。实施责任追究时,与安全生产事故有利害关系或者其他特殊关系,可能影响公正处理的单位或者人员应当回避。

第八条　部属单位出现下列情形之一,导致发生安全生产事故或者导致事故损失扩大的,应当追究责任:

(一)未贯彻执行有关安全生产法律、法规、规章和安全生产决策部署的;

(二)未按规定组织开展安全生产风险辨识、隐患排查或者隐患整改不到位的;

(三)未落实安全生产管理或者安全监管责任,监督检查纠正违法违规行为的;

(四)谎报、瞒报、漏报、迟报安全生产事故的;

(五)未建立应急预案,或者未按应急预案规定开展突发事件预警预防,或者应急处置不力,导致损失扩大的。

第九条　出现下列情形之一,导致发生安全生产事故或者导致事故损失扩大的,应当追究部属单位负有领导责任人员的责任。

(一)未贯彻执行有关安全生产法律、法规、规章和安全生产决策部署的;

（二）主持作出的决定违反安全生产相关要求，或者对不符合安全生产要求的事项予以审批、许可的；

（三）对发现的安全生产风险、隐患或者管理问题未采取有效防范措施或者监督整改的；

（四）事故应急处置不力，导致损失扩大的；

（五）法律法规规定的未履行安全生产领导责任的其他情形。

第十条 出现下列情形之一，导致发生安全生产事故的，应当追究部属单位相关责任人员的责任：

（一）违规从事生产作业的；

（二）未履行岗位职责开展安全生产监督执法的；

（三）未履行或者未正确履行行政审批或者行政许可事项审核把关职责的；

（四）未予以查处或者隐瞒、包庇、袒护、纵容发现的违法违规事项的；

（五）与当事人串通骗取安全生产许可或者安全生产评价证书的；

（六）法律法规规定的未履行安全监管职责的其他情形。

第十一条 部属单位及人员的责任追究按照分级管理、逐级负责的原则组织实施。

部管干部的责任追究由部组织实施，非部管干部的责任追究按照干部管理权限由所属单位组织实施。

部对部属单位及非部管干部提出责任追究意见的，相关单位应当按照部提出的意见实施责任追究。

纪检监察相关法律法规对责任追究权限另有规定的从其规定。

第十二条 对部属单位的责任追究包括以下方式：

（一）安全生产约谈；

（二）挂牌督办；

（三）责令作出书面检查；

（四）通报批评。

第十三条 对有关责任人员的责任追究包括以下方式：

（一）通报批评；

（二）离岗培训；

（三）停职检查；

（四）调离岗位；

（五）法律、法规及党内法规等规定的处分及相应的组织处理。

第十四条 本办法所列责任追究方式可以单独或者合并使用。

第十五条　所在单位需要承担责任的，应当按照有关规定追究有关单位的责任，不得以对人员的责任追究替代对单位的责任追究。

第十六条　下列安全生产事故，不予以追究部属单位及人员的责任：

（一）因不可抗力导致的；

（二）有证据表明部属单位及人员已尽到安全生产管理或者安全监管责任的。

第十七条　部属单位及人员履行安全生产管理或者安全监管职责时，认为上级的决定或者命令有错误，要求改正或者撤销该决定或者命令，上级仍坚持该决定或者命令，或者要求立即执行，导致发生安全生产事故的，应由作出该决定或者命令的上级承担责任。

第十八条　部属单位及人员存在下列情形之一的，应当从轻处理：

（一）积极配合事故调查或者提供重要线索的；

（二）事故发生后积极组织协调或者参与应急处置，有效降低事故损失的。

第十九条　部属单位及人员存在下列情形之一的，应当从重处理：

（一）干扰、妨碍事故调查处理的；

（二）教唆、帮助他人伪造、隐匿、毁灭证据的；

（三）12个月内重复发生同类重特大安全生产事故的；

（四）在安全生产管理或者安全监管过程中存在严重失职、渎职行为的；

（五）未吸取事故教训，补充、完善相应安全生产管理或者安全监管制度的。

第二十条　安全生产事故责任追究按下列程序办理：

（一）根据事故调查结果，认定相关单位和人员未履行或者未正确履行安全生产管理或者安全监管责任的问题，提出责任追究建议；

（二）安全监督管理部门、纪检监察部门、组织人事部门集体研究，提出责任追究初步意见；

（三）将调查认定的问题及拟给予的责任追究初步意见告知拟被责任追究的单位和人员，听取其陈述和申辩，对其提出的事实、理由和证据进行复核，并记录在案；

（四）拟被责任追究单位和人员提出的事实、理由和证据成立的，应予采信，并重新研究，提出责任追究的意见；

（五）按责任追究事项及职责分工，报本级党委(组)或者行政部门，做出责任追究决定；

（六）按照责任追究决定，相关部门实施责任追究。

第二十一条　作出责任追究决定的单位应当将责任追究决定以书面形式通知被追究责任的单位和人员，并依照相关法律法规向社会公开。

第二十二条　受到责任追究的单位和人员,可依照有关规定提出申诉。

第二十三条　责任追究决定应当包含以下内容:

(一)安全生产事故情况;

(二)未履行或者未正确履行职责的事实;

(三)认定的未履行或者未正确履行安全生产管理或者安全监管的责任;

(四)责任追究的决定;

(五)不服从责任追究决定的申诉途径、方式和期限;

(六)作出决定的机关和日期。

第二十四条　交通运输部、部属单位人员在实施安全生产事故责任追究工作中,利用职权谋取不当利益的,按有关法律法规由相应的纪检监察部门追究其责任,构成犯罪的移交司法机关处理。

第二十五条　责任追究部门应当汇集有关材料形成安全生产责任追究工作档案。

第二十六条　部属单位应当于每年1月15日前向上级部门报告本单位安全生产事故责任追究实施情况。报告的主要内容包括:本单位实施安全生产责任追究的总体情况、责任追究情况分析、强化责任制的措施、一般以上安全生产事故责任追究案例。

第二十七条　部属单位可依据本办法制定本单位安全生产事故责任追究实施办法。

第二十八条　本办法所称的安全生产管理或者安全监管责任,是指相关法律、法规、规章、“三定”规定、管理文件等赋予的相关单位、人员在安全生产管理或者安全监管方面的职责。

第二十九条　本办法自2014年7月1日起施行。